बरखा रचाई

उपन्यास त्रयी का दूसरा भाग

असग़र वजाहत

राजकमल प्रकाशन
नयी दिल्ली पटना इलाहाबाद कोलकाता

ISBN : 978-81-267-1736-1

मूल्य : ₹ 450

पहला संस्करण : 2009
पहली आवृत्ति : 2014

प्रकाशक : राजकमल प्रकाशन प्रा. लि.
1-बी, नेताजी सुभाष मार्ग, दरियागंज
नई दिल्ली-110 002

शाखाएँ : अशोक राजपथ, साइंस कॉलेज के सामने, पटना-800 006
पहली मंजिल, दरबारी बिल्डिंग, महात्मा गांधी मार्ग, इलाहाबाद-211 001
36 ए, शेक्सपियर सरणी, कोलकाता-700 017

वेबसाइट : www.rajkamalprakashan.com
ई-मेल : info@rajkamalprakashan.com

मुद्रक : बी.के. ऑफसेट
नवीन शाहदरा, दिल्ली-110 032

BARKHA RACHAI
Novel by Asghar Wajahat

बरखा रचाई

मेरे रंग-ढंग से सबको यह अंदाज़ा लग चुका था कि दिल्ली ने मेरी कमर पर लात मारी है और साल-डेढ़ साल नौकरी की तलाश में मारा-मारा फिरने के बाद मैं घर लौटा हूं। अपमानित होने का भाव कम करने के लिये मैं लगातार ऊपर वाले कमरे में पड़ा सोचा करता था या 'जासूसी दुनिया' पढ़ा करता था। दो-तीन दिन बाद अतहर को पता चला कि मैं आया हूं तो वह आ धमका और उसके साथ मैं शाम को पहली बार बाहर निकला था।

छोटा-सा शहर, छोटी-छोटी दुकानें, पतली सड़कें, रिक्शे और साइकिलें, सब कुछ मैं दिल्ली की आंख से देख रहा था और मुझे काफी अच्छी लग रही थीं। अतहर के साथ मामू के होटल में गया। वहां मुख़्तार आ गया। कुछ देर बाद हम तीनों उमाशंकर के पास गये। रेलवे प्लेटफार्म की एक बेंच पर कुल्हड़ों में चाय लेकर हम बैठ गये और इन लोगों ने मेरे ऊपर सवालों की बौछार कर दी। मैं सोचने लगा कि इन सबको मैं क्या बताऊं? ये सब मेरे दोस्त हैं। अतहर मेरे साथ स्कूल में था। अब तक बारहवीं पास करने के लिये साल-दो-साल बाद इम्तिहान में बैठ जाता है। उमाशंकर ने इंटर पास करने का मोह भी त्याग दिया है और कपड़े की दुकान खोल ली है। मुख़्तार सिलाई का काम करता है और उर्दू अख़बारों का बड़ा घनघोर पाठक है। इनमें शायद कोई कभी दिल्ली गया भी नहीं है। मैं इन्हें क्या बताऊं कि मेरे साथ क्या हुआ? क्या इसके पीछे यह अहंकार तो नहीं है कि मैं एम.ए. हूं और ये लोग पढ़े-लिखे नहीं हैं। मेरी बात समझ नहीं पायेंगे? हां शायद यही है। इसलिये मुझे बताना चाहिये कि मेरे साथ क्या हुआ था। ये चाहे समझें चाहे न समझें लेकिन मेरे मन के ऊपर से तो बोझ हट जायेगा।

—"बताओ यार साजिद...तुम तो चुप हो गये...लेव बीड़ी पियो।" अतहर ने एक सुलगती बीड़ी मेरी तरफ बढ़ा दी।

—"कहीं कोई प्रेम-व्रेम का चक्कर तो नहीं हो गया।" उमाशंकर ने हंसकर कहा। मेरे चेहरे पर बड़ी फीकी मुस्कुराहट आ गयी। दूर से आती ख़ाली मालगाड़ी करीब आ गयी थी और कुछ मिनट उसकी आवाज़ की वजह से हमारी बातचीत बंद रही।

—"बस ये समझ लो नौकरी नहीं मिली।" मैं बोला।

—"अरे तो नौकरी साली मिलती कहां है। मुझी को देखो चार शहरों के बेरोज़गारी दफ़्तरों में नाम लिखा हुआ है।" अतहर ने कहा।

—"तुम्हें नौकरी क्या मिलेगी?" उमाशंकर ने उदासीनता से छेड़ने वाले अंदाज में कहा।

—"क्यों? अबे साले आई.टी.आई. का कोर्स किया है।"

—"तो अब क्या सोचा है?" मुख़्तार ने मुझसे पूछा।

—"सोचा है नौकरी न करूंगा।"

—"वाह यार वाह, ये बात हुई...मैं तो तुमसे पहले से ही कह रहा था कि तुम्हारे लिये नौकरी चुतियापा है। यार जिसके पास इतनी ज़मीन हो, आम, अमरूद के बाग़ हों, वह हज़ार-बारह सौ की नौकरी क्यों करे?" अतहर ने जोश में कहा।

मुझे याद आया कि मेरे दिल्ली जाने से पहले भी अतहर यह सलाह दे चुका था। उस वक़्त यह मेरी समझ में नहीं आया था। दिल्ली में बाबा ने समझा दिया, या हालात ने मज़बूर कर दिया या और कोई रास्ता ही नहीं बचा और बचा है पूरा जीवन।

—"पर यार खेती करना है तो केसरियापुर में ही रहना पड़ेगा।" अतहर ने कहा।

—"मैं जानता हूं यार।" मेरे ये कहते ही उन तीनों के चेहरे दमक गये और मुझे यहां उनके साथ बिताये पुराने दिन याद आ गये। जब हम पुलिया पर बैठकर पार्टी करते थे। जब पुलिस की ज़्यादतियों के ख़िलाफ़ एस.पी. से मिलने गये थे। रात में मुख़्तार की दुकान के अंदर लालटेन की रौशनी में गर्मागर्म बहसें किया करते थे। मामू के होटल में चाय के दौर चला करते थे। मैं बिलकुल उनका एक हिस्सा बन गया था। मुख़्तार कहता भी था, तुम तो एम.ए. पास नहीं लगते। अरे लौंडे इंटर कर लेते हैं तो हम लोगों से सीधे मुंह बात नहीं करते।

अब्बा से जब मैंने कहा कि मैं नौकरी नहीं बल्कि खेती करना चाहता हूं और केसरियापुर में रहना चाहता हूं तो कुछ क्षण के लिये उनकी समझ में कुछ नहीं आया। एम.ए. पास करने के बाद गांव में रहना और खेती करना? हालत ये है कि लड़का हाई स्कूल कर लेता है तो गांव का मुंह नहीं देखता। इंटर कर लेता है तो खेती करने से चिढ़ने लगता है लेकिन यह भी है कि आज खेती में पैसा है। कुर्मियों ने अच्छा पैसा कमाया है। केसरियापुर में बिजली आ गयी है। दो-चार ट्यूबवेल भी लग गये हैं।

अब्बा कुछ देर सोचते रहे और अम्मां ने कहा—"तुम वहां रहोगे कैसे?"

मैं उन्हें क्या बताता कि दिल्ली के मुक़ाबले वहां रहना स्वर्ग में रहने जैसा होगा।

—"देखो रहने की तो कोई मुश्किल नहीं है। ख़ुदा के फ़ज़्ल से इतना बड़ा चौरा है। हां खाने की दिक्कत हो सकती है...वैसे रहमत के यहां तुम्हारा खाना पक सकता है...ये बात ज़रूर है भई कि गांव वाला होगा।"

इस बार केसरियापुर जाना बहुत अलग था। दिल में तरह-तरह के ख़याल आ रहे थे। सैकड़ों डर थे और उनके साथ यह यक़ीन कि मैं कामयाब हूंगा। कामयाबी से

मतलब यही कि अच्छी तरह खेती करूंगा। अच्छी फ़सल होगी। अच्छा पैसा मिलेगा और फिर जैसे बाबा ने दिल्ली में कहा था–“तुम जाड़ों में मुंबई जाया करना। गर्मियों में नैनीताल और दो-तीन साल में एक चक्कर योरोप का लगा सकते हो। यार पैसा हो तो आदमी सब कुछ कर सकता है और बिना पैसे के ज़िंदगी गुज़ारना, भुखमरी में रहना भी कोई जीवन है।”

खेती कैसे होती है, मेरे ख़याल से मुझे मालूम था। अब अगर करना था तो उसका इंतिज़ाम, पूरी व्यवस्था और देखभाल।

इससे पहले हम जब भी केसरियापुर आते थे सीधे चौरे तक पहुंचते थे और बाकी गांव कैसा है, क्या है, कौन रहता है, कैसे रहता है; इसकी कोई जानकारी न थी। लेकिन अब दो पीढ़ियों बाद केसरियापुर फिर घर बन रहा है। मैंने सोचा सबसे पहले तो गांव ही देखा जाये। रहमत खुशी-खुशी इस पर तैयार हो गया। रहमत की बूढ़ी और वफ़ादार आंखों में चमक आ गयी और मैं उसके साथ गांव देखने निकल पड़ा। चौरा तो गांव के कोने पर है जहां से हम लोगों की ज़मीनें और बाग़ शुरू होते हैं। गांव के अंदर की दुनिया देखने के ख़याल से मैं पहली बार निकला। रहमत के सिर पर अंगौछा और हाथ में लाठी थी। वह मेरे पीछे-पीछे चल रहा था। गांव के अंदर टोलों के बारे में वह बता रहा था। पंडितों का टोला, ठाकुरों का टोला, अहीर टोला, कुर्मियाना, मियां टोला, चमार टोला, इतने हज़ार या सौ साल बाद भी हमारा समाज टोलों का समाज है। मिट्टी के घरों का आकार और रूपरेखा टोलों के हिसाब से बदल जाती है लेकिन हर घर के सामने छप्पर और उसके पीछे बड़ा दरवाज़ा। कच्ची गलियां, रंभाते हुए जानवर, कच्चे-पक्के कुओं पर औरतों की भीड़, गलियों में दौड़ते नंग-धड़ंग बच्चे, बैलगाड़ियों की आवाजाही, कच्चे घरों के अंदर से निकलता धुयें का तूफान और गलियों में गोबर के छोत। गांव का हर आदमी मुझे हैरत से देख रहा था। रहमत सबको बता रहा था–‘डिप्टी साहब के लड़कवा अहैं। अब हीन रहके खेती करिवहिये।’ दो-एक लोग पास आकर मिल रहे थे। इनमें ज़्यादातर बूढ़े थे। सब कह रहे थे कि मैंने बड़ा अच्छा किया जो पुरखों का चौरा बसा दिया। इतनी ज़मीन गांव में किसी के पास नहीं है। ढंग से खेती करायी जाये तो सोना उगल देगी। घूमते हुए हम कंजरों के टोले में पहुंच गये। अब्बा के ज़्यादातर बटाईदार कंजड़, चमार और लोध हैं। कंजरों ने एक घर के सामने खटिया बिछा दी और रहमत ने कहा कि मैं बैठ जाऊं। मैं बैठ गया और कंजड़ सामने ज़मीन पर बैठ गये। चर्चा होने लगी कि अगर पानी की व्यवस्था हो जाये तो धान के बाद गेहूं भी होने लगे। असली आमदनी तो गेहूं में है। कंजड़ों ने कहा कि वे अच्छा गेहूं पैदा कर सकते हैं। उन्हें शायद यह पता नहीं था कि मैं तो खुद खेती कराना चाहता हूं यानी बटाईदारी ख़त्म करना चाहता हूं। हो सकता है यह डर उनके दिलों में हो और इसीलिये वे अपनी भूमिका को बढ़ा-चढ़ाकर पेश कर रहे हों। चिराग़ जलने से पहले मैं लौट आया।

टीन के बड़े से शेड, जिसे यहां सब सायबान कहते हैं, के नीचे चारपाई पर लेटा मैं सोच रहा था कि गांव में रात कितनी जल्दी होती है। लगता है एक बड़ा-सा समुद्री जहाज़ अंधेरे और कोहरे में गायब हो गया हो। लाइट नहीं आ रही थी। सायबान के नीचे खूंटी पर लालटेन जल रही थी। सामने अहाता है और बीचोबीच टीन का फाटक। दाहिनी तरफ कुआं है और उससे कुछ हटकर नीम का पेड़। सायबानों के बीच में मकान के अंदर जाने का पुराना पहाड़ जैसा दरवाज़ा है। सायबानों के पीछे लंबे-लंबे कमरे हैं। किनारे पर कोठरियां हैं और लंबे कमरे के पीछे लंबे बरामदे हैं। लंबा-चौड़ा आंगन है। जिसके दाहिनी तरफ छोटी-छोटी कोठरियां बनी हैं। इनमें से दो-तीन की छतें गिर चुकी हैं। मैंने यह सोचा है कि एक लंबे कमरे में रहूंगा और घर के अंदर वाला हिस्सा इस्तेमाल नहीं करूंगा। बरामदे के तौर पर सायबान ही काम आयेगा। कहा जाता है पिछली कोठरियों में जिन्न रहते हैं। उन्हें आराम से रहने दिया जाये।

अहाते का टीन वाला फाटक खुलने की आवाज़ आयी तो सन्नाटे में अच्छी-खासी डरावनी लगी। टॉर्च की रौशनी में रहमत आता दिखायी पड़ा। उसके साथ उसका लड़का गुलशन भी था। गुलशन के हाथ में खाना था। अपने बाप से बित्ताभर ऊंचा गुलशन कड़ियल जवान है।

यहां मेज़ नहीं है। कुर्सी नहीं है। सिर्फ चारपाइयां हैं या एक छोटा-सा तख़्त है। तख़्त पर मेरे आने के बाद दरी बिछा दी गयी है। ये मैंने सोचा भी है कि अगर कभी कुछ लिखने का जी चाहे तो मेज़ के बग़ैर कैसे काम चलेगा? फिर ये सोचा कि शायद ही कभी यहां लिखने की ज़रूरत पड़े। बहुत से बहुत डायरी में ख़र्च और आमदनी का हिसाब। उसके लिये मेज़-कुर्सी की क्या ज़रूरत है।

गुलशन ने तख़्त पर खाना लगा दिया। अरहर की दाल जिसमें खूब असली घी तैर रहा है। आलू की सब्ज़ी, सिरके में रखी गयी प्याज़, गुड़ की आधी भेली, मोटी, गेहूं की लाल रोटियां। पता नहीं क्यों 'होराइज़नग्रुप' के नीचे सरदार के ढाबे में खाये राजमा-चावल की बात सोचने लगा। फिर सरयू का ख़याल आया। बेचारा वहीं होगा। कनॉट प्लेस वाले टी-हाउस के सामने फटी चप्पल घसीटता। मैं खाने लगा। रहमत बताने लगा कि यहां गोश्त और हरी सब्जी तो कम ही मिलती है। वह कल खुरजी जायेगा तो गोश्त लायेगा।

रात में देर तक नींद नहीं आयी। दूसरे तरफ के सायबान में गुलशन लेटते ही सो गया था। लालटेन की रौशनी में काला सायबान कोई जीती-जागती चीज़ लग रहा था। सामने अंधेरे का महासागर। घर के अंदर जिन्नातों का मस्कन। सोचा कहीं तिलावते-क़ुरान की आवाज़ें न आने लगें। कोई बात नहीं है, आयें। लेटे-लेटे पता नहीं कैसे अहमद का ख़याल आया। कहां होगा? कलकत्ता में अपनी सुंदर पत्नी इंदरानी के साथ या लंदन में लिप्टन की नौकरी में? या टाटा टी गार्डेन्स में...और

मैं? चलो अपने ऊपर हंसा जाये। ऊंह क्या बेवकूफी है...अहमद की सोच कितनी साफ़ है। कोई लाग-लपेट नहीं पालता। किस्मत भी है। ख़ैर क़िस्मत क्या है वह जिस क्लास में पैदा हुआ उसके फायदे हैं। वैसे शकील भी नहीं हैं। वह तो बस्ती में अपने भाइयों और अय्याश अब्बाजान के षड्यंत्रों का शिकार हो रहा होगा। सीधा है बेचारा। और अलीगढ़ में सब कैसे होंगे? जावेद कमाल? के.पी.? कामरेड लाल सिंह? एक फिल्म की तरह लेकिन कुछ सेकेंड में पिछले दस साल आंखों के सामने से निकल गये। अब मैं कहां हूं? उनसे कितना दूर? इस उजाड़ वीरान गांव में संघर्ष करता कि कुछ पाऊं...कुछ कर सकूं...कुछ तो करना ही था यार। छब्बीस-सत्ताइस साल की उम्र में ये तो नहीं हो सकता कि मैं कुछ न करूं?

2

धान कट चुका था और अब गेहूं बोना था। दो महीने खुरजी के बिजली ऑफिस में जूते घिसने के बाद कनेक्शन भी मिल गया था। बोरिंग होनी थी, मोटर बैठाना था। सो उम्मीद थी कि एक महीने में हो जायेगा। मतलब गेहूं को पहला पानी देने के वक़्त ट्यूबवेल तैयार होगा। तय यह करना था कि क्या पूरी चालीस बीघा खेती बटाईदारों से ले ली जाये और खुद करायी जाये? अगर खुद खेती करायी जाये तो हल-बैल और उससे ज़्यादा मसला था हलवाहों का? वे कहां से आयेंगे? चालीस बीघा खेती कराने के लिये कम-से-कम तीन जोड़ी बैल और तीन हलवाहे चाहिये। अब मुश्किल यह थी कि हलवाहों को बड़े किसानों ने पहले ही फंसा रखा है। रहमत ने बताया था कि ज़्यादातर हलवाहे ठाकुरों के बंधुआ हैं। कुछ तो कई-कई पीढ़ियों से हैं। बाकी लोग हलवाहों को उधार-कर्ज़ा देकर उलझाये रखते हैं ताकि उन्हीं का काम करते रहें। ये सोचकर भी अजीब लगा कि ऐसे हलवाहे ही नहीं हैं जो पैसा लें और काम करें। मतलब आपको एक 'सर्विस' चाहिये। आप पैसा दें और सर्विस लें। लेकिन यहां तो हाल ही अजीब है। सर्विस आपको मिल ही नहीं सकती क्योंकि उस पर कुछ लोगों ने एकाधिकार बना रखा है। आप उसे कैसे तोड़ सकते हैं? पैसा देकर? मान लीजिये ठाकुर रणवीर सिंह ने पांच सौ कर्ज़ देकर हलवाहे को बंधुआ बनाया हुआ है और आप हलवाहे को पांच सौ दें और कहें कि तुम रणवीर सिंह के यहां से मुक्त होकर हमारे यहां आ जाओ? रहमत ने बताया कि पहले तो हलवाहा न तैयार होगा। इतना डर और आतंक है रणवीर सिंह का। दूसरा हलवाहे मान भी जाये तो रणवीर सिंह से हमेशा की अदावत हो जायेगी...समझ लो भइया पक्की दुश्मनी और भइया ठाकुरों से दुश्मनी लेना ठीक नहीं है। बड़े ही साले उद्दंडी हैं। अहीरों से भी बच के रहना ही ठीक है।

—"इसका मतलब है हलवाहे ही नहीं मिलेंगे और खेती ही नहीं हो पायेगी।" मैंने चिढ़कर कहा।

—"नहीं खेती क्यों न हो पायेगी...अब ख़ोजना पड़ेगा।" रहमत ने कहा।

—"आपसे ग्राम सेवक मिलने आये हैं?" फाटक खोलकर अंदर आते आदमी को देखकर रहमत ने बताया। मैं सुबह के वक़्त सायबान में बैठा था।

—"ये क्या होता है?"

—"अरे यही खेती-ऊती के बारे में बताते हैं। खुद कुछ नहीं जानते। दुनियाभर को बताते फिरते हैं...गांव में तो इन्हें कोई फटकने नहीं देता...ब्लाक ऑफिस से हैं।"

—"नमस्कार जी...," उस आदमी ने इस गांव में पहली बार मुझे नमस्कार किया।

—"नमस्कार...आइये।"

—"मैं इस क्षेत्र का वी.एल.डब्ल्यू. हूं...'विलिज लेविल वर्कर' मतलब ग्राम सेवक...मेरा नाम हरिपाल त्यागी है।"

वह बैठ गया। उसने अपना झोला रखा।

—"पानी पिलवाया जाये आपको त्यागीजी?" रहमत ने पूछा। मुझे आश्चर्य हुआ कि यह पूछा क्यों जा रहा है। फिर ध्यान आया, हां जातिवाद...हो सकता है, त्यागीजी मुसलमानों के यहां का पानी न पियें।

—"हां, पिलवाओ रहमत भाई।" मतलब त्यागी रहमत को पहले से जानते हैं।

—"हमें तो श्रीमान बड़ी प्रसन्नता हुई जब पता चला कि एक एम.ए. पास व्यक्ति गांव में खेती कराने आ गये हैं।" त्यागीजी ने कहा—"आप जैसे लोग तो गांव की तरफ़ देखते नहीं...यही हमारा और देश का दुर्भाग्य है...जब तक पढ़े-लिखे लोग गांव में नहीं आयेंगे तब तक...,"

उनकी बात काटकर रहमत बोला—"य लेव त्यागीजी पानी पियो।" पानी के गिलास के साथ तश्तरी में बढ़िया गुड़ की आधी भेली भी थी। त्यागीजी ने मज़े से पूरा गुड़ खाया और पानी पिया, और पानी लाने को कहा।

—"मैं तो जी पश्चिमी उत्तर प्रदेश का हूं...मुज़फ़्फ़रनगर...आप जानते ही हैं विकसित क्षेत्रों में माना जाता है। किसान प्रगतिशील हैं...यूरिया वग़ैरा का प्रयोग करते हैं...इस क्षेत्र के किसानों की तो समझ में ही नहीं आता...वे तो इस पर तैयार नहीं हैं कि उनकी पैदावार चार गुना हो जाये...अरे पांच मन का बीघा पैदा करते हैं...मैं बीस मन के बीघा की तो गारंटी देता हूं।"

ग्राम सेवक त्यागी से मिलकर मेरा उत्साह चौगुना हो गया। वाह क्या आदमी है; खाद, बीज, पानी और खरीद सबके बारे में 'डिटेल्स' हैं इसके पास। यह भी बता रहा है कि रासायनिक खाद पर सब्सिडी है। अगर चाहूं तो सरकारी बैंक 'लोन' भी

दे सकता है, यह भी कहता है कि वह तो रोज़ आकर मेरी फ़सल देख सकता है। यह ध्यान रखेगा कि कोई कीड़ा-वीड़ा न लगने पाये। मैंने पक्का फैसला कर लिया कि उसकी सलाह पर चलूंगा।

रहमत ने बड़ी मुश्किलों से एक हलवाहे का इंतिज़ाम किया। तनख्वाह ठहरी दो सौ रुपये महीने। जो यह सुनता था दांतों तले उंगली दबा लेता था। गांव में हलवाहों को पच्चीस-पचास महीना और दो बीघा ख़ेत से ज़्यादा न मिलता था क्योंकि वे बंधुआ या कर्ज़दार हुआ करते थे। अब मैं कहां से लाता ऐसे हलवाहे। ग्राम सेवक ने खाद की बात पक्की कर दी। यह कहा कि नया बीज आर.आर. इक्कीस आया है, इसे ही आप बुआवें क्योंकि इसका पौधा गिरता नहीं, छोटा होता है और बालियों में दाने भी ज़्यादा लगते हैं। यह पंतनगर का बीज है।

यहां इतना काम है कि अपने ऊपर यह सोचकर हंसने का समय भी नहीं मिलता कि तीन महीने पहले मैं पत्रकारिता की दुनिया में राष्ट्रीय और अंतराष्ट्रीय समाचारों के साथ उठता-बैठता था और अब...मैंने कई सप्ताह से अख़बार नहीं पढ़ा है। मुझे इस पर खेद या पछतावा भी न था। मैं यह मान चुका था कि वह दुनिया 'फ्राड' और धोखा है। मेरा वहां कोई गुज़र नहीं है और अगर मैं अपनी जगह बना सकता हूं तो यहीं और सिर्फ यहीं क्योंकि पैसा मैं यहीं कमा सकता हूं। बिन पैसा सब सून। बड़े-सा बड़ा दर्शन, संगठन, समाज, देश और पता नहीं क्या-क्या सब बेकार है बिना पैसे के। कोई दूसरी समान्तर व्यवस्था मनुष्य नहीं बना सका है जहां पैसे की केंद्रीय भूमिका न हो। लेकिन इतना तय है कि मानवता के लिये ऐसी व्यवस्था स्थापित करना एक अद्वितीय उपलब्धि होगी जो पूंजी के बजाय श्रम, बुद्धि और ज्ञान से संचालित हो।

अब सवाल यह था कि हलवाहे से तो चालीस बीघा की खेती नहीं हो सकती। मैंने रहमत से कहा कि दूसरे हल से मैं जोत लूंगा। वह मेरी तरफ अविश्वास से देखता रहा और फिर हंसने लगा।

—"क्यों क्या बात है? मुझमें क्या कमी है?"

—"भइया हल चलाना सीखना पड़ेगा...कहीं जानवर के पैर में लग गया तो हज़ार-डेढ़-हज़ार की जोड़ी बेकार हो जायेगी।"

मज़बूरी में तय पाया कि सिर्फ दस बीघा में गेहूं बोया जाये...फिर आगे देखा जायेगा। कुछ गांव के बूढ़े आकर कहते थे, ये ज़मीन धनयी है। इसमें गेहूं न होगा। ग्राम सेवक कहता था कि ये लोग पागल हैं, ज़ाहिल हैं। ये दोमट माटी है इसमें तो गेहूं ऐसा लहलहायेगा कि लोग देखते रह जायेंगे। मैं ग्राम सेवक के तर्कों से संतुष्ट हो जाता था जबकि गांव के दूसरे लोग उन तर्कों के साथ अनुभव भी जोड़ लेते थे और उसमें संदेह, शक और 'पता नहीं क्या हो' वाला भाव जुड़ जाता था। काफी

समय बाद मैं समझ पाया कि यही शायद इन लोगों की शक्ति है। संदेह करना, फूंक-फूंककर क़दम रखना, जहां सब कुछ अच्छा ही अच्छा दिखायी दे रहा हो, वहां कुछ थोड़े अनिष्ट की कल्पना कर लेना ताकि अपनी तैयारी पूरी रहे।

काम कोई एक न था और काम इस तरह निकल आते थे जैसे जादू के पिटारे से रूमाल निकलने लगते हैं। ब्लॉक का चक्कर, तहसील का दौरा, सहकारी बैंक में काम-काज, बिजली दफ़्तर, कुंजड़े से पैसा वसूल करना, डांगर की जोड़ी खरीदना, बीज गोदाम में अपनी मांग दर्ज़ कराना, खेतों की पैमाइश के लिये पटवारी के घर के चक्कर, बिजली का मोटर लेने के लिये कानपुर का दौरा...इन सब कामों में दिन पूरी तरह गुज़र जाता था। रात में खाना खाने के बाद चौपाल जम जाती थी। बटाईदार जानते थे कि मुझे खुश न रखा गया तो जोतने को ज़मीन न मिल पायेगी। मेरे लिये बड़ी मुश्किल थी कि किसे मना करूं। ये सब पिछले बीस-बीस साल से बटाई पर यह ज़मीन जोत रहे थे और क़ायदे से उनका 'शिकमी हक़' बन गया था। लेकिन अब्बा यानी डिप्टी साहब के कारण कागज़ों पर कभी उनका नाम न आ पाया था। तो क्या करूं? यूनिवर्सिटी में पढ़ा-लिखा, मार्क्सवाद के सिद्धांत, हक़ की लड़ाई, सर्वहारा के प्रति सहानुभूति, या पैसा? अब्बा की मर्ज़ी के बग़ैर मैं कोई बड़ा फैसला तो ले भी न सकता था। सोचा जैसे चल रहा है वैसा ही चलने दूं और कोई बीच का रास्ता निकालूं। जो बटाईदार ठीक से काम नहीं करते उन्हें हटा दूं फिर देखा जायेगा।

रात के खाने के बाद रामसेवक कंजड़, किश्ना चमार, यादव पहलवान और नंबरी आ जाते थे। रामसेवक बटाईदार है। दस बीघा जोतता है। नौजवान आदमी है। खेती से छुट्टी मिलती है तो जंगली जानवरों के शिकार पर चला जाता है। किश्ना पक्का खेतिहर है। भूमिहीन है और बटाई की खेती करता है। यादव पहलवान के पास अपनी स्वयं की ज़मीन है। उनके पिताजी और अब्बा में कुछ सहयोग और भाईचारे के संबंध रहे हैं, इसलिये वो आ जाते हैं। नंबरी कुर्मी हैं। ज़मीन कम है उनके पास, इसलिये हमारे बटाईदार हैं। जैसे गांव के हंसोड़, मज़ाकिया लोग होते हैं वैसे ही नंबरी हैं। बीड़ी पीने के शौकीन हैं और रोज़ रात में दो-चार बीड़ी पी जाते हैं। किश्ना और रामसेवक नीचे ज़मीन पर बैठते हैं। नंबरी और यादव पहलवान तख़्त पर बैठते हैं। यह भी नियम या इस तरह के नियम कितने पक्के हैं इसका अंदाज़ा मुझे पहले न था।

खेती किसानों की बातें, इधर-उधर की बातें, गांव के नये हालात, तहसील, थाने की बातें, ग्राम सेवक के किस्से और न जाने क्या-क्या छिड़ जाते हैं। मैं ख़ामोश ही रहता हूं क्योंकि उसमें जोड़ने के लिये मेरे पास कुछ नहीं होता। इन महफ़िलों में रहमत भी रहता है। वह भी नीचे लेकिन सायबान के मोटे लोहेवाले खंभे से टिककर बैठता है। बटाईदार उसे बहुत मानते हैं क्योंकि उसी को डिप्टी साहब की आंखें और कान माना जाता है।

3

दो महीने बाद गेहूं लगवाकर मैं शहर आया तो शहर इतना बड़ा लगा कि ज़िंदगी में कभी न लगा था। यह सोचकर हंसी आ गयी कि कुछ बड़ा या छोटा नहीं होता। यह सब हमारा-आपका नजरिया है जो विभिन्न संगतियों से बनता है। बस अड्डे में अपनी दुकान पर ताहिर मिल गया। वह खुश हो गया और बोला–"अरे यार पूरे दो महीने लगा दिये...कहो क्या-क्या करा आये?" मैंने उसे बताया। दुकान पर बैठकर हम चाय पीने लगे। हाज़ी जी नमाज़ पढ़ने गये थे।

–"यार झुलस गये तुम।" वह मेरी तरफ देखकर बोला। मुझे खुशी हुई। काम में झुलसना तो बड़ी बात है। लेकिन प्रॉब्लम यह थी कि मैं दो महीने से अख़बार न देख सका था। खुरजी में इधर-उधर कभी पढ़ने को मिल जाया करता था लेकिन अख़बार से जो सिलसिला बनता है वह टूट चुका था।

घर आया तो अम्मां देखकर खुश हो गयी। ख़ाला ने मेरे पसंद के खाने चढ़वा दिये। अब्बा हैरत से सुनते रहे कि इन दो महीनों में मैंने क्या-क्या कर डाला था। वे हिसाब लगाने लगे कि दस बीघा में जैसा कि ग्राम सेवक कहता है, बीस मन का बीघा न सही अगर अट्ठारह मन का बीघा भी हुआ तो कोई साढ़े तेरह हज़ार का गेहूं हो जायेगा। अगली फ़सल पर अगर बीस बीघे में बोआई करायी गयी तो... बहरहाल मैं भी खुश था कि चलो कुछ तो बात बन रही है। बाग़ उठाने से जो पैसा मिला था वह खेती में लगा दिया था।

घर पर मुझे तीन ख़त मिले। एक अहमद का ख़त था। पढ़कर मैं हैरान हो गया। उसने लिखा था कि इंडियन हाई कमीशन, लंदन में उसकी इन्फॉरमेशन ऑफीसर के ओहदे पर पोस्टिंग हो गयी है। यह पोस्टिंग मंत्री ने दी है। ज़ाहिर है उसके पीछे इंदरानी के अंकिल का हाथ ही था। मैं सोचने लगा, यार थर्ड क्लास बी.एस-सी. फॉरेन सर्विस में आ गया और अब मज़े करेगा। यही फ़ायदा है 'कॉन्टेक्ट्स' का। उसने जोश में आकर मुझे लंदन आने की दावत भी दे डाली थी। ठीक है अब मैं जा सकता हूं, मेरे पास पैसा होगा। पैसा ज़िंदगी को चलाने वाली गाड़ी का पहिया। दूसरा ख़त शकील का था। उसने लिखा था कि यार भाइयों के तंग करने, कारोबार में हिस्सा न देने और वालिद साहब की लापरवाही का शिकार होने से बचने का एक ही रास्ता मुझे नज़र आया। मैं पॉलिटिक्स में आ गया हूं। मैंने कांग्रेस ज्वाइन कर ली है। अब साले मुझसे घबराते हैं। यहां कांग्रेस के अध्यक्ष आर.के. तिवारी हैं। तुम दिल्ली से उन पर कोई दबाव डलवाकर मुझे युवा कांग्रेस का ज़िला अध्यक्ष बनवा दो तो मज़ा आ जाये। मैं एक-एक को सीधा कर दूं। दो अच्छी ख़बरों के बाद तीसरे ख़त में एक बुरी ख़बर थी। अलीगढ़ से के.पी. ने लिखा था, ''जावेद भाई की कैंटीन बंद हो गयी। नये वाइस चांसलर ने कैंटीन का ठेका अपनी पत्नी की सहेली को दे

दिया है। कुछ लोग कहते हैं ये तो सिर्फ नाम के लिये है। ठेका वी.सी. की पत्नी को ही मिला है। चार-पांच हज़ार लड़के रोज़ कैंटीन में आते हैं। तुम समझ सकते हो क्या आमदनी होती होगी। जावेद भाई ने बड़े हाथ-पैर मारे लेकिन वाइस चांसलर ही नहीं चाहते तो कोई क्या कर सकता है। जावेद भाई का परिवार बड़ा है, दो निठल्ले भाई और उनका परिवार भी जावेद भाई के साथ ही हैं। इसके अलावा उनका अपना परिवार। सौ रुपये रोज़ विल्स सिगरेट और पान का ख़र्च...और जाने क्या-क्या...बहरहाल बहुत परेशान हैं...यूनिवर्सिटी का घर एलाट कराया हुआ है। आज तक अपना घर नहीं बना सके हैं जबकि पिछले पंद्रह साल से कैंटीन चला रहे थे।"

मैं सोचने लगा, यार अच्छे आदमी इतने अच्छे क्यों होते हैं कि अपने साथ दुश्मनी करने लगते हैं? जावेद कमाल अपनी तमाम कमियों के बावजूद हीरा आदमी हैं...हर ज़रूरतमंद की मदद के लिये तैयार। यारों पर जान छिड़कने वाले, धर्म, जाति, राष्ट्र, रंग, नस्ल की सीमाओं से ऊपर...अच्छे शायर...लेकिन ये अपने-आपसे दुश्मनी क्यों करते रहे? हो सकता है यह जानबूझकर न की गयी हो अनजाने में हो गयी हो; लेकिन है तो दुश्मनी। जब अच्छे दिन थे तो रोज़ की कमाई रोज़ उड़ा दी जाती थी। जाड़ों में पाये खिलाने की दावत में पच्चीस-तीस लोगों से कम नहीं होते थे। गाजर के हलुये की दावत अलग होती थी। पान-सिगरेट दोस्तों के लिये मुफ़्त था। फिल्म दिखाने ले जाते थे तो रिक्शे के किराये से लेकर इंटरवल की चाय तक के पैसे कोई और नहीं दे सकता था...ये सब क्यों करते थे और इसका क्या मतलब था? पैसा ख़र्च करना खुशी देता है तो ग़म भी देता है। लेकिन शायद उनके संस्कार ऐसे थे, परवरिश ऐसे माहौल में हुई थी, खानदान ऐसा था जहां पैसे का कोई महत्त्व न था। जमींदार, जागीरदार पैसे के महत्त्व को नहीं जानते। अरे क्या जागीर चली जायेगी? ज़मींदारी की आमदनी तो ऐसी धरती है जो कभी बंजर नहीं पड़ती।

पुलिया पर फिर महफ़िलें जमने लगीं। उमाशंकर अपने घर से गोश्त पकवाकर ले आते थे। मुख़्तार पैजामे में घुसेड़ कर अंग्रेज़ी की बोतल लाता था। पुलिया जो किसी पंचवर्षीय योजना में ऐसे नाले पर बनी थी जो था ही नहीं; बैठने की एक आदर्श जगह थी। न तो इस पुलिया पर से कोई सड़क गुजरती थी और न कोई चलता हुआ रास्ता था। दूर-दूर तक फैले खेत थे और उनके पीछे कुछ पुरवे थे। पुलिया पर दरी बिछाकर सब पसर जाते थे। ऊपर खुला आसमान और नीचे खिलता हुआ अंधेरा... निपट अंधेरा। इन महफ़िलों में कलूट भी आने लगा था जो इस बात पर आज तक गर्व करता था कि कलकत्ता में ज्योति बसु के साथ जेल गया था। कलूट का अंडे-मुर्गी का कारोबार ठप्प हो गया था और खर्चा जानवरों के बाज़ार में दलाली से ही

चलता था। कलूट के साथ शमीम साइकिल वाला भी आ जाता था। वह पीता न था। उसे मज़ा आता था हम लोगों के लिये छोटे-मोटे काम करने में। 'लाला दौड़ के एक बीड़ी का बंडल ले आओ।' वग़ैरा...इन्हीं महफ़िलों में दुनिया-जहान की बातें होती थीं। राजनीति, मुसलमानों की स्थिति, सोवियत यूनियन, चीन और अमेरिका बहस के मुद्दे बना करते थे।

केसरियापुर में दो महीने तक मुझे लगा था कि मैं बोला ही नहीं हूं। क्या बोल सकता था? बीज, खाद, पानी, पैसा, निराई, गुड़ाई...ये क्या कोई 'बात' है? न तो वहां मैं किसी से अपने राजनीतिक विचारों की चर्चा कर सकता था और न अपने साहित्यिक कामों पर बात कर सकता था। इसलिये लगता था कि दो महीने ख़ामोश रहा हूं। इन महफ़िलों में वह कमी पूरी होने लगी। एक दिन बातचीत में उमाशंकर ने कहा—"यार साजिद तुम अपनी पार्टी की इतनी तारीफ करते हो...तुम्हारी पार्टी का यहां कोई आदमी नहीं है क्या...हम लोग भी मिलें...देखें।" ये सुनकर मुझे खुशी हुई। उमाशंकर अपने को पक्का कांग्रेसी कहा करता था लेकिन इन महफ़िलों में हुई बहसों ने उसे विचलित कर दिया है। मुख़्तार तो मुस्लिम लीग से उखड़ ही चुका था। ताहिर को राजनीति में रुचि नहीं है। शाहिद मियां की दोस्ती की वजह से इलेक्शन में कांग्रेस का काम कर देता है और एक 'प्रोटेक्शन' भी मिला हुआ है। ख़ैर पता-वता लगाया गया तो आर.के. मिश्रा एडवोकेट का पता चला कि वो सी.पी.एम. के जिला सचिव हैं।

दो दिन बाद हम सब एक साथ उनके घर पहुंच गये। बाद में उन्होंने बताया था कि इतने लोग, इस शहर में, पार्टी के नाम पर उनसे मिलने कभी नहीं आये थे। खूब बातचीत हुई। कामरेड मिश्रा ने साहित्य दिया। 'स्वाधीनता' लेने की बातें भी तय हुई। काम क्या हो रहा है यह पूछने पर कामरेड थोड़ा कन्नी काट गये। बोले, "कुछ कामरेड किसान सभा का काम देख रहे हैं। एक-दो तहसीलों में अच्छा काम है..." वग़ैरा-वग़ैरा...तो ये समझते देर नहीं लगी कि शहर में पार्टी का काम है नहीं।

केसरियापुर जाने से पहले एक दिन अचानक बावरचीख़ाने में सल्लो को बैठे देखा और ऐसा लगा जैसे पूरा वजूद बज उठा हो। सल्लो ने मुझे देखा और मुस्कुरा दी... पुराने पन्नों को खोलती और रिश्तों को आधार देती मुस्कुराहट। उसके साथ बितायी रातें उंगलियों के पोरों पर नाचने लगीं। फिर घर में पता चला कि उसके अब्बा को किसी नयी मिल में नौकरी मिल गयी जो यहां से दूर है। इसलिये सल्लो और उसकी मां को बुआ के यहां छोड़ा गया है।

सल्लो इस पूरे संसार में अकेली है जिससे मेरे संबंध बने थे। सल्लो को मैंने कहां-कहां याद नहीं किया है। सल्लो मेरे दिलो-दिमाग़ पर छायी रही है। यह

दुबली-पतली औसत कद और सामान्य नाक-नक्शे वाली लड़की चांदनी रात में जब 'बेहिजाब' हुआ करती थी तो सुख के सागर खुल जाते थे।

मुझे उससे तन्हाई में इतना कहने का मौक़ा मिल गया कि वह रात में ऊपर आ जाये। वह हंस दी और बोली—"देखेंगे...अभी से क्या कह दें।" चेहरे पर तो उसके भी खुशी झलक रही थी।

कोठे वाले कमरे के सामने वाली छत पर मच्छरदानी से घिरा मैं घर के अंदर से आने वाली आवाज़ों पर कान लगाये था। धीरे-धीरे घर का काम करने की आवाज़ें मद्धिम पड़ती गयीं। धीरे-धीरे अंधेरे के जुगनू जगमगाने लगे और मुझे लगा, अब इंतिज़ार की घड़ियां ख़त्म हुआ ही चाहती हैं। बग़ैर किसी आहट के एक परछाईं चलती हुई मेरे पलंग तक आयी और मैंने उठकर उसे बिस्तर पर खींच लिया। वह बात करना चाहती थी लेकिन मेरे पास कोई शब्द नहीं था सिर्फ शरीर था, हाथ था, आंखें थी, वह तकिये पर सिर रखकर लेट गयी और एक गहरी सांस ली। उसकी गहरी सांस ने मुझे पलट दिया। मेरी ज़ुबान खुल गयी।

—"कैसे रहीं तुम?"

—"आपको क्या...आपने तो पलटकर पूछा तक नहीं।"

—"ये मत कहो...मैं तुम्हें याद करता रहा।"

—"याद करने से क्या होता है...अब्बा का रिक्शा ट्रक के नीचे आ गया था। वो तो जान बच गयी...यही अच्छा हुआ। चोट भी खा गये थे...डिप्टी साहब ने ही इलाज़ कराया था।"

—"तुम गांव चली गयी थीं?"

—"हां, जब तक कटाई चलती रही...वहीं अम्मां के साथ जाती थी...फिर वहां क्या था...वापस आ गये। आप तो साल-डेढ़ साल बाद आये।"

—"हां, मैं जंगल में फंस गया था।"

वह हंसने लगी। देख तो नहीं पाया लेकिन अनुमान लगा लेना आसान था कि उसके दाहिंने गाल में हलका-सा गड्ढा पड़ा होगा। वह जब हंसती है तो यही होता है।

—"दिल्ली क्या जंगल है।"

—"हां, बड़ा भयानक जंगल है।" मैं उसे धीरे-धीरे आपबीती सुनाने लगा जो किसी को नहीं सुनायी है। उसके हाथ की उंगलियां मेरे सीने के बालों को सीधा करती रहीं। मैं सोचने लगा औरत से बड़ा हमराज़ कोई नहीं हो सकता। अपने बारे में, वह चाहे जीत हो या हार हो, प्रेमिका को बताना और इस तरह बताना कि बातचीत का कोई गवाह न हो सच्चाई से आँखें चार करने का अनोखा मज़ा है। वह सुनती रही और खुलती रही। हम धीरे-धीरे एक-दूसरे को महसूस करने लगे। मुझे लगा कि यह संबंध कोई सतही हलका या केवल सेक्स संबंध नहीं हो सकता।

इसमें और भी बहुत कुछ है, क्या है? मैं यह सोचकर डर गया। वह पता नहीं क्या सोच रही थी। हाथों के स्पर्श ने डर को पीछे ढकेल दिया। चारों तरफ अंधेरी रात की चादर तनी थी और वह कह रही थी कि तुम दोनों को कोई नहीं देख रहा है। ये चक्कर क्या है जो बात हमें मान लेनी चाहिये हम नहीं मानते? जो बातें तय हो जानी चाहिये हम क्यों नहीं करते? पहली बार उसके साथ लगा कि यह ठीक नहीं है लेकिन इस बीच उसकी सांसें तेज़ हो गयी थीं। मैं अपने को रोकना चाहता भी तो नहीं रोक सकता था।

रातभर हम एक सागर में उतरते-तैरते और किनारे पर आते रहे। किनारे पर हमारे लिये सवाल थे। इसलिये फिर लहरों के बीच चले जाते थे और आदिम इच्छाओं के संसार में हमें शरण मिल जाती थी। वह साधारण नहीं है। तट पर आकर जो बातें होती हैं वे अंदर तक उतर जाती हैं। मैं तय नहीं कर पा रहा था कि उससे चलते समय क्या कहूंगा। कचहरी के घड़ियाल ने चार का घंटा बजाया। वह धीरे-धीरे कपड़े पहनने लगी। अच्छा है कि जाने से पहले उसने कुछ नहीं पूछा। शायद उसे मालूम था कि वह जो कुछ पूछेगी उसका जवाब मेरे पास नहीं है। वह मुझे शर्मिंदा नहीं करना चाहती थी।

हालांकि शहर में मैं नहीं रहता था लेकिन आना-जाना लगा रहता था। जब भी आता तो पार्टी सेक्रेटरी आर.के. मिश्रा से मुलाक़ात हो जाती। उन्नाव निवासी मिश्रा जी देखने-सुनने और व्यवहार में खासे पंडित हैं। मस्त हैं, बातूनी हैं, खाने-पीने के शौकीन हैं, आनंद लेने के पक्षधर हैं, काम को बहुत सहजता से करते हैं। गांव में घर-ज़मीन है जहां से साल भर खाने लायक अनाज आ जाता है। दस-बीस रुपये रोज़ वकालत में भी पीट लेते हैं। मिश्रा जी कई-कई दिन शेव नहीं कराते। हफ़्ते-दो-हफ़्ते में नाई की दुकान जाकर जब शेव बनवा लेते हैं तो उनकी शक्ल बिगड़ जाती है। चेहरे पर जब तक बालों की खूटियां नहीं निकल आतीं तब तक उनका व्यक्तित्व मुखरित नहीं हो पाता।

मिश्रा जी के माध्यम से दूसरे पार्टी सदस्यों से भी परिचय होने लगा। पंडित दीनानाथ से मिला। पंडित जी स्थानीय पार्टी के प्रवक्ता हैं। पूरे शहर में मार्क्सवाद की 'सुरक्षा' करने की ज़िम्मेदारी उन्हीं पर रहती है। जब कोई पान की दुकान पर मार्क्सवाद पर प्रहार करता है तो बचावपक्ष अंत में यही कहता है कि पंडित दीनानाथ से बात करो। पंडित जी द्वंद्वात्मक भौतिकवाद पर हिंदी में एक किताब लिखने की भी सोच रहे हैं। सूरज चौहान पार्टी में हैं, वकालत करते हैं और किसान मोर्चे पर सक्रिय हैं। बली सिंह लकड़ी का काम करते हैं। पार्टी सदस्य हैं। आक्रामक किस्म का व्यक्तित्व है। पैसे वाले हैं। पार्टी मीटिंगों में चाय-पानी के ख़र्च का ज़िम्मा वही उठाते हैं। 'आबरु' र.यबरेलवी भी पार्टी के सदस्य हैं। शहरी मुद्दों और भ्रष्ट

अधिकारियों पर शायरी करते हैं। शहर के मुशायरों में स्थानीय शायरों और कवियों में सबसे वरिष्ठ माने जाते हैं। इसके अलावा कुछ ग्रामीण किस्म के सदस्य भी हैं जो किसी गिनती में नहीं आते। उन्हें मिश्रा जी काम बांटा करते हैं।

धीरे-धीरे मैं इन सबके संपर्क में आया और मैंने अपनी टीम को मिश्रा जी के हवाले कर दिया। मेरी समझ में नहीं, आता था कि पार्टी का काम यहां कैसे आगे बढ़ सकता है? मज़दूर हैं नहीं इसलिये ट्रेड यूनियन का सवाल ही नहीं पैदा होता। किसान सभा बनी हुई हैं पर उसके पास क्या मुद्दे हैं? मज़दूरी का मुद्दा बड़ा संवेदनशील है क्योंकि छोटे किसान तक जो किसान सभा के सदस्य हैं इस मुद्दे पर चुप ही रहते हैं। यह डर रहता है कि इससे बड़ा बबाल खड़ा हो जायेगा। पुलिस उत्पीड़न के मुद्दे ज़रूर हैं पर वे कितने हैं? और व्यापक जन-समर्थन का आधार बन सकते हैं या नहीं? मिश्रा जी से इन बातों पर चर्चा होती थी। उनके पास लखनऊ से जो लाइन आती थी, जो शायद दिल्ली से चली होती थी, उसकी बातें करते थे। बहरहाल आंदोलन कैसे शुरू किया या बढ़ाया जाये इसके बारे में हमारे पास कोई जानकारी नहीं थी। सदस्यता बढ़ाने का अभियान ज़रूर चलाते रहते थे।

दूसरा पानी लगने के बाद गेहूं ऐसा फनफना के निकला कि गांव वाले हैरान रह गये। इस ज़मीन में कभी गेहूं तो हुआ ही नहीं था। ग्राम सेवक इसे अपनी सफलता मानते थे। एक दिन कहने लगे साजिद जी आप देखते जाओ एक दिन मैं आपको उत्तर प्रदेश के आदर्श किसान का पुरस्कार दिलवा दूंगा। यहां मुख्यमंत्री आयेंगे।

गांव के बूढ़े किसान फ़सल देखने आते। कुछ मेरी किस्मत को सराहते और कुछ रासायनिक खाद की तारीफ करते। बटाईदारों में एक बीघा गेहूं किश्ना और दो बीघा रामसेवक ने लगाया था। उनकी भी फ़सल अच्छी थी। मुझे लग रहा था कि बस पाला मार लिया। अब अगले साल पूरे चालीस बीघा में गेहूं लगवाऊंगा। लोग ये भी कहते थे कि पैसा गेहूं-धान में नहीं है, पैसा तो आलू और घुइयां में है। खड़ा खेत बिक जाता है। कुंजड़े खरीद लेते हैं। आलू अच्छा हो तो पांच-छह हज़ार का बीघा जाता है। ये सब सुनते-सुनते मैं इतना भर गया कि सोचा चलो आलू लगवाकर देखते हैं। खेत की खूब तैयारी होने लगी। ग्राम सेवक आ गये। उन्होंने खाद की ज़िम्मेदारी ले ली। एक 'प्रगतिशील किसान' से बीज खरीदा गया और आलू लग गया।

हर चीज़ या हर काम यहां 'अधिया' पर हो जाता है। खेत ही अधिया पर नहीं जाते, जानवरों की देख-रेख भी अधिया पर होती है। तालाब में सिंघाड़ा भी अधिया पर लगता है। गोबर से कंडे पाथने का काम भी अधिया पर होता है। नंबरी ने मुझसे कहा था कि मैं अपने जानवरों के गोबर के कंडे पाथने का काम उसके साथ अधिया में करा लिया करूं। मैं तैयार हो गया था। अच्छा है चार पैसे की आमदनी हो जायेगी

और पथे-पथाये सूखे कंडे जलाने के काम भी आयेंगे।

अगले दिन से अधमैली साड़ियों में परछाइयां शाम ढले आने लगीं और कंडे पाथने का काम शुरू हो गया। अहाते में दूसरी तरफ कंडे पाथ कर लगाये जाने लगे और सूखे कंडे दूसरे सायबान में जमा होने लगे। अधमैली, मलगिजी साड़ियों में दो परछाइयां जो आती हैं उनमें एक नंबरी की औरत है और दूसरी नंबरी की लड़की है। नंबरी की लड़की का विवाह हो चुका है। वह अपनी आठ-दस महीने की लड़की को लेकर आती है। लड़की को वह दूसरे सायबान में लिटाया करती थी। एक दिन मैंने कहा कि इसे दूसरे सायबान में मत लिटाया करो। कोई कीड़ा-वीड़ा न काट ले। इस सायबान में जहां मैं बैठता हूं वहां लिटाया करो। अगले दिन से यही होने लगा। नंबरी की लड़की जब अपनी बच्ची को तख़्त पर लिटाने आती तो मैं उसे ध्यान से देखता। शारीरिक श्रम की वजह से उसका ज़िस्म हर तरह से सुंदर है। छोटी-सी नाक, छोटी-सी आंखें, गोल चेहरा, कुछ ऊपर को उठे हुए गाल इतना आकर्षित नहीं करते जितना शरीर करता है। नपा-तुला, सीधा, मज़बूत, कर्मठ, जीता-जागता गेहुंये रंग का शरीर जिसकी सच्चाई अधमैली धोती के नीचे से विद्रोह करती रहती है।

रहमत शहर से लौटा तो उसके पास दीगर चीज़ें तो थीं ही यानी ख़ाला ने चने का हलुवा भेजा था, अम्मां ने नये कुर्ते-पाजामे भेजे थे लेकिन इनसे कीमती चीज़ यानी एक ख़त था। जहां मैं बात करने को तरस जाता हूं वहां ख़त से लगता था नयी ज़िंदगी आ गयी है। जिस दुनिया को छोड़कर, जिसकी रंगीनी से, जिसके अभावों और मज़ों से मैं वंचित हो गया हूं वे सामने आ गये हैं। लिफाफे पर भेजने वाले का नाम और पता छपा था। पढ़कर मज़ा आया। मुहम्मद शकील अंसारी, मंत्री युवा कांग्रेस...। वाह बेटा वाह, मार लिया हाथ। जल्दी-जल्दी ख़त खोला। ख़त क्या था पूरी दास्तान थी। शकील ने बड़े विस्तार से लिखा था कि उसने यह पद कैसे प्राप्त किया—'यार मैंने क्या नहीं किया, सबसे पहले तो शहर काज़ी को पटाया। उनको मस्जिदों के लिये और मदरसों के लिये चंदा दिलाया। उसके बाद अपने पंडित जी से उसकी मीटिंग करायी। काज़ी जी कभी किसी राजनीतिज्ञ से नहीं मिलते हैं लेकिन मेरा दबाव काम कर गया। एक यहां मेरा पुराना स्कूल का दोस्त है जो नेपाल के जंगलों से लकड़ी लाता है। काफी पैसा कमा लिया है उसने। उससे बात करके मैंने पंडित जी के बेटे को एक सेकेंड-हैंड मोटर साइकिल सस्ते में दिला दी। पंडिताइन को सालभर के लिये गेहूं लगभग आधे दामों में दिला दिया। ये सब पापड़ बेलने पड़े और फिर पंडित जी को बार-बार बताया कि ज़िले में अंसारी बिरादरी के कितने वोट हैं। बहरहाल किसी तरह पंडित जी काबू में आये तो ठाकुर अजय सिंह बिदक गये। उनको एक प्रभावशाली ठाकुर से ठीक कराया। पर अब समझो लाइन

सीधी है। कल ही मैंने इनकमटैक्स इंस्पेक्टर को अपनी दुकान पर भेज दिया था। साले दोनों भाइयों की सिट्टी-पिट्टी गुम हो गयी। मैंने मामला रफ़ा-दफ़ा कराया और भाइयों से कहा कि क़ायदे से मुझे मेरे हिस्से का मुनाफ़ा देते जाओ नहीं तो जेल चले जाओगे। देखो यार जो लोग मुझे कुत्ता समझते थे, आज कुत्ते की तरह मेरे पीछे घूमते हैं। सौ-पचास लौंडों का एक गिरोह भी मेरे साथ खड़ा हो गया है। जो काम पुलिस से नहीं हो पाता वह काम ये कर देते हैं। अब तो लखनऊ के भी दो-चार चक्कर लगा लेता हूं। दुआ करो कि आगे का काम यानी टिकट मिल जाये।' मैं ख़त पढ़कर सोचने लगा। शकील ने अच्छा किया या बुरा किया? मेरी समझ में नहीं आया।

4

शहर गया तो मालूम हुआ कि मिश्रा जी से मेरी मंडली मिलती रहती है। कलूट को पार्टी का सदस्य बना लिया गया है। आधार यही बना था कि दस साल पहले अपने कलकत्ता प्रवास के दिनों में कलूट ज्योति बसु के साथ जेल गये थे। इतने समर्पित कार्यकर्ता को पार्टी सदस्य क्यों न बनाया जाता लेकिन कलूट ने पार्टी मेंबर बनने का जो विवरण दिया था वह बहुत अलग था।

कलूट ने बताया कि मिश्रा जी ने कहा कि कचहरी आ जाना वहां फॉर्म भरवायेंगे। जब ये कचहरी गये तो मिश्रा जी ने इनसे कहा कि तुम्हें मालूम है तुम एक आल इंडिया पार्टी के सदस्य बन रहे हो। तुम संसार के कम्युनिस्ट आंदोलन में शामिल होने जा रहे हो। इस पार्टी की मेंबरशिप के लिये तो लोग तरसते हैं। बहुत भाग्यशाली होते हैं जिन्हें मेंबरशिप मिलती है। तुम्हें एक कार्ड मिलेगा जिसे देखकर अच्छे-अच्छे अधिकारी एक बार चौंक जाया करेंगे। इस तरह की भूमिका बांधने के बाद मिश्रा जी ने कहा—"कलूट भाई अपनी खुशी में दूसरे कामरेडों को शामिल करो। देखो यहां पंडित दीनानाथ बैठे हैं, सूरज चौहान हैं, आबरु साहब हैं, अब तुम इस बिरादरी में शामिल हो रहे हो।"

—"अरे साफ़-साफ़ कहो कि चाय पिया चाहत हो।" आबरु साहब ने मिश्रा जी से कहा।

—"अरे चाय हम पीते रहते हैं...इस समय...,"

—"जाओ बच्चा, सामने माखन हलवाई की दुकान से गुलाब जामुन और समोसा ले आव...चाय बोल दियो कि मिश्रा जी के बस्ता पर पहुंचा देव।"

—"अच्छा, तो उन सबने तुम्हें 'काटा',''' मैंने पूछा।

कलूट हंसने लगा, "अरे नहीं साजिद मियां...ऐसा का है।"

—"नहीं, ये तो ग़लत है।"

—"साजिद भाई...ये बेचारा दिन भर साइकिल के पीछे मुर्ग़ियों का ढाबा लिये गांव-गांव का चक्कर काटता है तब कहीं दस-बीस रुपया कमा पाता है।" मुख़्तार ने कहा।

—"चलो अभी चलते हैं मिश्रा जी के पास," मुझे गुस्सा आ गया।

—"नहीं-नहीं, रहे देव," कलूट ने कहा।

—"रहने कैसे दिया जाये," मुख़्तार बोला।

—"बातें तो इतनी ऊंची-ऊंची करते हैं और हॉल ये है," ताहिर ने बीड़ी का दम लगाने से पहले कहा।

मुझे लगा ये सब मुझे घेर रहे हैं। कह रहे हैं यही आपकी पार्टी के आदर्श हैं। यही वे लोग हैं जो ग़रीबों के लिये पृथ्वी पर स्वर्ग उतार लायेंगे।

मैंने सोचा मिश्रा जी पर सीधा हमला करने से पहले ज़रा दूसरे लोगों को भी टटोल लिया जाये। मैं सूरज सिंह चौहान के पास गया, वह काली शेरवानी चढ़ाये कचहरी जाने की ताक में चौराहे पर खड़े थे। मुझे देखकर पान की दुकान की तरफ घसीटने लगे। मैंने उन्हें चायखाने की तरफ घसीटना शुरू किया और हम दोनों चाय पीने बैठ गये। चौहान साहब को पूरी भूमिका बांधकर मैंने पूरा किस्सा सुनाया। वे काफी दार्शनिक-भाव के साथ सुनते रहे। उन्होंने चुप्पी तोड़ी और बोले—"कामरेड तुम तो जानते ही हो कि इस पार्टी में हाईकमान का विश्वास जीतना बहुत कठिन है। पर एक बार किसी का विश्वास जम जाये तो उसे उखाड़ना और मुश्किल है। मिश्रा जी ने लखनऊ में अपना विश्वास जमा दिया है। ये जो कलूट के साथ हुआ कोई नयी बात नहीं है। मिश्रा ऐसे काम करते रहते हैं। हम लोग लखनऊ में कहते हैं तो डांट उलटा हमें पड़ती है। कहा जाता है आप लोग ज़िला कमेटी में गुटबंदी कर रहे हैं। जाओ जाकर काम करो एक-दूसरे की शिकायतें न किया करो...कामरेड मिश्रा तो फिर भी वैसे नहीं हैं। हम बताये आपको सात-आठ साल पहले हमारे ज़िला सेक्रेटरी त्रिभुवन हुआ करते थे। हाईकमान के चहेते। प्रांतीय नेतृत्व की नाक का बाल। लेकिन ज़िला स्तर पर उनकी बड़ी काली करतूतें थीं। हम लोग जब भी लखनऊ में बात उठाते तो यही जवाब मिलते की गुटबंदी न करो। काम करो। अब साहिब पूरी ज़िला कमेटी...एक-दो जनों को छोड़कर बड़ी त्रस्त हो गयी। क्या करें, क्या न करें? बड़ी मुश्किल से मौक़ा आया। जब सी.पी.एम. का विभाजन हुआ तो हमारे ज़िला सेक्रेटरी ने बैठक बुलायी। हमें मालूम था कि उनके रुझान नक्सली हैं, उन्होंने हम सबसे पूछा कि बताओ क्या करें? सी.पी.एम. में रहे या नक्सली हो जायें। हम लोगों ने कहा कामरेड आप हमारे नेता हैं। जो आप निर्णय लेंगे वही हमारा भी फैसला होगा। कामरेड ने कहा—ठीक है, हम सी.पी.एम.एल. में चले जाते हैं। अगले दिन उन्होंने अख़बार में छपवा दिया। हम तीन ज़िला कमेटी के मेंबर

अख़बार लेकर लखनऊ गये और प्रांतीय नेताओं से पूछा कि हम लोग क्या करें? हमारे कामरेड सेक्रेटरी तो नक्सली हो गये हैं? हमसे कहा गया लखनऊ से किसी को भेजा जायेगा, आप लोग ज़िला कमेटी की मीटिंग करें और नया सेक्रेटरी चुन लें। तो इस तरह त्रिभुवन से हमारा पीछा छूटा। अब कामरेड मिश्रा ये सब हरकतें करते हैं। आपको मालूम नहीं, ये उन किसानों से ज़्यादा फीस वसूल करते हैं जो पार्टी के हमदर्द हैं। मतलब हम जान-जोखिम में डालकर लोगों को पार्टी के पास लाते हैं और मिश्रा जी उन्हें भगा देते हैं, क्या किया जाये?''

केसरियापुर लौट आया तो बिन्देसरी फिर दिखायी पड़ने लगी। कभी अकेली और कभी मां के साथ। जब अकेली होती और मेरे पास कोई बैठा न होता तो किसी बहाने से मैं उसे बुला लेता। लेकिन डर भी लगता कि यार चारों तरफ से खुला घर है। रहमत और गुलशन आते रहते हैं। कहीं कोई देख न ले। लेकिन दिल है कि मानता नहीं। एकाद मौक़ा देखकर कुछ लाने के लिये उसे कमरे में भेज चुका हूं और उसके पीछे-पीछे मैं भी गया हूं। जल्दी में जो कुछ हो सकता है उस पर उसने कभी एतराज़ नहीं किया है। अब तो बस मौक़े की बात है और मौक़ा कैसे, किस तरह, कहां, कब? मेरे ख़याल से मेरी इस मज़बूरी को बिन्देसरी भी समझती है और उसने साबित कर दिया कि मुझसे ज़्यादा समझदार है।

एक दिन खाना खाने के बाद दोपहर को मैं लेटा था कि बिन्देसरी का भाई राजू आ गया। वह गांव के ही स्कूल में कक्षा चार में पढ़ता है। उसने कहा—बाबू जी और अम्मां न्योते में गये हैं। बाबू कह गये हैं रात में आप हमारे घर सो जाना। दीदी डरात है।

—"रात में आ जाना...मुझे तुम्हारा घर नहीं मालूम है...देखा तो है पर...,"

—"आ जइबे।" वह चला गया।

मोटी खेस ओढ़े, रात के अंधेरे में गांव की गलियों से होता मैं नंबरी के घर पहुंचा। छप्पर के दोनों तरफ टट्टियां लगी थीं। बीच से जाने का रास्ता था, सामने दरवाज़े के अंदर रौशनी थी। मैं अंदर आ गया। कच्ची साफ़-सुथरी ताक पर एक दीया जल रहा था जिसकी रौशनी में लिपी-पुती कच्ची दीवारों का असमतल स्वरूप रौशनी में कलात्मक छवियां बना रहा था। कुछ देर बाद वह आयी; अपनी बच्ची को सुला रही थी। मैंने उसे अपने पास बुलाया।

—"आज कचर लेव जितना कचरे का है।" वह बोली और साथ लेट गयी।

—"रात में ये उठती तो नहीं।"

—''राजसेरी?''

—''हां।''

—''उठती है, जब भूख लगती है।''

—मैं कुछ चिंता करने लगा।

—"तुम्हें देख के डर न जायेगी," वह हंसी।

—"ससुराल में तुम्हारा झगड़ा है," मैंने सुना था कि ससुरालवाले उससे खुश नहीं हैं।

—"झगड़ा कुछ नहीं है...एक दीया से पूरे घर में उजाला कैसे हो सकता है," वह बोली।

—"क्या मतलब?"

—"हमारा छोटा देवर हमको चाहत रहे...हम कहा चलो ठीक है...छोटे भाई हो हमरे आदमी के...छोटे की देखा-देखी जेठ जी भी ललचा गये...समझे बहती गंगा जी है...हम मना कर दिया...घर का पूरा कामकाज जेठ जी करते हैं...खेती-बाड़ी...,"

—"जेठ की शादी नहीं हुई है?"

—"उनकी औरत कौनों के साथ भाग गयी।"

—"तो जेठ जी तुम्हारे साथ...,"

—"हां, पर हमका अच्छे नहीं लगते।"

—"क्यों?"

वह कुछ नहीं बोलती।

—"चिन्हारी देव," वह मेरा हाथ पकड़कर बोली। मैं चुप रहा।

—"चिन्हारी नहीं जानते?"

—"जानते हैं मतलब पहचान...,"

—"मान लेव रात हो...हमारे पास आओ...तो चिन्हारी देख के, समझे न कि तुम हो?"

ओहो, ये बात है। ख़ासी भोली-भाली ख़्वाहिश है। मासूम इच्छा। पता नहीं कितने समय से यहां प्रेमियों में इसका रिवाज़ होगा।

—"पहले अपने चिन्हारी दो," मैं बोला।

—"ख़ोज लेव," वह आहिस्ता से बोली और उठकर दीया बुझा दिया।

गेहूं में जिस दिन चौथा पानी लगाया गया उसी दिन रात में अचानक बादल घिर आये। रहमत परेशान हो गया। बोला, "पानी न बरसा चाही।"

मुझे भी जानकारी थी कि पानी बरस गया तो फ़सल बर्बाद हो जायेगी। लेकिन हमारे चाहने से क्या होता। रात में करीब दो बजे तेज़ बारिश शुरू हो गयी और सुबह चार बजे बोरा ओढ़े और फावड़ा लिये रहमत आ गया। वह खेतों से पानी निकालने के लिये मेड़ काटने जा रहा था। मैं उसके मना करने के बाद भी उसके साथ बाहर निकला। रास्तों में पानी भरा था। जूते हाथ में ले लिये। पाजामा उड़स लिया और हम खेतों की तरफ बढ़े। अब भी हलकी-हलकी बारिश हो रही थी। पौ फटने का उजास फैल रहा था। खेतों में पानी भरा था। गेहूं की लहलहाती फ़सल सीने तक

पानी में डूबी हुई देखकर मैं घबरा गया।

कोई एक घंटे तक रहमत मेड़ों को काटता रहा। लेकिन चूंकि यह ज़मीन धनही थी यहां धान लगाया जाता था इसलिये पानी के निकास का रास्ता न था। खेतों से मिला तालाब था और दूसरी तरफ ऊंची ज़मीन थीं, दूर-दूर से पानी इधर आकर भर गया था। मुझे लगा कि पानी रोकने के लिये मेड़ पहले बनायी जानी चाहिये थी। रहमत का कहना था कि चार-पांच गांव का पानी यहां जमा हो जाता है। मेड़ टूट जाती। यहां तो एक बड़ा नाला होना चाहिये जो इस पानी को आगे बड़े नाले तक जोड़ दे और नाला बनवाना आसान नहीं है। पता नहीं कितने किसानों की ज़मीन बीच में पड़ती है और फिर उस पर हज़ारों रुपयों का ख़र्च आयेगा सो अलग। बहरहाल, अब तो कुछ नहीं हो सकता। मैं छह महीने की मेहनत, हज़ारों रुपयों और अनगिनत सपनों को पानी में तैरते देखता रहा।

—"चौथा पानी न लगाया होता तब भी ठीक होता," रहमत बोला।

—"अब क्या हो सकता है...चलो वापस चलें।"

—"अब भइया तगड़ी धूप निकल आये और पानी रुक जाये तो कुछ बात बन सकती है," वह बोला।

पानी, धूप, पाला, कीड़ा...धूप निकलने का क्या महत्त्व है। कितनी ज़रूरी है धूप...और वह भी आज ही निकले। कहीं झड़ी लगी रही तो क्या होगा?

करीब ग्यारह बजे झड़ी रुकी लेकिन बादल छाये रहे। मैं यह अंदाज़ा लगाने की कोशिश करता रहा कि दस बीघे ज़मीन में लगाया गेहूं कितना बर्बाद हो गया। पैदावार कितनी होगी और आमदनी कितनी होगी। कितने हज़ार की खाद, बीज, ट्यूबवेल, डांगर की जोड़ी, हलवाहा...कुछ तस्वीर साफ़ नज़र नहीं आयी।

इस बारिश से गांव के सब ही लोग दुखी थे। सोचते थे कि पानी बरसने के बाद कीड़ा लगने की संभावना बढ़ जाती है। मुझे यह ख़याल आया कि यार मैं तो पहली बार इस तनाव को झेल रहा हूं लेकिन ये लोग तो जीवनभर झेलते हैं। पीढ़ी-दर-पीढ़ी झेलते हैं और अगर कभी मिलता भी है तो क्या? यह ज़ाहिर है। इनके रहन-सहन से दिल्ली में एक छोटे दुकानदार का जीवन कितना शानदार होता है। उसकी तुलना तो यहां बड़े-से-बड़े संपन्न किसान से नहीं हो सकती। यह गांव अकेला नहीं है। पता नहीं सैकड़ों, हज़ारों, लाखों ऐसे गांव हैं, ऐसे लोग हैं, ऐसा जीवन है। इनके साथ समस्या क्या है? क्या पैदावार का सही दाम नहीं मिल पाता? क्या ये उस विशेष श्रेणी में नहीं आते जिन्हें 'राज्य' संरक्षण देता है? फिर ये खेती क्यों करते हैं? और क्या कर सकते हैं? और क्या जानते हैं? मतलब अगर कुछ और करने की सुविधा हो तो क्या ये लोग खेती नहीं करेंगे? क्या ये गांव छोड़ सकते हैं? क्या यहां के रहन-सहन से अलग हो सकते हैं? शायद नहीं या शायद हां।

तंग आकर शहर आ गया। अब्बा को मेरी परेशानी पता चली तो कहने लगे—"भई ये तो होता है। आज गरम तो कल नरम...खेती इसी का नाम है। देखो अल्लाह ने चाहा तो फ़ायदा ही होगा।"

शहर में मेरे पहुंचते ही चौकड़ी जमा हो गयी। मिश्रा जी के व्यवहार से ये सब दुखी तो थे लेकिन संगठन में काम करने और उसकी ताक़त पहचानकर खुश भी थे। कामरेड बली सिंह मछुआरों का संगठन बना रहे थे जिसमें उमाशंकर लग गया था। ग़रीब मछुआरे मछली पकड़ते थे और ठेकेदार उनसे कौड़ियों के भाव मछली खरीदकर कलकत्ता भेज देता था। होता तो यह था कि जब कलकत्ता से ठेकेदार को पैसा मिल जाता था तब मछुआरों का भुगतान होता था। मछुआरों को भी कर्ज़, उधार देकर बंधुआ बनाने की प्रथा बढ़ रही थी।

नदी के किनारे मछली ठेकेदारों में कभी-कभी फौजदारी तक हो जाती हैं। सज्जन दादा शहर के सबसे बड़े मछली ठेकेदार हैं। लठैत उनके साथ रहते हैं, दो-चार बंदूकधारी आगे-पीछे चलते हैं। ट्रक उनके अपने हैं। अफसरों, वकीलों से जान पहचान है। शहर में उनसे मुकाबला करने के बारे में कोई सोच भी नहीं सकता लेकिन जब बली सिंह ने पार्टी बैनर के साथ उन्हें ललकारा तो उमाशंकर को मज़ा आ गया। बली सिंह के पीछे पार्टी ही नहीं है उनकी अपनी भी ताकत है। ज़िले के बड़े ठाकुर परिवार से हैं। खानदान में दो दर्जन दोनाली हैं।

मछली वाले आंदोलन के साथ मुख़्तार और कलूट को सिलाई मज़दूर यूनियन बनाने का काम सौंपा गया है। शहर में तीन-चार सौ सिलाई मज़दूर हैं जिन्हें बहुत कम मज़दूरी मिलती है। दुकान मालिक कहते हैं, छोटा शहर है, लोग ज़्यादा सिलाई दे नहीं सकते। मुख़्तार कहता है, चीज़ों के दाम बढ़ जाते हैं तो शहर वाले दे देते हैं, सिलाई के नये रेट क्यों न देंगे? पिछले पंद्रह साल से कौन-सी चीज़ है जिसके दाम नहीं बढ़े? सिलाई मज़दूर भी उन चीज़ों को खरीदता है तो जनाब उसकी मज़दूरी तो बढ़ नहीं रही। ख़र्चे बढ़ रहे हैं। आप क्या चाहते हैं वह मर जायें?

इन दोनों ने एक दिन में यूनियन के पचास मेंबर बना दिये तो मिश्रा जी चकरा गये। दरअसल जो कुछ हो रहा है उसका पूरा 'क्रेडिट' तो मिश्रा जी को ही मिल रहा है। अकेले में ताल ठोंकते रहते हैं। हर सप्ताह रिपोर्ट लखनऊ जाती है। वहां से वाहवाही होती है। लखनऊ में कलूट और मुख़्तार को कौन जानता है।

शहर का माहौल गर्माया हुआ है। नुक्कड़ बाज़ार का नाम लालबाज़ार रख दिया गया है क्योंकि यहां के सभी दुकानदार पार्टी को चार आने महीने चंदा देते हैं और अपनी दुकानों पर लाल झंडा लगाते हैं। मिश्रा जी लखनऊ से हसिया-हथौड़ा के 'बैज' ले आये हैं। कार्यकर्ता इन्हें अपने कुर्तों पर लगाते हैं।

5

गांव में मेरा भविष्य है। एक बार दिल्ली में अपने भविष्य को खोकर मैं नहीं चाहता था कि बार-बार भविष्य मेरे हाथ से फिसलता रहे। मुझे पता है कि खेती-बाड़ी-बाग़-बगीचा पर मैं आश्रित हूं। और इसमें इतनी मेहनत की है, इतना वक़्त लगाया है, इतना ध्यान दिया है कि उस पर मेरा दारोमदार है। लेकिन शहर में जो कुछ हो रहा है उससे भी मुझे जज़्बाती लगाव है। मैं देख रहा हूं कि 'कुछ' हो रहा है। वे मुंह जो बंद रहे हैं, जिनके खुलने की कोई कल्पना भी नहीं कर सकता था, खुल रहे हैं। वे आंखें जो हमेशा नीचे की तरफ देखती थीं। अब सामने देख रही हैं। खाक़ी वर्दी वालों को देखकर जिनकी जान सूख जाया करती थी वो अब गर्व से सीना ताने पुलिस चौकी के सामने से निकल जाते हैं। मैं बेचैन होकर गांव से यहां आ जाता हूं क्योंकि यहां 'ये' लोग मुझे देखते ही उत्साह से भर जाते हैं। हालांकि मैं हूं क्या?

खेती का काम उलझता जा रहा है। कई लोगों ने मुझसे बताया था कि जिस आदमी से मैंने आलू का बीज लिया है वह धोखेबाज़ है और घटिया बीज देता है। पर अब हो क्या सकता था। वैसे आलू जगा बढ़िया था। खेत देखकर लोगों की बात पर विश्वास नहीं होता था। हर साल बाग़ तीन हज़ार में उठता था। मैंने पता लगाया था कि दरअसल मार्केट रेट के हिसाब से बाग़ को कम-से-कम दस हज़ार में उठना चाहिये लेकिन इलाके के कुंजड़ों में बहुत 'एका' होने की वजह से दूसरे कुंजड़े नहीं आते और हर साल उसी कुंजड़े को बाग़ देना पड़ता है जिसे पिछले दस साल से दिया जा रहा है। रहमत ने यह भी बताया कि अगर कोई बाहर का आदमी बाग़ लेगा तो उसे कुंजड़ा बिरादरी बहुत परेशान करेगी। अब एक रास्ता बचता है कि बाग़ न उठाया जाये। खुद ही तकाई करायी जाये और फल बाज़ार में बेचा जाये। यह काम बहुत झंझट वाला लगा। बाग़ में रात-दिन कौन रहेगा? आसपास के गुंडे-बदमाशों से कौन निपटेगा? पाल कहां रखी जायेगी? बाज़ार में कहां किस तरह बेचा जायेगा? बाग़ की तकाई इतना टेढ़ा काम है कि लोग आसानी से तैयार नहीं होते। अब हुआ यह कि एक कुंजड़ा आया जो तीन हज़ार की जगह साढ़े तीन हज़ार देने पर तैयार था। मैंने उसे बाग़ दे दिया। बाद में पता चला कि ये तो हाज़ी कुंजड़े का दामाद है जो पिछले दस साल से बाग़ लेते आये हैं। मतलब हाज़ी कुंजड़े ने नया खेल खेल दिया। बाग़ उन्हीं के पास रहा। मैं बेवकूफ़ बना दिया गया। मुझे शक हुआ कि रहमत भी इस खेल में शामिल है। उसे ज़रूर पता था कि नया कुंजड़ा दीन मुहम्मद हाज़ी जी का दामाद है लेकिन उसने मुझे नहीं बताया।

बिन्देसरी प्रसंग एक अत्यंत ख़तरनाक और नाटकीय मोड़ लेकर ख़त्म हो गया। हुआ यह कि उसके घर रात बिताने के बाद मैं अक्सर उसे रात में अपने यहां बुला लिया करता था। अब मुझे लगता था कि उसके माता-पिता ये जानते थे कि वह रात

में कहां जाती हैं। वजह यह है कि नंबरी यानी बिन्देसरी के पिता का व्यवहार बदल रहा था। वह जब भी आता कोई-न-कोई चीज़ किसी बहाने से ले जाता। कभी मिट्टी के तेल की एक बोतल, कभी एकाध टोकरा सिंघाड़े, कभी दो-चार किलो अरहर वग़ैरा। मैं जानता था कि यह क्यों हो रहा है। इसके साथ-साथ मैंने रहमत के लड़के गुलशन को अपना राज़दार बना लिया था क्योंकि रात में वह चौरे पर ही सोता था। गुलशन उस वक़्त तक फाटक पर बैठा रहता था जब तक बिन्देसरी मेरे पास रहती थी। मेरे ख़याल से इंतिज़ाम और व्यवस्था पक्की थी। बिन्देसरी शादीशुदा है अगर कुछ ऊंच-नीच हो भी जाती है तो कोई डर नहीं है। वह काफी तेजी से खुल जाती थी और गांव की दूसरी लड़कियों के प्रेम-प्रसंग भी बताती थी। मुझे हैरत होती थी कि ऊपर से देखने पर बहुत गठी हुई, व्यवस्थित, मर्यादित, संस्कारों और रीति-रिवाजों पर चलने वाली गांव की ज़िंदगी अंदर से कितनी उन्मुक्त है और स्त्री-पुरुष संबंधों ने जाति-बिरादरी की दीवार को किस तरह तोड़ दिया है। रात में जाति-बिरादरी बदल जाती है।

कोई दो-तीन महीने बाद एक दिन रात में बिन्देसरी चौरा में थी। उसके माता-पिता कहीं न्यौते में गये थे। अचानक रात में तीन बजे के करीब गांव में उसके भाई की आवाज़ें गूंजने लगीं। वह 'दीदी' 'दीदी' कहकर ज़ोर-ज़ोर से चिल्ला रहा था। यह आवाज़ सुनते ही मैं डर गया। बिन्देसरी ने कपड़े पहने और घर की तरफ भागी। बिन्देसरी चौरे से गांव की तरफ जा रही थी और बीस-पच्चीस लोग लाठियां लिये चौरे की तरफ आ रहे थे। बिन्देसरी के भाई ने बता दिया था कि वह चौरे गयी है। बात साफ़ हो गयी थी। क्षण भर में गांव में ख़बर फैल गयी थी और रात के तीन बजे 'उजाला' हो गया था। कई लोगों ने कहा था कि यह गांव की लड़की की इज़्ज़त का सवाल है। हमें चुप नहीं बैठना चाहिये और एक गिरोह चौरे की तरफ चल पड़ा था। रास्ते में उन्हें बिन्देसरी मिली तो उसने बताया कि वह तो टट्टी गयी थी। उसके इस बयान पर टोली एकमत नहीं हो पायी कि उन्हें चौरे जाना चाहिये या नहीं। इस तरह चौरे तक कोई नहीं आया।

बिन्देसरी का भाई उसके लिये रात में इसलिये गुहार मचा रहा था कि बिन्देसरी की लड़की उठ गयी थी और लगातार रो रही थी। भाई जब बहुत परेशान हो गया तो गुहार लगानी शुरू कर दी थी।

अगले दिन सुबह ही सुबह यादव पहलवान आये। उन्होंने बताया कि पूरा गांव इस बात से उत्तेजित है। ये अगर किसी अहीर की लड़की का मामला होता तो कल रात चौरा पर चढ़ायी हो गयी होती। लड़की बापू-महतारी की सौगंध खाकर कह रही थी कि टट्टी गयी थी। किसी तरह लोग दब गये। यादव पहलवान ने यह भी साबित किया कि लोगों को ठंडा करने में उन्होंने भी बड़ी भूमिका निभायी है लेकिन मामला दब नहीं रहा। कुछ प्रभावशाली लोग, बड़े किसान जो पिछले पच्चीस-तीस साल से डिप्टी

साहब के चक और बाग़ पर निगाहें गड़ाये हैं, यह चाहते हैं कि मैं यहां से भाग जाऊं। चौरा में आग लगा दी जाये और डिप्टी साहब तंग आकर औने-पौने ज़मीन और बाग़ बेच दे। गांव में उनको छोड़कर किसके पास पैसा है, वही खरीद लेंगे। यह बात तो मुझे मालूम थी कि कुछ लोग अब्बा की ज़मीनों पर दांत लगाये बैठे हैं।

मेरे चेहरे पर हवाइयां उड़ने लगी। योजना बिलकुल पक्की लगी या कम-से-कम मेरा बहिष्कार तो हो ही सकता है। बदनामी हो सकती है। फिर मैं यहां कैसे रह पाऊंगा। लड़के हंसेंगे। जवान उंगलियां उठायेंगे। बूढ़े दबी ज़ुबान से चर्चा करेंगे। यादव पहलवान ने जब देखा कि मैं पूरी तरह चित्त हो गया हूं तो बोले—"पर एक रास्ता है?"

—"क्या?" मैंने बेसब्री से पूछा।

—"लौंडिया की आशनायी आपसे नहीं, गुलशन से रही है...रहमत का लड़का गुलशन। वह भी तो यहीं चौरा में सोता है।"

मैं खुशी से उछल पड़ा। एक बार फिर 'कन्विंस' हो गया। गांव के बे-पढ़े-लिखे लोग जिन्हें हम ज़ाहिल कहते हैं, पढ़े-लिखे लोगों से कहीं ज़्यादा समझदार होते हैं।

—"बिलकुल ठीक कह रहे हो पहलवान।"

—"तो देर न करो...अभी साले के पांच-दस थप्पड़ लगा देव। गरिया देव...पूरा गांव देख ले...मामला शांत पड़ जायेगा।"

कुछ ही क्षण बाद चौरा के फाटक के सामने खड़ा होकर मैं चीखने लगा, "पकड़ लाओ साले को...आज मैं बताऊंगा कि किसी की बहू-बेटी के साथ मस्ती मारने से क्या मिलता है। मादरचोद ने चौरा को बदनाम कर दिया।" मेरे ऊँची आवाज़ों के साथ यादव पहलवान की गरजती आवाज़ भी शामिल हो गयी। लोग जमा होना शुरू हो गये। यादव पहलवान अपनी फौलादी गिरफ़्त में गुलशन को गर्दन से पकड़कर लाये और मेरे सामने धक्का देकर गिरा दिया। मैंने उसे दो ठोकरें मारी, वह खड़ा हुआ तो थप्पड़ों की बारिश शुरू हो गयी, गालियों का फव्वारा तो उबल ही रहा था। गुलशन हैरान और परेशान था। उसे बोलने तक का मौक़ा नहीं देना है, यह मैं अच्छी तरह जानता था। इसलिये मार-पीट और गाली-गलौच में एक सेकेंड का अंतराल भी नहीं आ रहा था। मारते-मारते मैंने कहा—आज मैं इस साले को मार डालूंगा। चल बे तुझे कोठरी में बंद करता हूं...पहलवान मेरा इशारा समझ गया। उसने फिर गुलशन की गर्दन पकड़ ली और उसे चौरे के फाटक के अंदर ढकेल दिया। वह सामने जाकर गिर पड़ा। मैंने फाटक बंद कर लिया। आगे बढ़कर गुलशन को उठाया, उसे साथ अंदर लाया। कांपते हुए हाथों से उसे एक गिलास पानी और गुड़ की आधी भेली दी। वह आश्चर्य से मेरी तरफ देखने लगा। जब वह पानी पी चुका तो मैंने जेब से सौ का नोट निकालकर उसे दे दिया। वह और ज़्यादा हैरान हो गया।

बिस्तर पर गिरकर मैं हांपने लगा। यह मार और गालियां गुशलन को नहीं मुझे पड़ी थीं।

उसी दिन शाम को नंबरी आये और अपने ख़ास अंदाज़ में बोले—"गलती हमारी है। बेटी जब बहू बन जाती है तो उसे ससुराल में ही रहना चाहिये और ससुराल में सबको प्रसन्न रखना, सबकी सेवा करना उसका धर्म है।"

सबकी 'सेवा' का अर्थ मैंने यह निकाला कि बिन्देसरी का जेठ उससे जो शारीरिक संबंध चाहता है, उसे बना लेना चाहिये, विरोध नहीं करना चाहिये।

अगले दिन बिन्देसरी ससुराल चली गयी और इस प्रसंग का अंत हो गया। लेकिन मैं हमेशा गुलशन का आभारी रहा। यादव पहलवान का कृतज्ञ रहा।

अप्रैल की एक गरम दोपहर थी और गेहूं कटने में कुछ ही हफ़्ते बचे थे कि केसरियापुर में अचानक कामरेड लाल सिंह नमूदार हुए। न कोई सूचना, न कोई संदेश, पर कामरेड का हुलिया बदल गया था। साफ़-सुथरे क़ायदे से सिले कपड़े, हाथ में चमड़े का एक महंगा ब्रीफकेस, आंखों पर काला चश्मा, जेब में सफेद रूमाल देखकर कह नहीं सकता कि खुशी हुई या नहीं। मैंने कामरेड लाल सिंह को पांच साल पहले जब जावेद कमाल की कैंटीन में पहली बार देखा था तो तरंगित हुआ था। वह एक ऐसा समर्पित क्रांतिकारी था जिसके सामने मार्क्सवादी बुद्धिजीवी घिघियाने लगते थे। उसके एक-एक शब्द को आदेश मानते थे और उस ज़माने में कामरेड के कपड़े ऊल-जलूल हुआ करते थे। 'भेंट' की गयी ढीली-ढाली कमीज़। पाजामा जैसा पैंट लेकिन चेहरे पर एक ऐसा भाव जो साधारण तो बिलकुल नहीं था। लगता था तपा हुआ सोना है उसका चेहरा। लगता सौ झूठे प्रमाण और थोथे तर्क उसके चेहरे से टकराकर शीशे की तरह छन्न से बिखर जायेंगे।

पिछले पांच साल आंखों के सामने से फिसल गये...कामरेड लाल सिंह को देखकर खुशी होने के कई कारण हैं। हम दोस्त हैं। काफी समय साथ-साथ बिताया है। इस गांव में बातचीत करने वाला कोई आया ये तो सौभाग्य की बात है। कामरेड हाथ-मुंह धोने और खाना-वाना खाने के बाद सिगरेट के लंबे-लंबे कश लेते हुए बोले—"भाई मैं पार्टी क्लास में बनारस गया था। उससे पहले लखनऊ में प्रांतीय सम्मेलन था। उससे ठीक पहले आजमगढ़ में एक बड़ी जनसभा में भी भाग लेना था।"

—"कुल मिलाकर बताओ, कितने दिनों से बाहर हो।"

—"बीस-बाइस दिन तो हो गये हैं," कामरेड बोले।

—"उससे पहले भी तुम शायद दिल्ली में थे?"

—"नहीं हरियाणा में था...पंद्रह दिन क्लास ले रहा था।"

—"और उससे पहले?" मेरे इस सवाल पर वह चौंक गया। उसे लग गया कि

मैं 'खिंचायी' कर रहा हूं।

—"तुम कहना क्या चाहते हो?" उसका स्वर बदल गया।

—"नाराज़ मत हो कामरेड...मैं कहना चाहता हूं कि तुम नेता हो गये हो, कार्यकर्ता साला एक जगह रहता है और नेता भगवान की तरह सब जगह होता है," मेरे कहने पर कामरेड दांत पीसने लगे।

—"तुम्हारी शरारत वाली आदत गयी नहीं।"

—"तुम्हें देखते ही जाग जाती है।"

—"मजाक छोड़ो, ये बताओ यहां कैसा चल रहा है?"

—"ठीक है कामरेड...खेती में जमने की कोशिश कर रहा हूं।"

—"चलते टाइम यहां से चावल ले जाऊंगा।"

—"हां, कामरेड जितना चाहो ले जाना, धान की यहां कमी नहीं है।"

दायें और बायें लाठियां लिये रहमत और गुलशन हैं। बीच में मैं और कामरेड हैं। गांव की गलियों में खेलते बच्चे और लंबे घूंघट निकाले बहुयें हमें जिज्ञासा से देख रहे हैं। कामरेड ने काला चश्मा लगा रखा है और हाथ में एक छोटा ब्रीफकेस है।

रात में ही कामरेड ने कहा था कि गांव के सर्वहारा से मिलना चाहते हैं। इसलिये हम कंजड़ों के डेरे की तरफ जा रहे हैं। डेरे में हम सीधे रामसेवक के घर के सामने आ गये। रामसेवक ने बाहर चारपाई डाल दी। आसपास के घरों से दूसरे कंजड़ भी निकल आये। हम दोनों चारपाई पर बैठ गये। कंजड़ सामने ज़मीन पर उकडूं बैठ गये। कामरेड के बहुत कहने पर भी कंजड़ चारपाई पर नहीं बैठे। वे ज़मीन पर ही बैठे रहे। कामरेड ने बातचीत शुरू करने से पहले कंजड़ों से उनके हालचाल पूछे। भूमिहीन कंजड़ों ने अपना पूरा दुख-दर्द बताया। कामरेड ने उनसे कहा कि बिना संगठित हुए इन समस्याओं का समाधान नहीं हो सकता। रामसेवक बोला—"आप बिलकुल ठीक कहते हो साहब...अकेला आदमी क्या कर सकता है?"

—"तो आप लोग संगठन बनाने को तैयार हैं?"

—"हां जी, बिलकुल हैं, कई आवाज़ें आयीं।"

—"और देखिये संगठन को विचारधारा से लैस होना चाहिये...मतलब आप जो करें, वह सबके हित में हो।"

—"हां जी हां," कई आवाज़ें आयीं।

—"एक बात और समझ लो दोस्तो...हक़ मांगने से नहीं मिलता। उसके लिये संघर्ष करना पड़ता है...कुर्बानियां देनी पड़ती हैं।"

—"हां जी हां...वो तो है। हम तैयार हैं।"

—"आपकी विचारधारा क्रांतिकारी होनी चाहिये...समझौतावादी नहीं।"

—"हां जी हां, साहब आप जैसा कहेंगे वैसा होगा।" रामसेवक ने कहा।

—"संगठन बनाने के लिये कुछ जानना-समझना भी ज़रूरी होगा।"

—"बिलकुल होगा जी...उसके बिना कैसे काम चलेगा," एक कंजड़ बोला।

—"हम तो आपके पीछे हैं साहब...जहां कहेंगे...जो कहेंगे...करेंगे...हमारी बिरादरी में बड़ी एकता है," दूसरे कंजड़ ने कहा।

—"आप हमें रास्ता दिखाओ साहब," रामसेवक बोला।

—"आप आ जाओ तो बस...सब हो जायेगा।"

अनौपचारिक बैठक कोई घंटेभर चलती रही। कामरेड बहुत प्रसन्न हो गये।

रात में खाने के बाद उन्होंने कहा—"यार साजिद यहां तो काम करने की बड़ी संभावना है।"

—"हां, वो तो है।"

—"तो यार करो...काम।"

—"कामरेड मुझसे जो हो सकता है कर रहा हूं। किसान सभा के काम का मुझे तजुरबा नहीं है।"

—"करो यार...देखो लोगों में कितना उत्साह है।"

—"तुम क्या समझते हो...इन लोगों ने जो तुमसे कहा, वह सच है? मतलब साफ़ बात की तुमसे?"

—"हां...क्यों।"

—"कामरेड...ये लोग हमसे तुमसे ज़्यादा समझदार हैं।"

—"क्या मतलब है तुम्हारा?"

—"वे नहीं जानते हैं कि तुम मुझसे मिलने कहां से आये हो। अब यह पता नहीं कि तुम दोबारा आओगे भी या नहीं...वे तुम्हारी बात क्यों काटते? तुम्हारी हां में हां मिलाने में उन्हें क्या दिक्कत हो सकती है। तुम्हें याद होगा कि वे इस बात पर ज़ोर दे रहे थे कि 'आपके' पीछे-पीछे चलेंगे। अरे जब आप ही यहां न होंगे तो किसके पीछे जायेंगे? और ज़ाहिर है तुम यहां आकर रहोगे नहीं...।"

—"तुम्हारा मतलब है वे झूठ बोल रहे थे?"

—"झूठ और सच की बात मैं नहीं कर रहा हूं। मैं कर रहा हूं ग़रीबी और अभाव ने इन्हें बड़ा व्यावहारिक बना दिया है।"

कुछ देर तक बातें होती रहीं फिर कामरेड के खर्राटे गूंजने लगे।

पार्टी का सदस्यता अभियान ज़ोरों पर है। जिन लोगों ने पिछले छह-सात महीने काम किया है वे सब मेंबर बन रहे हैं। मुझसे मिश्रा जी ने कहा कि आप भी फॉर्म भर दीजिये। मैं सोचता रहा। इतने साल अलीगढ़ में मेंबर नहीं बना। कामरेड लाल सिंह का आग्रह टालता रहा। अब बन जाऊं? मेरी उस धारणा का क्या होगा कि पार्टी

सदस्यता जकड़ लेती है आदमी को। काम करने के बजाय गुटबंदी होने लगती है। बहरहाल मैंने फॉर्म भर दिया। मेंबर वाले फॉर्म लखनऊ चले गये। सिलाई मज़दूर यूनियन और रिक्शा यूनियन के बाद उमाशंकर बीड़ी मज़दूर यूनियन बनाने में लग गया है। मुख़्तार सहकारी सिलाई दुकान के चक्कर में दफ़्तरों के चक्कर लगा रहा है। मेरे आते ही रात की पुलिया पर महफ़िलें आबाद हो गयी हैं। अब ज़्यादातर बातचीत राजनीति पर होती हैं। अतहर को पार्टी या राजनीति में मज़ा नहीं आता। लेकिन ग्रुप के साथ वह भी खिंचा-खिंचा फिरता है। इस साल फिर उसने इंटर का प्राइवेट फॉर्म भरा है लेकिन पढ़ाई नहीं हो रही। मैंने उसे ऑफर दिया है कि वह मेरे साथ चौरे में रहे। मैं उसे पढ़ा दिया करूंगा। आइडिया अतहर को पसंद आया है लेकिन प्रॉब्लम ये है कि अब्बा दुकान पर अकेले रह जायेंगे। छोटा भाई दुकान नहीं जाता। जबकि अब वह इतना छोटा नहीं रह गया है।

घर में एक बुरी ख़बर यह सुनने में आयी कि सल्लो की शादी कानपुर में तय हो गयी है। उसका होने वाला पति रिक्शा चलाता है। यह सुनकर मैं सकते में आ गया। कानपुर में रिक्शा चलाता है। मैंने दिल्ली में जामा मस्जिद इलाके में रिक्शे चलाने वालों के हाथ देखे हैं जिनकी खाल ऐड़ी की खाल जैसी होती है। सीने धंस जाते हैं और जल्दी ही टी.बी. का शिकार हो जाते हैं। सल्लो की शादी किसी रिक्शेवाले से होगी इसे मैं हज़म नहीं कर पाया लेकिन और क्या हो सकता है? क्या सल्लो के लिये मैं उसकी बिरादरी का कोई अच्छा लड़का ख़ोज सकता हूं? लेकिन अभी इतनी जल्दी क्या है? सल्लो मुश्किल से बीस-बाइस साल की है। पर ये भी है कि इन लोगों में लड़कियों की शादी इस उम्र में नहीं होती तो फिर बड़ी मुश्किल होती है।

सल्लो रात में मेरे पास आयी। लेकिन इस बार का आना अजीब आना था। उसका चेहरा उतरा हुआ था। वह मेरे पास लेटते ही फूट-फूटकर रोने लगी। मैं डरा कि शायद उसके रोने की आवाज़ नीचे तक न पहुंच जाये। वह लगातार रोये जा रही थी। उसके बाद देर तक बच्चों की तरह सिसकती रही। मैं उसे सांत्वना देने के लिये उस पर हाथ फेरने लगा। उसने मेरा हाथ अलग कर दिया और मेरे सीने से चिमट कर लेट गयी। सिसकियों और आंसुओं से मेरा कुर्ता नम हो गया।

—"हम अभी शादी नहीं करना चाहते हैं," वह बोली।

मैं क्या जवाब देता। धीरे-धीरे उसकी सिसकियां कम होने लगीं।

—"कानपुर में नहीं रहना चाहते," वह फिर बुदबुदायी।

—"आप कुछ करते क्यों नहीं?" वह बोली और मुझे लगा कि ऊपर से नीचे तक मुझे तेज़ धारदार चीज़ से काट दिया गया हो। वह बिलकुल ठीक कह रही थी। पिछले दो-तीन साल से वह रात में अक्सर मेरे पास आती है। मैं उसके साथ वह सब कुछ करता हूं जो संभव है। वह पूरी तरह समर्पित है। मेरे इशारे पर नाचती

है। पता नहीं मन-ही-मन मुझे क्या मानती है। मेरे ऊपर विश्वास करती है। आज उसे मेरी मदद की ज़रूरत है। मैं कुछ करता क्यों नहीं? मैं क्या कर सकता हूं? सल्लो घर में खाना पकाने वाली बुआ की भतीजी है। बुआ का भाई रिक्शा चलाता है। ये लोग जाति के फ़क़ीर हैं। मैं क्या कर सकता हूं? ये भी तो नहीं हो सकता कि सल्लो को लेकर भाग जाऊं। भाग जाने का मतलब खेती-बाड़ी छोड़ना, घर छोड़ना और एक अनपढ़ लड़की से शादी करना है। मैं ये नहीं कर सकता। तो फिर ये मौज-मस्ती...सल्लो के साथ चांदनी रातों में रतजगा का क्या मतलब है? वह बेचारी मुझसे यह आशा क्यों लगाये है कि मैं कुछ कर पाऊंगा।

—"मैं तुम्हारे मियां को कोई नौकरी दिला दूंगा या उसे केसरियापुर बुला लूंगा। वहां वह बटाई में खेती कर सकता है, तुम वहां आराम से रह सकती हो," मैंने अटक-अटक कर कहा।

—"उससे शादी नहीं करना चाहती," वह बोली।

कुछ देर हम दोनों ख़ामोश रहे।

—"क्या तारीख तय कर दी है?" मैंने पूछा।

—"हां, रजब के महीने में है।"

वह फिर रोने लगी। मेरे और ज़्यादा करीब आ गयी। उसके आंसू मेरे चेहरे पर गिरने लगे। मेरा दिल अंदर से घुमड़ने लगा। सिसकियों से हिलता उसका शरीर मेरे अंदर कम्पन पैदा करने लगा। मैं धीरे-धीरे उसे सहलाने लगा।

—"नहीं, आज कुछ मत करना," वह बोली।

—"क्यों?"

—"बस...वैसे ही।"

वह रातभर रोती रही और उसे दिलासा देता रहा। यह साफ़ ज़ाहिर था कि दोनों से कुछ नहीं होगा।

—"भइया आपसे कौनो मिले आये है," गुलशन ने खलिहान में आकर बताया। मैं खलिहान में नीम के पेड़ के नीचे चारपाई पर लेटा बैलों का 'लाख' के ऊपर चलना देख रहा था।

—"कौन है?"

—"हम का जानी...मोटर से आये हैं।"

—"मोटर से?"

—"हां, सफेद मोटर है...एक जनानी भी साथ है।"

यह कौन हो सकता है जो केसरियापुर गाड़ी से आया है और उसके साथ एक 'जनानी' भी है। मैं तेज़-तेज़ कदमों से चौरे की तरफ बढ़ा। अपने अंगौछे को सिर पर कस लिया। चौरे के सामने धूल से अटी एम्बेसडर खड़ी थी। मैं अंदर आया तो

दूर से देखा। एक चारपाई पर कोई लेटा है और दूसरे पर कोई औरत बैठी है। औरत ने शायद लेटे हुए आदमी को बताया कि मैं आ गया हूं। वह उठकर बैठ गया। मेरे ऊपर हैरत का पहाड़ टूट पड़ा। अहमद...अहमद तो लंदन में है।

अहमद आगे बढ़ा और मुझसे लिपट गया–"देखा यार, तुम्हें तलाश कर ही लिया।"

–इनसे मिलो राजी रत्ना हैं, बंबई में इनकी 'हार्सशू कंसलटेंसी' है...पदमजी रत्ना का नाम सुना होगा तुमने...ये उनकी लाडली हैं।" अहमद ने इस तरह परिचय कराया कि उसके और राजी रत्ना के करीबी संबंध समझ में आ गये।

मैंने ध्यान से राजी रत्ना की तरफ देखा। पहली नज़र में ही कोई बग़ैर किसी शक और शुबहे के कह सकता है ग़ज़ब की खूबसूरत। बड़े-बड़ों का सिर फुका देने वाली सुंदरता। दमकता रंग, किताबी नाक-नक्श, बड़ी और ख़ूबसूरत आंखों में ग़ज़ब का आत्मविश्वास। लंबा कद, बहुत गठा हुआ और काव्यात्मक अनुपात में ढला शरीर...मैं उसे देखता ही रह गया।

–"मैं लंदन एच.सी. के लिये एक प्रोजेक्ट कर रहा हूं...दरअसल ये एम.ई.ए. का प्रोजेक्ट है। लेकिन हमारी इसमें 'की पोज़ीशन' पार्टनर हैं।" अहमद ने बताया। मैं कुछ समझ नहीं पाया। एच.सी. क्या है? एम.ई.ए. क्या है? प्रोजेक्ट कैसा है? लेकिन कुछ पूछा नहीं। अहमद जो कपड़े पहने था वे चीख़-चीख़कर कह रहे थे कि हम हिंदुस्तानी नहीं हैं, विदेशी हैं। अहमद का रंग कुछ और साफ़ हो गया था जिसमें हलकी-सी लाली शामिल हो गयी थी, घुंघराले बाल बढ़ रहे थे जिससे उसके चेहरे का 'प्रेमीभाव' और निखर आया था। और मैं? गांव में रहते-रहते झुलस गया था। गाढ़े का कुर्ता, पाजामा पहने था जो अच्छा-खासा मैला हो चुका था। गले में दस रुपये वाला अंगौछा था। बालों में ज़रूर भूसे के कुछ टुकड़े रहे होंगे। पैर और चप्पल धूल में अटे थे।

गुलशन तीन गिलासों में पानी ले आया। अहमद ने कहा–"यार गाड़ी की डिक्की से सामान निकलवा लो। मैडम हम सबके लिये लखनऊ से खाना पैक करा लाई हैं और पानी की बोतलें भी हैं। तीन सूटकेस भी हैं। गुलशन नें पानी के गिलासों की ट्रे तख़्त पर रख दी और अहमद के साथ गाड़ी से सामान निकालने चला गया।

–"आप लोग दिल्ली से आ रहे हैं।"

–"हां...मार्निंग फ्लाइट था...पहुंचा लखनऊ..." मैं समझ गया राजी रत्ना को हिंदी बोलने में असुविधा हो रही है।

–"आपका विलेज सुंदर है।"

–"हां, थैंक यू...गांव के पीछे जहां तालाब, सरकंडे के जंगल और आम के बाग़ हैं वह इलाका बहुत खूबसूरत है।"

शाम को चौरे की विशाल छत पर तीन चारपाइयां और उनके बीच एक चौकी डाल दी गयी। छत पर से गांव का नज़ारा राजी और अहमद को बहुत अच्छा लगा। अहमद अपना कैमरा ले आया जिसका लेंस बंदूक की नली की तरह लंबा था। वह छत पर से गांव की तस्वीरें लेने लगा। उसके बाद उसने कैमरा राजी की तरफ मोड़ दिया और क्लिक-क्लिक की आवाज़ें लगातार आने लगीं। हर क्लिक की आवाज़ पर राजी नया पोज़ देने लगी। मैं उसकी सुंदरता और शारीरिक सुंदरता पर मुग्ध हो गया। मज़े की बात यह भी थी कि वह शर्म और हया जैसे शब्दों से अपरिचित लगी।

अंधेरा होते ही गुलशन ने चौकी पर मिट्टी के सिकोरों में रुई लगाकर बनाये गये चिराग़ जला दिया। अहमद ने जॉनी वाकर ब्लैक लेबिल निकाली। सोडे की बोतलें और बर्फ का थर्मस खोला। गिलासों में ह्विस्की बनाने लगा। राजी के लिये उसने एक गिलास में 'जिन' डाली और उसमें टमाटर का जूस मिला दिया। अहमद इतनी तैयारी से आया था कि उसे यहां किसी चीज़ की ज़रूरत ही न पड़ी। वह अच्छी तरह जानता होगा कि यहां कुछ न मिलेगा।

—"यार बड़ी तैयारी से आये हो," मैंने अहमद से कहा।

—"दरअसल हम लोग खजुराहो जा रहे हैं," वह बोला।

—"खजुराहो," मैं उछल पड़ा।

—"चलो तुम भी चलो।"

—"मैं...?"

—"हां...हां...गाड़ी में कम-से-कम एक आदमी के लिये तो जगह है ही।"

—"यार गेहूं की मड़ाई हो रही है।"

—"देख लो यार।"

मैंने सोचा मेरे साथ हमेशा ही ऐसा क्यों होता है। जब कुछ यादगार घटने वाला होता है और उसमें मेरी शिरकत हो सकती है तो कोई-न-कोई ज़रूरी काम निकल आता है।

—"राजी हिंदुस्तान में मंदिरों पर एक फोटो फीचर बनाने जा रही है। इसी के साथ एक 'कॉफी टेबुल बुक' छपेगी और हम लोग अपनी 'रेकमेंडेशंस' 'मिनिस्ट्री ऑफ टूरिज़्म' को देंगे कि मंदिर टूरिज़्म को कैसे बढ़ावा दिया जा सकता है। टूरिज़्म डेवलपमेंट कॉरपोरेशन के साथ-साथ इस प्रोजेक्ट में कई 'मिनिस्ट्रीज़' भी लगी हुई हैं। मैं इस प्रोग्राम का कोआर्डीनेटर हूं क्योंकि इसको मैंने ही 'कन्सीव' किया था और हमारे हाई कमिश्नर ने लंदन से ये नोट कैबिनेट सेक्रेटरी को भेजा था। आजकल मिस्टर घोष कैबिनेट सेक्रेटरी हैं...वही जिनकी कोठी पर एक बार तुम मिलने आये थे?"

—"हां-हां, मुझे याद आ गया...इंदरानी के अंकिल।"

—"यस...वही अंकिल, जिन्हें गवर्नमेंट ऑफ इंडिया के अलावा पूरा हिंदुस्तान पागल मानता है।"

नशे का मज़ा थोड़ी ही देर में चढ़कर बोलने लगा। राजी रत्ना ने अपना गिलास ख़ाली कर दिया। अहमद ने उसे दूसरा ड्रिंक बना दिया। हम लोगों का तीसरा ड्रिंक चल रहा था।

—"यू आर सिटिंग टू फार फ्राम अस," अहमद ने राजी से कहा। वह उठकर अहमद के पलंग पर उसके साथ बैठ गयी। फिर अहमद की पीठ के पीछे पलंग पर लेट गयी।

वाह यार वाह, क्या साले की किस्मत है लेकिन ये कोई नयी बात नहीं है। लड़कियां तो इस पर उस ज़माने से मरती आयी हैं जब ये बी.ए. फर्स्ट इयर में था।

हम लोग अलीगढ़ के ज़माने की बातें करने लगे। उन दिलचस्प लोगों के किस्से जो दुनिया से निराले थे। बरकत अली खां कुंवर साहब छपरकनौती एंड मीर साहब गढ़ी कोटला के किस्से। इन पात्रों के बारे में अहमद अंग्रेज़ी में राजी को बताता जाता था और वह बस हंसती थी। उसकी हंसी रात की नीरवता में रौशनी की तरह फूटती थी।

कुछ देर बाद अहमद फैज़ की ग़ज़ल 'तुम आये हो न शबे इंतज़ार गुजरी है' गाने लगा। मैं साथ देने लगा। राजी ने अपना सिर अहमद की गोद में रख लिया।

—"यार सीढ़ियों वाला दरवाज़ा तो बंद है न?"

—"हां, बंद है। वैसे भी जब तक मैं आवाज़ न दूंगा। यहां कोई नहीं आयेगा।"

—"परिंदा पर नहीं मार सकता।" वह हंसा।

फिर हम 'मजाज़' की 'आवारा' गाने लगे। उसके बाद 'मौत' गायी गयी। नशा बढ़ने के साथ आवाज़ें सुंदर होती चली गयीं। पता नहीं हम रात में कितनी देर तक गाते रहे और पीते रहे। पहली बार मुझे लगा कि यार जगह कुछ नहीं होती, लोग होते हैं जो जगह को 'जगह' बनाते हैं।

रात में कोई तीन बजे मेरी आंख खुली तो राजी और अहमद एक ही पलंग पर लेटे थे। सो नहीं रहे थे। जो आदमी राजी के साथ लेटा हो वह सो कैसे सकता है और जो आदमी इन दोनों को साथ लेटे देख रहा हो वह भी कैसे सो सकता है।

पौ फटने के बाद राजी दूसरे पलंग पर चली गयी और फिर हम तीनों उस वक़्त तक सोते रहे जब तक कि तेज़ धूप हमारी आंखें मसलने नहीं लगीं।

6

कामरेड मिश्रा ने मुझे किसी-न-किसी तरह 'कन्विंस' कर ही लिया कि मैं पार्टी टिकट पर नगरपालिका का चुनाव लड़ूं। मीटिंग में तय हुआ था कि शहर से पार्टी चार

उम्मीदवार खड़े करेगी और नगरपालिका को अपने विचार फैलाने का मंच बनायेगी। लोगों के बीच जाने का मौक़ा मिलेगा और पार्टी की ताक़त भी बढ़ेगी। मैं बड़े पसोपेश में था। एक तरफ गेहूं की मड़ाई हो रही थी जहां मेरा रहना बहुत ज़रूरी था और दूसरी तरफ इलेक्शन की सरगर्मियां थीं।

मुझे पार्टी ने नाका पार हलके से खड़ा किया था। यह घोसियों का गढ़ था और यहां से एक घोसी भी खड़ा हो गया था। मैं अपने कार्यकर्ताओं के साथ इलाके में मीटिंगें करता था। घर-घर जाता था। लोगों से बातचीत होती थी। लेकिन अंदर-ही-अंदर पता यह चल रहा था कि घोसियों की पंचायत ने यह फैसला कर लिया है कि वोट घोसी को दिया जायेगा। मेरे कार्यकर्ता लोगों को समझाते थे कि कहां एम.ए. पास आदमी और कहां ज़ाहिल जपट आदमी? तुम लोग फ़र्क क्यों नहीं कर रहे हो? बातचीत में सब 'कन्विंस' हो जाते थे लेकिन हक़ीक़त यही थी कि घोसियों के शत-प्रतिशत वोट बकरीदी घोसी को ही मिल रहे थे।

एक ख़याल मुझे यह आता था कि हमारा समाज छोटी-छोटी बिरादरियों में बंटा हुआ है और वे लोकतांत्रिक यानी बिरादरी की बैठकों में जनमत के आधार पर निर्णय लेती हैं और चाहती हैं कि उनका प्रतिनिधित्व उनकी ही जाति या बिरादरी का आदमी करे। यह बिरादरी समूह या गठबंधन नया नहीं है, बहुत पुराना है। इसे तोड़ना अभी संभव नहीं है। तो क्या लोकतंत्र का कोई ऐसा नक्शा तैयार हो सकता है जिसमें इन बिरादरियों की लोकतांत्रिक पद्धति और आकांक्षों को इस तरह मज़बूत किया जाये कि उससे अंततः लोकतंत्र मज़बूत हो।

कामरेड मिश्रा से इस बारे में बात भी हुई थी। वे मुझसे सहमत नहीं थे। उनका कहना था कि बिरादरी व्यवस्था आदिम और अशिक्षित समाज की देन है। उसे आधुनिक लोकतांत्रिक प्रक्रिया में परिवर्तित नहीं किया जा सकता। इसके अलावा बिरादरी को मान्यता देने का अर्थ, जाति धर्म और संप्रदायगत जड़ता को स्वीकार करना होगा।

मुझे इस बहस में मज़ा आने लगा था। मैं उनसे कहता था, मान लीजिये शहर में दस बिरादरी हैं। दसों अपनी-अपनी बिरादरी से एक-एक आदमी चुन लें। ये चुने हुए दस लोग नगरपालिका के सदस्य बन जायें और शहर की भलाई के लिये काम करें। अगर कोई सदस्य भ्रष्ट होगा तो बिरादरी उसे निकाल बाहर करेगी और किसी दूसरे को चुन लेगी। कामरेड का कहना था कि इससे बिरादरियों के बीच अलगाव और वैमनस्य की भावना बढ़ेगी। मेरा तर्क था कि क्यों? व्यवहार में आज भी हमारा समाज बिरादरी जातियों में बंटा हुआ है। उसमें वैमनस्य का कारण यह नहीं कि वह केवल बिरादरियों में बंटा हुआ है बल्कि यह है कि एक बिरादरी पर यह साबित किया जाता है कि दूसरी उसके अधिकारों का हनन कर रही है। यदि ऐसा न होता तो बिरादरी या जाति दूसरी बिरादरी या जाति के लिये मन में द्वेष न पालती। कामरेड

कहते थे कि वर्ग समाज में यह द्वेष वर्ग विभाजन के कारण है और बिरादरी में भी वर्ग हैं। ऊंचे वर्ग का वर्चस्व है। अब सवाल यह उठता था कि क्या बिरादरी का लोकतांत्रिकरण बिरादरी के इस वर्ग विभेद को तोड़ेगा या नहीं? मैं कहता था कि लोकतंत्र का मॉडल हमने योरोप से लिया है जहां जाति-बिरादरी का 'कॉन्सेप्ट' नहीं है। वहां तो वर्ग विभाजन साफ़ है और उस आधार पर राजनीति हो सकती है। पर हमारे देश में बिरादरी और जाति समूहों के गठन को लोकतांत्रिक प्रक्रिया से गुज़रना होगा ताकि न केवल लोकतंत्र नीचे तक पहुंचें बल्कि कालान्तर में बिरादरी व्यापक सरोकारों से जुड़ेगी।

जैसे आमतौर पर बहसों का अंत नहीं होता इसका भी अंत क्यों होता। इसके साथ-साथ प्रचार का काम चलता रहा। लेकिन मैं साफ़ देख रहा था कि बिरादरी की दीवार को हम किसी तरह भेद नहीं पा रहे हैं।

शहर के दूसरे तीन क्षेत्रों से तीन अन्य लोग खड़े किये गये थे। स्टेशन रोड से कामरेड बली सिंह, सैयदवाड़ा से आबरु बरेलवी और एक ग्रामीण क्षेत्र से सूरज चौहान चुनाव लड़ रहे थे और कुछ नहीं तो शहर में लाल झंडों की भरमार हो गयी थी और लोग पार्टी पर ध्यान देने लगे थे।

गेहूं खलिहान में तौला गया तो मेरे हाथों के तोते उड़ गये। कहां तो पंद्रह मन के बीघे का हिसाब लगाया था और यह तो सात मन का बीघा भी नहीं था। खाद, बीज और पानी का पैसा निकाल दिया जाये तो क्या बचेगा? उसके बाद मेरे छह महीने से ज़्यादा की जानतोड़ मेहनत? यही हॉल आलू की फ़सल का हुआ। खाद वग़ैरा अधिक डालने से खेत में हरियाली तो बहुत दिखायी देती थी पर पैदावार अच्छी नहीं थी। आलू का दाम भी गिरा हुआ था। इतने नहीं थे कि कोल्ड स्टोरेज में रखवाये जाते। दूसरी तरफ सहकारी बैंक की किश्तें शुरू हो गयी थीं। वहां पैसा देना था लेकिन इन सब हालात से मैं निराश नहीं हुआ। सोचा खेती भी एक बहुत जटिल काम है। धीरे-धीरे अपने अनुभवों से आयेगी। आज नुक़सान हुआ है तो कल फ़ायदा होगा।

मौसम बदल गया। चारों तरफ धूल-धक्कड़ और झुलसा देने वाली गर्मी का साम्राज्य था। चौरा की ऊंची छतों और मोटी दीवारों के बीच में राहत नाम की चीज़ न थी। बिजली तो ख़ैर नाम को ही आती थी। एक अमन की जगह थी तो बस नीम का पेड़ था जिसकी छाया में कुछ राहत मिलती थी। लेकिन धूल के बवंडर वहां भी पीछा नहीं छोड़ते थे। नीम के नीचे बैठ या लेटकर कुछ पढ़ना भी मुश्किल था। एक अजीब तरह की खिन्नता और उदासी दिनभर रहती थी। शाम होते-होते कुछ बेहतर होता था। पर शाम का भी कोई मतलब इसलिये न था कि कुछ नया या उत्साह बढ़ाने वाला न होता था। वही दो-चार लोग आ जाते थे और गांव की बातें, फसलों के हालात, चोरी, डकैती की वारदातों पर तब्सिरे होते रहते थे। इन लोगों को आपस

में तो मज़ा आता था लेकिन मुझे लगता था कि मेरे कान पक गये हैं और मैं गूंगा हो गया हूं क्योंकि मैं कुछ बोलता नहीं था। मैं बोलता तो क्या बोलता।

इसी दौरान मिश्रा जी का संदेश मिला कि मैं तुरंत आ जाऊं। अब चुनाव में एक ही सप्ताह रह गया। चुनाव में भी मेरी दिलचस्पी ख़त्म हो चुकी थी। पर अब तो चुनाव लड़ना ही था। शहर पहुंचा तो जबरदस्त गर्मागर्मी का माहौल था। कामरेडों ने बस अड्डा लाल झंडों और बैनरों से लाल कर दिया था। चौक पर एक लाल फाटक बनाया गया था। लाल चौक में क्रांतिकारी गाने गाए जाते थे। रोज़ दस-बीस, पचास लोगों के जुलूस निकलते थे। जी.टी. रोड पर ऑफिस बना हुआ था। पोस्टर के गट्ठरों का ढेर और मतदाता सूचियों का अम्बार लगा था। हर तरफ एक अजीब किस्म का उत्साह था। 'आबरु' साहब ने इलेक्शन पर कुछ नज़्मे लिखी थीं जिनका बड़ा चर्चा था। पर्चेबाज़ी भी चल रही थी। गर्माया हुआ माहौल देखकर मेरी हालत में कुछ सुधार हुआ। पंखे की हवा में दोपहर कटी। घर का खाना खाया। रात में पुलिया वाला प्रोग्राम हुआ, तब कहीं जाकर जान में जान आयी। ये सोचकर और खुशी हुई कि यार इन लोगों को मैं ही पार्टी के नज़दीक लाया था। मुख़्तार ने तो पूरी ब्रिगेड तैयार कर ली है। शमीम साइकिल वाले के अलावा कोई छह-सात सिलाई मज़दूर संघ के सदस्य काम कर रहे हैं। उमाशंकर भी अपने क्षेत्र के लोगों को ले आये थे। मिश्रा जी ने एक दिन मुझसे साफ़ कहा कि इतना उत्साह, जोश और हिम्मत पार्टी में पहले बिलकुल नहीं थी। ये सब आपके कारण हुआ है। मैं क्या जवाब देता। खुश होकर ख़ामोश हो गया था।

चुनाव के दिन बीस रिक्शे और पांच इक्के किये गये थे ताकि वोटरों को पोलिंग स्टेशन तक ले जा सकें। इसके अलावा साइकिलें तो थीं ही। मिश्रा जी ने सफेद झलझलाती धोती-कुर्ता पहना था। कुर्ते पर हंसिया-हथौड़ा का बैच लगा रखा था। वे हर क्षेत्र के सभी पोलिंग स्टेशनों का दौरा कर रहे थे। एस.डी.एम. की जीप भी शहर में दौड़ रही थी। मेरे पोलिंग स्टेशन पर अतहर बैठा था। नाम ले लेकर बताया जा रहा था कि 'यार वह नहीं आया, उसे लाओ।' और कार्यकर्ता भाग रहे थे। सबके चेहरे लाल और कपड़े बुरी तरह पसीने में भीग गये थे। पूरे दिन वोट पकड़ते रहे और रात में पुलिया वाली महफ़िल जमी। यहां दोस्तों ने दो दौर चलने के बाद यह घोषित कर दिया कि मैं चुनाव जीत गया हूं। 'मार्जिन' कम है लेकिन चुनाव जीत गया। इस घोषणा पर कुछ दौर और चले। अतहर और उमाशंकर में हस्बे दस्तूर नोक-झोंक होती रही। रात में बारह बजे घर लौटा तो देखा सल्लो बावरचीखाने में बैठी ऊंघ रही है। पता चला कि मुझे खाना खिलाने के लिये वह अभी तक जाग रही है। उसे देखकर नशा उतर गया। अगले महीने उसकी शादी है।

बरामदे में बैठकर मैंने खाना खाया। आंगन में सब सो रहे थे। खाने के बाद मैंने सल्लो से कहा कि तुम ऊपर आ जाना तो उसने मना कर दिया। नशे में मुझे

यह बहुत बुरा लगा और मैं गुस्से में कोठे पर चला गया।

अगले दिन 'रिज़ल्ट' आया। मैं पचास वोटों से हार गया था। पार्टी के 'कंडीडेटों' में सिर्फ कामरेड बली सिंह जीते थे। पहले तो मेरे और ग्रुप के सारे लोग निराशा में डूबे रहे लेकिन मिश्रा जी के आने और ये कहने पर कि ज़िले के इतिहास में पहली बार सी.पी.एम. का कोई उम्मीदवार जीता है, हम उत्साह में आ गये। जुलूस निकालने की तैयारियां शुरू हो गयी। घोड़ा लाया गया। बली सिंह को घोड़े पर बैठाया गया। नगाड़े वाले बुलाये गये। एक-दो गैस बत्ती मिल गयी और जीत का जुलूस निकाला गया।

मैं जानता था कि बिरादरी की दीवार में मैं छेद नहीं कर पाऊंगा पर पता नहीं थोड़ी-सी उम्मीद थी। वह भी गयी। उधर फ़सल चौपट हो गयी। अब क्या करूं? केसरियापुर चला जाऊं? सल्लों की शादी होने वाली है। वह अब मेरे पास नहीं आती। मैं क्या करूं? मुख़्तार शाम को बुलाने भी आया, मैंने इनकार कर दिया। कहा, तबीयत ठीक नहीं है। शाम को अंधेरे में ऊपर कमरे में ही पड़ा रहा। पता नहीं क्या-क्या सोचता रहा। नीचे से जब अम्मां की आवाज़ आयी कि खाना तैयार है तो मैं नीचे गया। आज पता नहीं कितने दिनों बाद सबके साथ खाना खाया। अब्बा ने इलेक्शन की बात छेड़ी और कहा कि मियां यहां डेमोक्रेसी का यही हॉल है। तुम खुद देखना चाहते थे, तुमने देख लिया। यहां तो कुछ हो ही नहीं सकता। वे बहुत देर तक इसी तरह की बातें करते रहे और मैं सुनता रहा। वे दरअसल मेरे इलेक्शन लड़ने से ही सहमत न थे। पर क्या करते। हमारे यहां एक मुहावरा है कि जब बाप का जूता बेटे के पैर में आने लगे तो बेटे को बेटा नहीं, दोस्त समझना चाहिये।

ऊपर आसमान में तारे थे। मैं तारों के बारे में कुछ नहीं जानता। इसलिये बस उन्हें देख रहा था। नींद का दूर-दूर तक नामोनिशान नहीं था। तहसील के घंटे ने ग्यारह बजाये। मैंने सोचा, देखो आज कितने घंटे सुनने को मिलते हैं। आसमान साफ़ था और हवा थोड़ी-थोड़ी चलना शुरू हो गयी थी। अचानक मैंने देखा कि सल्लो आ रही है। मैं ख़ुशी से उठकर बैठ गया।

जब हम साथ-साथ लेट गये तो वह बोली—"आप आज कहीं नहीं गये।" मैं ख़ामोश रहा। लगा, वह कह रही है कि आप इलेक्शन हार गये। आपकी फ़सल बर्बाद हो गयी, आलू की पैदावार अच्छी नहीं रही। आप दुखी हैं और इस वजह से मैं आपके पास आयी हूं...हालांकि इसी महीने मेरी शादी है...।

मैं ख़ामोश रहा। वह मेरे सीने पर हाथ फेरने लगी। जो बातें आप शब्दों से नहीं कह पाते उसे स्पर्श से कह देते हैं। मुझे लगा यह स्पर्श पूरी एक किताब है। वह जाने क्या-क्या मुझसे कह रही है। बता रही है कि मेरे और उसके संबंध हैं लेकिन मैं मज़बूर हूं, वह भी मज़बूर है। पर मज़बूरी से आगे भी कुछ होता है। वह यह कि मज़बूरी को स्वीकार न किया जाये और उसे मान्यता न दी जाये। मैं उसके कंधों

को सहलाने लगा। वह धीरे-धीरे सिसकने लगी। मैंने अपनी तरफ़ उसका चेहरा किया और उसे प्यार करने लगा। उसका रुदन बढ़ गया। सिसकियां तेज़ हो गयीं...हम सब कुछ सह लेते हैं, पर उसकी क़ीमत चुकाते हैं...हम ये क़ीमत ही तो चुका रहे हैं... मैं धीरे-धीरे उसके स्पर्श के माध्यम से उस ताप को महसूस करने लगा जो स्त्री और पुरुष के बीच की दीवारों को तोड़ देता है। वह सिर्फ सिसक रही थी। आसमान में केवल कुछ टिमटिमाते तारे थे और गर्मियों के दिनों की रातों के तीसरे पहर बहने वाली खुश गवार हवा थी। पता नहीं ये हवा कहां छिपी बैठी रहती है और तीसरे पहर के बाद आती है। हम दोनों ख़ामोश नहीं थे। वह सिसकियां भर रही थी और मुझे पता नहीं था कि मेरे चेहरे पर जो आंसू हैं वे मेरे हैं या उसके हैं। हो सकता है ये कभी न पता चल सके।

बहती हवा के साथ, टिमटिमाते हुए तारों के साथ हमारा सफर आगे बढ़ता रहा। बिलकुल ऐसा हो रहा था जैसे कोई माहिर उस्ताद अलाप शुरू कर रहा हो। गले के अंदर, बंद-बंद पर गहरी और दिल में उतर जाने वाली आवाज़ जिसके ओर-छोर का पता नहीं है। संवेदना की तरंगें हवा के साथ उसके चारों ओर फैल रही थीं और वह एक अर्थ में उसे पहचानती और दूसरे अर्थों में उसे अस्वीकार करने वाली स्थिति में थी जहां आदमी का अपने ऊपर वश नहीं चलता, वह सोचता कुछ और है, होता कुछ और है। हवा ने बंधन काटने शुरू कर दिये। टिमटिमाते तारों ने उन्हें जोड़ने की कोशिश की लेकिन एक हवा का तेज़ झोंका आया और अपने साथ हम दोनों को बहाकर ले गया। दूर बहुत दूर। होने और न होने की स्थिति से परे।

7

वे बुझे-बुझे बेमतलब दिन थे। चुनाव में अपनी पूरी ताक़त झोंक देने के बाद सब पता नहीं आराम कर रहे थे या अपनी-अपनी हार से समझौता करने की कोशिश कर रहे थे। मैं दिन-दिनभर घर पर पड़ा रहता और 'जासूसी दुनिया' में डूबा रहता। आश्चर्य करता कि यार क्या लेखक है जो पूरा जगत रच देता है। जब चाहता है सिर्फ कुछ शब्दों के माध्यम से जहां चाहता है वहां पहुंचा देता है और इच्छानुसार बाहर निकालकर पटक देता है। उसने एक प्रति संसार बनाया है जहां पाठक जीते और मरते हैं, खुश और दुखी होते हैं। पात्रों से प्रेम और घृणा करते हैं।

एक दिन दोपहर को तार आया। दिल्ली से सरयू डोभाल ने तार भेजा था—'द नेशल डेली' के चीफ़ रिपोर्टर नजमुल हसन से मिलो। वे तुम्हें नौकरी दे सकते हैं।' तार पढ़कर मैं सकते में आ गया। 'नेशन डेली' अंग्रेज़ी का प्रमुख अख़बार है। मैं हिंदी में एम.ए. हूं। नौकरी? अख़बार और वह भी अंगेज़ी के अख़बार में? मैं तार

हाथ में लिये घंटों सोचता रहा। अब्बा ने तार पढ़ा। चश्मा उतारा। मेरी तरफ देखा और बोले—बोलो? क्या सोचते हो? मैं क्या बोलता? ख़ामोश रहा। केसरियापुर, चौरा, खेती, रहमत और गुलशन। यहां पार्टी, दोस्त, आंदोलन...रिक्शा यूनियन, सिलाई कर्मचारी यूनियन, बीड़ी मज़दूर यूनियन...मुख़्तार, उमाशंकर और मिश्रा जी...मैं क्या बोलता।

अब्बा समझ गये और बोले—"जल्दी क्या है सोच लो।"

एम.ए. किये हुए चार साल हो गये। अहमद लंदन हाई कमीशन में इनफ़ारमेशन ऑफ़ीसर है, शकील युवा कांग्रेस का अध्यक्ष बन गया है। किसी भी चुनाव में टिकट मिल सकता है। फ़ैज़ी की शादी हो गयी है। जावेद कमाल को नौकरी करनी पड़ रही है। कामरेड लाल सिंह शादी के चक्कर में है। सब कुछ गड्डमड्ड है। पता नहीं यहां क्या होगा? भविष्य अनिश्चित है। 'नेशन डेली' एक राष्ट्रीय अख़बार है। उसके चपरासी की भी हैसियत होती है। मैं कम-से-कम चपरासी तो नहीं बनाया जाऊंगा। लेकिन समझ में आ नहीं रहा था कि क्या किया जाये। अगर चला भी गया तो क्या मैं अंग्रेज़ी में काम कर पाऊंगा या वहां से भी उसी तरह खाट खड़ी होगी जैसे यहां से हो रही है। तब मैं क्या करूंगा? लेकिन अगर कोई जानते-बूझते हुए हिंदी के एम.ए. को अंग्रेज़ी के अख़बार में ले रहा है तो ज़िम्मेदारी उसकी भी बनती है और अगर मैं चाहूं तो क्या अंग्रेज़ी सीख नहीं सकता? जो लोग जानते हैं वे आसमान से उतरे लोग तो नहीं हैं।

—"हम जानते थे कामरेड कि आप यहां टिकोगे नहीं।" कामरेड मिश्रा बोले और मैं कटकर रह गया—"देश का दुर्भाग्य यही है कि पढ़े-लिखे लोगों के लिये छोटे शहरों में रोज़गार नहीं है।"

—"मैं तय नहीं कर पा रहा हूं कि जाऊं या न जाऊं?"

—"ज़रूर जाओ...अगर मैं तुम्हारी 'पोज़ीशन' में होता तो ज़रूर जाता," वे ठंडी सांस लेकर बोले।

मेरे जाने के फैसले से अब्बा और अम्मां ही नहीं पूरा घर खुश था। ख़ाला तैयारी में जुट गयी थीं। सल्लो के चेहरे पर भी मैंने खुशी की छाया देखी। दो दिन में तैयारी पूरी हो गयी। मुख़्तार और उमाशंकर को जब ये पता चला कि मैं 'नेशल डेली' में नौकरी करने जा रहा हूं तो उनके ऊपर बिजली-सी गिरी। दो तरह की बिजलियां थीं, पहली यह कि मैं यहां सब कुछ छोड़ रहा हूं और दूसरी यह कि मैं 'नेशन डेली' जैसे अख़बार में जा रहा हूं।

ट्रेन के वक़्त के कोई एक घंटा पहले मैं स्टेशन पहुंच गया था। सामान कुछ ज़्यादा था। ख़ाला ने कई तरह के हलुये, नमक पारे, मीठी टिकियां, लड्डू और न जाने क्या-क्या साथ कर दिया था। रात में खाने के लिये कबाब और पराठे थे। अब्बा ने दिल्ली में एक-दो लोगों के नाम ख़त दिये थे। अब्बा स्टेशन आने पर तैयार थे

लेकिन मैंने उन्हें बता दिया था कि मुझे सवार कराने बहुत लोग होंगे और वो क्यों तकलीफ़ करते हैं और फ़िर ट्रेन अक्सर लेट हो जाती है। रात के ग्यारह-बारह बज सकते हैं।

स्टेशन पर उमाशंकर, मुख़्तार, कलूट और अतहर के अलावा शमीम, किरमान और दूसरे लड़के भी थे। उमाशंकर और मुख़्तार पिये हुए थे। ख़ासतौर पर मुख़्तार बहुत चढ़ाये हुए लग रहा था। उसे देखकर मेरा मन भर आया। तीन साल पहले जब वह मुझसे पहली बार मिला था तो पक्का मुस्लिम लीगी ज़ेहनियत का आदमी था। आज वह वामपंथी राजनीति में है। सीधा है, सीधी बात सोचता है। उमाशंकर कांग्रेसी हुआ करता था। इन दोनों ने मेरे कहने, समझने और 'कन्विंस' करने से एक सपना बुना था। पता नहीं मैं उस सपने के केंद्र में था या नहीं लेकिन इतना तय है कि उस सपने में मेरी एक महत्त्वपूर्ण स्थिति थी। मैं इन लोगों से आंखें नहीं मिला पा रहा था। सामान को टी-स्टॉल पर रखवाकर हम स्टेशन के उस हिस्से में चले गये जहां अंधेरा था। मैं उम्मीद कर रहा था कि अब ये लोग मुझ पर सवालों की बौछार कर देंगे। लेकिन वे ख़ामोश थे। इधर-उधर की बातें हो रही थीं। दिल्ली की बातें 'नेशन डेली' की बातें, हम जानबूझकर इस बात से बच रहे थे कि मैं वापस दिल्ली जा रहा हूं। उस शहर जा रहा हूं जिसने मेरे चूतड़ों पर लात मारकर मुझे बाहर कर दिया था...पूरे माहौल में एक तनाव था, लगता अगर ये बाहर आ गया तो संभालना मुश्किल हो जायेगा।

ट्रेन जब दूर से आती दिखायी देने लगी तो मुख़्तार मुझसे लिपटकर रोने लगा। उमाशंकर ने उसे डांटा—'अबे ये क्या...कोई सात समन्दर पार तो जा नहीं रहे हैं। रातभर का सफर है...दिल्ली यहां से कितनी दूर है।' मैं सोचने लगा शायद यहां से दिल्ली सात समन्दर पार ही है और मुख़्तार का रोना वाजिब है।

सुबह दिल्ली स्टेशन पर उतरा तो ध्यान आया कि जब यहां से जा रहा था और बाबा मुझे छोड़ने आया था तो प्लेटफार्म पर हमने शराब के नशे में बहुत थूका था। मैं दिल्ली पर थूककर गया था और अब फिर दिल्ली आ गया। कोई आवाज़ आयी—अपने थूके को चाटने आये हो तुम...तुम्हारी इतनी हिम्मत हो गयी थी कि राजधानी पर थूक कर गये थे। देखा अब तुम इसे चाट रहे हो।

सरयू डोभाल के चेहरे पर मुस्कुराहट फैल गयी। उसकी उदास और गहरी आंखों में पुराने संबंधों की झलकियां दिखायी पड़ीं।

—"कब आये?"

—"बस सीधा स्टेशन से चला आ रहा हूं।"

बाथरूम से निकलकर अमित जोशी आ गया। उसका स्वभाव बिलकुल अलग

और बेलौस किस्म का है।

दोनों लंबे समय से साथ-साथ रहते हैं। छोटी-छोटी बातों पर उनके बीच चलती रहती है। बड़ी बातों पर कभी विवाद नहीं होता क्योंकि जीवन, जगत, राजनीति के बारे में उनकी राय एक है। किचन में पानी गिरा देने, बाल्टी में कपड़े भिगोकर छोड़ देने, चप्पल में कील लगवाने, छिपाकर रखी गयी आधी सिगरेट पी जाने पर दोनों में बहस हो जाती है जो साहित्य, कला और संस्कृति का चक्कर लगाती मनोविज्ञान और राजनीति तक खिंचती चली जाती है। फिर दोनों थक जाते हैं और बाहर निकल पड़ते हैं। दोनों कवितायें लिखते हैं, दोनों नक्सलवाद के प्रति समर्पित हैं। अमित तो कुछ ज़्यादा ही लाल है। वह शायद पार्टी सदस्य है और कई बार गंभीरता से 'आर्म स्ट्रल' में शामिल होने के बारे में सोच चुका है।

—"कहो खेती-बाड़ी कैसी चल रही है?" अमित ने पूछा।

—"बस यार हो गया खेल ख़तम।"

—"अरे क्यों क्या हुआ?" सरयू बोला।

—"बस क्या बताऊं लंबी दास्तान है...।"

वे दोनों चले गये। मैं सो गया। तय यह हुआ था कि शाम को कॉफी हाउस आ जायेंगे और वहीं से वापस घर आयेंगे।

कॉफी हाउस पूरा ब्रह्मांड है। उसमें अनगिनत ग्लैक्सियां हैं। इनके अपने-अपने सूरज और चांद हैं, अपनी-अपनी पृथ्वी है। जिस तरह कोई पूरे ब्रह्मांड को नहीं जानता उसी तरह कोई यह नहीं कह सकता कि मैं पूरे कॉफी हाउस को जानता हूं। सुबह फूल वाले, उसके बाद ऑफिस वाले, फिर रेसवाले, सट्टेवाले, दुकानदार, प्रेमीजोड़े, बेरोजगार युवक, कॉफी हाउस से ही ऑफिस चलाने वाले व्यापारी, चित्रकार, नशेड़ी, अपराधी, होमो सेक्सुअल, पत्रकार और शाम होते-होते मिली-जुली ग्लैक्सियां नज़र आती हैं। हिंदी के लेखक-कवि, उर्दू के साहित्यकार, चित्रकार, दफ़्तरों से निकले बाबू, पत्रकार, अध्यापक, प्रकाशक, सपरिवार कुछ लोग सिनेमा जाने से पहले कॉफी पीने के इच्छुक हैं। सबकी न केवल अपनी-अपनी मेज़ें 'सुरक्षित' होती हैं बल्कि जगह भी लगभग तय हो गयी है। कॉफी हाउस के अंदर आते ही लगता है कि जैसे घर आ गये हों।

हम लोगों की अपनी अलग जगह है। ज़्यादा लोग आ जाते हैं तो कुर्सियों की संख्या बढ़ जाती है और ज़्यादा आ जाते हैं तो मेज़ें जोड़ दी जाती हैं और ज़्यादा आते हैं तो रेलिंग पर कॉफी के कप रख लेते हैं। पर यहां आने वाला बिना अपना उद्देश्य पूरे हुए जाता नहीं। हम लोगों के भी कई समूह हैं। ये समूह नये पुराने के आधार पर या वैचारिक आधार पर या क्षेत्र के आधार पर नहीं बने हैं। साहित्यिक आंदोलनों और पत्रिकाओं के आधार पर भी नहीं है। बस कुछ ऐसा है कि जिसे जहां बैठना रुचता है, वहीं बैठता है। गांधीवादी और नक्सलवादी साथ बैठ सकते हैं। सत्तर

साल का आदमी और बाइस साल का लड़का एक मेज़ पर कॉफी पी सकते हैं। नौकरी पाया खाया-पिया साहित्यकार और भुखमरी से जूझता कवि साथ हो सकते हैं। कुछ लोग बहुत बोलते हैं। कुछ बिलकुल ख़ामोश रहते हैं। कुछ लड़ते हैं तो कुछ आवाज़ तक नहीं निकालते। बहस होती है तो ये पता नहीं चलता कि कौन क्या कह रहा है। बोलने और सुनने पर पाबंदी नहीं है।

हमारी अपनी अलग ग्लैक्सी है। ज़्यादातर साहित्यकार हैं या साहित्य में रुचि लेने वाले हैं। रुचि लेते-लेते वे भी लेखक-कवि बन जाते हैं। किसी के कुछ बनने या बिगड़ने पर कोई कुछ नहीं कहता, हां इतना ज़रूर है कि यहां किसी का अपमान करना वर्जित है। हमारी टोली में ज़्यादातर जवान लोग हैं। सबको एक-दूसरे के बारे में पता है। जो कॉफी के पैसे नहीं दे सकता है उससे कोई नहीं कहता कि तुम अपने पैसे दो। उसके पैसे इधर-उधर से हो जाते हैं।

जागेश्वर जी शाम को कॉफी हाउस आने वाले में एक विशिष्ट व्यक्ति हैं। इनके बारे में सबको सब कुछ मालूम है। जागेश्वर जी दुबले-पतले हैं। सिर कुछ ज़्यादा बड़ा है या शायद सफेद दाढ़ी और बड़े बालों के कारण ऐसा लगता है। हमेशा सफेद कुर्ता और पाजामा पहनते हैं। जेब में कलम और हाथों में काग़ज़ों का बंडल होता है। हमेशा नशे में दिखायी देते हैं। कुर्ते की जेबों में शराब के दो अद्धे होते हैं, जिनमें वे खुलेआम पीते हैं। उनके ऊपर कॉफी हाउस में शराब पीने पर कोई रोक-टोक नहीं है। नशा जब ज़्यादा हो जाता है तो किसी जगह खड़े होकर भाषण जैसा देने लगते हैं जिसे कोई नहीं सुनता। रात में दस बजे तक कॉफी हाउस में इधर-उधर चक्कर लगाते हैं और फिर चले जाते हैं।

जागेश्वर जी कभी कम्युनिस्ट पार्टी के 'होल टाइमर' हुआ करते थे और बंबई के बांद्रा इलाके वाली कम्यून में रहते थे। बरसों वहां ट्रेड यूनियन में काम किया। पैसों की कमी की वजह से कहते हैं एक बार अपने लड़के का इलाज़ नहीं करा पाये थे जिसकी वजह से उसकी मौत हो गयी थी। लेकिन पार्टी से उनका लगाव और काम के प्रति उनका समर्पण कम नहीं हुआ। वे लगातार अपने आपको ट्रेड यूनियन में झोंके रहे। पार्टी पर प्रतिबंध लगने के बाद वे अंडर ग्राउंड हो गये और कानपुर में काम करते रहे। फिर जब पार्टी की लाइन बदली और पार्टी संसदीय लोकतंत्र में शामिल होने को तैयार हो गयी तो कामरेड जागेश्वर पार्टी से अलग हो गये। इसी दौरान शराब पीने लगे। धीरे-धीरे इतनी पीने लगे कि चौबीस घंटे नशे में रहने लगे। अब जागेश्वर जी कुछ अख़बारों में अनुवाद का काम करते हैं और शराब पीते हैं। कॉफी हाउस में उनका बड़ा सम्मान है। हर आने वाला उन्हें जानता है। कोई उनसे कुछ नहीं कहता। जिस मेज़ पर जिन लोगों के साथ उन्हें जाकर बैठना होता है बैठ जाते हैं। आमतौर पर कुछ नहीं बोलते। अपनी लाल-लाल आंखों से सबको घूरते रहते हैं। वे अक्सर हम लोगों के साथ बैठते हैं। उनसे कॉफी के लिये पूछा जाता है और

वे मना कर देते हैं।

एक और ख़ास आदमी आता है। काफी छोटे कद का यह आदमी खाकी नेकर और कमीज़ पहनता है। चेहरे पर अजीब तरह की दाढ़ी रखता है। इसके पैरों में स्पोर्ट शू होते हैं। यह आता है पूरे कॉफी हाउस में लोगों से हाथ मिलाता है। बताया जाता है कि यह कभी हॉकी का मशहूर खिलाड़ी था। बहुत उत्साह में, शायद नशे की वजह से, यह आदमी सबसे हाथ मिलाकर चला जाता है। वैसे तो हम लोगों की मेज़ पर आने वालों की सूची में पचास-साठ नाम आ जायेंगे लेकिन बराबर आने वालों और एक-दूसरे को जानने-समझने वालों की सूची भी दस-पंद्रह से कम न होगी। इन दस-पंद्रह में इतनी भिन्नता है कि दोस्ती का आधार ख़ोज पाना भी कभी-कभी संकट का काम हो जाता है। नवीन जोशी किसी 'ऐड एजेंसी' में काम करता है। बिलकुल वैसा ही लगता है जैसा अल्मोड़ा के पंडित होते हैं। मंडली में वह उन चंद लोगों में हैं जिनकी कुछ बेहतर नौकरी है। इसलिये नवीन पर ऐसी ज़िम्मेदारियां आ जाती हैं जिन्हें निभाना ज़रूरी हो जाता है। जैसे किसी के पास कॉफी हाउस से वापस जाने के लिये बस का किराया नहीं है, किसी के पास फूटी कौड़ी नहीं बची है, वग़ैरा-वग़ैरा। नवीन के पास जब देने के लिये पैसे नहीं होते तो उसके चेहरे पर ऐसे भाव आ जाते हैं जैसे उससे पैसे मांगे नहीं जा रहे हैं बल्कि वह ख़ुद मांग रहा है। नवीन ने हॉल ही में कवितायें लिखना शुरू किया है। इसके अलावा फिल्मों और कला प्रदर्शनियों की समीक्षा भी कर देता है। उसे विज्ञान में दिलचस्पी है...और सबसे ज़्यादा पसंद है गप्पबाज़ी, यारबाज़ी और कॉफी की मेज़ पर बौद्धिक बहसें करना।

इस मंडली में हनीफ नाम का एक लड़का है जो कभी-कभी पागल हो जाता है। पागलपन के दौरों के दौरान वह पूरी मंडली को इस क़दर परेशान कर देता है कि लोग उससे पनाह मांगने लगते हैं। वैसे वह अच्छा चित्रकार और कवि है। पता नहीं उसके ये दौरे कैसे होते हैं? क्यों आते हैं? इलाज? अनिल वर्मा पत्रिका निकालता है और फ्रीलांसिंग करता है। इससे पहले इलाहाबाद में पढ़ाता था लेकिन कुछ प्रभावशाली लोग उसके ख़िलाफ़ हो गये थे और उसे निकाल दिया गया। पंकज मिश्रा अधेड़ उम्र लेखक हैं। अब कवितायें लिखना बंद कर चुके हैं और समीक्षा करते हैं। अभी हॉल में एक दिन नवीन बली सिंह रावत को ले आया था। वह बंबई में प्रूफ़ रीडर था अब यहां 'राष्ट्र' में सह-संपादक हो गया है। दूसरे लोगों में रामपूरन, कांति, जगदीश्वर जैसे नये लड़के हैं जो कैरियर बनाने दिल्ली आये हैं।

पुराने दोस्तों में बाबा है। वह अब कॉफी हाउस नहीं आता। कहता है यह समय मैं अपने बच्चों को देता हूं। उन्हें मैं खुद पढ़ाता हूं। मैं यह नहीं चाहता कि वे भी मेरी तरह जीवन को एक शोकगीत के रूप में गाते रहें।

मैं जब कॉफी हाउस पहुंचा तो अमरेश जी भी बैठे थे। किसी ज़माने में कवितायें

लिखा करते थे और लोहियाजी के युवातम् मित्रों में थे। आजकल विख्यात समाजवादी मज़दूर नेता विक्टर डिसूजा के साथ 'हमारा समाज' निकाल रहे हैं। आजकल इन्हीं के साथ सरयू डोभाल काम कर रहा है। इनके अलावा जे.एन.यू. के कुछ छात्र भी थे। बातचीत 'गोली दाग़ो पोस्टर' पर हो रही थी। चूंकि कविता मैंने नहीं पढ़ी थी इसलिये सिर्फ ख़ामोशी से सुन रहा था। कभी-कभी कॉफी हाउस आने लेकिन अपना पूरा हक जताने वाले निगम साहब भी अपने तरह के आदमी हैं। खाते-पीते आदमी हैं। कवितायें लिखते हैं। अपने आपको लखनऊ स्कूल का शायर भी मानते हैं और ये कहते हैं कि 'असर' लखनवी के शागिर्द आग़ा 'गौहर' से लखनऊ में 'इस्लाह' लिया करते थे।

निगम साहब की गाड़ी कॉफी हाउस के सामने खड़ी रहती है और ज़रूरत के मुताबिक जब जिसको चाहते हैं गाड़ी में आने की दावत देते हैं। वहां थर्मस में बर्फ, पानी और ह्विस्की की बोतल बराबर मौजूद रहती हैं।

धीरे-धीरे दूसरे लोग आते रहे और कुछ उठ-उठकर जाते रहे। बहस पता नहीं कैसे चारु मजूमदार से होती लिन पियाऊ पर आ गयी और फिर इधर-उधर भटकती हुई एम.एफ. हुसैन की नयी प्रदर्शनी पर होने लगी।

वही परिचित दृश्य, परिचित लोग, क्या यही मेरी दुनिया है? और वह जो छोड़ आया हूं? वह शहर? वहां की धूल उड़ाती गलियां, खुली हुई गंदी नालियां, हाड़-मांस का ढांचा शरीर, बंधुआ मज़दूर, खेती में जान खपाते रामसेवक और गोपाल? क्या वह मेरा यथार्थ है? मेरा ही क्यों देश का यथार्थ है। फिर हम यहां क्यों खुश हैं? क्या 'सात समन्दर पार' एक ही देश के अंदर ये नखलिस्तान बनाये गये हैं? इसलिये बनाये गये हैं कि हर वह आदमी जो 'कुछ' कर सकता है अपने दिल की भड़ास निकालता रहे। ख़ैर छोड़ो अभी कल हसन साहब से मिलना है। पता नहीं कैसी नौकरी है जो वे देना चाहते हैं।

8

—"अच्छा तो तुम्हें ये डर है कि तुम हिंदी में एम.ए. हो, अंग्रेज़ी कैसे लिखोगे...जानते हो अख़बार की जुबान में कितने लफ़्ज़ होते हैं? मुश्किल से हज़ार और कितने तरह के जुमले बनते हैं? मुश्किल से चार किस्म के...भई ये कोई 'लिटरेचर' तो हैं नहीं... तुम ये फाइल ले लो और इधर बैठ जाओ...वहां डिक्शनरियां रखी हैं...आज कम-से-कम दो सौ नये लफ़्ज़ सीख लो...और जुमले...छपी हुई रिपोर्ट्स को पढ़ो...सब कुछ वैसे का वैसा ही जाता है। बस तारीख़ नाम, जगहें बदल जाती हैं...समझे...।" हसन साहब ने मेरी ट्रेनिंग शुरू कर दी थी और मैं तेज़ी से सीखने लगा। एक ही हफ़्ते

में उन्हें रिपोर्टें लिखकर दिखाने लगा।

मुझे मैथ्यू साहब के साथ लगा दिया गया। मैथ्यू एम.सी.डी. 'कवर' करते हैं। ग्यारह बजे के बाद वे आते हैं। मैं उनके साथ लग लेता हूं। वे सीधे प्रेस क्लब आ जाते हैं। वहां उनका लंच होता है जिसके साथ दो बियर पीते हैं। उसके बाद मैथ्यू फोन घुमाना शुरू करते हैं। दस-बीस लोगों से कॉरपोरेशन की ख़बरें ले लेते हैं। फिर हम चाय पीकर चार बजते-बजते दफ़्तर आ जाते हैं। मैथ्यू नोट्स मुझे दे देते हैं। मैं न्यूज़ बनाता हूं। वे सिगरेट पर सिगरेट फूंकते और देश भर के अख़बार चाटते रहते हैं। मेरी न्यूज़ में कुछ फेर करने के लिये वे टाइप राइटर पर बैठ जाते थे और बिजली की तेजी से उनकी उंगलियां चलती हैं। आठ बजे से पहले-पहले न्यूज़ चीफ़ रिपोर्टर हसन साहब की मेज़ पर पहुंच जाती है। हसन साहब नौ बजे के बाद आते हैं। यानी मैं कॉफी हाउस का एक चक्कर लगा आता हूं और ग्यारह बजते-बजते रिपोर्टिंग से लोग जाने लगते हैं। सबसे बाद में जाने वालों में हसन साहब हुआ करते हैं क्योंकि वे डमी देखकर ही जाते हैं।

दुबले, पतले, औसत कद, तीखा नाक-नक्श, तांबे की तरह चमकता रंग, घने सूखे और काले बाल। हसन साहब में अब भी उस आग की चिनगारियां हैं जो एक ज़माना हुआ उनके अंदर लगी थी। कभी-कभी मुझे अपने साथ घर ले जाते हैं और स्काच ह्विस्की की बोतल खोलकर बैठ जाते हैं। हालांकि ऐसा बहुत कम होता है क्योंकि वे अपने काम में दीबानगी की हद तक डूबे हुए रहते हैं और रात-दिन न्यूज़ के अलावा उन्हें कुछ और न सुझायी देता लेकिन जब अपने घर ले जाते हैं तो कभी-कभी रात के तीन बज जाया करते हैं और मुझे वहीं सोफे पर सोना पड़ता है। हसन साहब ने अपने बारे में जो बताया या बातचीत में पता चला वह कुछ ऐसा है--

हसन साहब के वालिद अरबी-फारसी के विद्वान और मौलवी थे। पूरी ज़िंदगी वे राजा फतेहाबाद की लाइब्रेरी में फारसी और अरबी-पांडुलिपियों के इंचार्ज रहे और राजा साहब के लिये नायाब पांडुलिपियां जमा करते रहे। रिटायर होकर वे अपने आबाई गांव हसुआ चले गये और वहीं इंतिक़ाल हुआ। हसन साहब अपने वालिद के प्रभाव में पक्के मज़हबी और कट्टर शिया थे। लखनऊ यूनिवर्सिटी से बी.ए. कर रहे थे। उसी ज़माने में उनकी मुलाक़ात पंडित सुंदरलाल से हो गयी। पंडित जी अपनी मशहूरे-ज़माना किताब 'भारत में अंग्रेज़ी राज' लिख रहे थे। उन्हें किसी लड़के की ज़रूरत थी जो उनकी मदद कर दे। हसन साहब तैयार हो गये। पंडित जी का साथ उन्हें ऐसा रास आया कि बी.ए. करने के बाद पंडित जी के साथ ही लगे रहे। उनके सेक्रेटरी हो गये। इसी दौरान हसन साहब आचार्य नरेन्द्र देव, ज़ेड अहमद और ज़ोय अंसारी वग़ैरा के संपर्क में आये। पंडित सुंदरलाल उन्हें लेकर हैदराबाद गये। यह उथल-पुथल का ज़माना था। अंग्रेज़ जा चुके थे। निज़ाम पूरी तरह अपने प्रधानमंत्री कासिम रिज़वी के शिकंजे में थे। कासिम रिज़वी हैदराबाद को आज़ाद मुस्लिम देश

बनाने के सपने देख रहा था। हथियार मंगवाये जा रहे थे और राज़ाकारों की फौज तैयार हो रही थी। इसके बाद दंगों वाले दिनों में भी हसन साहब पंडित जी के साथ रहे और फिर एक दिन पंडित जी से कहा कि वे जाना चाहते हैं। पंडित जी जानते थे, उन्होंने मुस्कराकर कहा, ''हां, मैं जानता हूं मेरे आंगन का पिछला दरवाज़ा किधर खुलता है।''

हसन साहब सी.पी.आई. के होल टाइमर हो गये। इस बीच विवाह कर लिया था। पार्टी ने उन्हें लखनऊ से दिल्ली भेजा और उर्दू 'लाल पैग़ाम' का संपादक बना दिया। अख़बार का दफ़्तर दरियागंज में हुआ करता था और हसन साहब दस किलोमीटर दूर भोगल नाम के एक गांव में रहते थे। हसन साहब ने बताया था कि अक्सर दफ़्तर में इतनी देर हो जाती थी कि कोई सवारी नहीं मिलती थी और वे डबल मार्च कर देते थे। रास्ते में छह सिगरेट पीते थे और रात ग्यारह बजे तक घर पहुंच जाते थे। फिर रण दवे का ज़माना आया। पार्टी ने एक ऐसी छलांग लगाने की कोशिश की जिसमें पैर ही टूटना था। प्रेस ज़ब्त हो गया। दफ़्तर पर ताले लग गये। हसन साहब के लिये आदेश हुआ कि तेलंगाना जाओ। छह महीनों तक रातों को जागने और दिन में छिपकर सोने में बीते। अंधेरी रातों में गोलियों की तड़तड़ाहट, चीख़ें, रौशनी, पुलिस का आतंक देखा। आख़िरकार आंदोलन बिखर गया तो फिर वापस आये। पार्टी की लाइन बदल गयी थी। संसदीय लोकतंत्र को पार्टी ने स्वीकार कर लिया था। हसन साड़ब ने कहा कि जिस दिन ऐसा हुआ उसी दिन मैंने पार्टी से इस्तीफा दे दिया और समझ गया कि अब क्रांति नहीं आयेगी। एक सपना जो दो दशक से ज़्यादा उनकी प्रेरणा का स्रोत था वह ख़त्म हो गया। उसके बाद कहीं-न-कहीं तो नौकरी करनी ही थी और पत्रकारिता के अलावा कुछ जानते न थे। इसलिये पत्रकार हो गये।

पता नहीं क्यों यह कहा जाता है कि भूतपूर्व कम्युनिस्ट बहुत अच्छा आदमी होता है या बहुत खराब। उससे यह आशा नहीं की जा सकती कि अच्छाई और बुराई दोनों का कुछ-कुछ लेकर चलेगा। इस मान्यता के अनुसार हसन साहब बहुत अच्छे आदमी हैं। ऐसा नहीं है कि उन्हें नापसंद करने वाले कम हैं। ऐसा भी नहीं कि उनका कोई विरोध नहीं होता। लेकिन विरोधी यह मानते हैं कि पीछे से हमला नहीं करता। मानवीयता है। और जो दोस्त हैं वे तो जान देने के लिये तैयार रहते हैं। अख़बार की राजनीति के अखाड़े में वे सिर्फ अपने काम में बल पर जमे हुए हैं। जी.एम. उनकी ताक़त को पहचानता है। एडीटरों से आमतौर पर उनका कोई मतभेद इसलिये नहीं होता कि दिल्ली रिपोर्टिंग से एडीटर ज़्यादा मतलब रखते भी नहीं। संवेदनशील 'क्षेत्र' विशेष संवाददाताओं को दिये जाते हैं जिन पर एडीटर की सीधी कमांड होती है।

यह मुझे बाद में पता चला कि मैथ्यू के बारे में लोगों ने उड़ा रखी है कि वह

'होमोसेक्सुअल' है। मुझे हसन साहब ने जब मैथ्यू के साथ लगाया था तो कई लोगों के चेहरे बहुत ताज़ा नज़र आने लगे थे। एडीटिंग में भी कुछ लोग पूछते थे, तुम मैथ्यू के साथ हो। मेरी समझ में नहीं आता था कि ये ऑफिस की भद्र महिलायें, सीनियर लोग मुझे और मैथ्यू को साथ देखकर क्यों मुस्कुराते हैं। मैथ्यू पचास वर्ष के हैं, अविवाहित हैं, केरल के हैं। कम बोलते हैं। जब हिंदी में बात करते हैं तो हर वाक्य 'साला' शब्द से शुरू होता है। उनकी अंग्रेज़ी बहुत अच्छी है। पर कहते हैं—"साला न्यूज़ पेपर में काम करने से हमारा इंग्लिश ख़राब हो गया।" उनके पास कभी साउथ और खासकर केरल के लड़के आते हैं जिन्हें देखकर लोग आंखों-ही-आंखों में इशारे करते हैं।

सबिंग में एक लड़की सुप्रिया है जिस पर यार लोग डोरे डालते रहते हैं। इसके अलावा ट्रेनी लड़कियों को काम सिखाने के लिये भी छड़ों में होड़ लगी रहती है। मैं क्योंकि सबसे जूनियर हूं इसलिये मैं किसी गिनती में नहीं हूं। मैं अपनी इस तरह की इच्छाओं का इज़्हार भी नहीं कर सकता। रिपोर्टिंग में आठ लोग हैं। ज़्यादातर 'यंग' हैं। हसन साहब कहते हैं बूढ़े घोड़े रेस में नहीं दौड़ते। जवान घोड़ों में प्रभात सरकार और एन.पी. सिंह काफी चमकते हैं। बाकी, बंसल और अनिल सेठी काम अच्छा करते हैं लेकिन कुछ ऐसे तीसमारखां नहीं हैं। ज्योति निगम आर्ट, कल्चर, फिल्म करती हैं। करीब चालीस साल की ज्योति निगम ज़रूर अपने ज़माने में 'आलीशान' रही होंगी। अब भी आकर्षक हैं और चेन स्मोकर हैं, पार्टी में एक-दो ड्रिंक ले लेती हैं। हसन साहब ज्योति निगम को बहुत मानते हैं। कहते हैं आर्ट और फिल्म की ऐसी समझ जैसी ज्योति में है, कम ही देखने को मिलती है।

छह महीने के अंदर मैं अपनी न्यूज़ सीधे हसन साहब को देने लगा। प्रभात सरकार ने कहा—"बॉस अब ये काम सीख गये हैं। इन्हें मैथ्यू साहब से अलग कर दो...नहीं तो वे इसे और कुछ सिखा देंगे तो परेशानी हो जायेगी।"

मैं सिगरेट खरीदकर मुड़ा ही था कि मोहसिन टेढ़े के दीदार हो गये। दिल्ली के बाज़ार में कोई पुराना मिल जाये तो क्या कहने। मोहसिन टेढ़े ने भी मुझे देख लिया था और उसके चेहरे पर फुलझड़ियां छूट रही थीं।

—यार, तुम कहां रहते हो...कसम खुदा की बड़ा गुस्सा आता है तुम्हारे ऊपर।" मोहसिन आकर लिपट गया। ''सुना तो था...ज़ैदी कह रहा था कि तुम दिल्ली ही में हो और 'नेशन' में हो...।''

—"तुम सुनाओ यार, मोहसिन क्या हॉल है?"

—"सब फस्ट क्लास है।"

—"क्या कर रहे हो?"

वह हंसने लगा। ऐसी हंसी जिसमें शर्मिंदगी भी शामिल थी।

—"यार, मैं सुबह यहीं कनॉट प्लेस आ जाता हूं। 'बंकुरा' में लंच लेता हूं...एक चक्कर सर्किल का लगाता हूं...फिर अमरीकन लाइब्रेरी में बैठ जाता हूं...शाम को मैक्समुलर भवन में कोई फिल्म देख लेता हूं...रात दो रुपये वाली टैक्सी पकड़कर आर.के.पुरम चला जाता हूं।" वह फिर शर्मिंदगी मिश्रित हंसी हंसने लगा।

मुझे यह सब सुनकर हैरत नहीं हुई। मोहसिन टेढ़े के बारे में हम सबको हॉस्टल के दिनों से पता था कि वह अच्छे-खासे खाते-पीते ज़मींदार खानदान से ताल्लुक रखता है।

मैं हॉस्टल के कमरा नंबर तेईस में था और मोहसिन टेढ़े चौबीस में था। मुझसे एक साल जूनियर होने की वजह से पहले तो डरा-डरा रहा करता था, फिर दोस्ती-सी हो गयी थी और अक्सर शामें 'कैफे डी फूस' या 'अमीरनिशां' में साथ-साथ गुजार लेते थे। बचपन में उसे पोलियो का कुछ असर हो गया जिसकी वजह से टांगों में कुछ टेढ़ापन आ गया था। लेकिन उसका नाम मोहसिन टेढ़े सिर्फ टांगों के टेढ़ेपन की वजह से पड़ जाता तो बहुत मामूली बात होती। उसमें और कई तरह के टेढ़ेपन थे और शायद अब भी हैं। पहला टेढ़ापन तो यही कि उसने प्री-यूनिवर्सिटी क्लास तीन बार पास की। हर बार 'कंबीनेशन' बदल जाता था। पहले साल फिजिक्स, कैमिस्ट्री, बाटनी से की, पास हो गया। लेकिन अगले साल सब्जेक्ट बदलकर प्री-यूनिवर्सिटी क्लास का इम्तिहान दिया। तीसरे साल भी यही किया। हम लोग उसे प्री-यूनिवर्सिटी मास्टर कहने लगे थे और उसका ये रिकॉर्ड बन गया कि जितनी बार उसने प्री-यूनिवर्सिटी पास की है उतनी बार किसी और ने नहीं की है।

मोहसिन टेढ़े ग़ज़ब का कंजूस था और कभी-कभी खूब पैसा उड़ाता था। उसे अपने ही रिश्तेदारों की एक लड़की से इश्क हो गया था। लड़की बहुत समझदार थी। मोहसिन टेढ़े को इश्क आगे बढ़ाने की सलाहें पूरा हॉस्टल दिया करता था। एक बार सभी लड़कों ने तय किया कि मोहसिन टेढ़े को चाहिये कुछ महंगे किस्म के परफ्यूम लड़की को तोहफे में पेश करे। मोहसिन टेढ़े परफ्यूम खरीदने दिल्ली चला गया था और कोई तीन-चार सौ के परफ्यूम ले आया था। ये लड़की को पेश किये गये थे जिसने इन्हें कुबूल कर लिया था। उसके बाद हॉस्टल ने राय दी थी कि अब मोहसिन टेढ़े को चाहिये कि लड़की को फिल्म दिखाने ले जाये और सिनेमा देखने के दौरान शादी का प्रस्ताव रख दे। मोहसिन टेढ़े ने यही किया था लेकिन लड़की ने न सिर्फ इनकार किया था बल्कि उस पर नाराज़ भी हुई थी और उठकर चली गयी थी। इस पर हॉस्टल की राय बनी थी कि मोहसिन टेढ़े कम-से-कम अपने परफ्यूम तो वापस ले आयें। मोहसिन टेढ़े ने ऐसा ही किया था। परफ्यूम वापस लेकर वह हॉस्टल आया था तो उदास था। इश्क में नाकाम लोग शराब पीते हैं। यह सोचकर हॉस्टल ने

मोहसिन टेढ़े को शराब पीने की राय दी थी। शराब के नशे में उसे पता नहीं क्या सूझी थी कि उसने परफ्यूम की दोनों बोतलें हॉस्टल के हर लड़के पर 'स्प्रे' कर दी थीं। और फिर ख़ाली बोतलों को बरामदे में तोड़ डाला था।

मोहसिन टेढ़े ने तीन बार प्री-यूनिवर्सिटी करने के बाद इंजीनियरिंग में डिप्लोमा कर लिया था। लेकिन यह तय था कि वह वैसी नौकरी नहीं करेगा जो डिप्लोमा करने के बाद मिलती है। क्योंकि ज़मीन-जायदाद, आम और लीची के बाग़ों से उसे हज़ारों रुपये महीने की आमदनी होती है। वह अकेला है। वालिद का इंतिकाल हो चुका है और उसकी मां उसे इतना पैसा भेजा करती थीं कि उससे पांच लोग पढ़ लेते।

—"तो मतलब वही कर रहे हो जो अलीगढ़ में किया करते थे।" मैंने कहा।

—"नहीं यार...मैं सोचता हूं सीरियसली फ्रेंच पढ़ डालूं?" वह बोला।

—"क्यों क्या यहां फ्रेंच की क्लास में लड़कियां काफी आती हैं?" मैंने सादगी से पूछा।

—वह हंसने लगा, "हां यार, बात तो यही है।"

—"ये बताओ, रहते कहां हो?"

—"मस्जिद में," वह हंसकर बोला।

—"फिर वही टेढ़ापन...अबे मस्जिद में कौन रहता है।"

—"यार, क़सम खुदा की...आर.के. पुरम की मस्जिद में रहता हूं।" वह हंसने लगा। "बड़े सस्ते में कमरा मिला है। वो लोग मुसलमान को ही कमरा देते हैं। बीस रुपये किराया देता हूं...पर एक बात है यार।"

—"क्या?"

—"मस्जिद में दो ग्रुप हैं। दोनों में मुकद्दमा चल रहा है। मौलवी आफ़ताब जिन्होंने मुझे कमरा दिया है, उन्होंने गवाही देने का वायदा भी ले लिया है।"

—"तो फंसोगे झंझट में..."

—"यार, मौका आयेगा तो कमरा छोड़ दूंगा।" वह हंसकर बोला।

मैं उसकी समझदारी पर हैरान रह गया लेकिन उसके लिये इस तरह सोचना नया नहीं है। वह ऐसा ही करता आया है।

—"चलो कमरे चलो...वहीं बैठकर बातें करते हैं।"

—"यार, बसों में इस वक़्त बड़ी भीड़ होगी?"

—"स्कूटर से चलते हैं।" मैंने कहा।

—"यार, किराया तुम ही देना...आज मेरे पास पैसे नहीं हैं।" उसने लाचारी से कहा।

—"हां...हां ठीक है...पैसे मैं ही दूंगा।" मुझे यह अच्छी तरह मालूम है बल्कि यक़ीन है कि पैसे उसके पास हैं। लेकिन वह अपने पैसे बचाना चाहता है। पता नहीं क्यों उसे यह गहरा एहसास है कि पूरी दुनिया उसके पैसे लूटने के चक्कर में है।

और पैसों को किसी भी तरह बचाकर रखना उसकी ज़िम्मेदारी है। मुझे याद आया एक बार हॉस्टल में पता नहीं कैसे किसी लड़के ने उसके पांच रुपये उधार ले लिये थे और नहीं दे रहा था। मोहसिन टेढ़े ने अपने पांच रुपये वसूल करने के लिये ज़मीन आसमान एक कर दिया था। वार्डेन से शिकायत की थी। सीनियर लड़कों के सामने रोया-गाया था और आख़िरकार इस पर भी तैयार हो गया था कि लड़का एक रुपया महीने के हिसाब से पांच रुपये वापस कर देगा।

—"तो ये है तुम्हारा घर?"

—"हां, सदर दरवाज़ा...कभी बंद नहीं होता। ताला लगा ही रहता है, लेकिन पूरा का पूरा दरवाज़ा चौखट समेत अलग हो जाता है। इधर बाथरूम और किचन है। मेरे पीछे पता नहीं कौन-कौन बाथरूम का इस्तेमाल कर जाता है। किचन में स्टोव और चाय का सामान है।"

—"चाय पियोगे?"

—"हां, बनाओ।"

—"दूध नहीं है।"

—"अरे तो फिर चाय में क्या मज़ा आयेगा।"

—"पड़ोसी से मांग लाऊं?"

मैं उठने ही वाला था कि बशीर एक ट्रे में दो कप चाय लेकर आ गया।

—"अरे, तुम चाय ले आये?"

—"आपा ने भेजी है।" बशीर चाय देकर चला गया तो मोहसिन टेढ़े ने अजीब टेढ़ी निगाहों से मेरी तरफ देखा।

—"क्या मामला है साजिद?"

—"यार, पड़ोस में इकराम साहब रहते हैं, ये उनका लड़का है बशीर...।"

—"आपा के बारे में बताओ यार।" वह हंसा।

—"यार, इकराम साहब की लड़की है। पता नहीं ये लोग कैसे हैं। एक दिन इकराम साहब आये...कोई जान न पहचान...सौ रुपये उधार ले गये...ये लड़का आता रहता है...जब मैं घर में नहीं होता तो आपा आकर कपड़े धो जाती हैं।"

—"ठाठ हैं तुम्हारे।"

—"यार, ठाठ तो नहीं हैं...मैं तो कुछ घबरा रहा हूं।"

—"आपा हैं कैसी?"

—"आज तक देखा नहीं।"

—"क्यों झूठ बोलते हो।"

—"नहीं यार...झूठ क्यों बोलूंगा।"

शाम होते-होते तय पाया कि जामा मस्जिद के इलाके में चलकर खाना खाया जायेगा। प्रोग्राम तय होने के बाद मोहसिन हिसाब-किताब तय करने लगा। उसने

कहा कि स्कूटर का किराया तो वह दे नहीं सकता। खाने का बिल शेयर करेगा लेकिन जो वह खायेगा उसी का पेमेंट करेगा। मैं अपना पेमेंट खुद करूं। मैंने हंसकर कहा, चलो ठीक है। खाने का पेमेंट मैं ही कर दूंगा। इस पर वह बोला कि हां तुम्हें 'द नेशन' में नौकरी मिली है चलो उसी को 'सेलीब्रेट' करते हैं।

खाने के दौरान वह बताता रहा कि उसके रिश्तेदारों की निगाह उसकी जायदाद पर है। सब उसे लूट खाना चाहते हैं। लेकिन उसने यह तय कर किया है कि धीरे-धीरे पूरी जायदाद बेचकर पैसा खड़ा कर लेगा और दिल्ली शिफ्ट हो ज़ायेगा। मैं उसकी हां में हां मिलाता। सोचा मुझ पर क्या फ़र्क पड़ता है। जो चाहे करे।

9

उसके चेहरे से जवानी के अल्हड़ दिनों की छाया हट गयी है लेकिन आकर्षण में कोई कमी नहीं आयी है। बाल कुछ बढ़ा लिये हैं और लंदन में रहने की वजह से रंग कुछ ज़्यादा साफ़ हो गया है लेकिन दिल वैसा ही है। मिज़ाज वैसा ही है। वह कल ही रात आया है, अशोका होटल में ठहरा है। सुबह-सुबह टैक्सी लेकर मेरे कमरे पहुंच गया, मुझे यहां पकड़ लाया है। कहता है दफ़्तर से आज छुट्टी ले लो। चलो दिनभर दिल्ली में मौज करते हैं। करीम में खाना खाते हैं। कनॉट प्लेस में टहलते हैं। किसी सिनेमा हॉल में बैठ जायेंगे। शाम को किसी बार में खूब पियेंगे और रात में चलेंगे मोती महल। कल राजी आ रही है इसलिये मैं 'बिजी' हो जाऊंगा।

—"ले ये देखो, तुम्हारे लिये लाया हूं।" उसने एक पैकेट मेरी तरफ उछाल दिया। दो कमीज़ें, इलेक्ट्रिक शेवर, दो टाइयां, चाकलेट...

—"सुनो यार, साले शकील को फोन करके बुला लेते हैं...मज़ा आयेगा...हम एक दिन के लिये अलीगढ़ भी जा सकते हैं...पांच साल हो गये यार...अलीगढ़ छोड़े," अहमद बोला।

—"लो फोन करो," मैंने शकील का नंबर दिया। वह फोन मिलाने के लिये ऑपरेटर से बात करने लगा।

फोन मिला और लाइन पर शकील आया तो वह चिल्लाया—"अबे साले चूतिया क्या कर रहा है...मैं...मैं कौन हूं...अबे मैं तेरा बाप हूं अहमद...कल ही लंदन से आया हूं...साजिद के साथ बैठा हूं...तुम बेटा ये करो कि आज रात की गाड़ी पकड़ो और सीधे दिल्ली आ जाओ...मीटिंग? अब ऐसी मीटिंगें बहुत हुआ करती हैं...जानता हूं साले तुम नेता हो गये हो...न आये तो अच्छा न होगा...समझे।"

अहमद की वही आदतें हैं, पैसा इस तरह ख़र्च करता है जैसे पानी बहा रहा हो। जो प्रोग्राम बना लेता है वह किसी भी तरह पूरा ही होना चाहिये। शाम जब उसे

चढ़ गयी तो बताने लगा कि वह इंदरानी को तलाक़ दे रहा है। मैं सकते में आ गया। लेकिन 'क्यों' पूछने पर उसने बताया कि वह राजी रत्ना से प्यार करने लगा है। हो सकता है कि यह बात मेरी समझ में इसलिये न आयी हो कि मैं पूरी प्रक्रिया से परिचित नहीं था। मुझे यह पता था कि आठ साल पहले मैं उसकी शादी में कलकत्ता गया था जहां उसने इंदरानी से शादी की थी। मंत्र अंग्रेज़ी में पढ़े गये थे। उसके बाद लखनऊ में निकाह हुआ था। दिल्ली में सिविल मैरिज हुई थी। वह इंदरानी पर जान दिया करता था। बीच में कोई दो साल पहले वह राजी रत्ना को लेकर केसरियापुर आया था तो मैं यही समझा था, मौज-मस्ती मार रहा है। लेकिन यह तो सोच भी न सकता था कि इंदरानी को, जिसने अपने चाचा के माध्यम से उसके लिये विदेश मंत्रालय में नौकरी दिलाई है, इतनी आसानी से 'टाटा' कर देगा।

—"लेकिन हुआ क्या?"

—"होना क्या था यार, राजी के बिना मैं नहीं रह सकता। मैंने यह बात साफ़ इंदरानी को बता दी...पहले तो वह बोली यह 'फैचुयेशन' है। पर साल भर बाद समझ गयी कि मैं उसके साथ नहीं रहूंगा...मैंने उसके साथ 'सोना' बंद कर दिया है।"

—"उसने तुम्हें नौकरी...वह भी भारत सरकार के विदेश..."

—"यार नौकरी कोई-न-कोई किसी-न-किसी को दिलाता ही है। इसका मतलब गुलामी तो नहीं होता।"

—"हां, ये तो ठीक है...लेकिन..."

—"लेकिन क्या?"

—"तुम्हारे बेटे का क्या होगा।"

—"ओ...प्रिंस चार्ल्स...हम लोग उसे प्रिंस चार्ल्स कहते हैं...वह हॉस्टल में चला जायेगा...यहां शिमला में बड़े अच्छे बोर्डिंग हैं वहां पढ़ेगा," वह हंसकर बोला।

—"तुमने राजा साहब से बात कर ली है।"

—"अब्बा जान से...हां...क्यों नहीं...कहते हैं इट्स योर लाइफ़...जो ठीक समझते हो करो...उन्होंने खुद चार शादियां की थी यार...और पता नहीं कितने 'अफेयर्स'।" वह हंसकर बोला।

कुछ देर हम ख़ामोश रहे। मेरी यह समझ में नहीं आ रहा था कि वह जो कुछ करने जा रहा है, सही है या ग़लत।

—"यार अहमद कुछ समझ में नहीं आ रहा है।"

—"समझने की कोशिश ही क्यों करते हो? लो और पियो," वह हंसकर बोला।

मैं पीने लगा। उसने सिगरेट सुलगा ली और पूछा—"तुम्हारा क्या चल रहा है?"

—"यार ऑफिस में एक लड़की है।"

—"अरे बेटे...मैंने ये तो नहीं पूछा था कि ऑफिस में कोई लड़की है या नहीं है...कुछ चल रहा है?" वह ज़ोर देकर बोला।

—"कहने की हिम्मत नहीं पड़ती।"

—"अबे तेरा वही हॉल है...फ़ैज़ी से कहने में तूने एक सदी लगा दी थी।"

—"हां यार," मैं उदास हो गया।

—"उसे खाने पर बुलाया?" अहमद ने पूछा।

—"खाने पर?"

—"हां...भेजा खाने पर नहीं, खाना खाने पर।"

—"नहीं यार...,"

—"तुम मुझको मिलवा दो उससे।" अहमद ने हंसकर कहा।

—"बिलकुल नहीं। हरगिज़ नहीं...कभी नहीं।" मैंने कहा और वह हंसने लगा—"शेर को भेड़ से मिलवा दूं?"

सुबह अहमद के कमरे के दरवाज़े की 'कालबेल' बजी तो मैंने उठकर दरवाज़ा खोला। सामने शकील खड़ा है। चेहरे पर प्यारी-सी मुस्कुराहट के अलावा सब कुछ बदला हुआ था। हम दोनों गले मिले। अहमद ने बाथरूम से निकलकर शकील को देखा तो ज़ोर का नारा मारा—'ये मारा पापड़ वाले को' और दौड़कर लिपट गया।

—"पर बेटा तुमने ये अपनी हुलिया क्या बना रखा है। पूरे नेता लगते हो।" अहमद ने पूछा।

शकील सफेद रॉ सिल्क का शानदार कुर्ता और खड़खड़ाता हुआ खादी का पाजामा पहने था। एक हलके कत्थई रंग की बास्कट की जेब में महंगा कलम, डायरी साफ़ नज़र आ रहे थे। एक हाथ में वी.आई.पी. का सूटकेस था। ओमेगा घड़ी बंधी थी। आंखों पर सुनहरे फ्रेम का चश्मा था। एक हाथ में पान पराग का डिब्बा दबा था। चेहरा कुछ भर गया था और ख़ास बात यह कि एक अच्छी तरह तराशी फ्रेंचकट दाढ़ी नमूदार हो गयी थी।

—"ये तो यार...जानते हो न ज़िला की युवा कांग्रेस का अध्यक्ष हो गया हूं।" वह कुछ मज़ाक में कुछ गंभीरता से बोला।

—"अबे साले, तो उसके लिये नया हुलिया बना लिया है।"

—"यार, तुम लोग समझते नहीं। इसी हुलिये से तो वहां रोब पड़ता है, शहर में लोग सलाम करते हैं। अफ़सर इज़्ज़त करते हैं...चार काम निकलते हैं।"

—"सुना, साले तुमने शादी कर ली और हम लोगों को बुलाया भी नहीं।" अहमद ने कहा।

—"यार, बस बड़ी हबड़-तबड़ में हो गयी। घर वाले चाहते नहीं थे कि हाज़ी करामत अंसारी के यहां मेरी शादी हो।"

—"क्यों?"

—''यार, तुम लोग तो जानते ही हो...मेरे भाई और अब्बा ने मुझे जायदाद में हिस्सा देने और दुकान की आमदनी से इनकार कर दिया था। दो सौ रुपये महीने दे देते थे और पड़ा सड़ रहा था तो राजनीति में आ गया। कुछ दबने लगे। उसके बाद मैंने खुद ही हाज़ी करामत अंसारी के यहां बातचीत चलवाई...हाज़ी साहब इलाके के बाअसर आदमी हैं। मेरे वालिद को लगा कि अगर मेरी वहां शादी हो जाती है तो किसी तरह मुझे दबा न सकेंगे...वो लोग तो बरात में गये भी नहीं थे।''

—''खैर, अब सुनाओ कैसी कट रही है?'' अहमद ने पूछा।

—''मस्ती है।''

—''करते क्या हो?''

—''यार, नेता हूं...वही करता हूं जो नेता करते हैं।'' वह मज़ाक़ में बोला।

—''मतलब?''

—''नेपाल से लकड़ी मंगवाता हूं... ।''

—''और लकड़ी के साथ-साथ लड़की?'' मैंने पूछा।

शकील हंसने लगा।

अहमद ओमेगा घड़ी देखकर बोला, ''लगता है पैसा तो पीट रहे हो।''

—''नहीं यार ये घड़ी तो शादी में मिली थी।''

—''बीबी कैसी है?''

—''बस यार, जैसी होती हैं।''

—''तो बेटा तुमने उसी तरह शादी की है जैसे अकबर द ग्रेट ने की थी।'' अहमद ने कहा और हम सब हंसने लगे।

होटल में नाश्ता करने के बाद हम कनॉट प्लेस आ गये। इन दोनों को अपनी-अपनी प्रेमिकाओं या पत्नियों के लिये कुछ खरीदना था। चाय-वाय पीते शकील से बातें होती रहीं...ज़मीन खरीदकर डाल दी है...सोचा है कभी कॉलोनी कटवा दूंगा... बग़ैर पॉलिटिक्स के पैसा नहीं आता और बिना पैसे के पॉलिटिक्स नहीं होती... एम.पी. का टिकट चाहिये तो चार एम.एल.ए. के उम्मीदवारों को पैसा देना है...पार्टी जो देती है, नहीं देती है उससे कोई मतलब नहीं है...अपना एक सर्किल तो बनाना ही पड़ता है...जिसमें सभी होते हैं...दाढ़ी न रखूं तो लोग मुसलमान नहीं मानेंगे... मुसलमान न माना तो गयी पॉलिटिक्स...अब तो ये है कि कितने वोट हैं आपके पास? मैंने शहर ही नहीं इलाके की मस्जिदों का एक 'नेटवर्क' बना दिया है...मदरसे उन्हीं में शामिल हैं।

—"तो मतलब तुम्हारे ऐश हैं।"

—"पीते-पिलाते हो कि छोड़ दी।"

—"यार, अब बड़ा डर हो गया है।"

—"अबे यहां दिल्ली में कौन देखेगा।"

—"हां, दिल्ली की बात तो ठीक है...है क्या शाम का प्रोग्राम?"

—"अबे यहां तो रोज़ ही होता है...आज तुझे नहला देंगे," अहमद ने कहा।

रतजगा रहा। रात भर पीना-पिलाना और गप्प-शप्प चलती रही। अहमद लंदन की कहानियां सुनाता रहा। शकील ने कहा कि अगली गर्मियों में लंदन ज़रूर जायेगा।

—"ये तो साला 'नक्सलाइट' हो गया है," अहमद ने शकील को मेरे बारे में बताया।

—"यार, तुम भी साजिद...रहे वही के वही," शकील ने दुख भरे लहज़े में कहा।

—"क्यों बे? इसमें क्या बुरी बात है," मुझे गुस्सा आ गया।

—"यार गुस्सा न करो...इस तरह की पॉलिटिक्स इंडिया में कभी चलेगी नहीं," वह बोला।

—"क्यों?"

—"देख लेना...तुम लोग किताबें पढ़ते हो...मैं ज़िंदगी पढ़ता हूं समझे?"

—"बड़े काबिल हो गये हो साले," अहमद ने कहा।

—"देखो, एक बात सुन लो...हम लोगों की छोड़कर कोई पार्टी, कोई भी पार्टी ऐसी नहीं है जो ग़रीब को ग़रीबी से आज़ाद करना चाहती है। अगर कुछ पार्टियों की ऐसी इच्छा भी है तो उनके पास कोई प्रोग्राम नहीं है, रणनीति नहीं है...हम लोग मानते हैं कि राजसत्ता का जन्म बंदूक की नौक से होता है...ग़रीब आदमी के पास ताक़त आयेगी तो सत्ता आयेगी...सत्ता आयेगी तो उसका भला होगा...," मैंने कहा।

—"अरे ग़रीब अपना भला करना चाहें तब तो कोई आगे आये न? हमारे ग़रीब तो ग़रीबी में ही खुश हैं।"

—"ये चालाक सत्ताधारियों का प्रोपोगंडा है...समझे? कौन चाहता है भूखा मरना है? किसे पसंद आयेगा कि दवा और इलाज़ के अभाव में मर जायेगा? कौन अपने बच्चों को पढ़वाना नहीं चाहता?"

—"लेकिन यार तुम जंगलों में 'आर्म्स स्ट्रगल' करने न चला जाना," अहमद बोला।

—"वक़्त आयेगा तो वह भी करना पड़ेगा...बात सिर्फ इतनी है कि मैं इस 'सिस्टम' से नफ़रत करता हूं और किसी भी क़ीमत पर इसको बदलना चाहता हूं... किसी भी क़ीमत पर, चाहे उसमें मेरी जान ही क्यों न चली जाये।"

—"यार, हो गये हो बड़े पक्के," अहमद बोला।

—"चलो यार, मान लिया जो कह रहे हो सच है...हम कांग्रेसी किसी से बहस नहीं करते।" शकील बोला।

—"हां, तुम लोग तो लोकतंत्र के जोड़-तोड़ में माहिर हो गये हो...बहस क्यों करोगे," मैंने कहा।

रात में तीन बजे हम दोनों भी अहमद के कमरे में ही पसर गये। इतनी रात गये कौन कहां जाता?

साढ़े नौ बजे कॉफी हाउस से लोग उठने लगते हैं लेकिन हमारी मंडली जमी रहती है। लगता है कि करने के लिये इतनी बातें हैं कि समय हमसे मात खा जायेगा। दस बजे जब कॉफी हाउस के बैरे हम लोगों से तंग आकर बत्तियां बुझाने लगते हैं तो हम उठते हैं और मोहन सिंह प्लेस में ही पंडित जी के कैफे में बैठ जाते हैं। यहां ग्यारह बजे तक बैठ सकते हैं। उसके बाद पंडित को जम्हाइयां आने लगती हैं और छोटू तो खड़े-खड़े सोने लगता है। इन दोनों पर हममें से किसी को तरस आता है और हम उठ जाते हैं। बाहर सड़क की दूसरी तरफ वाला ढाबा बारह बजे तक खुलता है। एकाध चाय वहां पीने के बाद अपनी-अपनी तरफ जाने वाली आख़िरी बसों के लिये डबल मार्च शुरू हो जाती है जो कभी-कभी दौड़ने जैसी भी लगने लगती है।

रावत को रीगल के स्टॉप पर छोड़कर मैं अपने स्टॉप की तरफ जाने लगा तो रावत ने कहा, "यार साजिद तुम मेरे घर चलो...आराम से बातें करेंगे।"

बली सिंह रावत हमारे ग्रुप में नया है। अभी छह सात महीने ही बंबई से आया है। वह नैनीताल के शाह जी का पत्र नवीन जोशी के नाम लाया था। नवीन ने उससे मेरा परिचय कराते हुए कहा था, "तुम दोनों एक ही संस्था में काम करते हो, रावत 'दैनिक राष्ट्र' में सब-एडीटर हैं।"

इसके बाद ऑफिस में जब कभी मौका मिलता हम लोग साथ-साथ कैंटीन में लंच करने लगे। रावत ने खुद ही बताया था कि उसका ताल्लुक भोटिया जन-जाति से है जो भारत और तिब्बत की सीमा पर रहती है। किसी ज़माने में ये लोग तिब्बत के साथ व्यापार करते थे लेकिन अब वह बंद हो गया है और भोटिया जानवर पालकर गुजर-बसर करते हैं। बातचीत में पता चला था कि वह अपनी बिरादरी का पहला आदमी है जिसने बी.ए. पास किया है और इतनी बड़ी नौकरी कर रहा है। वह इन बातों पर हंसता था। उसके अंदर शर्म या अपमानित होने जैसा भाव नहीं होता था। कहता था जब मेरी मां ने कहा कि मेरी शादी करना चाहती है तो बिरादरी ने शादी लायक सभी लड़कियों को उसके सामने खड़ा कर दिया था और कहा था जिसे चाहो चुन लो। उसे यह बताते हुए संकोच नहीं होता था कि वह मेहनत-मज़दूरी करके पढ़ा है। शाह लोगों के छोटे-मोटे काम किये हैं। उसने बंबई में ठेला खींचा है।

मैं उसके साथ उसके घर पहुंचा तो बारह बज चुके थे। उसकी पत्नी ने दरवाज़ा खोला। उसे देखकर लगा कि वह सो रही थी। रावत ने उससे मेरा परिचय कराया

और कहा कि खाना पकाओ, ये हमारे साथ खाना खायेंगे। मेरे बहुत मना करने के बाद भी रावत इस बात पर अड़ा रहा और कमरे से जुड़े किचन में उसकी पत्नी को खाना पकाने में जुट जाना पड़ा।

हम हाथ-मुंह धोकर बैठे तो रावत बोला, "देखो मैं जो कुछ हो गया उसकी कल्पना भी नहीं कर सकता था...ये बात तो मैंने कभी सोची ही नहीं थी कि मैं 'दैनिक राष्ट्र' में उप-संपादक हो जाऊंगा और अब मैं..." वह रुका, फिर बोला, "जानते ही हो मैं फिल्म समीक्षक हूं। कला पर लिखता हूं। मैं ये तो नहीं कहता कि मेरा लिखा 'ग्रेट' है लेकिन किसी से कम भी नहीं है।"

मैंने इधर-उधर देखा। एक बड़ा-सा कमरा, पीछे बरामदा। कमरे के एक कोने पर बड़े से बेड पर उसके दो बच्चे सो रहे हैं। दूसरे कोने पर लिखने की मेज़ के साथ एक तख़्त रखा है जिस पर शायद वह सोता है। दीवारों पर कैलेंडर और कुछ कलात्मक फिल्मों के पोस्टर लगे हैं।

—"मैं आज जो भी हूं अपनी मां की वजह से हूं। तुम उसे देख लो ये कह ही नहीं सकती कि इस बे-पढ़ी-लिखी, बिलकुल गांव वाली महिला में इतनी ताकत होगी। उसके अंदर अपार शक्ति है। अब भी वह दिन में दस मील पैदल चल लेती है। यार वहां कि ज़िंदगी ही ऐसी है। इतनी कठोर, इतनी निर्मम, इतनी संघर्षशील कि आदमी मेहनत किये बिना रह ही नहीं सकता...ये बताओ खाने से पहले कुछ पियोगे? मेरे पास मिलिट्री की रम पड़ी है।"

—"नेकी और पूछ पूछ," मैंने कहा।

वह रम की बोतल और गिलास लेकर आया। पत्नी से पानी मंगवाया और कुछ नमकीन बना देने की भी फ़रमाइश कर दी। हम पीने लगे। धीरे-धीरे कमरे का नाक-नक्श बदलने लगा। रावत बिना पिये ही काफी भावुक ढंग से बोलता है। नशे के बाद उसकी भावुकता और नाटकीयता और बढ़ गयी। वह हर तरह की भंगिमाओं से अपनी बात प्रामाणिक सिद्ध करने लगा।

—"आज भी तुम वह घर जहां मां रहती है देख लो तो अचंभे में पड़ जाओगे... समझ लो इससे थोड़ा बड़ा कमरा...कमरा भी क्या है...कुछ पत्थर लगाकर दीवारें बनी हैं। पिछली दीवार पहाड़ है। लकड़ी के टुकड़े लगाकर दरवाज़ा बंद होता है। इसी में मेरी मां और पच्चीस-तीस भेड़ें रहती हैं।"

—"तुम्हारे वालिद गुज़र गये हैं?" मैंने पूछा।

—"हां, उसे भेड़िये खा गये थे...भेड़िये...वह इतने जीवट का आदमी था कि जंगली रीछ से लड़ जाता था। एक बार उसने अपने भाले से जंगली रीछ का सामना किया था...मां बताती है कि रीछ भाग गया था।"

वह बोल रहा था। उसकी बातों में सच्चाई का ताप था। मुझे लगा रावत अब भी कई मायनों में वही है। उसी इलाके का रहने वाला, सीधा-साधा आदमी जो शहरी

हलचल के छल-कपट से दूर है। हमारी शब्दावली में उसे सीधा कहा जायेगा जिसके कई अर्थ निकाले जा सकते हैं।

—मैं पांच साल का था। मुझे सब याद है। मेरे बापू ने जानवरों के लिये एक बाड़ा बनाया था। रात का समय था। अचानक बाड़ा टूटने की आवाज़ से बापू जाग गये। उन्होंने मां से कहा कि लगता है भेड़ियों ने बाड़ा तोड़ दिया। इतनी ही देर में भेड़ों के मिमियाने की आवाज़ें आने लगीं। कुत्ते बुरी तरह भौंकने लगे। बापू लकड़ी के तख़्ते हटाकर दरवाज़ा खोलने लगे। मां ने कहा, 'बाहर मत जाओ।' बापू ने कहा, 'मेरे जीते-जी भेड़िये उन्हें खा जायें?' वे अपना भाला लेकर बाहर निकले, उनके पीछे मां निकली और मां के पीछे मैं निकला। मुझे देखकर बापू ने कहा, 'ये कहां आ रहा है। इसे छत पर चढ़ा दे।' मां ने मुझे छत पर उछाल दिया। बापू भेड़ियों से भिड़ गये। लाल-लाल आंखें चमक रही थीं। भेड़िये पच्चीस-तीस थे। उन्होंने बापू पर हमला कर दिया। उनके सामने जो भेड़िया आ जाता था उसे भाले से गोद देते थे लेकिन भेड़िये पीछे से हमला करने में बड़े होशियार होते हैं। मां उन्हें मार रही थी कि पिताजी के पीछे न आ सके। पर भेड़िये एक-दो थे नहीं। और फिर उन्हें भेड़ों के रक्त की सुगंध मिल गयी थी। मां ने जब देखा कि भेड़िये भाग नहीं रहे हैं तो अंदर से एक लकड़ी पर कपड़ा जलाकर बाहर आयी और आग से भेड़िये भागने लगे। पर इस बीच बापू को भेड़ियों ने बुरी तरह काट लिया था। वे लेटे हांफ रहे थे। मां कपड़े से खून साफ़ कर रही थी। बापू ने उससे कहा कि देख मैं नहीं बचूंगा...बचते भी कैसे...वहां से अस्पताल तक पहुंचने में दो दिन लगते हैं...तो बापू ने कहा...मैं नहीं बचूंगा, मुझे एक वचन दे...तू किसी भी तरह इसे पढ़ा देगी...मां ने वचन दिया था।"

गरम-गरम पकौड़े आ गये थे लेकिन हम दोनों ने उधर हाथ नहीं बढ़ाया। रावत की आंखों में तो आंसू आ गये थे। वह उन्हें अपने हाथों से पोंछ रहा था। मैं हैरतज़दा बैठा देख रहा था कि मेरे सामने एक ऐसा आदमी बैठा है जिसकी ज़िंदगी किसी दूसरी दुनिया की बातें लग रही हैं।

—"अब जहां हमारा घर था वहां स्कूल कहां? दूर एक प्राइमरी स्कूल था। घाटी में उतरना पड़ता था और फिर पहाड़ पर चढ़ना पड़ता था। मां रोज़ मुझे वहां ले जाती थी...घाटी में एक पहाड़ी नदी पार करनी पड़ती थी...वहां से मैंने पांचवीं की थी। हर साल किताब-कॉपी खरीदने के लिये मां को भेड़ें बेचना पड़ती थीं।"

—"पकौड़े ठंडे हो रहे हैं।" उसकी पत्नी ने हमें याद दिलाया।

—पांचवीं के बाद गांव के मुखिया के साथ मां मुझे नैनीताल लाई। हम तीन दिन चलकर नैनीताल पहुंचे थे। मुखिया बिकरम शाह को जानता था। बात यह तय हुई कि मैं दुकान, मकान की सफ़ाई किया करूंगा और बदले में वहां सो जाया करूंगा...मां हर महीने आया करती थी। अपने साथ खाने-पीने का सामान लाती थी।

वैसे मैंने एक साल बाद सिनेमा हॉल में गेट कीपरी भी शुरू कर दी थी। वहां से पंद्रह रुपये महीने मिल जाते थे...पर खाने-पीने का तो ठीक नहीं था...कभी जब एक-दो दिन खाने को न मिलता था तो चेहरा निकल आता था। यह देखकर बिकरम शाह कहते, लगता है, तुझे कुछ मिला नहीं खाने को...जा अंदर खा ले।"

हम खाना खाने लगे। उसकी पत्नी गरम-गरम फुलके दे रही थी। मेरा और रावत के बहुत कहने पर भी हमारे साथ खाने पर नहीं बैठी। रावत ने बताया कि अब हमारे खा लेने के बाद ही खायेगी। खाने के बीच ख़ामोशी रही। मैं अंधेरे में उड़ते जुगनू पकड़ने की कोशिश करने लगा। उस वक़्त मैं इससे बड़ा और कोई काम नहीं कर सकता था।

—"इसी तरह गाड़ी चलती रही। हाई स्कूल किया, कुछ नैनीताल की हवा लगी। कॉलेज में दाखिला लेने के लिये मां ने अपने चांदी के गहने बेचे थे...और यार" वह कहते-कहते पहली बार झिझका। लगा कोई ऐसी बात कहने जा रहा है जिसका उसे मलाल है, दुख है।

—"पर यार उन दिनों मुझे अच्छा नहीं लगता था कि वह मुझसे मिलने आती है...यार सब लोग देख कर...और फिर वह दो दिन पैदल चलती हुई आती थी। यही नहीं पीठ पर लड़कियों का गट्ठर या भाड़े पर लादे जाने वाला समान भी लाद लेती थी ताकि खाने-पीने के लिये कुछ हो जाये...मैंने एक दिन उससे कहा कि वह न आया करे। वह समझदार भी थी मेरे कपड़े-लत्ते और मेरे दोस्तों को देखकर समझ गयी थी कि मैं क्यों मना कर रहा हूं। उसने मुझसे कहा कि वह नहीं आयेगी...पर यार वह आती थी। मुझे दूर से देखती थी और वापस चली जाती थी।" रावत की आवाज़ बहुत भारी हो गयी और उसके आंसू तेजी से गालों पर ढरने लगे।

10

दो साल बाद घर पहुंचा तो देखा पानी सिर से ऊंचा हो गया है। अम्मां ने भूख-हड़ताल कर दी कि जब तक मैं शादी के लिये 'हां' नहीं करूंगा वे खाना नहीं खायेंगी। अब्बा ने तमाम तर्क दिये कि लड़की में क्या बुराई है। बी.ए. किया है। लंदन में पली-बढ़ी है। जाना-बूझा खानदान ही नहीं है हमारे दूर के अज़ीज भी हैं। मिर्ज़ा इब्राहीम की अकेली लड़की है। मिर्ज़ा साहब का बहुत बड़ा कारोबार है। ख़ाला ने भी समझाया कि बेटा माशाअल्लाह से तीस के हो गये हो। कब करोगे शादी? क्या हम तुम्हारे सिर पर सेहरा देखने की हसरत में मर जायेंगे? ख़ालू ने कहा—मियां तुम्हारा 'सेहरा' पिछले दस साल से लिखा पड़ा है। बस लड़की वालों के नाम डालने हैं। अम्मां, 'हां' करो तो मैं 'सेहरा' आगे बढ़ाऊं।

अम्मां ने ये भी कहा कि अगर तुम कहीं और करना चाहते हो, किसी से इश्क़-मुहब्बत हो तो बता दो। मैं हंस दिया। ऐसा तो कुछ है नहीं। मैं कई खूबसूरत बहाने बनाकर मामले को टाल गया। सोचा यार अभी से क्या फंसना शादी-ब्याह के चक्कर में।

शाम चायखाने में हम सब जमा हो गये। उमाशंकर, अतहर, मुख़्तार, कलूट के साथ गप्प-शप्प होने लगी। बातचीत में दिल्ली छायी रही। वे यह जानना चाहते थे कि दिल्ली में क्या हो रहा है। देश के भविष्य को निर्धारित करने वाले क्या कर रहे हैं? मैं इन सवालों के जवाब दे रहा था और सोच रहा था कि पूरे देश को यह बता दिया गया है कि देखो तुम्हारे भविष्य के बारे में फैसला दिल्ली में होता है। और दिल्ली के बारे में इतनी उत्सुकता से जानकारी लेने वाले अपने शहर के प्रति उदासीन हैं। उनका मानना है यहां कुछ नहीं हो सकता। पता नहीं यह कितना सच है लेकिन दस-पंद्रह साल से जो सड़कें ख़राब हैं वे आज तक वैसी ही हैं जैसी थीं। बिजली की जो हालत है वह भी वैसी ही है जैसी थी। अस्पताल के सामने जो अराजकता है वह भी क़ायम है। मरीज़ों की रेलपेल है और डॉक्टर अपनी प्राइवेट प्रैक्टिस करते हैं। अदालतों में भी रिश्वत का बोलबाला है। पुलिस अपना तांडव करती रहती है। अधिकारी मौज-मस्ती में दिन बिताते हैं लेकिन लोगों को सिर्फ चिंता दिल्ली की है।

शहर में कोई पार्क नहीं है। सड़कें ही नहीं हैं तो फुटपाथ का सवाल नहीं पैदा होता। सड़कों के नाम पर ऊबड़-खाबड़, टूटे, ऐसे चौड़े रास्ते हैं जो कभी सड़कें हुआ करते थे। लाइब्रेरी बरसों से बंद पड़ी है और अब बिलकुल ही गायब हो गयी है। मनोरंजन के लिये दो सिनेमा हॉल हैं जो अपनी खस्ता हालत पर रोते रहते हैं। कूड़ा उठाने वाले शायद यहां हैं ही नहीं। सड़कों के किनारे कूड़े के अंबार लगे हैं और लोग वहीं रहते हैं। देखते हैं लेकिन फिर भी नहीं देखते। नगरपालिका के चुनाव बहुत साल से हुए नहीं। जब भी नगरपालिका बनती है, इतने झगड़े होते हैं, इतनी मार-पीट होती है, इतनी गिरोहबंदी रहती है कि कोई काम नहीं हो पाता और कलेक्टर उसे भंग कर देता है। ऐसा नहीं है कि ज़िला प्रशासन के पास आकर नगरपालिका में कोई काम होता हो। भ्रष्टाचार सीमायें पार कर चुका है लेकिन जीवन चल रहा है। लोग रह रहे हैं।

मैं आज के शहर की तुलना अपने बचपन के ज़माने के शहर से करता हूं और यह जानकर आश्चर्य होता है कि उस ज़माने में यानी सन् 1956-57 के आसपास यह शहर ज़्यादा साफ़-सुथरा था। सड़कें अच्छी थीं। लाइब्रेरी खुलती थी और लोग वहां जाकर पढ़ते थे। शहर में सफ़ाई थी। गर्मियों के दिनों में एक भैंसा गाड़ी सड़कों पर छिड़काव भी करती थी। आबादी कम थी और बिजली-पानी की आधुनिक सुविधायें न होने के बावजूद जीवन आरामदेह और अच्छा था।

आज़ादी के बाद ऐसा क्या हो गया है कि सब कुछ ख़राब हो गया है। शहर के बाहर जो एक-दो कारख़ाने या राइस मिलें खुली थीं सब बंद हो गयी हैं। मज़दूरी के नाम पर रिक्शा चलाने के अलावा और कोई काम नहीं है।

सुबह नाश्ते पर पता चला कि सल्लो को टी.बी. हो गयी है और वह कानपुर में हैलेट अस्पताल में भर्ती है। इस ख़बर पर मैं सबके सामने क्या प्रतिक्रिया दे सकता था। ख़ामोश रहा और अफसोस का इज़हार कर दिया लेकिन बुआ से ये पूछना नहीं भूला कि सल्लो किस वार्ड में किस बेड पर है।

दोपहर का खाना खाकर ऊपर कमरे में लेटा तो सल्लो की याद अपने आप आ गयी। यह तय किया कि कानपुर में उसे देखता हुआ ही दिल्ली वापस जाऊंगा।

पंद्रह मिनट तक मैं हैलेट अस्पताल के गलियारों और वार्डों का चक्कर लगाता रहा। लोग और मरीज़ वार्ड के बेडों पर ही नहीं, फर्श पर, गलियारों में, सीढ़ियों पर, पेड़ों के नीचे, दीवार के साये में, कूड़े के ढेर के पास पसरे पड़े थे। सब आम ग़रीब लोग... सब मज़बूर और बेसहारा लोग...यार, लोग कुछ कहते क्यों नहीं? यह सरकारी अस्पताल है। इसे सरकार ठीक से चलाती क्यों नहीं? ये अस्पताल कभी चुनाव का मुद्दा क्यों नहीं बनता? और ये अकेला अस्पताल इस हालत में न होगा, बल्कि इस तरह के सैकड़ों अस्पताल होंगे...चीख़, पुकार, रोना, गिड़गिड़ाना, कराहना और दीगर आवाज़ों के बीच आख़िर वार्ड की गैलरी के एक कोने में मैंने सल्लो और उसकी मां को पहचान लिया। लोग गैलरी में से आ-जा रहे थे। ट्रालियों और स्ट्रेचरों के लोहे के पुराने पहियों से आवाज़ें आ रही थीं। लोगों के पैरों की धूल उड़ रही थी और उसी गैलरी के एक कोने में सल्लो दरी पर लेटी थी और उसकी मां उसे पंखा झल रही थी। यह देखकर मैं गुस्से से पागल हो गया।

उन्होंने मुझे पहचान लिया। सल्लो का सिर बांस के ढांचे जैसा लग रहा था जिस पर झिल्ली चढ़ा दी गयी हो। गालों की हड्डियां उभरकर ऊपर आ गयी थीं। आंखें बाहर को निकल आयी थीं। ठोढ़ी पतली और नुकीली हो गयी थी और गर्दन सूखकर बांस जैसी। उसके हाथ-पैर जैसे निचोड़ दिये गये थे। हाथों की नीली रगें बहुत नुमाया हो गयी थीं। उसने मुझे देखा और चेहरे पर एक मुस्कुराहट आयी जिसकी व्याख्या असंभव है। उसकी मां खड़ी हो गयी थी।

—"ये यहां क्यों पड़ी है?"

—"भइया बेडवा नहीं मिला।" वह लाचारी से बोली।

—"ठहर जाओ...अभी मिल जायेगा...यही रहना मैं अभी आता हूं।"

हॉस्पिटल सुपरिंटेंडेंट के कमरे के बाहर बैठे चपरासी ने मुझे रुकने का इशारा किया लेकिन मैं इतना गुस्सा में था कि उसे एक घुड़की देकर कमरे में चला गया।

सामने मोटा-ताजा, लाल-लाल फूले गालों वाला एक चिकना-चुपड़ा आदमी बैठा था। मैंने उसके सामने अपना विज़िटिंग कार्ड रख दिया। मेरी तरफ देखकर उसने विजिटिंग कार्ड पढ़ा, एस.एस. अली, सीनियर रिपोर्टर, 'द नेशन' दिल्ली; वह उठकर खड़ा हो गया। उसके चेहरे से अफसराना रोब झड़ चुका था।

—"बैठिये सर बैठिये।"

—"मैं बैठूंगा नहीं...मेरा एक पेशेंट आपके वार्ड की गैलरी में पड़ा है उसे फौरन बेड दीजिये," मैं गुस्से से बोला।

—"कहां कहां सर...वार्ड नंबर सर..." वह खड़ा होकर किसी का नाम लेकर चिल्लाने लगा।

सल्लो को बेड पर लिटा दिया गया। बेड के पास दो कुर्सियां रख दी गयीं। डॉक्टर ने सल्लो के रिकॉर्ड चार्ट पर मोटे अक्षरों में कुछ लिखा और पूरे आश्वासन देकर चला गया।

मैं कुर्सी पर बैठ गया। सल्लो की सांस तेज़-तेज़ चल रही थी। वह लगातार मुझे देखे जा रही थी।

—"ये सब हुआ कैसे?" मैंने उसकी मां से पूछा।

—"क्या बतायें भइया...शादी के सालभर बाद लड़की हो गयी...फिर दूसरे साल भी विलादत हुई...लड़का हुआ...जो तीन महीने बाद जाता रहा...फिर हमल ठहर गया...अब भइया खाने का ठीक है नहीं...रहने की जगह नहीं...रिक्शा वाले की आमदनी...सास-ससुर ऊपर से...पहले तो काली खांसी हुई...फिर बुखार रहने लगा... बलग़म में ख़ून आने लगा तो मोहल्ले के हकीम जी को दिखाया...सालभर उनका इलाज़ चलाता रहा..."

—"मालूम था आप आयेंगे।" सल्लो की पतली कमज़ोर आवाज़ से मैं चौंक गया। वह अपनी मां के सामने कह रही है कि उसे यक़ीन था कि मैं आऊंगा...शायद अब छिपाने के लिये कुछ बचा नहीं है।

—"हां...मुझे देर से पता चला...अभी घर गया था तो मालूम हुआ कि तुम यहां..."

सल्लो की कनपटियों की हड्डियां उभर आयी हैं और बाल छितरा गये हैं। उसने चादर के नीचे से अपना सूखा और कमज़ोर हाथ निकाला और अपने सीने पर रख लिया...यह वही सल्लो है जिसका शरीर चांदनी रातों में कुंदन की तरह दमक जाता था...।

—"चलिये आप आये तो...," वह धीरे से बोली।

—"चुप रह क्या कह रही है," उसकी मां ने उसे डांटा...मैं जैसे अंदर तक कट गया। इतना तो हो ही सकता था कि मैं दिल्ली जाने के बाद उसकी ख़बर लेता रहता,

थोड़ा-बहुत पैसा भेजता रहता। तब शायद ऐसा न होता...।

—"पहले आ जाते तो...," वह अटक-अटक कर बोलना चाहती थी और उसे यह डर नहीं था कि उसकी मां यहीं बैठी है। मैंने स्थिति को थोड़ा सहज बनाने और सल्लो से कुछ कहने का अवसर निकालने के लिये उसकी अम्मां से कहा—"जूस पिलाने को मना तो नहीं किया है न? जाओ जाकर जूस ले आओ।" मैंने पचास का नोट उसकी तरफ बढ़ाया और वह उठ गयी।

उसने अपना हाथ मेरी तरफ बढ़ाया। ठंडा, बिलकुल निर्जीव और सूखा हाथ... लकड़ी की तरह सूखी और खड़ी उंगलियां...मैंने उसका हाथ अपने हाथ में ले लिया। उसकी आंखों से आंसू निकलने लगे। मैं भी अपने को रोक नहीं पाया।

—"अब तो कभी-कभी आते रहेंगे न?"

—"हां।"

—"देखिये?" वह अविश्वास से मुस्कुरायी।

मां के आ जाने के बाद भी वह मेरा हाथ पकड़े रही। मां ने यह देखकर कहा—"आप लोगों को बहुत मानती है भइया...जब-तब आप सबकी बात करती रहती है।"

शाम होते-होते मैं वहां से उठा। सल्लो की मां को एक हज़ार रुपये दिये। अपना फोन नंबर दिया, पता दिया। यह भी कहा कि सल्लो ठीक हो जायेगी तो उसके आदमी को मैं दिल्ली में कोई अच्छी नौकरी दिला दूंगा।

लेकिन मुझे नहीं मालूम था कि यह सल्लो से आख़िरी मुलाक़ात होगी। मुझे अब्बा के ख़त से पता चला कि मेरे अस्पताल जाने के कुछ ही दिन बाद वह गुज़र गयी।

उन दिनों कॉफी हाउस में सन्नाटा काफी रहा करता था। मैं सात बजे पहुंचा था क्योंकि अख़बार के दफ़्तर में कुछ काम ही नहीं बचा था। हसन साहब लंबी छुट्टी पर चले गये थे। अख़बार के समझदार और ऊंचे पदों पर आसीन लोग हवा का रुख़ समझ गये थे और वही छपता जो छपना चाहिये। कोई नहीं चाहता था कि नौकरी से निकाल दिया जाये और जेल की हवा खाये। अब ये सब बातें, बातें ही नहीं रह गयी थीं क्योंकि कुछ बड़े-बड़े संपादक जेल की हवा खा रहे थे।

एक मेज़ पर नवीन जोशी अकेला बैठा 'ईवनिंग-न्यूज़' का पज़ेल भर रहा था। मुझे देखते ही उसके चेहरे पर एक फीकी-सी मुस्कुराहट आ गयी।

—"आज जल्दी कैसे आ गये?"

—"क्या करता। काम है नहीं और सात बजे कमरे जा नहीं सकता।"

—"और सुनाओ।"

—"वैसे तो सब चल ही रहा है...ख़बर ये है कि जार्ज मैथ्यू अरेस्ट हो गये हैं।"

—"धीरे से बोलो यार...और सुनो...ये सब बातें..." वह फिक्रमंद निगाहों से

देखने लगा।

—"अब इतना मत डरो यार।"

—"तुम जानते नहीं...ज़रा से शक पर लोग पकड़े जा रहे हैं।"

—"हां, वो तो होगा ही।"

—"अमरेश जी और सरयू से मिलने कोई जेल गया था?"

—"मुझे नहीं मालूम...इतना सुना है कि सरयू को अमृतसर में रखा है...अमरेश जी तो दिल्ली में ही हैं।"

—"जार्ज मैथ्यू को कहां पकड़ा?" वह फुसफुसाकर बोला।

—"पटना में।"

—"अमित का तुमने सुना?"

—"क्या?"

—"वह तो कहते हैं कनाडा चला गया।"

—"क्या? कनाडा?"

—"हां, कहते हैं...माफी मांग ली...उसके कोई रिश्तेदार किसी बड़े ओहदे पर हैं... उन्होंने भिजवा दिया।"

—"यार, अमित तो शायद स्टेट सेक्रेटरी था।"

—"अब ये तुम जानो...तुम भी तो उन्हीं लोगों के साथ थे।"

—"नहीं...नहीं यार...मैं किसी के साथ नहीं था...उठता-बैठता सबके साथ था।" नवीन घबराकर बोला।

—"अब बताओ कि सरयू से कैसे मिला जाये?"

—"देखो..."

वह कुछ कहने जा ही रहा था कि रावत आ गया। उसका भी चेहरा उतरा हुआ था। वह आते ही रहस्यमय ढंग से बैठ गया। मेज़ पर झुका और फुसफुसाने वाले अंदाज़ में बोला, "राजनीति पर कोई बात नहीं होगी।"

हम दोनों ने उसके इस अंदाज़ पर उसे ध्यान से देखा। वह सीधा बैठता हुआ ज़ोर से बोला, "यार साजिद कमाल है, ट्रेनें समय पर आ रही हैं। आज स्टेशन गया था क्या सफ़ाई है...वाह यार वाह।"

हम जानते थे कि वह यह सब हमारे लिये नहीं बोल रहा है। उसे डर है कि शायद...शायद...या मान रहा है कि दीवारों के भी कान होते हैं।

—"यहां कोई नहीं रावत...यार ठीक से बात कर।" नवीन ने उससे कहा।

वह धीरे-धीरे बोलने लगा, "मेरे दो बच्चे हैं, पत्नी है। मेरे अलावा उनका कोई देखने-सुनने वाला नहीं है...तुम सबके तो चाचा, मामा पता नहीं क्या-क्या हैं। घर है। जायदाद है। मेरा कुछ नहीं है। तीन महीने वेतन न मिले तो मेरा परिवार भूखा मर जायेगा।" वह रुका नहीं धीरे-धीरे इसी तरह की बातें बोलता चला गया। हम

दोनों सुनते रहे। वैसे भी हमारे पास बोलने के लिये कुछ ज़्यादा नहीं था।

मेरे ऊपर हैरत का पहाड़ टूट पड़ा जब मैंने कॉफी हाउस में अपनी मेज़ की तरफ शकील अंसारी को आते देखा। वह पूरी तरह खादी में लैस था। टोपी भी लगा रखी थी। तोंद का साइज़ बढ़ गया था। उसके साथ दो-तीन और लोग थे जो उसके लगुये-भगुये जैसे लग रहे थे। उसका व्यक्तित्व शानदार हो गया था। उसे देखकर रावत तो सकते में आ गया। नवीन के चेहरे पर भी घबराहट आ गयी।

—"अरे भाई, मैं तुम्हारे ऑफिस गया था। वहां पता चला कि तुम कॉफी हाउस गये हो...तो तुम्हें तलाश करता आ गया।" शकील बोला।

मैंने सोचा सबसे पहले रावत को राहत दी जाये। मैंने कहा, "ये शकील अंसारी साहब हैं। मेरे अलीगढ़ के ज़माने के बहुत पुराने और प्यारे दोस्त...आजकल अपने ज़िले की युवा..."

शकील बात काटकर बोला, "नहीं-नहीं, अब मैं प्रदेश युवा कांग्रेस का महामंत्री हूं...इसके अलावा राष्ट्रीय युवक कांग्रेस की कार्यकारिणी का सदस्य हूं। सहकारी बैंक का अध्यक्ष हूं और राज्य की बीस सूत्री कमेटी का सदस्य हूं।''

—"पिछले चार-पांच साल में बड़ी तरक्की की...।" मैंने कहा।

—"नहीं-नहीं...ये तो अभी की बात है...पार्टी ने युवा शक्ति को पहचान लिया है।" वह हंसकर बोला।

—"इन लोगों से मिलो, नवीन जोशी और बली सिंह रावत...मेरे दोस्त।"

शकील ने कुछ ख़ास ध्यान नहीं दिया। अपने साथ आये एक आदमी से कहा, "करीम तुम उन लोगों को लेकर पार्टी ऑफिस जाओ...वहीं रहने-खाने की व्यवस्था है...और कल स्टेशन पर मिलना..." फिर मुझसे बोला, ''प्रदर्शन में पांच सौ लोगों को लेकर आया था।'' उसने पांच सौ पर विशेष ज़ोर दिया। मैंने महसूस किया कि वह अच्छी हिंदी बोलने लगा है।

—"तो चलो, कमरे पर चलते हैं।" उसके लोगों के चले जाने के बाद मैंने शकील से कहा।

—"नहीं भाई...यू.पी. निवास चलो...मैं वहीं ठहरा हूं...आराम से बातचीत होगी।''

यू.पी. निवास के कमरे में अपनी टोपी-वोपी उतारने के बाद वह कुछ नार्मल हो गया और बोला, "यार रैली में जान निकल गयी।"

—"अब इतना भी करोगे न पार्टी के लिये?"

—"वो तो सब ठीक है यार...ये बताओ क्या मंगवाऊं...व्हिस्की ठीक रहेगी या कुछ और।"

—"व्हिस्की मंगा लो...और खाना करीम से मंगवाना...ये साला यहां का रद्दी खाना नहीं खाऊंगा।"

—"हां...हां...क्यों नहीं।" वह हंसा।

कुछ देर बाद महफ़िल जम गयी। अचानक शकील को ख़याल आया कि अहमद को लंदन फोन किया जाये। उसने कॉल बुक करा दी और हम बैठ गये नयी-पुरानी यादों के साथ। शकील ने बताया कि माहौल बहुत अच्छा है। बड़ा अच्छा काम हो रहा है। मैंने विरोध किया। वह जानता है कि मैं विरोध ही करूंगा और हमारे बीच यह भी तय है कि दोस्ती के बीच कुछ नहीं आयेगा।

लंदन फोन मिल गया। अहमद से बात करके मज़ा आ गया। वह बहुत खुश हो गया था और उसने हम दोनों को फिर लंदन आने का न्यौता दिया, जिसे शकील ने कुबूल कर लिया।

—"चलो यार गर्मियों में लंदन चलते हैं।" उसने मुझसे कहा।

—"पैसा?"

—"उसकी तुम फिक्र न करो...मैं दूंगा...पूरा ख़र्च।"

—"लेकिन क्या मैं तुमसे लूंगा।"

—"अब यही तुम्हारा चुतियापा है।" वह हंसने लगा।

11

मैं रात में दस-ग्यारह बजे जब भी कमरे पर लौटकर आता तो कपड़े अलगनी पर सूखते मिलते, कमरे में सफ़ाई नज़र आती, किचन में दूध उबला रखा होता, खाना गरम मिलता।

बशीर को पता नहीं कैसे पता चल जाता था कि मैं आ गया हूं। वह सीधा मेरे पास चला आता और जो भी चाहिये होता उसका इंतिज़ाम कर देता। हर सवाल के जवाब में बताता कि यह आपा ने किया, वो आपा ने किया है। आपा कह रही थीं वो ये भी कर सकती है, वो भी कर सकती है। जाड़े आ रहे हैं, आपा रज़ाई-गद्दे बना देगी। गर्मियां आ रही हैं, आपा मच्छरदानी ले आयेंगी। आपा ने आपके लिये अचार डाला है। आपा आपके लिये आंवले का मुरब्बा बना रही हैं।

शुरू-शुरू में तो पता नहीं शायद ये कुछ अच्छा लगता होगा लेकिन बाद में एक बोझ लगने लगा। यह भी अंदाज़ा लगाया कि आपा बहुत आगे की सोच रही हैं।

आज खाना लेकर बशीर नहीं बल्कि आपा खुद आ गयीं। आपा को पहली बार देखा। आपा ने खूब तेल लगाकर दो चोटियां की हुई थीं। उनको देखकर पता नहीं क्यों मेरे आग लग गयी। अपने हिसाब से उन्होंने बेहतरीन कपड़े पहने थे जो हिंदी की मुस्लिम सोशल फिल्मों में नायिकायें पहना करती थीं लेकिन इन कपड़ों के लिये

जिस सुंदर और सुडौल ज़िस्म की ज़रूरत होती है वह नदारद था। चेहरे पर पाउडर थोपा हुआ था और होंठों पर लाल लिपिस्टिक के कई लेप लगाये थे।

मैंने सोचा ये लड़की मुझसे शादी करना चाहती है। इसके वालिद कर्ज़ मांगते रहते हैं। भाई भी फ़रमाइशें किया करता है। कौन हैं ये लोग? लेकिन ये लड़की केस बना रही है।

वह खाना रखकर चली गयी। मैंने बैठने के लिये नहीं कहा। खाना खाया तो बरतन लेने बशीर आया। मैंने सिगरेट का धुआं छोड़ते हुए उससे कहा, "सोचता हूं ये मकान छोड़ दूं...ऑफिस से दूर पड़ता है।" बशीर ने हैरत में मेरी तरफ देखा और बरतन लेकर चला गया। थोड़ी देर बाद आया और बोला, "आपा कह रही हैं देखेंगे कैसे छोड़ते हैं ये मकान।"

मैं सन्नाटे में आ गया। मतलब साफ़ था। मेरे मकान छोड़ने से पहले आपा ये शोर मचा देंगी कि मैंने शादी का वायदा करके उसके साथ ज़िस्मानी रिश्ता बना लिया है या मैंने आपा के साथ बलात्कार किया है। चाहे कुछ हुआ हो या नहीं लेकिन एक सीन क्रियेट हो जायेगा। मैं फंस भी सकता हूं। इसलिये कुछ होशियारी से काम लेने की ज़रूरत है। मैंने बशीर से कहा—"अभी तय थोड़ी है मकान छोड़ना...देखो क्या होता है।"

अगले दिन कॉफी हाउस में इस मसले पर मीटिंग बैठ गयी। रावत, नवीन जोशी, मोहसिन टेढ़े के अलावा निगम साहब भी थे। सबने राय दी कि भागो...जितनी जल्दी हो सकता है भागो। लेकिन कैसे? तरह-तरह की रणनीतियां बनने लगीं। आख़िरकार तय पाया कि मैं पहले मकान मालिक को हिसाब चुका दूं उसके बाद रात बारह बजे के बाद अपना सामान समेटूं। साढ़े बारह बजे निगम साहब अपनी गाड़ी लिये मेन रोड पर खड़े होंगे। मोहसिन टेढ़े उसके साथ होगा। मैं गाड़ी में सामान रखूंगा और सीधे मोहसिन टेढ़े के साथ मस्जिद वाले कमरे में आ जाऊंगा। उसके बाद कहीं शरीफ़ों के मोहल्ले में बरसाती वग़ैरा देख ली जायेगी।

इस आड़े वक़्त निगम साहब ने जो मदद ऑफर की उससे मैं प्रभावित हो गया। निगम साहब की एडवरटाइज़िंग एजेंसी है। कुछ मकान हैं जो किराये पर उठा रखे हैं। उम्र हम लोगों से पांच-सात साल ज़्यादा ही होगी। कुछ पॉलिटिक्स में भी दख़ल है। ऊंचे-ऊंचे लोगों को जानते हैं। हमारे लिये कवि हैं। अपनी तरह की कवितायें लिखते हैं जिनका उनके पीछे अच्छा-खासा मज़ाक़ उड़ता है। जवानी में निगम साहब को पहलवानी का शौक था। यही वजह है कि अब पूरा ज़िस्म अजीब तरीके से फूला हुआ-सा लगता है। चेहरे पर छितरी हुई दाढ़ी और सूखे बाल कवि होने की गवाही देते हैं।

घर वालों को टालते-टालते कई साल हो गये थे और अब ये लगने लगा कि ज़्यादा टाल पाना नामुमकिन है। अम्मां, ख़ाला और ख़ालू दिल्ली आ गये। एजेंडा यह था

कि किसी सूरत मुझे मिर्ज़ा इब्राहिम की लड़की नूर इब्राहिम से शादी पर रजामंद कर लिया जाये। कहा जाता है कि शादी और जायदाद के बारे में जो बहुत चाक़-चौबंद रहता है, हर तरह से सौदे को देखता-परखता है उसे कुछ नहीं हासिल होता। ख़ालू ने सौ मिसालें देकर समझाया कि शादी कितनी ज़रूरी है। अम्मां खूब रोयीं और ख़ाला की आंखों में आंसू आ गये। अम्मां ने कहा कि हमारे कहने पर मिर्ज़ा इब्राहिम ने दो साल इंतज़ार किया है और हम उनसे नहीं नहीं कह सकते। अम्मां ने नूर इब्राहिम का पूरा बायोडेटा याद कर लिया था। जो बार-बार मुझे सुनाया जाता था। नूर इब्राहिम की तस्वीर भी उन्होंने मंगा ली थी। मुझे दिखायी गयी थी। अच्छी खूबसूरत लड़की है, यह कोई तस्वीर देखते ही कह सकता था। बहरहाल मुझे हां करनी पड़ी। मेरी हां होते ही अम्मां ने ख़ालू के साथ जाकर लंदन फोन मिलवाया और इब्राहिम साहब को रिश्ता दे दिया। उसके बाद तो हवा के घोड़े दौड़ने लगे।

मिर्ज़ा इब्राहिम के बारे में जो बताया गया उससे यह अंदाजा हुआ कि वे किसी नावेल का किरदार हो सकते हैं। सोलह साल के थे कि घर से भागकर बंबई पहुंच गये। वहां एक मर्चेंट शिप में बर्तन धोने का काम मिल गया। यह जहाज़ जब लंदन पहुंचा तो मिर्ज़ा इब्राहिम लंदन में ही रह गये। यहां छोटे-मोटे काम किये और पता नहीं कैसे लंदन की सबसे बड़ी जौहरी बाज़ार बांड स्ट्रीट की किसी दुकान में नौकरी मिल गयी। यहां जवाहरात की पहचान भी होने लगी और शाम की क्लासें भी अटैंड करने लगे। दो-तीन साल में खुद छोटी-मोटी खरीद करने लगे। इस बीच हिंदुस्तान आये और हैदराबाद से उन्हें अक़ीक़ की एक जोड़ी मिली जिसने उनकी किस्मत बना दी। उसी बाज़ार में जहां नौकरी करते थे दुकान खरीद ली। उसके बाद तो मिर्ज़ा साहब आगे ही आगे चले। साउथ अफ्रीका से हीरे लाने लगे। लंदन शेयर मार्केट में खूब पैसा कमाया। रियल स्टेट बिज़नेस में आ गये। एक अमरीकी कंपनी में खूब पैसा लगा दिया जो सऊदी अरब में तेल के मैदान ख़ोज रही थी। इस तरह पैसे से पैसा आता गया। लेकिन मिर्ज़ा इब्राहिम न अपने को भूले और न अपने देश को भूले। यही वजह है कि जब लड़की की शादी का मामला सामने आया तो हिंदुस्तान में और वह भी बिरादरी में लड़का तलाश करने लगे।

हीथ्रो एयरपोर्ट से हाईगेट इलाके में मिर्ज़ा इब्राहिम के घर आने में पैंतालीस मिनट लगे होंगे। मैं अपनी हैरत को छुपाये उस दुनिया को देख रहा था जो काग़ज़ पर छपी हुई रंगीन तस्वीर जैसी है। सब कुछ साफ़, सब कुछ धुला हुआ, सब कुछ चमकता हुआ, सब कुछ व्यवस्थित, सब कुछ ख़्वाब जैसा। नूर मुझे खास-खास जगहों के बारे में बताती जा रही थी लेकिन मैं ठीक से न सुन पा रहा था न समझ पा रहा था। लेकिन नूर के चेहरे पर ताज़गी और अपनी जानी-पहचानी चीज़ों के प्रति आत्मीयता का भाव ज़रूर मुझे प्रभावित कर रहा था। मेरी समझ में नहीं आ रहा था कि मैं खुश

हूं क्योंकि मैं लंदन आ गया हूं या मैं दुखी हूं क्योंकि यहां जो कुछ चमक है वह एशिया-अफ्रीका की लूट का नतीजा है। मैं क्या करूं यह तय कर पाना ज़रूरी है क्योंकि मैं ऐसी स्थिति में यहां पंद्रह दिन कैसे रहूंगा।

मिर्ज़ा साहब के लंबे-चौड़े चमकते हुए ड्राइंगरूम में सबसे पहले खुलेपन का एहसास हुआ। दो तरफ शीशों की बड़ी-बड़ी खिड़कियां थीं जिनमें रौशनी अंदर आ रही थी और बाहर का बाग़ दिखायी पड़ रहा था। चमक, चमक और चमक--मैं चौंधिया गया। दूसरी मंज़िल के बेडरूम में जाकर हम बैठ गये। नूर के चेहरे से नूर फटा पड़ रहा था। वह बहुत खुश लग रही थी। मैंने सोचा ये शादी कहीं बहुत गलत तो नहीं हो गयी है। नूर की जो दुनिया है वो मेरी नहीं है। मेरी दुनिया इससे कितनी अलग है, कितनी अजीब और भोंड़ी है, कितनी अधूरी है।

मैंने नूर की तरफ देखा, बिलकुल हिंदुस्तानी नक्शोनिगार की यह लड़की पूरी हिंदुस्तानी नहीं लगती। इसके चेहरे पर कुछ ऐसा है जो इसे योरोप से जोड़ता है। लेकिन है ग़ज़ब की खूबसूरत और अगर पंद्रह-बीस दिन के तजुरबे के बाद किसी के बारे में कुछ कहा जा सकता है तो मैं यही कहूंगा कि नूर अच्छी लड़की है, सादगी है, हमदर्दी है, सच्चायी है। वह मुझे गुमसुम बैठा देखकर समझ गयी कि मेरी मानसिक हालत क्या हो सकती है। वह चुपचाप मेरे पास आयी और मेरा हाथ अपने हाथ में लेकर बैठ गयी। मैं मुस्कुराने लगा।

नूर ने मुझे लंदन इस तरह घुमाना शुरू किया जैसे कोई बच्चा अपना खिलौना दिखाता है। वह सेंट्रल लंदन की गलियों में इस तरह घुसती थी जैसे किसान अपने खेत में घुसता है। कहां से कहां पहुंच गयी, किधर से किस तरफ ले आयी ये पता ही न चलता और वह इस पर खूब हंसती थी। हर जगह से जुड़ी यादें थी उसके पास यहां पहली बार अपनी स्कूल की ट्रिप पर आयी थी। यहां पहली बार डैडी के साथ कुछ खरीदने आयी थी। मुझे पता था कि यहीं सेंट्रल लंदन में मिर्ज़ा साहब की ज्वैलरी का शोरूम है, लेकिन वह मुझे नहीं ले गयी। कहने लगी ये काम डैडी का है। वही ये सब दिखायेंगे।

नूर अंग्रेज़ी में 'ऐटहोम फील' करती है। बोलने को हिंदुस्तानी भी बोल लेती है लेकिन उसके पास हिंदुस्तानी के बहुत कम शब्द हैं क्योंकि हमेशा घर में ही हिंदुस्तानी बोली है। अंग्रेज़ी मेरे लिये विदेशी भाषा ही है। बोलना अलग बात है लेकिन बोलने का मज़ा मिलना अलग चीज़ है। तो मुझे अंग्रेज़ी बोलकर मज़ा नहीं आता। हम दोनों ने दिलचस्प समझौता कर लिया है। वह लगातार अंग्रेज़ी बोलती है, मैं लगातार हिंदुस्तानी बोलता हूं। वह इस पर खुश है, कहती है, उसे हिंदुस्तानी के नये-नये शब्द पता चल रहे हैं।

एक दिन मिर्ज़ा साहब ने मुझे अपनी 'इम्पायर' दिखायी। मैं सचमुच बहुत डर गया। मुझे लगा कि मेरे ऊपर इतनी बड़ी ज़िम्मेदारी आ गयी है। करोड़ों-खरबों रुपये

का कारोबार अब मेरा हो गया। मिर्ज़ा साहब बार-बार कह रहे थे कि ये सब नूर का और तुम्हारा है। नूर तो शायद इसकी आदी है लेकिन मैं न तो हूं और न शायद हो सकता हूं। मैं स्वामित्वभाव से परेशान हो जाता हूं। शायद संपन्नता या विपन्नता का अभ्यस्त होने में समय लगता है।

नूर को आठ महीने लंदन में रुकना था क्योंकि वह कोई कोर्स कर रही थी। मुझे वापस आना था। वापस आने से पहले मिर्ज़ा साहब ने मुझसे कहा कि उन्होंने मुझे शादी का तोहफा नहीं दिया है और अब देना चाहते हैं। तोहफे में उन्होंने मुझे दिल्ली में एक वेल फ़र्निश्ड बंगला दिया। मैं तो हैरान रह गया। फिर समझ गया कि यह नूर के ख़याल से दिया गया है। मिर्ज़ा साहब ने कहा कि दिल्ली में मेरा वकील तुम्हें काग़ज़ात दे देगा। तुम फौरन शिफ्ट हो जाना। इंशाअल्लाह आठ महीने बाद नूर वहां पहुंच जायेगी।

मुझे एयरपोर्ट छोड़ने नूर और बॉब आये थे। बॉब यानी रॉबर्ट बर्नाड, नूर के स्कूल से लेकर यूनिवर्सिटी तक क्लासमेट रहे हैं। नूर ने जब पहली बार मुझे बॉब से मिलाया था तो मुझे सदमा हुआ था। मेरे दिमाग़ में अंग्रेज़ों की जो छवि थी वह तड़ातड़ यानी बआवाज़ टूट गयी थी। मतलब यह कि दो-चार मुलाकातों में ही बॉब इतने सज्जन, इतने शरीफ, इतने सीधे, इतने समझदार, इतने योग्य, इतने हमदर्द, इतने नरम दिल, इतने कला और साहित्य प्रेमी, इतने प्रगतिशील, इतने साफ़गो, इतने अहिंसक, इतने सौम्य, इतने सहिष्णु लगे थे कि मैं उन्हें बेहद पसंद करने लगा था। बॉब के बारे में नूर ने बताया था कि बॉब अपने परिवार की पांचवीं पीढ़ी के हैं जो ऑक्सफोर्ड यूनिवर्सिटी से पढ़ी हुई है और उन्होंने ब्रिटेन की मानवतावादी, उदार, सहिष्णु, वैज्ञानिक मूल्यों पर आधारित जीवनदृष्टि को आत्मसात् किया है। उनमें किसी तरह के 'रंग-नस्ल' पूर्वाग्रह भी नहीं है। बॉब लंदन के किसी बड़े पुस्तकालय में लाइब्रेरियन हैं और इसके अलावा अख़बारों में लिखते रहते हैं। सेंट्रल लंदन में फ्लैट है जो उनके पितामह ने खरीदा था। बॉब अपने फ्लैट से लाइब्रेरी पैदल जाते हैं। इसमें उन्हें पूरे पच्चीस मिनट लगते हैं। वे चाहें तो बस, कार, मैट्रो से भी ऑफिस जा सकते हैं।

बॉब का पूरा व्यक्तित्व उनके चेहरे पर झलक आया है और सुंदर न होते हुए भी वे बहुत आकर्षक लगते हैं।

12

जनता बहुत जल्दी खुश होती है और बहुत देर में नाराज़ होती है। आजकल देश की जनता खुशी में पागल है। जेलखानों के फाटक खुल रहे हैं और नेता बाहर आ

रहे हैं। जश्न मनाया जा रहा है। सरयू भी निकल आया है। लेकिन वह कॉफी हाउस नहीं आया और न किसी से मिला। बताते हैं वह बहुत 'बिटर' हो गया है। कहता है, उससे किसी का कुछ लेना-देना नहीं है। वह अकेला कमरे पर पड़ा रहता है। अपने संपादक समरेश जी से भी मिलने नहीं गया जो लोकसभा में आ गये हैं। विक्टर डिसूज़ा सिविल एवीयेशेन मिनिस्टर हो गये हैं। जो 'कुछ' नहीं थे वे सब 'कुछ' हो गये हैं और जनता मान रही है कि यही सही है, इसलिये हर्ष और उल्लास में डूबी हुई है लेकिन क्या मैं भी खुश हूं? जनता तो अंग्रेज़ों के जाने के बाद भी बहुत खुश थी, बहुत उत्साह में थी, जश्न मनाये जा रहे थे, गीत गाये जा रहे थे, पर हुआ क्या? और अब क्या होगा? पर जो हुआ अच्छा हुआ क्योंकि यह पता तो चला कि धर्म और जाति के समीकरणों के ऊपर भी कुछ है। आज बिरादरियों की हार हुई है। आज मैं चुनाव में खड़ा होता तो जीत जाता। घोसी भी मुझे वोट देते।

कॉफी हाउस में फिर से लोग कॉफी पीने लगे हैं। सन्नाटा भाग गया है। महफ़िलें जाग उठी हैं। आज निगम जी बहुत चहक रहे हैं क्योंकि उनके करीबी नेता सीताराम केंद्रीय मंत्रीमंडल में आ गये हैं। उन्हें पर्यटन मंत्रालय मिला है। रावत भी अब राजनीति पर गरमागरम बहस कर रहा है। नवीन जोशी ने खुशी में मेरी एक सिगरेट सुलगाई तो रावत ने कहा, 'साले तुम सिगरेट न पिया करो...एक फेफड़े के आदमी हो...वह भी चला गया तो क्या करोगे।' नवीन ने बुरा-सा मुंह बनाया। वह जब स्कूल में था तो उसे टी.बी. हो गयी थी और एक पूरा फेफड़ा निकाल दिया गया था।

—'अरे यार कौन-सा मैं 'इनहेल' करता हूं। तुम तो साले हर बात पर टोक देते हो।' नवीन ने कहा।

रात ग्यारह बजे तक महफ़िल जमी रही, फिर मैं घर आ गया। नूर टेलीविजन पर ख़बरें देख रही थी और गुलशनिया किचन में खाना पका रही थी। मुझे लगा चारों तरफ अमन-चैन है। सब कुछ ठीक है। कहीं न तो कुछ कमी है और न कहीं कुछ दरकार है। पता नहीं क्यों कभी-कभी कुछ क्षण अपनी बात खुद कहलवा लेते हैं उनमें चाहे जितना सच या झूठ हो।

जब से मैं कोठी में शिफ्ट हुआ हूं, शकील दिल्ली में मेरे ही पास ठहरता है क्योंकि ग्राउंड फ्लोर पर बड़ा-सा गेस्टरूम है जो पूरी तरह 'इंडिपेंडेंट' है। आजकल शकील आया है। उसका 'मॉरल' कुछ गिरा हुआ ज़रूर है लेकिन फिर भी मज़े में हैं। उसने पिछले एक साल में खासी कमाई कर ली है और अपने क्षेत्र में 'कोल्ड स्टोरेज' खोल लिया है। नूर उसे बहुत पसंद तो नहीं करती लेकिन चूंकि मेरा दोस्त है इसलिये सारी औपचारिकतायें पूरी करती है।

—'देखो, कहीं की ईंट, कहीं का रोड़ा, भानमती ने कुनबा जोड़ा...तुम्हें लगता ये सब चलेगा? मैं चैलेंज करता हूं साल-छह महीने के अंदर ही ये सब ढेर हो जायेंगे।' शकील ने कहा।

—'हो सकता है तुम ठीक कह रहे हो...लेकिन इस वक़्त जो हुआ वो अच्छा ही हुआ।'

—'ये तुम अख़बार वालों का सोचना है यार...बताओ क्या फ़र्क पड़ेगा।'

—'अरे यार नेता जेल में बंद तो नहीं है।'

हम ह्विस्की पीते रहे। गुलशन कबाब ले आया। कुछ देर बाद नूर भी आ गयी। वह किसी तरह का 'एल्कोहल' नहीं लेती लेकिन पीना बुरा भी नहीं समझती। नूर के सामने शकील के अंदर और जोश आ गया।

—"देख लेना यार सब ठीक हो जायेगा...।" नूर यह सुनकर कुछ मुस्कुरा दी। शकील देख नहीं पाया।

—"और सुनाओ...तुम्हारे बीवी-बच्चे कैसे हैं?" मैंने बात बदलने के लिये सवाल पूछा।

—"यार कमाल की पढ़ाई की तरफ से फिक्रमंद हूं...वहां कोई अच्छा स्कूल नहीं है।"

—"छोटे शहरों में क्या अच्छा है?"

वह बात को टाल गया और बोला—"यार मैं सोचता हूं कि कमाल का एडमीशन दिल्ली के किसी अच्छे स्कूल में करा दूं।"

—"क्या उसे हॉस्टल में रखना चाहते हो?"

वह कुछ देर सोचता रहा फिर दाढ़ी खुजाते हुए बोला, 'यार मैं सोचता हूं दिल्ली आ जाऊं।'

—"क्या मतलब?"

—"मतलब दिल्ली में घर ले लूं।" उसने कहा, "वैसे भी महीने में दिल्ली के चार-पांच चक्कर लग जाते हैं।"

—"चुनाव क्षेत्र छोड़ दोगे?"

—"चुनाव क्षेत्र कहां भागा जा रहा है।"

—"मतलब?"

—"मतलब ये कि दिल्ली में ही सब कुछ होता है।" वह ख़ामोश हो गया।

—"क्या?"

—"सब कुछ...टिकट यहीं से मिलते हैं। नेता यहीं से तय होते हैं। नीतियां यहीं से बनती हैं, बड़े-बड़े नेता यहीं रहते हैं। उनका दरबार यहीं लगता है...यहां जो फैसले हो जाते हैं, उन्हें लागू किया जाता है देश में।" वह विश्वास से बोला।

—"ओहो।"

—"मेरा पंद्रह साल का यही अनुभव है...जो लोग दिल्ली में हैं उन्हें फ़ायदा पहुंचता है...जो दूर बैठे हैं...वो दूर ही रहते हैं।"

—"लेकिन तुम्हारा चुनाव क्षेत्र।"

—"यार तुम क्या बात करते हो? चुनाव क्षेत्र है क्या? मुश्किल से पचास आदमी हैं जिनके हाथ में वोट हैं। उन पचास आदमियों को दिल्ली बैठकर आसानी से साधा जा सकता है। सबके सालों के दिल्ली में काम पड़ते हैं। कोई हज़ पर जाना चाहता है, कोई अपने लड़के को दुबई में नौकरी दिलाना चाहता है, कोई आल इंडिया मेडिकल इंस्टीट्यूट में ऑपरेशन कराना चाहता है...ये सब काम कहां होते हैं? दिल्ली में? और फिर क्षेत्र में मेरी उपस्थिति तो है ही है। मेरा घर है, मेरे बाग़ हैं, मेरा पेट्रोल पंप है, मेरा कोल्ड स्टोरेज है, मेरी मार्केट है...और क्या चाहिये।"

—"बेगम रहेंगी तुम्हारी दिल्ली।"

—"अब ये उनकी मरज़ी...लगता तो नहीं।"

—"तो यहां मज़े करोगे।"

वह दबी-दबी-सी हंसी हंसने लगा।

मेरे हाथ में वार्ड नंबर और बेड नंबर की पर्ची है जो मुझे कल ही बाबा ने दी थी। उसे किसी ने मेरे लिये मैसेज दिया था कि अलीगढ़ से जावेद कमाल दिल्ली ले आये गये हैं और अस्पताल में भर्ती हैं। होते-हुआते आज चौथा दिन है। सोचा जावेद कमाल बीमार हैं। इलाज़ चल रहा है। उनके लिये कुछ फल वग़ैरा ही लेता चलूं। आश्रम के चौराहे से फल खरीदे और अस्पताल आ गया। बेमौसम की बारिश तो नहीं है लेकिन छींटे पड़ रहे हैं।

क्या आदमी है यार जावेद कमाल। मुझे अलीगढ़ में बिताये दिन याद आ गये। वे शामें याद आ गयीं जब जावेद कमाल की कैंटीन में महफ़िलें जमा करती थीं और वे अपने दोस्तों पर पानी की तरह पैसा बहाते थे। उनके शेर याद आ गये। उनकी दावतें याद आ गयीं। उनका फक्कड़पन और अकड़ूपन याद आ गया। रॉ सिल्क की शेरवानी, चौड़े पायचे का पाजामा, सलीम शाही जूते, गेहुंआ रंग, लंबे सूखे बाल, बड़ी-बड़ी रौशन आंखें, हाथों में पानों का बंडल और विल्स फिल्टर सिगरेट की दो डिब्बियां...उनकी गालियां...रामपुर के लतीफे...फिर कैंटीन का बंद होना...उन्हें पी.आर.ओ. ऑफिस में क्लर्की करते देखना।

वार्डों के चक्कर लगाता रहा। पता नहीं सोलह नंबर का वार्ड कहां है। वैसे भी अस्पताल मुझे नर्वस कर देते हैं और यह विशालकाय सरकारी अस्पताल जहां हर तरफ गंदगी है, जहां गैलरियों में मरीज़ लेटे हैं, जहां ग़रीबी और भुखमरी अपने चरम पर दिखायी देती है, मुझे और ज़्यादा नर्वस कर रहे हैं लेकिन वार्ड नंबर सोलह और बेड नंबर सात तक तो जाना ही है।

वार्ड के अंदर आ गया। लंबा-चौड़ा हॉल है जहां तीन तरफ मरीज भरे पड़े हैं। बेड नंबर कहां लिखे हैं? शायद नहीं है? या किसी ऐसी जगह लिखे हैं जो अस्पताल

वालों को ही नज़र आते हैं। बहरहाल पूछता हुआ बेड नंबर सात पर पहुंचा, देखा बेड ख़ाली है। लगता है कहीं और शिफ्ट कर दिया है। मैं कुछ देर ख़ाली बेड को देखता रहा। आसपास जो मरीज थे वे बता न सके कि जावेद कमाल को किस वार्ड में शिफ्ट किया गया है। कुछ देर बाद गुज़रती हुई नर्स से पूछा तो जवाब देने के लिये रुकी नहीं, चलते-चलते बोली—'ही एक्सपायर्ड यस्टर डे।'

मैं सन्नाटे में आ गया। जावेद कमाल कल मर गये। मर गये? कई बार अपने-आपसे सवाल किया। जवाब नहीं आया कि मर गये। मैं ख़ाली बेड को देखता रहा। मर गये जावेद कमाल? मुझे देर हो गयी। मैं बेड को देखता रहा। वहां कुछ न था। गंदे से गद्दे पर गंदी-सी चादर बिछी थी जिसमें इधर-उधर कई धब्बे और छेद थे। मैं धीरे-धीरे आगे बढ़ा। हाथ में फल वाला बैग था उसे बेड के नीचे सिरहाने की तरफ रख दिया। इससे पहले कि आसपास वाले मुझसे कुछ पूछते मैं तेज़ी से बाहर निकल गया। अब भी फुहार पड़ रही थी। पूरा शहर गीला-गीला हो रहा था। मेरी आंखों में आंसू आ गये। मैं अपने आपको कन्विंस नहीं कर पाया कि जावेद कमाल मर गये हैं। यार जावेद कमाल जैसा आदमी कैसे मर सकता है? जो यारों का यार हो, जो मनमौजी और मस्त हो, जो ज़िंदगी की हर खूबसूरत चीज़ से प्यार करता हो, जो लतीफों का बादशाह हो, जो गालियों का एक्सपर्ट हो वो मर कैसे सकता है...मैंने आंखों से आंसू पोंछे...नहीं, जावेद कमाल मरे नहीं...शायर कभी नहीं मरते...दोस्त कभी नहीं मरते...और वो भी जावेद कमाल जैसे दोस्त...जो आन-बान से रहते हों, जो दोस्तों के लिये कभी इतना-इतना झुक जाते हों कि ज़मीन को चूम लें और दुश्मनों के लिये सीना तानकर इस तरह खड़े हो जाते हों कि सिर बादलों से टकराने लगे...वो मर कैसे सकते हैं...चांदनी रातें...कच्ची पगडंडियां, हवा के झोंके, ओस की बूंद, गुलाब के फूल मर कैसे सकते हैं...अब मैं रोने लगा...अस्पताल के बाहर शायद बहुत लोग ये करते होंगे...किसी ने तवज्जो नहीं दी...मुझे यक़ीन है जावेद कमाल नहीं मरे...।

13

सरयू जेल से छूटते ही घर चला गया था। वापस आया तब भी किसी से नहीं मिला। बस उड़ी-उड़ी बातें सुनने में आती रहीं। ये भी पता नहीं चला कि वह कहां नौकरी कर रहा है क्योंकि उसका अख़बार तो बंद हो ही चुका था। मैं, नवीन जोशी, रावत और मोहसिन टेढ़े ने सोचा कि सरयू से चलकर मिला जाये। हम रावत के नेतृत्व में, क्योंकि रावत को नेतृत्व करने का सबसे ज़्यादा शौक है, सरयू के कमरे पर पहुंचे। वह कमरे पर ही था, मिल गया। हम सबको एक साथ देखकर

उसके चेहरे पर कुछ ऐसे भाव आये कि उसे खुश होना चाहिये या कुछ और महसूस करना चाहिये।

उसने विस्तार से अट्ठारह महीने का लेखा-जोखा दिया। सबसे अहम बात तो यही बतायी कि अमरेश जी अपने बयान में साफ़-साफ़ कहा था कि अख़बार में केवल उनका नाम संपादक के तौर पर जाता था लेकिन उसमें जो भी छपता था उसका निर्णय सरयू डोभाल लेते थे। मतलब यह कि असली अपराधी वही है। इसके बाद सरयू का कहना था कि जेल में उसे पार्टी की तरफ से कोई मदद नहीं मिली। अगर उसके साथ आर.एस.एस. के लोग न होते तो वह शायद मर जाता। मुझे यह डर लगने लगा कि सरयू कहीं आर.एस.एस. में न चला जाये। लेकिन मैं ख़ामोश रहा। सरयू बताता रहा कि तिहाड़ में दूसरे समाजवादी कैदी आराम से थे। उनके पास पैसा भी था; उनकी ज़रूरतें भी पूरी होती थीं और जेलवाले भी उनसे कुछ डरते थे क्योंकि उनके पीछे राजनीतिक ताकत थी। मुझे पार्टी ने कुछ नहीं समझा क्योंकि शायद मैं उनका मेंबर नहीं हूं, लेकिन उनके अख़बार का पत्रकार था। डिसूजा इसके मालिक थे। अमरेश जी प्रधान संपादक थे और इस अख़बार के काम करने की वजह से ही मुझे गिरफ़्तार किया गया था। क्या पार्टी की यह ज़िम्मेदारी नहीं बनती थी कि मेरा भी ध्यान रखा जाये? सब जानते हैं विक्टर के पास पैसे की कमी नहीं है, साधनों की कमी नहीं है।''

—"और अब तो वह मिनिस्टर है।" रावत ने कहा।

—"इन लोगों से मैं बहुत निराश हुआ, दुखी हुआ, अपमानित महसूस किया मैंने...मुझे यार आर.एस.एस. वाले तौलिया-साबुन दिया करते थे...यार...,''

—"सरयू कहीं तुम आर.एस.एस. तो नहीं ज्वाइन कर लोगे?" मैंने पूछ ही लिया।

—"आर.एस.एस. ज्वाइन करने की मेरी उम्र निकल गयी।" वह हंसकर बोला, देखिये निजी तौर पर, व्यक्तिगत स्तर पर मुझे वे अच्छे लोग लगे। राजनीतिक स्तर पर मैं उनसे सहमत नहीं हो सकता...बल्कि हो सकता है मैं जेल के अनुभवों के आधार पर आर.एस.एस. पर किताब लिखूं...वैसे मैंने ये कुछ कवितायें लिखी हैं कहो तो सुनाऊं।"

सरयू ने कवितायें सुनायीं तो सन्नाटा गहरा हो गया। बिलकुल अलग ढंग की बड़ी सशक्त और मार्मिक कवितायें लिखी थी उसने।

—"इन कविताओं के छपते ही तुम हिंदी के प्रमुख कवियो में...." रावत ने कहा।

—"अरे छोड़ो यार।"

—"नहीं, कवितायें बहुत ज़्यादा अच्छी हैं...आज हिंदी में कोई ऐसा नहीं लिख रहा।" नवीन ने कहा।

इसके बाद नवीन ने भी अपनी कुछ नयी कवितायें सुनायीं। देर तक हम सरयू

के यहां बैठे रहे। सरयू ने बताया कि उसकी बात 'नया भारत' में चल रही है, हो सकता है वहां नौकरी लग जाये।

वापसी पर मैं मोहसिन टेढ़े को अपने साथ लेता आया। ये हम दोनों के लिये अच्छा है। उसे घर का पका खाना मिल जाता है। नूर उससे गप्प-शप्प कर लेती है। उसे मोहसिन टेढ़े के कुछ अंदाज़ जैसे छोटी-छोटी बातों पर बेहद आश्चर्य व्यक्त करना आदि पसंद आते हैं क्योंकि वह उनके नकलीपन को पहचान लेती है। मोहसिन टेढ़ा उससे योरोप के बारे में सैकड़ों सवाल करता है। नूर थोड़ी-बहुत फ्रेंच भी जानती है और मोहसिन को गाइड करती रहती है कि कहां से डिप्लोमा करने के बाद उसे फ्रेंच की किस यूनिवर्सिटी में जाना चाहिये।

मोहसिन टेढ़ा नूर को अपनी जायदाद के झगड़ों, अपने अकेले होने, जायदाद बेचकर दिल्ली शिफ्ट हो जाने के इरादों, अपनी पोलियो की बीमारी वग़ैरा के बारे में बताता रहता है। नूर ने हिंदुस्तानी तेजी से सीखी है और अब वह अंग्रेज़ी की बैसाखी के सहारे नहीं है। उसके दो टीचर हैं—गुलशन और उसकी पत्नी जिसे सब गुलशनिया कहते हैं। इस कोठी में आने के बाद अब्बा ने गांव से उनको यहां भेज दिया था।

मैं यह समझ रहा था कि शायद नूर को दिल्ली में 'एडजस्ट' करना मुश्किल होगा। लेकिन वह बड़े आराम से रहने लगी। पब्लिक एडमिनिस्ट्रेशन सेंटर में उसे नौकरी मिल गयी। वहां अपने काम से खुश है। सुबह मैं उसे ऑफिस छोड़ता हूं। शाम कभी-कभी जब मुझे कहीं जाना होता है तो स्कूटर करके घर आ जाती है। बिलकुल सीधी-साधी सामान्य और निश्चिंत ज़िंदगी जी रही है। रात में एक बार लंदन फोन करना नहीं छूटा है। जब तक वह मम्मी से पंद्रह मिनट बात नहीं कर लेती तब तक खाना हज़म नहीं होता।

ऑफिस पहुंचा तो हसन साहब ने बताया कि मेरी तलबी हुई है। ब्यूरो चीफ़ ने मुझे बुलाया है।

—"क्या मामला हो सकता है हसन भाई, अब तो दूसरी आज़ादी का जश्न भी मनाया जा चुका है।"

—" 'टोटल रेवोल्यूशन' आ गया है...फिर भी हो सकता है कहीं दुम फंसी रह गयी हो...जाओ देखो क्या कहते हैं," वे बोले।

सक्सेना साहब के विशाल कमरे में पहुंचा तो पता चला कि वे एडीटर इन चीफ़ के पास हैं और मैं कुछ देर बाद आऊं। इधर-उधर देखा तो सबिंग में सुप्रिया दिखायी दे गयी। मैं उसके पास आ गया। उसके चेहरे पर वही उदासी थी। उसने बताया कि उसके भाइयों, कोमल और सुकुमार का अभी तक कोई पता नहीं चला है और वह कलकत्ता जा रही है। हम दोनों कुछ देर तक पश्चिम बंगाल के आतंक की चर्चा करते रहे। थोड़ी देर बाद, उसे दिलासा देने के बाद मैं उठा तो उसके हाथ पर मैंने

एक क्षण के लिये अपना हाथ रख दिया। वह मुस्कुरा दी। फीकी-सी मुस्कुराहट।

सक्सेना साहब हैं तो ब्यूरो चीफ़ लेकिन माना जाता है कि मैनेजमेंट की नाक का बाल हैं और कभी-कभी एडीटर-इन-चीफ़ के ऊपर भी हावी हो जाते हैं। उन्होंने मुझसे बैठने के लिये कहा और एक-दो काग़ज़ों पर दस्तख़त करके बोले—"पिछले साल तुमने अलीगढ़, संभल वग़ैरा पर जो रिपोर्ट्स की थी वो मैंने पढ़ी हैं।"

—"जी।"

—"काफी संवेदना है तुम्हारे लेखन में...इमोशंस का भी अच्छा इस्तेमाल करते हो।"

मैं समझ नहीं पा रहा था कि यह भूमिका क्यों बांधी जा रही है। कुछ देर के बाद वे नुक्ते पर आ गये। देखो पार्लियामेंट बंधुआ मज़दूर वाले मसले पर बहुत सीरियस है। हम पर यह इल्ज़ाम तो है ही कि हम 'अर्बन' हैं। हमारे यहां गांव के बारे में कुछ नहीं छपता या कम छपता है...अब सारे अख़बार बंधुवा मज़दूरों पर छापें और हम ख़ामोश रहें यह भी नहीं हो सकता...तुम्हें इस तरह की रिपोर्टिंग में दिलचस्पी भी है," वे बोलते-बोलते रुक गये। आदेश नहीं देना चाहते थे। पहले यह जानना चाहते थे कि मुझे कितनी रुचि है।

—"लेकिन हसन साहब...मैं तो..."

—"उनसे बात हो गयी है...हम तुम्हें ब्यूरो में ले लेंगे...तुम्हें तो कोई...?"

—"जी नहीं, मैं तो ये काम खुशी-खुशी करूंगा।"

मैंने 'हां' कर दी थी लेकिन एक सवाल मेरे दिमाग़ की दीवारों से टकराता रहा। अगर पार्लियामेंट में 'कुलक लॉबी' और 'उद्योग लॉबी' के बीच टकराव की स्थिति न होती तो क्या बंधुआ मज़दूर मुद्दा आज भी उसी तरह दबा न पड़ा रहता जैसे आज़ादी के बाद से लेकर आज तक दबा पड़ा था? क्या इसका मतलब यह हुआ कि मुद्दे भी 'दिये' जाते हैं? कौन देता है? वे लोग जो सत्ता संघर्ष में या सत्ता बनाये रखने की कोशिश में लगे हुए हैं? क्या इसका यह मतलब हुआ कि मुद्दे या तो वास्तविक मुद्दे नहीं होते या उनको उठाने वालों का उद्देश्य मुद्दा विशेष नहीं बल्कि कुछ और होता है। कभी-कभी कुछ मुद्दे इसलिये भी उठाये जाते हैं कि वास्तविक मुद्दों से लोगों का ध्यान हटाया जा सके। लेकिन इतना तय है कि बंधुआ मज़दूरी का मुद्दा ग्रामीण जीवन के शोषण को 'हाईलाइट' करेगा।

सक्सेना साहब ने जो नाम और फोन नंबर दिया था वहां फोन किया तो फौरन डॉ. आर.एन. सागर से बात हो गयी। उन्होंने बताया कि 'रूरल इंस्टीट्यूट' की टीम अगले सप्ताह पूर्णिया जा रही है और मैं उस टीम के साथ जाना चाहूं तो जा सकता हूं। अगले दिन मैं इंस्टीट्यूट पहुंच गया। यहां डॉ. आर. एन. सागर से मिलना था। वे अभी तक आये नहीं थे। मैं इंतज़ार करने लगा। कुछ देर बाद आये तो कई अर्थों में बहुत अजीब लगे। दिन का ग्यारह बजा था लेकिन यह लगता था कि डॉ. सागर

के लिये रात के आठ का समय है क्योंकि वे 'महक' रहे थे। उसके विशाल सिर पर ढेर सारे बाल और चेहरे पर कार्ल मार्क्स कट फहराती हुई दाढ़ी थी। बंद गले का काला कोट और पतलून पहने थे पर कपड़े उनके शरीर पर ऐसे लग रहे थे जैसे यह शरीर इस तरह के कपड़ों के लिये बना ही नहीं। कुछ ही देर में उन्होंने बंधुआ मज़दूर सर्वेक्षण के बारे में दुर्लभ जानकारियां दी। यह साबित होते देर नहीं लगी कि डॉ. सागर न सिर्फ विषय के विशेषज्ञ हैं बल्कि बहुत पढ़े-लिखे और सोचने-समझने वाले, मौलिक किस्म के आदमी हैं। उन्होंने मुझे चाय पिलाई और खुद पानी पीते रहे क्योंकि जाड़े के इस मौसम में भी उन्हें खूब पसीना आ रहा था और रूमाल से अपना माथा पोछ रहे थे।

एयरपोर्ट पर ही पता चला कि पूर्णिया जाने वाली टीम में सरयू भी 'नया भारत' की तरफ से जा रहा है। अब चूंकि मेरा कॉफी हाउस जाना छूट गया था इसलिये सरयू से मुलाक़ात ही न होती थी। एयरपोर्ट पर उसे देखकर खुश हो गया क्योंकि इतने सालों बाद उसके साथ कुछ समय बिता सकूंगा और अपने पुराने साहित्यिक मित्रों के बारे में जानकारियां मिलेंगी। सरयू जब भी मिलता है यह शिकायत करता है कि मैंने कहानियां लिखना क्यों बंद कर दिया है। मेरे पास इस सवाल का कोई जवाब नहीं है। पत्रकारिता का काम सोख लेता है लेकिन दूसरे पत्रकार भी तो लिखते हैं? फिर भी शायद यह लगता है कि मैं जैसा लिखना चाहता था, वैसा लिख नहीं सकूंगा या लंबे अंतराल के बाद आत्मविश्वास डिग जाता है या दूसरे तो कहां के कहां निकल गये और मैं यहीं रह गया। मैं उस दौड़ में क्या शामिल होऊं? बहरहाल सरयू ने एयरपोर्ट पर चाय पीते हुए फिर यहीं से बात शुरू की और कहा कि यार तुमने कहानियां लिखनी क्यों बंद कर दिया है। मैंने सवाल को टालते हुए पुराना जवाब दिया कि यार टाइम ही नहीं मिल पाता, ये अख़बार का काम बड़ा जानलेवा होता है।

सरयू सागर साहब को पहले से जानता है। उसने जो जानकारियां दीं उनसे सागर साहब की नामुकम्मल तस्वीर पूरी हो गयी। सरयू ने बताया—"दरअसल सागर साहब स्वयं एक बंधुआ मज़दूर परिवार में पैदा हुए थे। सागर उन्होंने उपनाम रखा था कि किसी ज़माने में कवितायें लिखा करते थे। वे पता नहीं कैसे गांव के स्कूल में पहुंच गये थे। उसके बाद तो उन्होंने कभी पीछे नहीं देखा। सरयू ने बताया—यार जीनियस हैं सागर साहब...तुम सोचो मूल जर्मन में 'दास कैपिटल' पर इनकी टीका बर्लिन विश्वविद्यालय ने छापी है। इनके जैसा पढ़ा-लिखा और मौलिक सोच रखने वाला यार मैंने तो आजकल देखा नहीं।"

किसी के बारे में कुछ सुनकर न प्रभावित होने वाली प्रवृत्ति के कारण मैंने इन बातों का कोई नोटिस नहीं लिया और सोचा, खुद ही पता चल जायेगा सागर साहब क्या हैं?

यह 'हापिंग' फ्लाइट है—दिल्ली से लखनऊ और फिर पटना और फिर रांची जहां

हमें दो दिन रुकना है ताकि 'रीजनल रूरल डेवलपमेंट इंस्टीट्यूट' में 'लैंड रेवेन्यू' रिकॉर्ड देख लें। उसके बाद पूर्णिया जाना है। हापिंग फ्लाइट बड़े मज़े से लखनऊ में दो घंटे के लिये खड़ी हो गयी। यही हरकत उसने पटना में भी की। लेकिन मैं और सरयू बेफिक्र थे कि सालों बाद मिले हैं और बातचीत करने का मौक़ा मिल रहा है।

—"यार तुम्हें मालूम है अमरेश जी का क्या हुआ?"

—"कौन अमरेश जी?"

—"यार वही...कभी-कभी कॉफी हाउस भी आते थे...जार्ज मैथ्यू के दोस्त...

—"हां-हां, याद आ गया। बताओ क्या हुआ?"

—"यार कुछ समझ में नहीं आता क्या हो रहा है। अभी पिछले महीने मुझे अमरेश जी से मिलना था। मैं उनसे मिलने डिफेंस कॉलोनी डी-13 में पहुंचा और सीधे सर्वेंट क्वार्टर पहुंच गया। क्योंकि अमरेश जी इससे पहले कोठियों के सर्वेंट क्वार्टरों में ही किराये पर रहा करते थे। पर कोई हमें मुख्य कोठी में ले गया। यार अमरेश जी ने वह कोठी खरीद ली है। क्या कोठी है यार...और डियर क्या लायब्रेरी बनायी है...लाखों रुपये की तो किताबें हैं...हर चीज़ 'टॉप' की है...

—"ये सब हुआ कैसे?"

—"यार बताते हैं कि किसी डील में जार्ज मैथ्यू ने कई सौ करोड़ बनाये हैं और इस डील में अमरेश जी भी साथ थे...अब बताओ यार मैं तो ये सब देखकर भी यक़ीन नहीं कर सकता।" वह बताते-बताते शरमाने लगा।

—"जार्ज मैथ्यू की तो समाजवादी छवि है...ट्रेड यूनियन बैक ग्राउंड है...।"

—"यही तो हैरत है यार...,"

—"हैरत करने का ज़माना चला गया प्यारे..."

—"अच्छा और सुनो...कामरेड सी.सी. कनाडा में जाकर बस गये हैं।"

—"क्या अमित के साथ वो भी गये?"

—"हां...कहते हैं उन्होंने जेल में माफी मांग ली थी...उनके भाई कनाडा से आये थे और उन्हें अपने साथ ले गये।"

—"और सुनो, भुवन पंत...उत्तर प्रदेश के मुख्यमंत्री का पी.एस. हो गया है।"

—"वही जो सबको डांटता था और अपने को सबसे बड़ा क्रांतिकारी समझता था।"

—"हां, वही।"

—"तो यार तुम्हारे सब नक्सलवादी वाले ऐसे ही निकले।"

—"नहीं यार..." वह बुरा मानकर बोला—"जो लोग काम करते हैं वो तो जंगलों में हैं...उन्हें क्या मतलब है कॉफी हाउस या शहरों से...ऐसे हज़ारों हैं..."

—"रांची में ज़मीन ख़रीद-फ़रोख्त के रिकॉर्ड देखिये तो आपको हक़ीक़त का पता चल

जायेगा।" सागर साहब ने हमें एक मोटा पोथा थमा दिया।

—"ये जो आप रांची शहर देख रहे हैं यह आदिवासियों की ज़मीन पर बसा है। आज यह करोड़ों रुपये की ज़मीन है...लेकिन यह किस तरह, कितना पैसा देकर खरीदी गयी है, ये रिकॉर्ड बतायेगा...कहीं-कहीं...ज़मीन खरीदने वालों के नाम नहीं दिये गये हैं...क्योंकि वे लोग इतने असरदार...इतने बड़े...इतने सम्मानित हैं कि चोरों की सूची में उनका नाम दर्ज़ करने की हिम्मत यहां किसी को नहीं है। ये देखिये... पांच एकड़ ज़मीन...सौ रुपये में बिकी...ये देखिये दो एकड़ जमीन...दस रुपये में...ये कहानियां नहीं हैं...लैंड रिकॉर्ड हैं...अगर चाहें तो मूल बैनामे भी देख सकते हैं।"

हम हैरत से रिकॉर्ड देखने लगे। पता लगने लगा कि देश के अंदर कितने देश हैं। देश किसका है और विदेशी कौन है?

—"हमने इन आदिवासियों के साथ वही किया है जो अमरीका में 'रेड इंडियंस' के साथ किया गया था। पर इस देश में कोई यह मानता नहीं क्योंकि जिनके पास यह मानने का अधिकार है, उन्होंने ही यह अपराध किया है। आज वे सब आदिवासी बंधुआ हैं जिनके पास कल तक ज़मीन थी। उन्हें यह सज़ा क्यों मिली है? क्या इसलिये कि वे हमसे ज़्यादा चतुर नहीं हैं?"

रांची में हमारी मुलाक़ात लेबर कमिश्नर से हुई और एक और आश्चर्य का पहाड़ टूट पड़ा।

कभी-कभी महज़ इत्तफ़ाक़ से कुछ ऐसे लोग ऐसी जगह पहुंच जाते हैं कि उन्हें वहां देखकर हैरानी होती है। लेबर कमिश्नर विनय टंडन भी ऐसे ही आदमी हैं। उन्हें देखकर कोई यह नहीं कह सकता कि वे आई.ए.एस. होंगे। उलझे-उलझे से बेतरतीब बाल, लंबा-पतला चेहरा, गहरी आंखें जिन पर मोटा चश्मा, बहुत मामूली सीधी-सीधी कमीज़-पैंट और पैरों में सस्ती किस्म की चप्पल। हमें बताया गया कि विनय टंडन 'सिंगिल' हैं—मतलब अविवाहित हैं। अपना खाना खुद पकाते हैं और अपने कपड़े भी खुद धोते हैं। ऑफिस ठीक साढ़े नौ बजे आते हैं और शाम छह बजे जाते हैं। सरकारी गाड़ी सिर्फ दफ़्तर लाती-ले जाती है। अपने निजी आने-जाने के लिये वे रिक्शे का सहारा लेते हैं। विनय टंडन को काफी लोग पागल कहते हैं। कुछ सिड़ी, सनकी, दीवाना कुछ घमंडी और कुछ मूर्ख बताते हैं।

सुबह हम लोग तीन जीपों पर बंधुआ मज़दूरों का पता लगाने निकले। बहुत जल्दी ही डामर वाली सड़क ख़त्म हो गयी और कच्ची धूल उड़ाती पगडंडियों जैसी सड़कों पर गाड़ी आ गयी। दो ही एक घंटे के अंदर पूरे चेहरे, हाथों और कपड़ों पर धूल की एक गहरी परत जम गयी। रास्ते के धचकों से कमर की ऐसी-तैसी हो गयी। दरअसल रास्ते और क्षेत्र की दिक्कतों को छोड़कर हमारा काम आसान था। हम खेतिहर मज़दूरों से यह पूछते थे कि क्या उन्हें एक जगह से काम छोड़कर दूसरी जगह काम करने की आज़ादी है? यदि उत्तर 'हां' में मिलता था तो बंधुआ मज़दूर नहीं

हैं और नहीं में मिलता था तो हैं। उसके बारे में दूसरे सवाल भी थे। पूरा परिवार बंधुआ है? कितने समय या कितनी पीढ़ियों से बंधुआ है। क्या पैसा मिलता है? कितना अनाज या जोतने के लिये ज़मीन मिलती है...वग़ैरा-वग़ैरा...हमें यह भी बताया गया था कि कोई कमिश्नर 'रैंक' का आदमी कभी इस तरह के सर्वेक्षणों में नहीं जाता लेकिन विनय टंडन के चेहरे पर ज़रा भी उकताहट कभी नज़र नहीं पड़ती थी। इन सवालों के साथ बंधुआ मज़दूरों से यह सवाल भी पूछा जाता था कि क्या साल भर खाने को अनाज हो जाता है? इसके उत्तर में आमतौर पर वे बताते थे कि दो-एक महीने जंगली पेड़ों की जड़ें खाकर गुज़ारा करना पड़ता है।

मैं और सरयू बंधुआ मज़दूरों के झोंपड़ेनुमा घरों में जाते थे। पूरे घर में जो कुछ भी दिखायी देता था। उस सबको अगर जमा करके बाज़ार में बेचा जाये तो कोई दो रुपये का भी नहीं खरीदेगा, यह हमारी पक्की राय बनी थी। कुछ चटाइयां, चीथड़े हुए कपड़े, मिट्टी के बर्तन, मिट्टी का दिया और मुश्किल से एक टीन का कनस्तर ही दिखायी पड़ते थे। दूसरी तरफ बड़े-बड़े फॉर्म थे जिनमें पचास हज़ार एकड़ ज़मीन थी। दो हज़ार एकड़ भगवान के नाम...हज़ार एकड़ कुत्ते के नाम...इसी तरह ज़मीन पर कब्ज़ा किया गया था।

एक दिन कई गांवों का चक्कर काटकर एक दिन हमारा कारवां एक कस्बे के बी.डी.ओ. कार्यालय जा रहा था। हम रास्ते में ही थे कि एक मामूली और ग़रीब किसान ने हाथ देकर जीप को रुकने का इशारा किया। इस जीप पर विनय टंडन बैठे थे। उन्होंने फौरन ड्राइवर से कहा कि जीप रोको। जीप रुकी तो पीछे वाली जीपें भी रुक गयीं और हम लोग जीप से उतर पड़े। यह ग़रीब किसान बता रहा था कि कस्बे के सिनेमा हॉल के मालिक ने उसके लड़के के साथ मार-पीट की है और थाने वाले उसकी रपट नहीं लिख रहे हैं। विनय टंडन ने उस किसान को फौरन अपनी जीप में बैठा लिया।

ब्लॉक ऑफिस में बी.डी.ओ. शायद विनय टंडन को भी दिल्ली से आये कोई शोधकर्ता समझे। टंडन जी ने खाये-पिये मोटे-ताज़े देखने में राशी लगने वाले बी.डी.ओ. से कहा कि वे इस किसान को थाने ले जायें और एफ.आई.आर. दर्ज़ करा दें। इसके बाद हमने वे जानकारियां लीं जो लेनी थीं और चाय-पानी के बाद आगे बढ़े। कुछ ही दूर गये होंगे कि एक जीप ख़राब हो गयी। यह तय पाया कि लौट कर ब्लॉक ऑफिस चला जाये और वहां से जीप ली जाये ताकि आगे का कार्यक्रम पूरा हो सके।

हम लौटकर ब्लॉक ऑफिस की तरफ जा रहे थे तो फिर वही किसान रास्ते में मिल गया। उसने फिर हाथ दिया और टंडन जी ने फिर जीप रुकवा दी। किसान ने बताया कि बी.डी.ओ. साहब ने थानेदार के नाम पर्चा लिखकर दिया था लेकिन थाने में फिर भी रपट नहीं लिखी गयी। टंडन जी ने फिर उसे जीप में बैठा लिया।

बी.डी.ओ. बरात को बिदा करके सो गये थे कि उन्हें पता चला फिर सब आ गये हैं। बी.डी.ओ. को देखते ही टंडन जी ने कहा—"मैंने आपको आदेश किया था कि थाने जाकर इस आदमी की एफ.आई.आर. लिखा दीजिये। आपने आदेश का पालन क्यों नहीं किया?"

आदेश शब्द सुनते ही बी.डी.ओ. के चेहरे पर हवाइयां उड़ने लगीं। ज़ाहिर है कि इस शब्द के प्रयोग का अधिकार सरकारी अधिकारियों को ही है। वे गिड़गिड़ाने लगे, "...सर सर...मैंने पर्चा...।"

—"यह तो आदेश नहीं था कि आप पर्चा लिखकर दें...आपने आदेश का पालन नहीं किया है और मैं चाहूं तो आपको अभी सस्पेंड कर सकता हूं।"

अब तो बी.डी.ओ. का भारी-भरकम शरीर लोच खाकर ज़मीन से आ लगा।

"आप सुबह इसके साथ थाने जाइये। रपट लिखवाइये। रपट की कॉपी लेकर कल ग्यारह बजे तक सर्किट हाउस आइये...और मुझे दिखाइये।"

सर्किट हाउस में रोज़ रात का खाना खाने के बाद पीछे वाले बरामदे में सब बैठ जाते थे। विनय टंडन और सागर साहब आदिवासी समस्या और बंधुआ मज़दूरी के विषय में बातचीत करते थे। हम चार-पांच लोगों का काम सवाल पूछना था। विनय टंडन सारी उम्र आदिवासी इलाकों में ही रहे हैं। उन्होंने बताया कि मध्य प्रदेश के आदिवासी क्षेत्रों में एक समय था जब आदिवासियों को कपड़े के दुकानदार चारों तरफ से नाप कर कपड़ा देते थे। लंबाई चार गज़ और चौड़ाई एक गज़ इधर से...एक गज़ उधर से। उन्होंने बताया कि पटवारी आदिवासी क्षेत्रों में जाने वाला सबसे बड़ा अधिकारी हुआ करता था। वह मौक़ा-मुआइना करने इस तरह जाता था कि चारपाई पर बैठ जाता था और आदिवासी चारपाई अपने कंधों पर उठाये-उठाये उसे खेत-खेत ले जाकर मौक़ा-मुआइना कराते थे। एक पटवारी रेडियो का शौकीन था और अपने साथ रेडियो भी ले जाता था। चारपाई पर वह खुद बैठता था। एक आदमी सिर पर रेडियो उठाता था। दूसरा बैटरी उठाता था। दो लोग बांस में बंधा एरियल उठाते थे और इस तरह मौक़ा-मुआइना होता था। जब कभी पटवारी का दिल चाहता था वह रेडियो बजाने लगता था। रात में पूरा गांव चंदा करके उसे अच्छा-से-अच्छा खाना खिलाता था। लेकिन पटवारी कोई बहाना बनाकर खाना नहीं खाता था। जैसे रोटियां जल गयी हैं या मुर्गे में नमक ज़्यादा हो गया है। उसके खाना न खाने से पूरा गांव डर जाया करता था और हाथ जोड़ता था कि पटवारी खाना खा लें। पटवारी के खाना न खाने से उन्हें कितना नुक़सान होगा इसकी वे कल्पना भी नहीं कर सकते थे। पटवारी कहता था ठीक है, मैं बीस रुपये लूंगा तब खाना खाऊंगा। वे किसी-न-किसी तरह उसे रुपये देते थे और तब वह खाना खाता था।

सागर साहब ने बताया कि छोटा नागपुर के आदिवासी क्षेत्रों में सूद पर पैसा देना संसार का सबसे ज़्यादा मुनाफ़ा देने वाला और सुरक्षित व्यवसाय है। इतना ब्याज संसार में और कहां मिल सकता है। उन्होंने बताया कि एक आदिवासी ने किसी तरह सूद समेत अपना सारा कर्ज़ा चुका दिया। महाजन ने आदिवासी से कहा कि आज तो तुम बड़े खुश होगे कि सारा कर्ज़ा चुका दिया है। उसने कहा–'हां महाराज बहुत खुश हूं।' साहूकार बोला–'तो मुंह मीठा कराओ।' वह बोला–'महाराज अब मेरे पास एक पैसा नहीं है।' साहूकार ने कहा–'अच्छा अगर तुम्हारे पास पैसा होता तो कितने पैसे से मुंह मीठा करा देते।' उसने कहा–'महाराज चार आने से करा देता।' साहूकार ने कहा–'ठीक है...चार आने तुम्हारे नाम खाते में चढ़ाये लेता हूं।'

–"आदिवासियों की दुनिया अलग है। इतना सहयोग है उस दुनिया में कि आप उसकी कल्पना नहीं कर सकते। उनके ऊपर हमने अपनी दुनिया लाद दी है। छल, कपट, लालच और हिंसा की दुनिया के नीचे ये पिस गये हैं। अब न तो जंगल हैं जो इनके पेट भरते थे, न नदियों में पानी है जहां से इनकी सौ ज़रूरतें पूरी होती थीं। विकास के नाम पर इन्हें हमने लालची और झूठा-मक्कार बना दिया है। भाई ये तो हर तरफ से मारे गये हैं...अब शहर में जाकर मज़दूरी के अलावा क्या चारा है? एक ज़माने के गर्वीले आदिवासी जिन्होंने बड़े-बड़े सम्राटों के साथ युद्ध किये थे आज निरीह, कमज़ोर और दया के पात्र बन गये हैं। हमारे लोकतंत्र ने इन्हें यही दिया है।" सागर साहब ने खुलासा किया।

14

'द नेशन' में बंधुआ मज़दूरों पर मेरी रिपोर्ट्स छपने लगी तो हंगामा हो गया। पहली बार इतने बड़े पैमाने पर, देश के सबसे बड़े अख़बार में तस्वीरों के साथ एक ऐसी ज़िंदगी पेश होने लगी कि पढ़कर लोगों के रोंगटे खड़े हो गये। आज़ादी मिले चौथाई सदी बीत चुकी है और हमारे देश में लोगों की हालत जानवरों से भी बदतर है। एडीटर-इन-चीफ़ ने मुझे बुलाकर पीठ ठोकी। सक्सेना साहब तो मुझे अपनी ख़ोज बता-बताकर नाम रौशन कर रहे थे। हसन साहब ने कहा–"अच्छा है, देखें कब तक चलता है।" उनके इस कमेंट से मैं कुछ परेशान हो गया। सुप्रिया ने खासतौर पर कॉफी पिलाई और पूछती रही कि वहां क्या-क्या देखा। नूर को भी रिपोर्ट पसंद आयीं। उसने उनकी अंग्रेज़ी भी ठीक की थी। इस तरह उनकी भाषा भी मझ गयी थी। कहा जा रहा है कि पार्लियामेंट के अगले सत्र में मेरी इन रिपोर्ट्स के आधार पर विषय पर चर्चा का समय भी मांगा जायेगा।

सागर साहब बहुत खुश थे। एक दिन शाम को उन्होंने घर बुलाया था। कुछ दूसरे सोशल साइंटिस्ट भी वहां थे। सागर साहब के यहां पीने-पिलाने का प्रोग्राम हुआ। ये कुछ हैरत की बात लगी कि सागर साहब ने अब तक अपने रहने का तरीका बिलकुल गांधीवादी रखा हुआ है। वे खुद एक कमरे में दरी पर बैठते हैं। बाकी लोगों के लिये लकड़ी की कुर्सियां हैं। दीवारों पर कैलेंडर को छोड़कर कुछ नहीं था। मैं जैसे-जैसे सागर साहब के बारे में जानता जा रहा था वैसे-वैसे उनकी विलक्षण प्रतिभा का कायल होता जा रहा था। उनका अध्ययन बहुत ज़्यादा था। उनकी समझ बहुत साफ़ थी। शराब में उनकी बहुत ज़्यादा दिलचस्पी थी। हम लोग अपने हिसाब से पी रहे थे, लेकिन सागर साहब शराब का सागर पी रहे थे। इतना पीने के बाद भी पूरे होशोहवास में थे। वे अपने इंस्टीट्यूट के नये प्रोजेक्ट की बात कर रहे थे, जिसे यू.एन.डी.पी. सपोर्ट कर रहा था। मुझे उन्होंने नयी प्रोजेक्ट साइट यानी छोटा नागपुर के एक आदिवासी गांव में चलने की भी दावत दी जिसे मैंने कुबूल कर लिया। खूब पीने के बाद सागर साहब की दावत पर हम सब एक ढाबे पर गये जहां तली मछली खायी गयी और रात करीब साढ़े ग्यारह बजे मीटिंग बर्खास्त हुई।

बंधुआ मज़दूरों पर मेरी रिपोर्ट्स अहमद ने मास्को में पढ़ी थी। जहां वह दूतावास में फर्स्ट सेक्रेटरी था। उसने फोन पर मुझे मुबारकबाद दी थी और कहा था कि यार अब मिर्ज़ा इब्राहिम की लड़की से शादी के बाद तुम ये जर्नलिज़्म वग़ैरा छोड़ो और बिज़नेस में आ जाओ। सोवियत यूनियन बहुत बड़ा मार्केट है। मैं तुम्हें यहां बेहिसाब बिज़नेस दिला सकता हूं...अगर चाहो तो तुम और मैं साथ-साथ भी कर सकते हैं। उसके इस प्रस्ताव पर मैंने उसे गालियां दी थीं और अपनी दुनिया में चला आया था।

इन रिपोर्टों के छपने के बाद पहली बार मुझे कुछ थोड़ा-सा संतोष हुआ था। दिमाग़ में 'कुछ करने' के कीड़े ने मुझे कुरेदने की रफ़्तार कुछ कम कर दी थी। मैं सोचता था, चलो राजनीति में कुछ नहीं कर सका, चुनाव हार गया, पार्टी होल टाइमर नहीं बन सका, लेखक नहीं बन सका तो क्या मैं कुछ ऐसा कर रहा हूं जो ग़रीब और बेसहारा आदमी के हक़ में है। कुछ दोस्तों, खासतौर पर नवीन जोशी और रावत ने कहा था कि अंग्रेज़ी में आमतौर पर लोग ग्रामीण क्षेत्रों पर नहीं लिखते हैं। तुमने शुरुआत की है। अगर तुम दस-पांच साल इधर ही लगे रहे तो बड़ा 'कान्ट्रीब्यूशन' माना जायेगा। मैं कान्ट्रीब्यूशन से ज़्यादा अपने मन को समझाने और संतोष देने के चक्कर में था। सबसे बड़ी बात तो यही है कि आपको वो अच्छा लगे जो कर रहे हैं।

शकील ने बसंत विहार में कोठी खरीद ली है। हालांकि आजकल दिल्ली में उसके पास कोई काम नहीं है लेकिन यहीं रहता है। कभी-कभी पार्टी ऑफिस चला जाता

है। एक-दो नेताओं के घरों के चक्कर मार देता है। कहता है, यार जिन नेताओं के यहां पहले घुस नहीं सकता था उनसे इस दौरान पक्का याराना हो गया है। देखो, यही फ़ायदा होता है दिल्ली में रहने का।

उसकी शामें अक्सर हमारे यहां गुजरती हैं। नूर मुझसे अक्सर पूछती रहती है कि मैं शकील जैसे लोगों के साथ कैसे 'एडजस्ट' कर लेता हूं जो मुझसे बिलकुल अलग हैं। मैं इस बात का बहुत तसल्लीबख़्श जवाब दे नहीं पाता। आदमी की कैमिस्ट्री बड़ी अजीब होती है और वह समझ में आ जायेगी, यह दावा कोई आदमी खुद अपने बारे में भी नहीं कर सकता। शकील की राजनीति से मैं सहमत नहीं हूं लेकिन इतना पुराना 'एसोसियेशन' है कि हम बाकी बातें भूल जाते हैं। मैंने नूर को वह किस्सा सुनाया जब शकील ने मुझे पहली बार शराब पिलायी थी।

शकील के बेटे कमाल का दाखिला तो किसी तरह दिल्ली पब्लिक स्कूल में हो गया है लेकिन उसका दिल दिल्ली में बिलकुल नहीं लगता। मौक़ा मिलते ही घर भाग जाता है। वैसे भी उसके रंग-ढंग बड़े लोगों के बेटों जैसे हैं। शकील के पास पैसा है और वह बेटे को दिल्ली में पढ़ाने के चक्कर में उसकी ख़्वाहिशात पूरी करता रहता है।

दिल्ली से रांची वाली फ्लाइट पर सागर साहब ने मुझे गलहौटी प्रोजेक्ट के बारे में बताना शुरू किया था। ख़ासा दिलचस्प प्रोजेक्ट लग रहा था। उन्होंने बताया, ''यू.एन.डी.पी. वाले किसी आदिवासी क्षेत्र में विकास का एक मॉडल प्रोजेक्ट चलाना चाहते थे। इस सिलसिले में उन्होंने हमारे इंस्टीट्यूट से संपर्क किया। मैं मिस्टर ब्लैक से मिलने गया। मैंने साफ़ कह दिया कि पैसे से डेवलपमेंट नहीं होता। मतलब नालियां बना देना, हैंडपंप लगा देना, कर्ज़ दे देना, खुशहाली की गारंटी नहीं है। इस पर ब्लैक चौंके और पूछा, फिर डेवलपमेंट क्या है? मैंने कहा, लोगों को बदलना, लोगों को जागरूक बनाना, उनके अंदर बदलाव की चेतना पैदा करना, उनके अंदर संगठन और संयोजन की शक्तियों का विकास करना, उन्हें सामूहिकता से जोड़ना...ये विकास है—यानी विकास की पहली शर्त है।"

—''फिर?''

—"बड़ी बहस होती रही। मैंने उनसे कहा कि प्रोजेक्ट को मैं अपने तौर पर, अपनी परिकल्पना के आधार पर करूंगा। पहले तो उन्होंने सोचने का वक़्त मांगा और मुझसे एक नोट बनाकर देने को कहा। मैंने नोट दे दिया और भूल गया। सोचा, ये लोग जो खांचों में सोचते हैं, जो सिर्फ आंकड़ों में बात करते हैं, उनकी समझ में यह सब नहीं आयेगा।"

—"इसके बाद?"

—"तीन महीने बाद उनका फोन आया कि मैं आकर मिलूं। मैं गया और बताया गया कि प्रोजेक्ट मंजूर हो गया है और प्रोजेक्ट में हमें दस लाख रुपया दिया गया

है। फिर वही सवाल सामने आ गया। मैंने कहा, पैसे से विकास नहीं हो सकता। अगर हो सकता, तो भारत सरकार कर चुकी होती।"

—"क्या भारत सरकार विकास करना चाहती है?"

—"ये और भी बुनियादी सवाल है...देखो हम कहते हैं कि हमारे देश की जाति व्यवस्था में एक सुपर जाति पैदा हो गयी है जो हर जाति से ऊंची है।"

—"मैं हंसने लगा, ये कौन-सी जाति है सागर साहब?"

—"इस जाति को कहते हैं आई.ए.एस." मैं और ज़ोर से हंसने लगा।

—"क्यों, क्या मैं ग़लत हूं?"

—"आप सौ फ़ीसदी सच कह रहे हैं।"

—"पूरे देश पर यह जाति शासन कर रही है, जैसे पहले मान लो ब्राह्मण किया करते थे।"

—"हर मर्ज़ की यही दवा है।"

—"इनका जाल इतना भयानक है कि इन्होंने पूरे देश को जकड़ रखा है। अरे भाई कहो, कलेक्टर का काम लगान वसूली है, प्रशासन है, पर ये 'जाति' विकास पर भी कब्जा करके बैठ गयी। बड़े-से-बड़े और तकनीकी से भी अधिक तकनीकी संस्थानों पर छा गयी। कोई भी कॉरपोरेशन ले लो...यही लोग जमे बैठे हैं...और ये हैं बुनियादी तौर पर 'नॉन कमिटेड' लोग। इनका धर्म स्वयं अपना और अपनी 'जाति' का भला करने के अलावा कुछ नहीं है।"

—"और ये करप्ट भी हैं...शायद पहले न होते होंगे...अब।"

—"नहीं, 'करप्शन' तो नौकरशाही का बुनियादी कैरेक्टर है। फ़र्क सिर्फ इतना आया है कि अब ये कायदा, कानून, शर्म-हया, क्षेत्र-प्रांत छोड़कर खुल्लम-खुल्ला भ्रष्ट हो गये हैं...और इन्हें राजनेताओं का संरक्षण भी मिल रहा है। वे भी इनके साथ शामिल हैं...अब ऐसे लोग क्या विकास करेंगे?"

—"लेकिन इनमें कुछ अच्छे भी होते हैं।" मैंने कहा।

—"अरे अच्छे तो कुछ डाकू भी होते हैं...पर क्या आप डकैती को अच्छा कहेंगे?" सागर साहब ने हंसकर कहा।

रांची पहुंचकर सागर साहब ने मेरे साथ कुछ ऐसा किया जिसकी उम्मीद नहीं थी और मैं सकते में आ गया। हम दोनों को साथ-साथ गलहौटी गांव ज़ाना था। वहीं प्रोजेक्ट चल रहा है। सागर साहब ने मुझसे कहा कि उन्हें तो किसी ज़रूरी काम से पलामू जाना है। वे गलहौटी नहीं जा पायेंगे। मैं बस पकड़कर पलेरा चला जाऊं जो मेन हाई-वे पर एक छोटा-सा बस स्टॉप है। वहां मुझे गलहौटी जाने वाले लोग मिल जायेंगे। गलहौटी पलेरा से बारह किलोमीटर दूर है। ये पैदल का रास्ता है। वहां प्रोजेक्ट का आदमी रविशंकर मिल जायेगा। उसे मेरी विज़िट के बारे में मालूम है। अब मैं बड़ा चक्कर में फंसा। ज़ाहिर है गलहौटी अकेले जाना आसान न होगा। अगर

नहीं गया तो यहां तक आना बेकार जायेगा। सागर साहब किसी भी तरह मेरे साथ गलहौटी नहीं जा सकते थे क्योंकि उन्हें पलामू जाना था।

ख़ैर और कुछ हो या न हो, हमने रात खूब जमकर पी। बहुत अच्छी बातचीत हुई और सुबह-सुबह सागर साहब चले गये और मैं अनिश्चय के सागर में डूब गया।

मैं परेला में उतरा तो देखा, दो-चार छोटी-छोटी लकड़ी की गुमटियों के अलावा और कुछ नहीं है। शाम का चार बज रहा था। बस मुसाफिरों को उतारकर आगे बढ़ गयी। मैं एक चाय के खोखे पर आया और पूछा कि गलहौटी जाने वाला कोई है? चाय वाले ने इधर-उधर देखा और बोला, 'नहीं, अभी तो नहीं है।'

मैंने यह भी देखा कि चाय वाला कुछ अपनी दुकान बढ़ाने के मूड में है। वह बर्तनों को अंदर रख रहा था।

मैंने उसे एक चाय बनाने को कहा तो वह चाय बनाने लगा।

—"अब यहां बस कितने बजे आयेगी?" मैंने पूछा।

—"कल सुबह आठ बजे।"

—"उससे पहले यहां कोई बस नहीं आयेगी।"

—"नहीं," वह चाय बनाता रहा।

मेरे होशोहवास गुम हो गये। रात कहां रहूंगा? अब तो फंस गया था। गलहौटी मैं अकेले पहुंच नहीं सकता था क्योंकि वहां तक जाने के लिये जो पगडंडी थी वह छितरे पहाड़ों में जाकर खो जाती थी।

चाय पी ही रहा था कि एक आदमी आता दिखायी दिया। चाय वाले ने कहा, ''ये गलहौटी के पास वाले गांव में जायेगा। इससे बात कर लो।''

मैं झपटकर आगे बढ़ा। सफेद कमीज़, पाजामे में यह आदमी कहीं स्कूल मास्टर था और अपने गांव जा रहा था। वह मुझे गलहौटी पहुंचा देने पर तैयार हो गया।

पगडंडी पर चलते हुए उसने मुझसे पूछा, आप तेज़ चलते हैं या धीरे?

मैं क्यों कहता कि धीमे चलता हूं? मैंने कहा, 'तेज़ चलता हूं।' मेरे यह कहते ही वह सरपट रफ़्तार से चलने लगा। मैंने भी अपनी रफ़्तार तेज़ कर दी, लेकिन पंद्रह मिनट के अंदर-ही-अंदर लग गया कि मैं उसकी तरह सरपट नहीं चल सकता। मज़बूर होकर कहना पड़ा कि 'भाई जी थोड़ा धीमे चलिये।' उसने रफ़्तार कम कर दी।

सूरज डूब गया था। पहाड़ियां धुंधली छाया में बदल गयी थीं। पगडंडी भी ठीक से नहीं दिखायी पड़ रही थी। अचानक स्कूल मास्टर रुक गया और ज़ोर-ज़ोर से कुछ सूंघने लगा।

—"क्या सूंघ रहे हैं," मैंने पूछा।

—"आसपास कहीं जंगली हाथी का झुंड है।" वह बहुत सरलता से बोला और मेरे छक्के छूट गये। यहां तो झाड़ियां छोड़कर ऊंचे पेड़ भी न थे जिन पर चढ़कर जान बचायी जा सकती।

—"अब क्या करें।"

—"चले जायेंगे।" वह आराम से बोला।

कुछ देर हम खड़े रहे। वह हवा में सूंघता रहा, फिर बोला, 'चले गये।' हम लोग आगे बढ़ने लगे। मैं इतना डर गया था कि उससे यह भी न पूछ सका कि उसे सूंघने से कैसे पता चल गया था कि हाथियों का झुंड चला गया।

रात नौ बजे के करीब हम गलहौटी पहुंचे। स्कूल टीचर मुझे सीधा प्रोजेक्ट के ऑफिस ले गया जहां रविशंकर सो चुके थे। वे उठे और उन्होंने मुझसे पहला सवाल यह पूछा कि क्या मैं कंबल लेकर आया हूं? मेरे यह कहने पर कि मुझे नहीं बताया गया था कि कंबल लेकर जाना और मैं नहीं लाया, वे परेशान से हो गये। बोले, 'चारपाई तो है लेकिन कंबल नहीं है। रात में सर्दी बढ़ जाती है।'

हम दोनों एक ही चारपाई पर लेटे। रविशंकर ने मेरे सिरहाने की तरफ पैर कर लिये और मैंने भी यही किया। एक कंबल से हमने अपने को ढंक लिया। सर्दी बढ़ चुकी थी। तेरह किलोमीटर पैदल चलने और मानसिक कलाबाज़ियों की वजह से गहरी नींद आ गयी।

अचानक आधी रात के करीब आंख खुली तो देखा रविशंकर चारपाई से कुछ दूर चूल्हे में आग जलाये ताप रहे हैं। पूछने पर बताने लगे कि आपने सोते में कंबल खींच लिया था। हम खुल गये थे। सर्दी लगने लगी। हमने सोचा कि हम भी कंबल खींचेंगे तो आपको सर्दी लगने लगेगी। आप उठ जायेंगे। सो हमने आग जला ली।

मुझे अपने ऊपर शर्म आयी। मैं उठ बैठा। आधी रात हमने चूल्हे के सामने बैठकर आग तापकर गुजार दी।

छह बजे के करीब मैंने उनसे पूछा, "भाई रविशंकर जी, यहां चाय-वाय भी कुछ बनती है?"

—"बनाते तो हैं...पर लकड़ी नहीं है। रात लकड़ी जला डाली।"

—"फिर क्या होगा?"

—"लकड़ी बीननी पड़ेगी...बाहर ही मिल जायेगी।" वह उठने लगा।

—"नहीं आप बैठो मैं बीनकर लाता हूं।"

मैं लकड़ियां बीनकर लाया और चाय का पानी चढ़ा दिया गया। ज़िंदगी में मुझे याद नहीं कि इससे पहले मैंने पानी कभी इतनी देर में उबलते देखा हो। आधा घंटा हो गया। पानी उबलने का नाम ही नहीं ले रहा था। और लकड़ियां बीनकर लानी पड़ी। अल्लाह-अल्लाह करके पानी उबला, चाय बनी।

चाय पीते हुए मैंने कहा, "भाई रविशंकर जी यहां एक स्टोव तो रखा जा सकता है।" वह हंसने लगा। मैं हैरत से उसे देखने लगा।

—"सागर साहब स्टोव के ख़िलाफ़ हैं।"

—"यार बेचारे स्टोव ने सागर साहब का ऐसा क्या बिगाड़ा है।"

वह हंसने लगा—"नहीं, सागर साहब कहते हैं यहां वैसी कोई चीज़ नहीं होनी चाहिये जो आदिवासियों के घरों में नहीं होती। मुझे यहां घड़ी भी लगाने की अनुमति नहीं है।" वह ख़ाली कलाइयां दिखाकर बोला।

—"आप यहां करते क्या हैं?"

—"हम कुछ नहीं करते।"

—"आपके कुछ करने के भी सागर साहब ख़िलाफ़ हैं क्या?" वह हंसते हुए बोला—"ठीक कहा आपने, सागर साहब कहते हैं। हम कौन होते हैं इन आदिवासियों को यह बताने वाले कि यह करो यह न करो।"

—"तो श्रीमान जी फिर आप यहां हैं ही क्यों? अपने घर जाइये?" मैंने कुछ व्यंग्य और कुछ प्यार से कहा।

वह खिलखिलाकर हंस पड़ा।

—"मेरा काम यह देखना है कि गांव के लोग सामूहिकता की भावना से प्रेरित होकर क्या कर रहे हैं और जो कर रहे हैं उसमें उन्हें सफलता मिले...कोई अड़चन न आये।"

रविशंकर की उम्र मुश्किल से बाइस-तेइस साल है। पटना विश्वविद्यालय से इसी साल सोशलवर्क में एम.ए. किया है और इस प्रोजेक्ट में लग गया है। छह महीने से वह यहां लगातार रह रहा है। सागर साहब आते-जाते रहते हैं। रविशंकर ने मुझे विस्तार से छह महीने की कहानी सुनायी। आमतौर पर लोग इस इलाके के आदिवासी गांवों में पटवारी या पुलिस के सिपाही के साथ आते हैं, अपना काम करते हैं और चले जाते हैं। लेकिन सागर साहब यह चाहते थे कि हमें सरकारी आदमी न समझा जाये। इसलिये हम लोग यहां अकेले ही आये थे। शुरू में न तो कोई हमारे पास आता था, न हमसे बात करता था। पहली रात तो हमने एक पेड़ के नीचे गुजारी थी। उनके बाद कलिया ने खपरैल दे दी थी जहां उसके जानवर बंधते हैं।"

—"बहुत दिलचस्प कहानी है।"

—"विश्वास जमाना बहुत टेढ़ी खीर है। हमने धीरे-धीरे विश्वास जमाया। कभी चूके भी, कभी ग़लती भी हुई लेकिन...।"

—"विश्वास कैसे जमा?"

—"ब्लॉक ऑफिस के काम, पटवारी के काम...इनको एक तरह से सहायता सहयोग देना और बदले में कुछ न लेना...ऐसा इन्होंने कभी देखा नहीं है...पहले इन्हें

हैरत होती थी कि ये कौन लोग हैं? फिर समझने लगे...ये जंगल से जड़ी-बूटियां, झरबेरी के बेर, आंवला और दूसरी चीज़ें जमा करके बाज़ार में बेचा करते थे...हमारे सुझाव पर यह काम अब पूरा गांव मिलकर करता है और आमदनी बढ़ गयी। गांव का एक अपना फंड बनाया गया है जिसमें दो-दो चार रुपये जमा होते हैं...अभी पिछले महीने पूरे गांव ने मिलकर तीन कुयें खोदे हैं...मतलब पूरे गांव के जवान लोग लग गये थे। दो-दो, तीन-तीन दिन में एक कुआं खुद गया था।"

मैं सात दिन गलहौटी में रहा और पूरी रिपोर्ट तैयार की। इस रिपोर्ट ने भी राष्ट्रीय स्तर का तहलका मचा दिया। योजना आयोग में विशेष बैठक बुलायी गयी। इसके बाद मैं मध्य प्रदेश के उन आदिवासी क्षेत्रों में गया जहां उद्योग-धंधों के कारण आदिवासी उजड़ रहे थे। कारखानों का दूषित पानी नदी की मछलियां मार रहा था और गंदा पानी पीने से आदिवासियों में तरह-तरह की नयी बीमारियां फैल रही थीं। आदिवासियों की हज़ारों एकड़ ज़मीन पर उद्योग लग रहे थे, बांध बन रहे थे और ज़ाहिर था कि वहां पैदा होने वाली बिजली उनके लिये नहीं थी। ये रिपोर्ट्‌स भी 'द नेशन' में छपी।

करीब एक साल बाद सक्सेना साहब ने बुलाया और साफ़ कहा कि अब अख़बार आदिवासी अंचलों पर उतना बल नहीं देना चाहता क्योंकि यह संवेदनशील मामला है। मुझे लगा मैं पहाड़ पर से गिर गया हूं। मैंने तो आगे पांच साल तक के लिये अपने 'टारगेट' तय कर लिये थे। मैं सक्सेना साहब से बहस क्या करता। एक अजीब तरह की खीज, अपमानित होने का एहसास, गुस्सा और असहाय होने की भावना मेरे अंदर भर गयी। हसन साहब ने कहा, ये तुमने 'इंडस्ट्री' को 'टारगेट' क्यों किया? तुम्हें नहीं मालूम नेशनल चैंबर ऑफ कॉमर्स ने तुम्हारी रिपोर्टों पर एडीटर-इन-चीफ़ को बड़ा सख़्त खत लिखा है।

इस पूरे प्रकरण के बारे में शकील को पता चला था तो उसकी आंखों में चमक आ गयी थी। उसे लगा था कि वह मुझे जो कुछ समझाया करता था उसका निचोड़ सामने आ गया है। मेरे घर में ही टेरिस पर ह्विस्की पीते हुए उसने कहा, "यार साजिद तुम इन लोगों से लड़ नहीं सकते। तुम सत्ता से टक्कर ले नहीं सकते। तुम्हारे अख़बार का मालिक भी इंडस्ट्रियलिस्ट है। उसकी भी उसी इलाके में पेपर फैक्ट्री है जिसे प्रदेश सरकार ने बीस हज़ार एकड़ बांस के जंगल सौ रुपये प्रति एकड़ की दर से नब्बे साल के लिये दे दिये हैं...अब बताओ...और बिजली ये तो जान है यार इंडस्ट्री की...बड़े बांध नहीं बनेंगे तो बिजली कहां से आयेगी?...देखा इन लोगों ने अपना हर मामला जमाया हुआ है...भई सरकारों से इनके क्या संबंध हैं, तुम्हें पता है। अख़बार इनके हैं। पार्लियामेंट में इनके कितने लोग हैं तुम जानते हो। सर्विसेज़ के लोग तो इनके पहले से ही गुलाम हैं...कला और संस्कृति पर इनका कब्जा है।"

—“तुम्हारा मतलब है कुछ नहीं हो सकता।”

—“यार फिर वही मुर्ग़े की एक टांग...तुम्हें किस चीज़ की कमी है...”

—“है...कमी है।”

—“ये तुम्हारे दिमाग़ का फितूर है।” वह हंसने लगा।

मेरे अंदर गुस्सा और बढ़ने लगा। इसलिये कि वह जो कुछ कह रहा है सच नहीं है।

15

अब्बा और अम्मां नहीं रहे। पहले ख़ाला गुज़री उसके एक साल बाद ख़ालू ने भी जामे अजल पिया। मल्लू मंज़िल में अब कोई नहीं रहता। खाना पकाने वाली बुआ का बड़ा लड़का बाहरी कमरे में रहता है। मल्लू मंज़िल का टीन का फाटक बुरी तरह जंग खा गया है। उसके ऊपर बोगनविलिया की जो लता लगी थी वह अब तक हरी है। मौसम में फूलती है। मैं हर साल मल्लू मंज़िल की देख-रेख पर हज़ारों रुपया ख़र्च करता हूं। यही वजह है कि दादा अब्बा के ज़माने की इमारत अब तक टिकी हुई है। साल-दो-साल में, कभी तीन-चार साल बाद घर जाना हो जाता है। मल्लू मंज़िल आबाद होती है। 'द नेशन' जैसे अख़बार के ज्वाइंट एडीटर का उस छोटे से शहर में आना अपने आप ही ख़बर बन जाती है। स्थानीय अख़बारों के संपादक, बड़े अख़बारों के रिपोर्टर और कभी-कभी हमारे अख़बार का लखनऊ संवाददाता आ जाते हैं। पत्रकारिता पर बेबाक बहसें होती हैं।

मुझसे मिलने शहर के अदीब-शायर आ जाते हैं। कभी-कभी कुछ पुराने लोग और कभी अब्बा के जानने वाले भी आते हैं। मेरे ज़माने के पार्टी वाले लोगों में करीब-करीब सब हैं। मिश्रा जी काफी लटक गये हैं। मेरे ख़याल से सत्तर से ऊपर हैं पर अभी भी पार्टी के ज़िला सेक्रेटरी हैं। कामरेड बली सिंह पूरी तरह मछली के व्यापार में लग गये हैं।

पिछले सालों जब मैं गया तो मिलने वालो में युवा लड़कों का एक गुट जुड़ गया है जो शहर में शैक्षणिक गतिविधियां करते रहते हैं। कस्बों से शहर आये लोग भी बढ़ गये हैं और उनमें से कुछ आ जाते हैं। मल्लू मंज़िल कुछ दिन के लिये गुलज़ार हो जाती है।

शहर की हालत वही है। उतना ही गंदा, उतना ही उपेक्षित, उतना ही भ्रष्टाचार, उतना ही उत्पीड़न और वही अदालतें जहां मजिस्ट्रेट महीनों नहीं बैठते, अस्पताल जहां डॉक्टर नहीं बैठते, सरकारी दफ़्तर जहां बाबू नहीं बैठते।

नूर और उसके अब्बा, अम्मां की यही राय थी कि बच्चा लंदन के हैवेट अस्पताल में होना चाहिये। मैं जानता था कि मामला दिल्ली के किसी अस्पताल में कुछ गड़बड़ हो गया तो बात मेरे ऊपर आ जायेगी। शादी के सात साल बाद नूर ने 'कन्सीव' किया था। मैंने नूर को लंदन भेज दिया। वहां उसने हीरा को जन्म दिया। हीरा का नाम उसके दादा ने रखा था। ज़ाहिर है हीरे-जवाहरात का व्यापारी और क्या नाम रख सकता था। नाम मुझे इसलिये पसंद आया कि हिंदू-मुसलमान नामों के खांचे से बाहर का नाम है। बहरहाल हीरा के पैदा होने के बाद कुछ महीने नूर वहीं रही। फिर दिल्ली आ गयी।

गर्मियां शुरू होने से पहले नूर हीरा को लेकर लंदन चली जाती है। मिर्ज़ा साहब ने अपने नवासे के लिये लंदन से बाहर एसेक्स काउंट्री के एक गांव में किसी लॉर्ड का महल खरीदा है। इस महल का नाम उन्होंने 'हीरा पैलेस' रखा है। ये सब लोग गर्मियों में 'हीरा पैलेस' चले जाते हैं। मैं भी एकाद हफ़्ते के लिये वहां जाता हूं। हीरा पैलेस बीस एकड़ के कंपाउंड में एक-दो सौ साल पुराना महल है; जिसमें चार बड़े हॉल, एक बड़ा डाइनिंग हॉल, बिलियर्ड रूम, स्मोकिंग रूम, कॉफी लॉज, पिक्चर गैलरी और बीस बेडरूम हैं। मुझे यहां ठहरना अटपटा लगता था। क्योंकि हमेशा ये एहसास होता रहता था कि किसी म्यूज़ियम में रह रहे हैं। मिर्ज़ा साहब को यह पैलेस इस शर्त पर बेचा गया है कि वहां रखी कोई चीज़ हटायेंगे नहीं और उसमें कोई बड़ा परिवर्तन नहीं करा सकते। इसलिये वहां के बाथरूमों में रखे टोटी वाले लोटों के अलावा कुछ ऐसा नहीं था जिसका मिर्ज़ा साहब से कोई ताल्लुक हो।

पैलेस की 'विजिटर्स बुक' भी उतनी ही पुरानी है जितना पुराना पैलेस। मोटे चमड़े की लाल ज़िल्द चढ़ी इस किताब में ब्रिटेन के तीन प्रधानमंत्रियों के अलावा बर्टेन रसेल के भी हस्ताक्षर और रिमार्क्स लिखे हैं। इस किताब में जब मुझसे कुछ लिखने और दस्तख़त करने को कहा गया तो मुझे बड़ा मज़ा आया। लगा कि मेरे हस्ताक्षर इस रजिस्टर का मज़ाक़ उड़ा देंगे।

बुढ़ापे में मिर्ज़ा इस्माइल लॉर्ड का खिताब हासिल करना चाहते थे और उसके लिये ज़रूरी था कि वो प्रभावशाली अंग्रेज़ों को एक शानदार महल में बुलाकर इंटरटेन करें। ऐसा करने के लिये ही उन्होंने यह पैलेस खरीदा था। एसेक्स काउंटी के शेरे गांव के बाहर एक पहाड़ की चोटी पर बना यह महल काफी दूर से जंगल में खिले फूल-सा लगता था।

एक बार गर्मियों में नूर ने हीरा का नाम लंदन के किसी मशहूर किंडरगार्डेन स्कूल में लिखा दिया। मैं समझ गया कि अब वे दोनों वापस नहीं आयेंगे। लेकिन इससे बड़ी चिंता यह थी कि मैं हीरा को कुछ नहीं सिखा पाऊंगा। मैं यह चाहता था कि वह अवधी लोकगीतों पर सिर धुन सके जैसा मैं करता हूं। वह 'मीर' और 'ग़ालिब'

की शायरी से ज़िंदगी का मतलब समझे। लेकिन अब वह सब ख़्वाब हो गया था। लेकिन मैं नूर के ख़्वाब को चूर-चूर नहीं करना चाहता था। लेकिन पता नहीं कैसे नूर यह समझ गयी थी। वह हीरा को हिंदी पढ़ाती थी। पूरा घर उससे हिंदुस्तानी में बातचीत करता था। नूर और हीरा जाड़ों में पंद्रह दिन के लिये दिल्ली आते थे और मैं उन दिनों छुट्टी ले लेता था। हम खूब घूमते थे और मैं हीरा के साथ ज़्यादा-से-ज़्यादा वक़्त गुज़ारता था। स्कूल पूरा करने के बाद हीरा अब बी.ए. कर रहा है। उसे समाजशास्त्र में बेहद दिलचस्पी है और इस बारे में हमारी लंबी बातचीत होती रहती है।

नूर के लंदन चले जाने के बाद मैं सुप्रिया के नज़दीक आता गया। बंगाली और उड़िया मां-बाप की बेटी सुप्रिया के चेहरे की सुंदरता में दुख की कितनी बड़ी भूमिका है यह छिपा नहीं रह सकता। उसकी बड़ी-बड़ी ठहरी हुई आंखों से अगर उदासी का भाव गायब हो जाये तो शायद उनकी सुंदरता आधी रह जायेगी। उसके हाव-भाव दुख की छाया में तपे हुए लगते हैं। सुप्रिया के दोनों भाई कभी नहीं मिले और यह मान लिया गया कि पुलिस ने जिस बर्बरता से नक्सलवादी आंदोलन को कुचला था, वे उसी में मारे गये हैं। उनका कहीं कोई रिकॉर्ड न था। कहीं किसी आस्तीन पर खून का निशान न था लेकिन दो जवान और समझदार लड़के मारे जा चुके थे।

सुप्रिया की मां उसके साथ रहती है। पिताजी कलकत्ता में ही हैं। उसकी मां को शायद मेरे और सुप्रिया के संबंधों के बारे में पता है लेकिन वह कुछ नहीं बोलती। दरअसल पूरे जीवन का संघर्ष और दो बेटों के दुख ने उसे यह मानने पर मज़बूर कर दिया है कि कहीं से सुख की अगर कोई परछाईं भी आती हो तो उसे सहेज लो... पता नहीं कल क्या हो। सुप्रिया और मेरे संबंध गहरे होते चले गये। मैंने सोचा नूर को बता दूं...फिर सोचा नूर को पता होगा। वह जानती होगी मैं और नूर साल में दो बार मिलते हैं और उसके बाद साल के दस महीने हम अलग रहते हैं तो ज़ाहिर है...।

सुप्रिया का संबंध चूंकि राजनीतिक परिवार से है, इसलिये उससे मैं कुछ ऐसी बातें भी कर सकता हूं जो नूर से नहीं हो सकती। 'द नेशन' में जब मेरे 'पर कतरे' जाते हैं तो सुप्रिया के संग ही शांति मिलती है। मेरे अंदर उठने वाले तूफ़ानों को दुख से भरा-पूरा उसका व्यक्तित्व शांत कर देता है।

मेरे दो बहुत प्राचीन मित्रों अहमद और शकील के मुकाबले वह अच्छी तरह समझती है कि मेरे सपने किस तरह छोटे होते जा रहे हैं और सपनों का लगातार छोटे होता जाना कैसे मेरे अंदर विराट खालीपन पैदा कर रहा है जो ऊल-जलूल हरकतें करने से भी नहीं भरता।

कभी-कभी अपने अर्थहीन होने का दौरा पड़ जाता है। लगता है मेरा होने या न होने का कोई मतलब नहीं है। मैं पूरी तरह 'मीनिंगलेस' हूं। मेरे बस का कुछ नहीं है। मैं पचास साल का हो गया हूं लेकिन कुछ न कर सका और अब ज़िंदगी कितनी बची है। मेरा 'बेस्ट' जा चुका है। कहां गया, क्या किया, इसका कोई हिसाब नहीं है।

मैं ऑफिस से चुपचाप निकला था। लिफ्ट न लेकर पीछे वाली सीढ़ियां ली थीं और इमारत के बाहर निकल आया था। ऐसे मौकों पर मैं सोचता हूं काश मेरा चेहरा बदल जाये और कोई मुझे पहचान न सके कि मैं कौन हूं। मैं भी अपने को न पहचान सकूं और एक 'नॉन एनटिटी' की तरह अपने को आदमियों के समुद्र में डुबो दूं।

पीछे से घूमकर मुख्य सड़क पर आ गया और स्कूटर रिक्शा पकड़कर जामा मस्जिद के इलाके पहुंच गया। भीड़-भाड़, गंदगी, जिहालत, ग़रीबी, अराजकता, अव्यवस्था की यहां कोई सीमा नहीं है। यहां अपने आपको खो देना जितना सहज है उतना शायद और कहीं नहीं हो सकता। पेड़ की छाया में रिक्शेवाले अपने रिक्शों की सीटों पर इस तरह आराम करते हैं जैसे आरामदेह बेडरूम में लेटे हों। आवाज़ें, शोर, गालियां, धक्का, मछली बाजार, मुर्गा बाजार, उर्दू बाजार, आदमी बाजार और हर गली का अपना नाम लेकिन कोई पहचान नहीं। मैं बेमक़सद तंग गलियों में घूमता रहा। जामा मस्जिद की सीढ़ियों पर बैठा रहा। नीचे उतरकर ये जानते हुए सीख़ के कबाब खा लिये कि पेट ख़राब हो जायेगा और सुप्रिया को अच्छा नहीं लगेगा। रिक्शा लिया और बल्ली मारान आ गया। गली कासिमजान से निकला तो हौजकाज़ी पहुंच गया बेमक़सद।

रात ग्यारह बजे स्कूटर रिक्शा करके मैं ऑफिस की इमारत के सामने अपनी गाड़ी के सामने उतरा। मैं बीड़ी पी रहा था। मुझे यक़ीन था कि ऑफिस के ड्राइवर और मेरा ड्राइवर रतन मुझे देख लेंगे। पागल समझेंगे। ठीक है, मुझे पागल ही समझना चाहिये।

रतन ने मुझे देखा। मैं बीड़ी पीता हुआ उसकी तरफ बढ़ा। "सर, आप चलेंगे," उसने पूछा।

—"हां चलो," मैं गाड़ी में बैठ गया।

ये ऑफिस वाले मुझे अधपागल, सिड़ी, सनकी, दीवाना, मजनूँ समझते हैं। यह अच्छा है।

एक दिन एडीटर-इन-चीफ़ से किसी बात पर कहा-सुनी हो गयी। मुझे गुस्सा आ गया। मैं वापस आया और अपने चैंबर के बाहर पड़े चपरासी के मोढे पर बैठ गया। सब जमा हो गये। कुछ मुस्कुरा रहे थे। कुछ मुझे अफसोस से देख रहे थे। चपरासी परेशान खड़ा था। जब काफी लोग आ गये तो मैंने कहा, "मैं यहां इसलिये

बैठा हूं कि इस अख़बार में मेरी वही हैसियत है जो मुरारीलाल की है जो इस मोढ़े पर बैठता है।"

यार लोगों ने ये बात भी एडीटर साहब को नमक-मिर्च लगाकर बता दी।

गुस्से में आकर एडीटर-इन-चीफ़ ने मेरा ट्रांसफर मीडिया ट्रेनिंग सेंटर में कर दिया। ऑफिस ऑर्डर निकल आया। मैंने ये ऑर्डर लेने से इनकार कर दिया। मेरा कहना था कि मैं पत्रकार हूं और मुझसे पत्रकारिता पढ़ाने या अख़बार का ट्रेनिंग सेंटर संचालित करने का काम नहीं लिया जा सकता। मैनेजमेंट कहता था, नहीं, ऐसा हो सकता है। मैंने तीन महीने की छुट्टी ले ली और सुप्रिया के साथ पश्चिम बंगाल घूमने चला गया। हम दोनों ने बहुत विस्तार और शांति से बंगाल का एक-एक ज़िला देखा। तस्वीरें खींची। मैं खुश था कि चलो इस बहाने कुछ तो हुआ।

शकील उन दिनों उपविदेश राज्यमंत्री था। मेरे मना करने के बावजूद वह 'द नेशन' के मालिक सीताराम बड़जातिया से मिला था और मामले को रफ़ा-दफ़ा करा दिया था। मैंने तो यह सोच लिया था कि 'द नेशन' को गुडबॉय कहा जा सकता है क्योंकि वैसे भी मैं वहां तक़रीबन कुछ नहीं करता हूं। कभी साल-छह महीने में कुछ लिखकर देता हूं तो एडीटर छापता नहीं क्योंकि वह अख़बार की पॉलिसी के ख़िलाफ़ होता है।

16

रात के दो बजे फोन की घंटी घनघना उठी। पता नहीं क्या हो गया है। सुप्रिया भी जाग गयी। मैंने फोन उठा लिया, दूसरी तरफ चीफ़ रिपोर्टर खरे था, "सर! मंत्री पुत्र द्वारा फुटपाथ पर सोये लोगों को कुचल दिये जाने की एक और न्यूज़ है। मैं दरियागंज थाने से बोल रहा हूं।"

—"किस मंत्री का लड़का है?"

—"सर, शकील अहमद अंसारी के लड़के कमाल अहमद अंसारी।"

—"ओहो..." मैं और कुछ न बोल सका।

—"सर...ऑफिस में अमिताभ है...उससे कह दीजिये सर पेज वन पर दो कॉलम की ख़बर है...हमारे पास पूरी डिटेल्स...,"

—"हां, मैं फोन करता हूं।" मैंने कहा।

इससे पहले कि मैं ऑफिस फोन करके नाइट शिफ्ट में काम करने वाले अमिताभ को निर्देश देता, शकील का फोन आ गया।

—"तुम्हें न्यूज़ मिल गयी।" वह बोला।

—"हां, अभी-अभी पता चला...कमाल कैसा है?"

—"वह तो ठीक है...हां, उसके साथ जो लड़के थे उनमें से एक लड़के को लोगों ने काफी पीट दिया है...वह अस्पताल में है।"

—"किसका लड़का है।"

—"बी.एस.एफ. के डायरेक्टर जनरल का बेटा है रवि।"

—"दूसरे और कौन थे?"

—"हरियाणा के सी.एम. का लड़का था...।"

—"और?" मैंने पूछा।

—"ये सब छाप न देना।" वह बोला।

—"हमारा चीफ़ रिपोर्टर थाने में है...उससे अभी मेरी बात हुई...पहले पेज पर दो कॉलम में ख़बर जा रही है।"

—"यार हम तीस साल से दोस्त हैं।" वह बोला।

—"दोस्ती से कौन इनकार करता है।"

—"साजिद ये लोकल ख़बर है...तीसरे पेज पर जहां दिल्ली की ख़बरें लगती हैं, वहां लगा दो।"

—"देखो, ये लोकल ख़बर ही होती...इसमें अगर यूनियन पावर एंड इनर्जी मिनिस्टर शकील अहमद अंसारी का लड़का न 'इनवाल्व' होता।"

—"साजिद, ये तुम क्या कह रहे हो...यानी मुझे बदनाम...,"

—"प्लीज शकील...आई एम सॉरी।"

उसने फोन काट दिया। मैंने ड्यूटी पर बैठे अमिताभ को इंस्ट्रक्शन दिये। सुप्रिया ने चाय बना डाली थी। वह जानती थी कि अब चार बजे के बाद फिर सोना कुछ मुश्किल होगा।

—"मैं कमाल को बचपन से जानता हूं...तुम्हें पता है मैं शकील और अहमद यूनिवर्सिटी के दिनों के दोस्त हैं...शायद मेरे ही कहने पर शकील ने कमाल का एडमीशन दिल्ली पब्लिक स्कूल में कराया था। लेकिन शकील के पास टाइम नहीं है... तुम्हें पता कमाल के लिये यू.एस. से एक स्पोर्ट मोटर साइकिल इंपोर्ट करायी थी शकील ने?"

—"ओ हो...,"

—"हां, मेरे ख़याल से बारह हज़ार डॉलर...के क़रीब...,"

—"माई गॉड।"

—"कमाल ने आज जो एक्सीडेंट किया है वह पहला नहीं है...इससे पहले अपने बाप के चुनाव क्षेत्र में यह सब कर चुका है।"

—"एंड ही वाज़ नॉट कॉट?"

—"वो हम सब जानते हैं।"

—"कानून, न्याय, प्रशासन, अदालतें, गवाह, वकील सब पैसे के यार हैं...अगर

देने के लिये करोड़ों हैं तो कोई कुछ भी कर सकता है...हमने इसी तरह समाज बनाया है...हमारे सारे आदर्श इस सच्चाई में दब गये हैं।"

—"लेकिन शकील कैन टेल...,"

—"शकील क्या कहेगा? तुम्हें पता है पच्चीस साल की उम्र में ही कमाल शकील की सबसे बड़ी पॉलिटिकल सपोर्ट है...उसके चुनाव की बागडोर वही संभालता है और बड़ी खूबी से 'आर्गनाइज़' करता है क्योंकि यह सब बचपन से देख रहा है...अपने क्षेत्र से शकील ग़ाफ़िल रहकर दिल्ली की उठापठक में आराम से लगा रहता है और कमाल क्षेत्र संभाले रहता है...आजकल चुनाव क्षेत्र जागीरें हैं...बाप के बाद बेटे के हिस्से में आती है।"

—"कमाल ने पढ़ाई कहां तक की है?"

—"मेरे ख़याल से बी.ए. नहीं कर पाया है या 'क्रासपांडेंस' से कर डाला है। बहरहाल, पढ़ाई में वह कभी अच्छा नहीं रहा लेकिन व्यावहारिक बुद्धि ग़ज़ब की है, जनसंपर्क बहुत अच्छे हैं...मतलब वह सब कुछ है जो एक राजनेता में होना चाहिये।"

—"वैसे क्या करता है?"

—"शकील की कंस्ट्रक्शन कंपनी और 'रियल स्टेट डेवलपमेंट कंपनी' का काम देखता है...अभी इन लोगों ने वेस्टर्न यू.पी. के कुछ शहरों में कोई सौ करोड़ की ज़मीन खरीदी है...दस कालोनियां डेवलप करने जा रहे हैं।"

—"ओ माई गॉड, इतना पैसा।"

—"मैं उसका दोस्त हूं...मुझे पता है...पांच सौ करोड़ के उसके स्विस एकाउंट्स हैं।"

—"पांच सौ करोड़।"

—"हां...,"

छोटी उम्र में ही कमाल का चेहरा पक्का हो गया है। उसका कद पांच-दस होगा। काठी अच्छी है। कसरती बदन है। देखने से ही सख़्त जान पड़ता है। हाथ मज़बूत और पंजा चौड़ा है। आधी बांह की कमीज़ पहनता है तो बांहों की मछलियां फड़कती दिखायी देती रहती हैं। रंग गहरा सांवला है। आंखें छोटी हैं पर उनमें ग़ज़ब की सफ़्फ़ाकी दिखायी देती है। लगता है वह अपने उद्देश्य की पूर्ति के लिये कुछ भी कर सकता है। उसमें दया, सहानुभूति, हमदर्दी जैसा कुछ नहीं है। वह जब सीधा किसी की आंखों में देखता है तो लगता है आंखें भेदती चली जा रही हों। एक कठोर भाव है जो अनुशासन प्रियता से जाकर मिल जाता है लेकिन अपनी जैसी करने और अपनी बात मनवा लेने की साध भी आंखों में दिखायी पड़ती है। नाक खड़ी और होंठ पतले हैं। गाल के ऊपर उभरी हुई हड्डियां हैं जो बताती हैं कि वह इरादे का

पक्का और अटल है। जो तय कर लेता है वह किये बिना नहीं मानता। कमाल की गर्दन मोटी और मज़बूत है जो सिर और शरीर के बीच एक मज़बूत पुल जैसी लगती है। उसके चेहरे पर धैर्य और सहनशीलता का भाव भी है। पतले और तीखे होंठ उसके व्यक्तित्व के अनछुये पहलुओं की तरफ इशारा करते हैं। आंखें शराब पीने की वजह से थोड़ी फूल गयी हैं। लेकिन उनका बुनियादी भाव निर्ममता बना हुआ है। 'द नेशन' के प्रादेशिक क्रासपांडेंट बताते रहते हैं कि कमाल का आतंक एक ज़िले तक सीमित नहीं है। पूर्वी उत्तर प्रदेश के आठ-दस ज़िले और यहां तक कि लखनऊ तक कमाल का नाम चलता है। वह इतना शातिर है कि अपनी अच्छी पब्लिक इमेज बनाये रखता है। कभी बाढ़ आ जाये, शीत लहर चल जाये, ग़रीब की लड़की की शादी हो, बेसहारा को सताया जा रहा हो, कमाल वहां मौजूद पाया जाता है।

—"सुनो, क्या हमारे नेता ऐसे ही होते रहेंगे?" सुप्रिया ने पूछा।

—"ये राष्ट्रीय नेताओं की तीसरी पीढ़ी है। पब्लिक स्कूलों में पढ़ी-लिखी या अधपढ़ी, अंग्रेज़ी बोलने वाली और हिंदी में अंग्रेज़ी बोलने वाली इस पीढ़ी का सिद्धांत, विचार, मर्यादा, परंपरा से कोई लेना-देना नहीं है...ये सिर्फ सत्ता चाहते हैं...पावर चाहते हैं ताकि उसका अपने फायदे के लिये इस्तेमाल करें...ये चतुर-चालाक लोग जानते हैं कि उनके पूर्वजों ने यानी पिछली पीढ़ी के नेताओं ने जनता को ज़ाहिल रखा है...जानबूझकर ज़ाहिल रखा है ताकि बिना समझे वोट देती रहे।

—"कैसे?"

—"इस देश को जितने बड़े पैमाने पर शिक्षित किया जाना था वह नहीं किया गया। साहबों और चपरासियों के अलग-अलग स्कूल अब तक चल रहे हैं...अब ये सरकार देशवासियों को शिक्षित करना अपनी ज़िम्मेदारी भी नहीं मान रही है...थक गये यार...गुलशन से कहो ज़रा चाय और बनाये।"

सुप्रिया लौटकर आयी तो उसके हाथ में अख़बारों का पूरा बंडल था। मैंने सबसे पहले 'द नेशन' खोला पहले पन्ने पर कमाल वाले 'एक्सीडेंट' की ख़बर नहीं थी। ऐसा लगा जैसे मुझे किसी ने ऊपर से लेकर नीचे तक जलाकर राख कर दिया हो। सुप्रिया ने मुझे देखा। अख़बार देखा और समझ गयी कि बात क्या है।

इससे पहले कि मैं न्यूज़ एडीटर को फोन करता। शकील का फोन आ गया। वह बोला, 'माफी मांगने के लिये फोन कर रहा हूं।'

—"किस बात के लिये माफी मांग रहे हो? मुझे ज़लील करके माफी चाहते हो।"

—"नहीं...फिर तुम ग़लत समझे...।"

—"तो बताओ सही क्या है? क्या ये सच नहीं कि एक मंत्री होने के नाते तुमने मेरे अख़बार पर दबाव डालकर वह ख़बर उस तरह नहीं छपने दी जैसे छपना चाहिये थी...और ऐसा करके तुमने ये साबित किया कि अख़बार में मेरी कोई हैसियत नहीं है...मैं कुत्ते की तरह जो चाहे भौंकता...,"

वह बात काटकर बोला, "तुम बहुत गुस्से में हो...मैं शाम को फोन करूंगा।"

—"नहीं तुम शाम को भी फोन न करना।" मैंने गुस्से में कहा और फोन बंद कर दिया।

ख़बर न सिर्फ तीसरे पेज पर एक कॉलम में छपी थी बल्कि एक्सीडेंट की वजह टायर पंचर हो जाना बताया गया था। इस तरह कमाल को साफ़ बचा लिया गया था। यह भी लिखा था कि उस वक़्त गाड़ी कमाल नहीं चला रहा था बल्कि ड्राइवर चला रहा था। ड्राइवर को पुलिस ने गिरफ़्तार करके हवालात में डाल दिया था। उसकी जमानत करा लेना शकील के लिये बायें हाथ का काम था।

—"ऐसे समाज में इंसाफ़ हो ही नहीं सकता जहां एक तरफ बेहद पैसे वाले हों और दूसरी तरफ बेहद ग़रीब।" मैंने सुप्रिया से कहा। वह दूसरे अख़बार देख रही थी। सभी अख़बारों में ख़बर इस तरह छपी थी कि कमाल साफ़ बच गया था।

—"अब देखें इस केस में क्या होगा? शकील मरने वालों के परिवार वालों को इतना पैसा दे देगा जितना उन्होंने कभी सोचा न होगा, गवाहों को इतना खिला दिया जायेगा कि उनकी सात पीढ़ियां तर जायेंगी...पुलिस को तुम जानती ही हो...न्यायालय मज़बूर है...गवाह सबूत के बिना अपंग है...और अगर न भी होता तो शकील के पास महामहिमों का भी इलाज़ है...अब बताओ, किसका मज़ाक़ उड़ाया जा रहा है...मैं तो पूरे मामले में एक बहुत छोटी-सी कड़ी हूं।"

दफ़्तर जाने का मूड नहीं था लेकिन सुप्रिया का जाना ज़रूरी था। उसकी वीकली मैगज़ीन का मैटर आज फाइनल होकर प्रेस में जाना था। उसके जाने के बाद मैं अख़बार लेकर बैठा ही था कि गुलशन ने आकर बताया, मुख़्तार आये हैं, मुख़्तार का नाम सुनते ही सब कुछ एक सेकेंड में अंदर दिमाग़ में चमक गया।

खेती-बाड़ी और राजनीति छोड़कर दिल्ली चले आने से एक-दो साल बाद एक दिन मुख़्तार ऑफिस आ गया था। मुझे लगा था कि वह शायद पिये हुए था। मैं उसे लेकर कैंटीन आ गया था।

—"आप चले आये तो हम भी चले आये।" वह बोला, मैं कुछ समझ नहीं पाया और उसकी तरफ देखने लगा।

—"आपने वतन छोड़ दिया...दिल्ली आ गये...हम भी दिल्ली आ गये...।"

—"क्या कर रहे हो?"

—"फतेहपुरी मस्जिद के पास एक सिलाई की दुकान में काम मिल गया है।"

—"और वहां क्या हॉल है?"

—"ठीक ही है।" वह ख़ामोश हो गया था।

—"मिश्रा जी कैसे हैं?"

वह बोला, "अब आपसे क्या छिपाना मिश्रा जी के साथ हम लोगों की निभी नहीं। आपके आने के बाद...उमाशंकर, हैदर हथियार, कलूट, शमीम सब अलग होते

गये...रिक्शा यूनियन टूट गयी...सिलाई मज़दूर यूनियन भी ख़तम ही समझो...बीड़ी मज़दूर..." वह बोलता रहा और मैं अपराध भाव की गिरफ़्त में आता चला गया था। मेरे दिल्ली आने के तीन साल के अंदर यूनियनें टूट गयीं, ज़िला पार्टी में झगड़े शुरू हो गये, जो लोग पार्टी के करीब आये थे, सब दूर चले गये। ज़िला पार्टी सचिव मिश्रा जी का वही हॉल हो गया जो पहले था। लाल चौक का नाम फिर बदलकर लाला बाज़ार हो गया...इतने लोगों, रिक्शेवालों, बीड़ी मज़दूरों, सिलाई करने वालों के दिल में एक आशा की किरन जगाकर उन्हें अधर में छोड़ देना विश्वासघात ही माना जायेगा। अपने कैरियर और पैसे के लिये मैं उन सबको उनके हॉल पर छोड़कर यहां आ गया...मिश्रा जी ने ठीक ही कहा था, "कामरेड हमें पता था, आप यहां रुकोगे नहीं।" इतना तय है कि मैं वहां रुकता तो यह न होता जो हो गया है और इसकी ज़िम्मेदारी मेरे ऊपर आती है। मैं पता नहीं कैसे अपने आपको प्रतिबद्ध और ईमानदार मानता हूं। मैं तो दरअसल अवसरवादी हूं। अगर मेरे अंदर हिम्मत नहीं थी तो मुझे वह सब शुरू ही नहीं करना चाहिये था।

एक बार दिल्ली आने के बाद मुख़्तार वापस नहीं गया। शायद वह इतना हयादार है कि अपना चेहरा उन लोगों को नहीं दिखाना चाहता जिनके साथ उसने मेरी वजह से विश्वासघात किया है। वह दिल्ली में ही रहने लगा। रोज़ जितना पैसा कमाता था उससे शाम को एक 'अद्धा पाउच' खरीदता था। गटगट करके...पुराने स्टाइल में अद्धा पेट में उतारकर नमक चाटता था और थोड़ी गप्प-शप्प मारकर दुकान में ही सो जाता था। वह कभी-कभी साल-छह महीने में मुझसे मिलने चला आता था। मुझे यह एहसास हो रहा था कि वह 'एल्कोहलिक' होता जा रहा है यानी रात-दिन नशे में डूबा नज़र आता था। मैं सोचता था क्या उसकी बर्बादी का जिम्मेदार मैं ही हूं? पता नहीं यह कितना सच है लेकिन इतना तो है कि अगर वह दिल्ली न आता, इस तरह न उखड़ता तो शायद बर्बाद न होता।

आज भी वह नशे में है। उसका दुबला-पतला ज़िस्म देशी ठर्रे की ताब नहीं ला पाया है और जर्जर हो चुका है। ओवर साइज़ कमीज में वह अजीब-सा लग रहा है। बाल तेज़ी से सफेद हो गये हैं और चेहरे पर लकीरें पड़ने लगी हैं।

—"चाय पियोगे?" मैंने उससे पूछा।

—"चाय?" वह बेशर्मी वाली हंसी हंसने लगा। लेकिन सिर नहीं उठाया।

—"क्यों?" मैंने पूछा।

—"अब...आप जानते हो।"

—"तो क्या पियोगे।"

—"अरे बस...आपको थोड़ी तकलीफ़ देनी है...।"

मैं समझ गया। उसका ये रटा हुआ जुमला मुझे याद हो चुका है। इससे पहले कि वह वाक्य पूरा करता मैंने जेब में हाथ डालकर पर्स निकाला और दो सौ रुपये उसकी तरफ बढ़ा दिये।

उसने पैसे मुट्ठी में दबाये और तेज़ी से उठकर बाहर निकल गया। वह उसे जाते देखता रहा। फाटक पर उसने गुलशन से कोई बात की और बाहर निकल गया। मैं सोचता रहा कि देखा ये क्या हो गया। मुख़्तार बहुत अच्छा संगठनकर्ता रहा है। वह वक़्ता भी अच्छा था। अपने समाज के लोगों को 'कन्विंस' करने के लिये उसके पास मौलिक तर्क हुआ करते थे। अगर राजनीति में रहता...या ये कहें कि अगर मैं राजनीति में रहता...अपने ज़िले में...अपने घर में...अपने गांव में रहता तो वह भी... लेकिन कोई गारंटी तो नहीं है। गारंटी तो वैसे किसी चीज़ की भी नहीं है यही तो ज़िंदगी की लीला है।

17

कॉफी हाउस क्यों उजड़ा? ये कुछ उस तरह की पहेली बन गयी है जैसे 'राजा क्यों न नहाया, धोबन क्यों पिटी?' पहेली का उत्तर है–धोती न थी। मतलब राजा इसलिये नहीं नहाया कि नहाने के बाद पहनने के लिये दूसरी धोती न थी और धोबन इसलिये पिटी कि धोती न थी, यानी कपड़े न धोती थी। तो 'कॉफी हाउस क्यों उजड़ा?' पहेली का उत्तर हो सकता है। 'स' न था। 'स' से समय, 'स' से समझदारी, 'स' से सहयोग, 'स' से सगे, 'स' से सत्ता, 'स' से सोना...साहित्य...।

कॉफी हाउस उजड़ा इसलिये कि वहां बसने वाले परिंदों ने नये घोंसले बना लिये। मेरी और यार-दोस्तों की शादियां हो गयीं। बच्चे हो गये। सास-ससुर और साले-सालियों की सेवा-टहल और पत्नी की फ़रमाइशों के लिये वक़्त कहां से निकलता? और फिर कनॉट प्लेस और कॉफी हाउस के नज़दीक कोई कहां रह सकता है? इसलिये पटक दिये गये कॉफी हाउस से दस-दस, बीस-बीस मील दूर इलाकों में, वहां से कौन रोज़-रोज़ आता?

कुछ लोग हमारी पीढ़ी के बारे में कहते हैं जब तक ये लोग संघर्ष कर रहे थे कॉफी हाउस आते थे। अब स्थापित हो गये हैं। सोशल सर्किल बड़ा हो गया है। जोड़-तोड़, लेन-देन के रिश्ते बन गये हैं। जिनमें कॉफी हाउस के लिये कोई जगह नहीं है। पता नहीं ये कितना सच है लेकिन कुछ-न-कुछ सच इसमें हो सकता है।

पिछले डेढ़ दशक में पंद्रह बहारें आयीं हैं और पतझड़ गुज़रे हैं। जेल से निकलने के बाद सरयू डोभाल का कविता संग्रह 'जेल की रोटी' छपा था और उसकी गिनती

हिंदी के श्रेष्ठ कवियों में होने लगी थी। उसके बाद 'पहाड़ परछाईं' और 'आवाज़ का बाना' उसके दो संग्रह आ चुके हैं। वह 'दैनिक प्रभात' का साहित्य संपादक है और हिंदी ही नहीं भारत की अन्य भाषाओं के प्रतिष्ठित साहित्यकारों में उसका अमल-दख़ल है। उसकी शादी इलाहाबाद में हुई है। पत्नी एन.डी.एम.सी. के किसी स्कूल में पढ़ाती है। एक लड़का है जो बी.ए. कर रहा है। इसमें शक नहीं कि अब सरयू के पास कॉफी हाउस में दो-दो, तीन-तीन घंटे गप्प मारने का वक़्त नहीं है। उसे अपने दफ़्तर में ही आठ-साढ़े आठ बज जाते हैं। बाहर ड्राइवर खड़ा इंतज़ार करता रहता है कि साहब को जल्दी-से-जल्दी घर छोड़कर मैं आजाद हो जाऊं। उसकी पत्नी शीला खाने पर इंतज़ार करती है और बेटा अपनी सहज ज़रूरतों की सूची थामे उसका 'वेट' करता रहता है। ऐसे में सरयू कॉफी हाउस तो नहीं जा सकता न? और फिर हफ़्ते में तीन-चार शामें आफ़ीशियल किस्म के 'डिनर' होते हैं जहां जाना नौकरी का हिस्सा है। कोई कुछ कहता नहीं लेकिन ऐसे 'डिनरों' में ही नीतियां तय होती हैं, फैसले लिये जाते हैं, लॉबिंग की जाती है, समझौते होते हैं, रास्ते निकलते हैं। लखटकिया से लेकर दस हज़ारी इनामों तक की लॉबिंग होती है। सरयू को साहित्य की राष्ट्रीय पत्रिका निकालनी है, साहित्यकारों के बीच रहना है, उनका समर्थन प्राप्त करना है, उनसे संबंध बनाना है इसलिये यह सब नौकरी का आवश्यक हिस्सा बन जाता है।

नवीन जोशी की शादी सुमित्रानंदन पंत के परिवार में हुई है। शादी के बाद नवीन ने दो-तीन नौकरियां बदलने के बाद एक बड़ी पब्लिक अंडरटेकिंग में पी.आर.ओ. के पद पर पांव जमा लिये हैं। शादी से पहले उसका एक कविता संग्रह 'चुप का संगीत' छप चुका था। अब शादी, नौकरियों और बाल-बच्चों के झंझटों में इंज्वॉय करना सीख गया है। वह दिल्ली के पहाड़ी ब्राह्मण समाज का एक प्रतिष्ठित सदस्य है। ऐसा होना अस्वाभाविक भी नहीं है क्योंकि उसके पिताजी अंग्रेज़ों के ज़माने के सेक्शन ऑफीसर थे, चाचा जी जज थे, छोटे चाचा इलाहाबाद यूनिवर्सिटी में अंग्रेज़ी के प्रोफ़ेसर थे। आज उसके परिवार में दो दर्जन आई.ए.एस. और प्रोफ़ेसर हैं। अख़बारों के संपादक हैं, टी.वी. चैनलों के ऐंकर हैं, संवाददाता हैं, कुमाऊंनी पंडितों की प्रतिष्ठा और प्रभाव से नवीन गद्गद रहता है। वह अपने पिछले राजनीतिक विचारों पर शर्मिंदा तो नहीं लेकिन उसका उल्लेख करने पर असुविधाजनक स्थिति में आ जाता है।

'पब्लिक अंडरटेकिंग' किस तरह अपने कर्मचारियों और वह भी ऊंचे कर्मचारियों के नाज़-नख़रे उठाती हैं इसका सोदाहरण बयान करना नवीन को बहुत पसंद है। वह कंपनी की उन तमाम योजनाओं के बारे में जानता है जिनसे लाभ उठाया जा सकता है। जैसे बच्चे के जन्म से लेकर उनकी शिक्षा तक कंपनी कितनी छुट्टी मां को और कितनी छुट्टी बाप को देती है। बच्चे के पैदा होने पर कितना एलाउंस मिलता है।

स्कूल योग्य हो जाने पर यह एलाउंस कितना बढ़ जाता है। अगर कार खरीद ली जाये तो कितना पैसा कार 'मेनटेनेंस एलाउंस' का मिलता है। ड्राइवर की तनख़ाह मिलती है। ऑफिस अगर तेरह किलोमीटर से दूर है तो पांच रुपये पचास पैसे प्रति किलोमीटर और ज़्यादा एलाउंस मिलता है। साल में तीस हज़ार पेट्रोल के लिये बीस हज़ार इंजन बदलवाने आदि-आदि ये सब उसे जबानी याद है और वह धड़ाके से बताना शुरू कर देता है। तीन साल बाद नयी कार खरीदने का इंटरेस्ट फ्री लोन मिल जाता है। पुश्तैनी मकान ठीक कराने और बच्चों की शादी करने के लिये भी दस लाख तक का 'इंटरेस्ट फ्री' लोन मिलता है।

नवीन परिवार के पुराने किस्सों का भी खज़ाना है।...अंग्रेज़ों के ज़माने में एक ट्रेन में पूरी भारत सरकार दिल्ली से शिमला चली जाती थी। उसके पिताजी को दो घर एलाट थे। एक दिल्ली में एक शिमला में। सारा काम बहुत व्यवस्थित और योजनाबद्ध हुआ करता था। इन क़िस्सों के साथ-साथ उसके पास अपने परिवार के बुजुर्गों की ईमानदारी, मेहनत और लगन को दर्शाने वाले अनगिनत किस्से हैं। बड़े चाचा सन् 1920 में जज थे। आठ सौ रुपये महीने तनख़ाह मिलती थी। वे हर महीने दो सौ रुपये के दस-पंद्रह मनीऑर्डर अल्मोड़ा करते थे। किसी ग़रीब रिश्तेदार को पांच रुपये, किसी को दस, जैसी जिसकी ज़रूरत होती थी। पचास रुपये महीने का गुप्तदान करते थे। सौ रुपये महीने हेड़ाखान बाबा के मठ में जाता था। इसके अलावा परिवार का जो भी लड़का हाईस्कूल कर लेता था उसे इलाहाबाद बुलाकर अपनी कोठी में रख लेते थे और आगे की पढ़ाई का पूरा खर्चा उठाते थे।

नवीन के एक चाचा जी पंडित गोविन्द वल्लभ पंत के क्लासफेलो थे। इन दोनों के बड़े रोचक किस्से उसे याद हैं जिनमें पंडित पंत को शिकस्त हुआ करती थी और पंडित भुवन जोशी विजेता और आदर्श पुरुष के रूप में स्थापित होते थे। एक रिश्तेदार शूगरकेन इंस्पेक्टर थे और तरक्की करते-करते शूगरकेन कमिश्नर हो गये थे। वे कभी किसी से बहस में हारते नहीं थे। नवीन के अनुसार, कहते थे, भाई मैं तो बातचीत को खींचकर गन्ने पर ले आता हूं और वहां अपनी मास्ट्री है...बड़े-से-बड़े को वहीं चित कर देता हूं।

हम लोगों ने ये सब किस्से कॉफी हाउस के ज़माने में सुने थे। इनमें अल्मोड़ा के लोगों, वहां आप से एक नवाब साहब, एक आवारा और न जाने किन-किन लोगों के किस्से नवीन अब भी जब मौका मिल जाता है सुना देता है। उसका मनपसंद काम चाय की प्याली और गप्प-शप्प का आदान-प्रदान है। वह यह काम घंटों कर सकता है।

कविता का पहला संग्रह छपने के बाद नवीन अपनी पब्लिक सेक्टर नौकरी में आ गया था। पत्नी, बच्चे, रिश्तेदार, नातेदार सब समय की मांग करते थे। इसलिये उसका कॉफी हाउस आना बंद हो गया था और फिर अकेला क्या आता? न तो सरयू जाता था, न मैं जाता था, न रावत ही जाता था। वह अकेला वहां क्या करता? मेरा

कभी-कभी मूड बन जाता था और कोई काम नहीं होता था तो कभी-कभार मैं उसके ऑफिस का एकाध चक्कर लगा लेता था। मैं जानता था उसे आमतौर पर कोई काम नहीं होता है। वह ऑफिस के दो-चार दूसरे अधिकारियों से गप्प-शप्प करता रहता है। चाय पीता है। ए.सी. की बेहिसाब हवा खाता है। गप्प करने को जब कोई नहीं मिलता तो चपरासियों से खैनी लेकर खाता है और गप्पबाज़ी करता है। यह उसका बड़प्पन है कि वह पद को महत्त्व नहीं देता जिसकी वजह से कभी-कभी ऑफिस में उसकी आलोचना भी हो जाती है।

अच्छी-खासी नौकरी में होते हुए भी नवीन को हम सब की तरह यह कामना तो थी कि यार पैसा बनाया जाये। हम में से किसी को पैसा मिल जाता तो शायद वह सब न करते जो दूसरे पैसे वाले करते हैं। हम फिल्म बनाते, यात्रायें करते, किताबें खरीदते वग़ैरा, वग़ैरा...नवीन अक्सर कॉफी हाउस में भी मोटा पैसा बनाने की योजनायें बताया करता था और रावत उसका मज़ाक़ उड़ाया करता था। पैसा कमाने की मोटी योजनायें अब भी उसके पास आती रहती हैं। एक दिन मैं उसके ऑफिस गया तो बोला कि यार किसी का फोन आया था, सोवियत यूनियन से एक ऑर्डर है। पांच करोड़ की प्याज़ भेजना है।

—"क्या?" मुझे अपने कानों पर यक़ीन नहीं आया।

—"हां यार, पांच करोड़ की प्याज़ भेजने का ऑर्डर है।"

—"तुम्हारे पास है?"

—"हां हां...और क्या...पांच परसेंट कमीशन।" वह बहुत गंभीर लग रहा था।

—"मज़ाक़ तो नहीं कर रहे हो।"

—"नहीं यार...," वह नाराज़ होकर बोला।

इसी तरह पुरानी बात है, एक दिन उसका फोन आया कि अमेरिका से पानी का एक जहाज़ 'डनहिल' सिगरेट लेकर ईरान जा रहा था कि ईरान में क्रांति हो गयी है। अब यह जहाज़ खुले समुद्र में रुका खड़ा है और विश्व में अपने माल के ग्राहक तलाश कर रहा है। नवीन ने बताया कि वह जहाज़ में भरी 'डनहिल' का ग्राहक खोजने की कोशिश कर रहा है।

इस तरह का कोई काम उससे नहीं हो सका। बस ऑफिस में टेलीफोन, क्लर्क और चपरासी, काग़ज़ स्टेशनरी के बलबूते अपने शौक पूरे कर लेता था और थोड़ी देर के लिये एक सपना देख लेता था। यार इसमें बुराई क्या है?

—"यार, ये निगम साले को हो क्या गया है?" रावत गुस्से में बोला।

—"अच्छा-खासा पैसा है साले के पास।" नवीन ने कहा।

—"भई देखो, चाहे जो करे...हमें क्यों पार्टी बनाता है...।" सरयू ने अपनी बात रखी।

—"ये बताओ उसने तुमसे कहा क्या था?" सरयू ने मुझसे पूछा।

—"यार यही कहा था कि आज रात तुम चारों हमारे साथ डिनर करो...और कुछ नहीं बताया था।" मैंने कहा।

—"यही चालाकी है उसकी...वहां जाकर पता चला कि क्या किस्सा है।"

—"देखो, मैं तो बहुत पहले से निगम के बारे में 'क्लियर' हूं। मुझे पता है उसका मुख्य धंधा दलाली है...वह पैसा कमाने के लिये कोई भी रास्ता अपना सकता है।" रावत ने कहा।

—"यार किस बेशर्मी से मंत्री से कह रहा था, सर एक ड्रिंक तो और लीजिये... देखिये सर...साकी कौन है।" सरयू ने कहा।

—"मतलब अपनी पत्नी को साकी बना दिया... ।"

—"यार मंत्री को तो वही सर्व कर रही थी न?" नवीन ने कहा।

—"मंत्री के बराबर बैठी थी।"

—"देखो राजाराम चौधरी पर्यटन मंत्री हैं...और निगम की एडवरटाइजिंग...,"

—"वो सब ठीक है...पर हद होती है।"

मेरी निगम से ज़्यादा पटती है। वह यह जानता है और इन तीनों को 'इनवाइट' करने के लिये भी उसने मेरा ही सहारा लिया था। हम जब उसके घर पहुंचे तब ही पता चला था कि वह अपनी पत्नी का जन्मदिन मना रहा है और उसमें चीफगेस्ट के रूप में राजाराम चौधरी को बुलाया है। वैसे एकाद बार यह बात कॉफी हाउस में उड़ती-उड़ती सुनी थी कि निगम अपनी पत्नी के माध्यम से बहुत से काम साधता है। उसकी पत्नी सुंदर है। बच्चा कोई नहीं है।

निगम का चेहरा अजीब लग रहा था। उसने उतनी शराब पी नहीं थी जितनी दिखा रहा था। वह नशे में है इसका फ़ायदा उठा रहा था। यह सब समझ रहे थे।

निगम मुझसे बता चुका था कि पार्टी में राजाराम चौधरी होंगे और उसने यह भी कहा था कि यह बात मैं सरयू और रावत वग़ैरा को न बताऊं। उसे शक था कि तब शायद वे लोग न आयेंगे।

—"लेकिन वो हम लोगों को क्यों बुलाता है?"

—"सीधी बात है...मंत्री को यह बताना चाहता है कि उसके मित्र पत्रकार भी हैं।"

—"हां यार, मुझे तो उसने दो बार मिला दिया मंत्री से...और दोनों बार खूब ज़ोर देकर कहा कि ये 'दैनिक प्रभात' में सहायक संपादक हैं।"

—"तो ये बात है।" रावत आंखें तरेरता हुआ बोला।

कुछ महीनों बाद सुनने में आया कि निगम को पर्यटन मंत्रालय से बहुत काम मिल गया है। यह भी सुना गया कि निगम ने कोठी खरीद ली है। यह भी पता चला कि

गाड़ी बदल ली है। उसने फोन करके खुद बताया कि नैनीताल में एक कॉटेज खरीद लिया है। जब कभी मिल जाता है तो बड़े जोश में दिखायी देता है। नया ऑफिस खोल लिया है जहां बीस-पच्चीस स्टॉफ काम करता है।

मैंने शकील से संबंध ख़त्म कर लिये थे लेकिन उसका फोन अक्सर आता रहता था। वह कहता था कि मैं तुम्हें फोन करता रहूंगा।...इस उम्मीद पर कि एक दिन हम फिर उसी तरह मिलेंगे जैसे हम पहले मिला करते थे। मैंने भी सोच लिया था कि बस पुरानी दोस्ती जितनी निभ सकी है मैंने निभाई है और अब ज़िंदगी के इस मोड़ पर मेरे और शकील के बीच कुछ 'कॉमन' नहीं है। हमारे रास्ते अलग हैं।

एक साल तक हमारी मुलाकात नहीं हुई। अहमद टोक्यो से लौट कर आया तो उसने अपना 'एजेंडा' घोषित कर दिया कि वह मेरी और शकील की दोस्ती करवाना चाहता है। मुझे उसकी इस बात पर हंसी आयी और उसे समझाया कि यार अब हम लोग हॉस्टल के लौंडे नहीं हैं। हम चालीस क्रास कर चुके लोग हैं। न तो अब शकील को मेरी ज़रूरत है और न मुझे उसकी। हमारी ज़िंदगी अलग है, सोचने का तरीका अलग है।

—"अरे साले, तो मेरा और तुम्हारे सोचने का तरीका कौन-सा एक है?"

—"कभी एक नहीं रहा।" मैंने कहा।

—"यही तो बात है...तुम उस साले को इतना 'सीरयसली' क्यों लेते हो।"

मुझे हंसी आ गयी। आज भी अहमद उसी तरह के बेतुक तर्क देता है जैसे तीस साल पहले दिया करता था।

अहमद पीछे पड़ गया। आख़िरकार मैं शकील से एक साल बाद मिला और हैरत यह हुई कि वह मुझसे लिपटकर फूट-फूटकर रोने लगा। पहले तो मैं समझा साला 'एक्टिंग' कर रहा है। नेता साले एक्टिंग का कोर्स किये बिना 'टॉप' के ऐक्टर बन जाते हैं। लेकिन बाद में पता चला कि वह एक्टिंग नहीं कर रहा था।

18

मोहसिन टेढ़े धड़ाधड़ अपनी जायदाद बेचकर पैसा खड़ा कर रहा है। अभी आम का बाग़ और वह हवेली नहीं बेची है जहां उसकी मां रहती है। मां से वह काफी परेशान है। मोहसिन टेढ़ा किसी भी तरह अब तक इसमें कामयाब नहीं हो सका कि अम्मां को दिल्ली ले आये। हां, उसके बहनोई दिलावर हुसैन एडवोकेट ने कहला दिया है कि पुश्तैनी जायदाद में उनका मतलब उनकी बीवी का भी हिस्सा है। मोहसिन टेढ़े

किसी भी तरह जायदाद का एक तिनका अपनी बहन और बहनोई को नहीं देना चाहता।

सौ बीघा कलमी आम का बाग़ मोहसिन टेढ़े के दादा ने लगवाया था और यह ज़िले के ही नहीं उधर के बड़े बाग़ों में गिना जाता है। बाग़ में चार कुयें हैं, पक्की नालियां हैं, और हर तरह से कलमी आम के पेड़ हैं। मोहसिन टेढ़े ने जब इस बाग़ का ग्राहक तय किया तो उसके बहनोई दिलावर हुसैन एडवोकेट ने ग्राहक को धमका दिया और वह बयाना देने नहीं आया। मोहसिन ने एक और खरीदार को पटाया और उससे बयाना ले लिया। यह बात दिलावर हुसैन को पता लग गयी। उन्होंने मोहसिन को चैलेंज किया कि वह तहसील में बाग़ की लिखा-पढ़ी न करा सकेगा। उनका मतलब यह था कि गुंडे मोहसिन टेढ़े को तहसील न पहुंचने देंगे। ऐसे मौक़े पर मोहसिन टेढ़े के काम कौन आता सिवाय शकील अहमद अंसारी के। शकील ने यह छोटा-सा काम करने की ज़िम्मेदारी अपने सुपुत्र कमाल को सौंप दी।

कमाल ने मोहसिन को यक़ीन दिलाया कि बैनामा हो जायेगा। दिलावर हुसैन एडवोकेट कुछ नहीं कर सकेंगे। कमाल उन्हें बता चुका था कि उसने अपने इलाके के लोग बुला लिये हैं, ज़िले के अफ़सरों को साउंड कर दिया है कि यह मंत्री जी का काम है। सब मदद करने के लिये तैयार हैं। बैनामा अगले दिन होना था।

रात शकील के घर पर खाना-वाना खाने के बाद कमाल ने मोहसिन टेढ़े से पूछा, "अंकिल ये बताइये...अगर अपनी सिस्टर को उनका शेयर आपको देना ही पड़ जाता तो वह कितना होता?"

इस सवाल पर मोहसिन टेढ़े के होशोहवास गुम हो गये। वह उड़ती चिड़िया के पर गिन गया।

—"क्यों?" उसने पूछा।

—"मतलब अंकिल आप जानते हैं...हमने पचास लोग बुलाये हैं जो हर तरह से लैस होंगे...अधिकारियों को उनका हिस्सा पहुंचा दिया गया है। पुलिस को भी दिया गया है क्योंकि पुलिस किसी की रिश्तेदार नहीं होती..."

मोहसिन टेढ़े की अकल के सभी दरवाज़े खुल गये। उसने सोचा, कल बैनामा होना है, अगर आज कमाल कह दे कि उसके आदमी वहां नहीं पहुंच पायेंगे, वह नहीं जा सकता तो क्या होगा।

—"कितना ख़र्चा लग जायेगा।" मोहसिन टेढ़े मरी हुई आवाज़ में बोला।

—"पांच लाख।" कमाल ने कहा और मोहसिन टेढ़ा कुर्सी से उछल पड़ा, पांच लाख!"

—"हां अंकिल पांच लाख...ये कुछ नहीं है...आप अस्सी लाख का बाग़ बेच रहे हैं।"

—"ठीक है।"

मोहसिन टेढ़ा यह समझ रहा था कि कमाल शायद किसी काग़ज़ पर दस्तखत करायेगा। पर ऐसा नहीं हुआ।

अगले दिन जब बैनामा हो रहा था तो मोहसिन टेढ़े को कमाल के पचास आदमी कहीं नहीं दिखायी दिये। पुलिस भी नहीं थी। सब कुछ सामान्य था। मोहसिन टेढ़े ने कमाल से पूछा, तुम्हारे आदमी कहां हैं?"

—"अंकिल आप अपना काम कीजिये।" वह सख़्ती से बोला था। काम हो गया था। जितना पैसा कैश मिलना था वह सब कमाल ने गिनकर अपने पास रख लिया था। दिल्ली आकर उसमें से पांच लाख बड़ी ईमानदारी से गिनकर बाकी मोहसिन को लौटाते हुए कहा था, पापा को ये सब न बताइयेगा...।"

मोहसिन ने सिर हिला दिया।

सुप्रिया को यह पसंद नहीं कि उसके रहते मेरे टेरिस पर महफ़िलें जमें और यार लोग शराब कबाब करें। अगर कभी ऐसा होने वाला होता है तो वह अपनी बरसाती में चली जाती है। लेकिन आजकल वह कलकत्ता गयी है इसलिये मेरी टेरिस आबाद हो गयी है।

मसला जेरबहस यह है कि बली सिंह रावत ने लोक सेवा आयोग द्वारा विज्ञापित डायरेक्टर मीडिया की पोस्ट पर अप्लाई कर दिया है। यह एस.टी. के लिये रिजर्व पोस्ट है और रावत के पास एस.टी. का प्रमाण-पत्र है। आज वह जिस वेतनमान पर काम कर रहा है उससे दुगुना वेतनमान इस पोस्ट का है।

सरयू, नवीन का कहना है कि यह 'गोल्डन अपार्चुनिटी' है रावत के लिये। मैं इससे सहमत हूं। डायरेक्टर मीडिया की पोस्ट सीधे मंत्रालय में है। क्या कहने?

रावत अपनी जानकारियों, समझदारी, फिल्म और साहित्य में सूक्ष्म दृष्टि के बावजूद सीधा है। उसमें मध्यवर्गीय छल-कपट नहीं है। हम लोग ये जानते हैं और रावत को 'खींचने' का कोई मौका नहीं छोड़ते।

पता नहीं कैसे धीरे-धीरे हम लोगों ने रावत को 'कन्विंस' कर लिया कि नौकरी के लिये उसका जो इंटरव्यू लिया जायेगा उसका पूर्वाभ्यास करके देखना चाहिये।

कुछ ही देर में 'मॉक इंटरव्यू' शुरू हो गया। कहावत है कि दाई से पेट नहीं छिपाना चाहिये। हम सब दस-दस, पंद्रह-पंद्रह साल पुराने दोस्त, एक-दूसरे के बारे में सब जानते हैं। पूरे विश्वास से ऐसे सवाल पूछने लगे जिनका जवाब रावत नहीं दे सकता था।

कुछ देर में रावत चिढ़ गया और शायद समझ भी गया कि उनके साथ खेल हो रहा है। वह बोला, "अरे मादरचोदो, सत्यजीत रे पर सवाल पूछो, चार्ली चैपलिन पर पूछो, अम्बादास की पेंटिंग पर पूछो, रवीन्द्र संगीत पर पूछो...फिलिस्तीनी प्रतिरोध कविता पर पूछो..."

हम सब हंसने लगे। हम लोगों ने पूरे प्रसंग को चाहे जितना 'नॉन सीरियसली' लिया हो लेकिन बली सिंह रावत की निदेशक मीडिया के पद पर नियुक्ति हो गयी। हमने जश्न मनाया। रावत पर सब अपने-अपने दावे पेश करने लगे। नवीन ने कहा, यार मैंने तो तुझे सूट का कपड़ा खरीदवाया और सूट सिलवाया था। मैंने कहा, मैंने तुम्हें टाई बांधना सिखायी थी। बहरहाल रावत बहुत खुश था।

संबंध ऊबड़-खाबड़ रास्तों पर चल रहे हैं। नूर अब पूरे साल लंदन में रहती हैं। पहले जाड़ों में हीरा के साथ एक-दो हफ़्ते के लिये आ जाती थी और हीरा का कॉलेज खुलने से पहले लौट जाती थी। धीरे-धीरे साल में एक चक्कर लगना भी बंद हो गया और दो-तीन साल में एक बार आने लगी। मैं भी लंदन जाते-जाते थक गया था। अब वहां सब कुछ नीरस था। मैं गर्मियों में श्रीनगर चला जाता था।

धीरे-धीरे सुप्रिया ने नूर की जगह ले ली थी लेकिन सुप्रिया के साथ भी संबंधों में कोई पक्कापन न था। हमेशा लगता था जब पत्नी ही अपनी न हुई तो प्रेमिका क्या होगी। लेकिन सुप्रिया ने हमेशा विश्वास बनाये रखा। कभी जब नूर को आना होता था तो बिना मुझे बताये अपने कपड़े वग़ैरा लेकर अपनी बरसाती में चली जाती थी और कभी नहीं कहती थी कि ये संबंध कैसे हैं? वह मेरी कौन है? नूर कौन है? मैं ये क्यों कर रहा हूं। लगता है कि सुप्रिया को अपार दुख ने सतह से उखाड़ दिया है, वह अब जहां है वहां कोई सवाल-जवाब नहीं होता।

लंदन और नूर से दूर होने के साथ-साथ मैं हीरा से भी दूर हो गया हूं। मैंने उसे लेकर जो ख़्वाब पाले थे वे छितरा गये हैं। लेकिन हीरा से मेरी बातचीत होती रहती है। हो सकता है नूर से किसी महीने बात न हो लेकिन हीरा से होती ही है। वह चाहे जहां हो, मैं उसे फोन करता हूं। हॉस्टल में था तो वहां 'काल' करता था। मेरे और उसके बीच सबसे बड़ा विषय तीसरी दुनिया के संघर्ष हैं। उसे राजनीति और अर्थशास्त्र में दिलचस्पी है और मैं पत्रकार होने के नाते इन दोनों विषयों से बच नहीं सकता। 'लंदन स्कूल ऑफ इकोनामिक्स' के रेडिकल टीचर्स उसके 'आइडियल' हैं। वह बराबर उनकी किताबें और लेख मुझे भेजता रहता है। वह जानता है कि मैं कभी वामपंथी राजनीति में था और आज भी उससे सहानुभूति रखता हूं। वह बताता रहता है कि नवपूंजीवाद किस तरह संसार के ग़रीब देशों पर कब्ज़ा जमाना चाहता है। हीरा अपनी शिक्षा, परिवार के उदार मानवीय विचारों, बॉब से दोस्ती और रेडिकल टीचर्स की संगति में काफी इंक़िलाबी बन गया है। वह क्यूबा और चीन की यात्रा कर चुका है। मिर्ज़ा साहब, उसके नाना लेबरपार्टी से अपने पुराने और गहरे रिश्ते की वजह से 'गुलाबी' विचारों को पसंद करते हैं और उन्हें लगता है कि हीरा जवानी के जोश में 'अतिलाल' है जो समय के साथ-साथ 'गुलाबी' हो जायेगा।

सुप्रिया के साथ रहते हुए कभी-कभी यह ख़याल आता है कि मुझे यहां सुप्रिया का सहारा मिल गया है। नूर लंदन में क्या करती होगी? पता नहीं। मुझे लगता है, लेकिन हो सकता है मैं ग़लत हूं कि नूर और बॉब की दोस्ती सिर्फ दोस्ती की हद तक सीमित नहीं है। दोनों स्कूल में साथ पढ़ते थे फिर कॉलेज में साथ आये। यूनिवर्सिटी साथ-साथ गये। अंग्रेज़ संस्थानों का माहौल 'वीकली पिकनिक,' 'नाइट आउट,' 'पार्टियां डांस,' 'ड्रिंक्स डिनर' से अछूता नहीं रह सकता। ऐसा कौन है जो इस माहौल में एक बहुत अच्छे आदमी और दोस्त के साथ गहरे और बहुत गहरे संबंध बनाने में हिचकिचायेगा? लंबे जाड़ों और बर्फीले तूफान के बाद जब प्रकृति जागती है तो ऐसा लगता है जैसे वीनस की मूर्ति चादर ओढ़े सो रही थी और अचानक उसने चादर फेंककर एक अंगड़ाई ली है। ऐसे मौसम में युवक पागल हो जाते हैं और रंगों के तूफान में अपने को रंग लेते हैं। जाड़ा बीत जाने के बाद सूखी-सी लगती टहनियों के ऊपर हरे रंग की कोपल जैसी पत्तियां निकलती हैं जिनके रंग हरे होने से पहले कई चोले बदलते हैं और पत्तियां हर रंग में मारक नज़र आती हैं। सड़कों के किनारे खड़ी बेतरतीब झाड़ियां इस तरह फूल उठती हैं कि उन पर से निगाह हटाना मुश्किल होता है। लगता है यह पृथ्वी, पेड़, फूल, रंग, नीला पानी, नीला आसमान सब आज ही बना है। दूर तक फैली हरी पहाड़ियों की गोद में बसे गांवों में बसंत उत्सव मनाये जाते हैं। सेब के बाग़ों में आर्केस्ट्रा बजता है, नृत्य होता है, बियर बहती है, 'बारबीक्यु' होता है और पूरा माहौल नयी ज़िंदगी का प्रतीक बन जाता है। पता नहीं इस तरह के कितने वसंत उत्सवों में नूर और बॉब गये होंगे। पता नहीं कितनी बार हरे पहाड़ों के जंगली फूलों के बीच ट्रैकिंग की होगी। पता नहीं टेम्स के किनारे कितनी दूर तक टहले होंगे।

नूर और बॉब के रिश्ते या उनके बीच शारीरिक संबंधों की बात जब मैं सोचता हूं तो मुझे गुस्सा नहीं आता। मैं मानता हूं अगर ऐसे संबंध होंगे तो नूर की इच्छा बिना न होंगे। और दूसरी बात यह कि बॉब इतना अच्छा आदमी है कि उसे साधारण की परिभाषा में नहीं बांधा जा सकता। अगर यह संबंध है तो विशेष संबंध होगा... क्या यह मैं किसी से कह सकता हूं?

बाग़ बेचने के बाद मोहसिन टेढ़े ने शादी कर डाली। चूंकि मोहसिन टेढ़े नौकरी वग़ैरा तो करता न था सिर्फ ज़मीन-जायदाद का खेल था। वह भी तेजी से बेच रहा था इसलिये मोहसिन टेढ़े के लिये लड़की मिलना मुश्किल था। यह बात ज़रूर है कि इलाके वालों, रिश्ते-नातेदारों में अच्छी साख़ थी। लोग जानते और मानते थे लेकिन अच्छे घरों से इनकार ही हो रहा था। आख़िरकार एक मीर साहब जो मेरठ कचहरी में पेशकार थे, की चौथी लड़की के साथ मोहसिन टेढ़े का रिश्ता तय हुआ।

मोहसिन की शादी सीधी-साधी थी। दोनों पक्षों को अच्छी तरह मालूम था कि 'एडजस्टमेंट' क्यों किया जा रहा है। दहेज वाजिब वाजिब मिला था। रेसेप्शन वाजिब वाजिब था। लड़की इंटर तक पढ़ी थी। घरदारी से अच्छी वाक़िफ़ थी। देखने-सुनने में वाजिब वाजिब थी। मोहसिन टेढ़े जानता है कि इससे ज़्यादा इन हालात में कुछ नहीं हो सकता। शादी के बाद वह बीवी को लेकर सीधे दिल्ली आ गया। उसने कहा था, यार क्या फ़ायदा पहले घर ले जाऊं? घर में है कौन अम्मां हैं, वो यहीं शादी में आ गयी। बाकी बहनोई साहब ने तो मुकदमा दायर कर दिया है। दूसरे रिश्तेदारों से मेरा मतलब ही नहीं है।

दिल्ली में उसने गुड़गांव के तेरह सेक्टर में मकान खरीद लिया था। मैंने बहुत समझाया था कि यार इतनी दूर क्यों जा रहे हो। पर वह नहीं माना था। उसका कहना था, "यार मैं रिश्तेदारों से दूर रहना चाहता हूं...ये सब मुझे लूटना, खाना चाहते हैं। मैं गुड़गांव सेक्टर तेरह में रहूंगा वहां कोई साला क्या पहुंचेगा...और फिर वहां सस्ता है और फिर यार कौन-सा मुझे नौकरी करनी है। हफ़्ते में एकाध बार दिल्ली चला आया करूंगा और वहीं सुकून से रहूंगा...तुम कभी वहां आकर देखो...बड़ी पुरफ़िज़ा जगह है।"

•

19

—"देखो आदमी सच बोलने के लिये तरसता है। उसकी ये समझ में नहीं आता कि कहां सच बोला जाये? मेरी तो समझ में आ गया कि सच कहां बोलना चाहिये... यहीं बोलना चाहिये, यहीं बोलना चाहिये और यहीं बोलना चाहिये...।" अहमद हंसने लगा।

टेरिस पर चांदनी फैली है। नीचे से चमेली के फूलों की तेज़ महक आ रही है। मलगिजी चांदनी में जामो-सुबू का इंतिज़ाम है। तीन पुराने दोस्त ज़िंदगी की दोपहर गुज़ारकर आमने-सामने हैं।

—"क्या कमजोरी है तुम्हारी।" शकील ने पूछा।

—"यार तुम लोग पूछ रहे थे न कि पहले मैंने इंदरानी को छोड़ा था, फिर राजी रत्ना को छोड़ा। उसके बाद एक रूसी लड़की के साथ रहने लगा...मास्को से टोक्यो आ गया तो एक अमरीकी टकरा गयी...मैं यार...," उसे कुछ नशा आ गया था और जबान लड़खड़ा रही थी।

—"तुम्हें नशा ज़्यादा हो रहा है।" मैंने कहा।

वह हंसने लगा—हां, मैं जानता हूं और ये भी जानता हूं कि कहां नशा होना चाहिये और कहां नहीं...डिप्लोमैटिक पार्टियों में नशा होना जुर्म है...वहां हम वी.वी.

आई.पी. को नशे में लाते हैं, उसे खुश करते हैं...उसके चले जाने के बाद अपने हाई कमिश्नर साहब को नशे में लाते हैं। ये भी हमारी ड्यूटी होती है...जानते हो...एक बार मैक्सिको में हमारे एम्बेस्डर एक स्पेशल कोटे वाले आदमी थे और लगता था उन्हें उनके पूरे कैरियर में 'दूसरे तरह के लोगों' ने परेशान किया था। अब 'टॉप बॉस' हो जाने के बाद उनके अंदर बदला लेने की ख़्वाहिश बहुत मज़बूत हो गयी थी...तो जब उन्हें चढ़ जाती थी तो 'उन लोगों' में से किसी को बुलाकर दिल की भड़ास निकाला करते थे...गाली-गलौज़ करते थे और जवाब में हम सब यस सर, यस सर कहते रहते थे। सब जानते थे दस-पंद्रह मिनट में थककर चला जायेगा या..."

—"जो बात शुरू की थी वो तो रह ही गयी।"

—"हां, सच ये है कि औरतें मेरी कमज़ोरी है...और ये भी मेरी कमज़ोरी है कि मैं एक औरत के साथ लंबे अर्से तक नहीं रह सकता...और...,"

—"इतनी बड़ी और भयानक बातें इतनी जल्दी एक साथ न बोलो।" मैंने उससे कहा। शकील हंसने लगा।

—"ये बताओ कि तुम राजदूत बन रहे हो न?" शकील ने पूछा।

—"टेढ़ा सवाल है...देखो हमारी मिनिस्ट्री में जो सबसे पावरफुल लॉबी है वह चाहती है कि अब मुझे दिल्ली में सड़ा दिया जाये क्योंकि मेरी जगह उनका एक आदमी राजदूत बन जायेगा। हमारे सेक्रेटरी उन लोगों के दबाव में हैं...अब अगर पी.एम.ओ. और कैबिनेट सेक्रेटरी दख़ल दें तो बात बन सकती है...मैंने शूज़ा चौहान से बात की है।"

—"वाह क्या तगड़ा सोर्स लगाया है...वह तो आजकल कैबिनेट सेक्रेटरी की गर्ल फ्रेंड है।"

—"हां, यही सोचकर उससे कहा है।"

—"फिर?"

—"वह तो एम.ई.ए. में भी बात कर सकती है।"

—"नहीं, उससे काम नहीं चलेगा...तुम लोग या और दूसरे लोग एम.ई.ए. के बारे में नहीं जानते...वहां अजीब तरह से काम होता है...क्योंकि पब्लिक डीलिंग नहीं है... प्रेस तक ख़बरें कम ही पहुंचती हैं, इसलिये अजीब माहौल है...।"

—"कुछ बताओ न?" मैंने कहा।

—"नहीं यार, तुम प्रेस वाले हो।"

—"तो तुम ये समझते हो कि मैं चाहूंगा तो स्टोरी छप जायेगी? ऐसी बात नहीं है मेरी जान...सरकार के ख़िलाफ़ हमारे यहां कुछ नहीं या कम ही या नपा-तुला छपता है।"

—"तब तो बता सकता हूं।" वह हंसकर बोला, "तुमने जर्मनीदास की किताब 'महाराजा' पढ़ी है?"

—"हां।"

—"बस उसे भूल जाओगे।"

—"नहीं यार।"

—"छोड़ो यार छोड़ो...ये तुम लोग कहां से लेकर बैठ गये। दिनभर यही सब सुनते-सुनते कान पक गये हैं।" शकील ने उकताकर कहा।

—"तो तुम्हारे मंत्रालय में भी..."

—"मेरे भाई कहां नहीं हैं...अमरीका, ब्रिटेन, फ्रांस, जापान...कहां 'करप्शन' नहीं है।

—"तो उसके बारे में बात न की जाये?" मैंने कहा।

—"ज़रूर करो...मैं चलता हूं...यार यहां मैं इसलिये नहीं आया हूं।" शकील बोला, "अहमद ने मुझे आंख मारी।"

—"कबाब ठंडे हो गये हैं।" अहमद ने कहा।

मैंने हांक लगायी—"गुलशन...,"

—"तो राजी रत्ना को तुमने छोड़ दिया?" शकील ने अहमद से पूछा।

—"नहीं, उसने मुझे छोड़ दिया।"

—"कैसे?"

—"जब हम मास्को में थे तो एक बड़ी 'डील' से राजी ने मुझे बाहर कर दिया था। यह 'डील' मेरी वजह से ही मिली थी। पूरे पचास लाख का चूना लगाया था।" अहमद ने कहा।

यह सब सुनकर मेरे अंदर 'वहश्त' बढ़ने लगी। यार क्या मैं इस दुनिया में इसलिये हूं कि शकील और अहमद जैसे लोगों की बकवास सुनता रहूं? मैंने अपने ऊपर कितनी ज्यादती की है। दसियों साल से मैं इनकी बकवास सुनता आया हूं। ख़ामोश रहा हूं। पर और कर भी क्या सकता हूं? लेकिन कम-से-कम मैं मज़बूर तो नहीं हूं उनकी बकवास सुनने के लिये? सुप्रिया अक्सर कहती है कि तुम इन दोनों को 'टालरेट' कैसे कर लेते हो? मैं पुरानी दोस्ती का हवाला देकर उसे चुप करा देता हूं लेकिन जानता हूं कि यह सही नहीं है। पता नहीं, मेरी क्या कमजोरी है जो मैं इन लोगों से अब तक जुड़ा हुआ हूं। अहमद तो फिर भी ब्यूरोक्रैट है, लेकिन शकील अहमद अंसारी ये तो सत्ता का एक पहिया है जो करोड़ों इंसानों को कुचलती आगे बढ़ती चली जा रही है।

—"क्या सोच रहे हो उस्ताद?" अहमद ने पूछा।

मैं चौंक गया। सोचा, जो सोच रहा हूं सब कह दूं तो यह खेल यहीं ख़त्म हो जायेगा। मैंने कहा, "कुछ नहीं यार...हीरा की याद आ गयी थी।"

—"क्या कर रहा है हीरा?" शकील ने पूछा।

—"एशिया पर कुछ रिसर्च का प्रोजेक्ट है।"

—"बहुत अच्छा...तुम खुशनसीब हो यार...हीरा बहुत कामयाब होगा।" शकील ने कहा।

—"कमाल का क्या हाल है?" अहमद ने पूछा।

—"यार मेरे नक्शे-कदम पर चल रहा है। ज़िला परिषद् का चेयरमैन है, ज़िला सहकारी बैंक का अध्यक्ष है।"

रात घिर आयी थी। चांदनी महक गयी थी। मैंने तय किया धीरे-धीरे इन दोनों से पीछा छुड़ाना है। क्या मैं इनसे अलग हूं? मैंने ऐसा क्या किया है?

—"ये क्या है प्यारे? इतनी भी कंजूसी ठीक नहीं...तुमने खिड़कियों पर पर्दे नहीं लगाये हैं?"

मोहसिन टेढ़े हंसने लगा—"नहीं यार कंजूसी नहीं...क़सम खुदा की पर्दे तो रखे हैं...लेकिन बस...,"

चाय लेकर मोहसिन टेढ़े की बीवी आ गयी। हम चाय पीने लगे।

—"अच्छा गाड़ी का क्या हुआ? खरीद ली तुमने?"

मोहसिन टेढ़े फिर शर्मिंदगी वाली हंसी हंसने लगा। उसकी बीवी के चेहरे पर पीड़ा के भाव आ गये।

मोहसिन टेढ़े की शादी को सात साल हो गये हैं। इस बीच उसकी अम्मां गुज़र गयी हैं। खानदानी हवेली भी वह बेच चुका है और एक अंदाज़े के तहत उसके पास सत्तर-अस्सी लाख रुपये हैं, जिनका ब्याज आता है। गुड़गांव में एक और फ्लैट है जो किराये पर उठा दिया है।

शादी के बाद जब मैं एक बार उसके घर आया था तब भी घर में पर्दे नहीं थे। उसने कहा था यार देखो दिन में तो बाहर से कुछ नज़र नहीं आता। रात की बात है। तो रात में पहले बत्ती बंद कर देता हूं उसके बाद अपन लेटते हैं, मतलब यार छोटी-सी एहतियात से काम चल जाता है। वैसे पर्दे पांच हज़ार के लग रहे हैं। अब देखो यार लगवाते हैं।"

धीरे-धीरे उसकी बीवी मुझसे खुलने लगी थी और जब भी जाता था कोई-न-कोई मसला सामने आ जाता था। शादी के बाद बीवी को मायके भेजने में भी मोहसिन बड़ी कंजूसी करता था। बीवी जब तक दो-तीन दिन खाना नहीं छोड़ती थी। रो-रोकर अपना बुरा हाल नहीं कर लेती थी तब तक उसे लेकर उसके घर न जाता था।

—"भाई साहब देखिये किचन का बल्ब पिछले दो महीने से फ्यूज़ है। अंधेरे में रोटी डालती हूं, हाथ जल जाता है।" उसने एक बार शिकायत की थी।

—"यार मोहसिन तुम पैसा किसके लिये बचा रहे हो? तुम्हारे कोई औलाद है नहीं। ले-देके एक बहन है, जिनसे तुम्हारा मुकदमा चल रहा है...तुम्हारी सारी जायदाद उन्हीं को...,"

—"नहीं यार क़सम खुदा की मैं कंजूसी नहीं करता। यार बस बाज़ार जाना नहीं हो पाता।" वह बोला।

मैंने अपने ड्राइवर को भेजकर दो बल्ब मंगवाये और मोहसिन की पत्नी को दे दिये।

कभी वह शिकायत करती थी कि भाई साहब देखिये राशन पूरा नहीं पड़ता, मोहसिन का ये कहना था कि यार सलमा बर्बादी बहुत करती है, रोटियां बच जाती हैं, दाल दो-दो दिन फ्रिज़ में पड़ी रहती है, फेंकी जाती है, और इफ़रात में आ जायेगा तो और बर्बादी होगी।

जैसे-जैसे वक़्त गुज़र रहा था मोहसिन टेढ़े के पैरों की तकलीफ़ बढ़ रही थी, वह अस्पताल के चक्कर लगाया करता था, कभी-कभी मुझसे भी सरकारी अस्पतालों में फोन कराता था। बीमारी के साथ-साथ उसकी कंजूसी भी बढ़ रही थी।

एक दिन उसने मुझसे कहा, "यार देखो, तुम्हें तो हर महीने तनख़ाह मिलती है न?"

—"हां।"

—"मुझे नहीं मिलती।"

—"अरे यार फ्लैट का किराया आता है...ब्याज आता है...ये क्या है?"

—"साजिद...यार मुझे डर लगता रहता है कि मेरा पैसा यार ख़त्म हो जायेगा... यार फिर मैं क्या करूंगा।"

—"तुम पागल हो।" मैंने कहा।

—"सच बताओ यार।"

—"तुमने पैसा 'इनवेस्ट' किया हुआ है...वहां से आमदनी होती है...अपने ऊपर भी ख़र्च न करोगे तो पैसे का फ़ायदा?"

—"हां यार, बिलकुल ठीक कहते हो।"

मोहसिन टेढ़े यह वाक्य कई हज़ार बार बोल चुका है लेकिन करता वही है जो उसका जी चाहता है।

रावत कुछ खुलकर तो नहीं बता रहा है लेकिन इतना अंदाज़ा लग गया है कि हालत गंभीर है।

—"यार पहले तो मैं समझा कि ठीक है...मुझे नौकरशाही की कोई ट्रेनिंग नहीं है। मैं तो पत्रकार रहा हूं...इसलिये ग़लतियां होती हैं...और फिर अंग्रेज़ी भी उतनी अच्छी नहीं है। फाइल वर्क सारा अंग्रेज़ी में होता है...फिर सालों ने मुझे डरा भी दिया था। रावत साहब सरकारी काम है...ज़रा-सा भी इधर से उधर हो जाता है तो जेल चला जाता है आदमी...नौकरी तो जाती ही है।"

—"तुम्हारी उम्र दूसरे बराबर के अधिकारियों से कम है। तुम एस.टी. कोटे में

हो, तरक्की भी जल्दी ही होगी। बहुत जल्दी अपने साथ के दूसरे अफसरों से बहुत आगे निकल जाओगे। असली खेल ये लगता है।" मैंने कहा।

—"नहीं यार, ऐसा क्यों होगा?" नवीन बोला।

—"है क्यों नहीं, कुलीन इस बात को पसंद क्यों करेंगे कि सत्ता उनके हाथ से निकलकर किसी 'ट्राइबल' के हाथ में जाये।"

—"तुम भी तो कुलीन मुसलमान हो।" नवीन हंसकर बोला।

—"हां, ठीक कहते हो।" मैंने कहा।

—"ये बातचीत कुछ ज़्यादा ही निजी स्तर पर आ गयी।" सरयू बोला।

—"चलो यार, रावत को बताने दो।" मैंने कहा।

—"देखो भाई, हमारे तो ऐसे संस्कार हैं नहीं...तुम मेरे दोस्त हो...मैं कभी सोचता भी नहीं कि मुसलमान हो...जोशी ब्राह्मण है, ये कभी मेरे मन में आया ही नहीं...तो मैं ये सब नहीं सोचता लेकिन यहां मतलब मंत्रालय में...," वह रुक गया।

—"कहो, कहो, इसमें छिपाने की क्या बात है।" सरयू बोला।

—"देखो, मेरे बॉस ने पहले मुझसे कहा कि आपको फाइल वर्क नहीं आता... आप सीख लें...मैंने सीख लिया...उसके बाद बोले, देखिये इंग्लिश में ही सब कुछ होता है...आपकी लैंग्वेज हिंदी रही है...ख़ैर मैंने इंग्लिश नोटिंग सीखी...अब रोज़ कोई-न-कोई ग़लती निकाल देता है...मैं फाइलों को विस्तार से पढ़ता हूं तो ये 'कमेंट' आ जाता है कि 'अनावश्यक देरी हो गयी' अगर ठीक से नहीं पढ़ता तो ये लिख देते हैं कि फाइल पढ़ी नहीं गयी। एक ही अफ़सर नहीं...मुझे तो लगता है सब-के-सब...," वह ख़ामोश हो गया।

पिछली नौकरी उसने छोड़ दी है। अब कोई और नौकरी मिलेगी नहीं। डायरेक्टर के पद पर वेतन अच्छा मिलता है। सरकारी मकान मिला हुआ है। लेकिन...।

—"देख यार, मैं...जंगली हूं...मेरा पिता भेड़ियों से लड़ते हुए मरा था...मैं साला आदमियों से लड़ते हुए नहीं मर सकता।" रावत गिलास ख़ाली कर गया।

—"यही प्रॉब्लम है...मध्यवर्गीय संस्कार नहीं है।" नवीन बड़बड़ाया जो रावत नहीं सुन सका।

पता नहीं ये मध्यवर्गीय संस्कार क्या होते हैं? क्या वही तो नहीं होते जो निगम साहब के हैं? उनके बारे में उड़ती-उड़ती ख़बरें आती हैं। अब तो लोग कहने लगे हैं कि निगम ने अपने पत्नी को राजाराम चौधरी की रखैल बना दिया है और दोनों हाथों से पैसा बटोर रहा है। रामनगर में बड़ा-सा फॉर्म लिया है। अय्याशी में खूब पैसा उड़ा रहा है। हर शाम एक नयी लड़की के साथ गुजरती है। इस तरह शायद वह राजाराम चौधरी से बदला ले रहा है। दिखाना चाहता है कि वह घाटे में नहीं है। अगर उसकी पत्नी किसी की रखैल है तो वह हर रात एक नयी लड़की के साथ सोता है।

निगम कभी छठे-छमाहे मुझे फोन भी कर देता है और बड़े 'ऑफर' देता है। जैसे चलो यार जिम कार्बेट पार्क चलते हैं। 'लैंड क्रूसर' ले ली है मैंने, ड्राइवर है। मिनी बार साथ ले लेंगे। काजू और फ्राइड फिश वग़ैरा साथ होगा। पीते-पिलाते चलेंगे...रामनगर में बढ़िया खाना खायेंगे...अब इन साले एम.पी., एम.एल.ओ. ने वहां होटल डाल दिये हैं। सब फॉरेस्ट की लैंड पर बनाये हैं। कोई साला कहने-सुनने वाला नहीं है। जंगल में घूमेंगे...सुबह-सुबह तुम्हें टाइगर दिखायेंगे...उसके इस तरह के ऑफरों को मैं टाल देता हूं।

20

जगमग-जगमग, किसी चीज़ पर आंख ही नहीं टिकती। मौर्या शेरेटन के मुग़ल हॉल में सब कुछ चमचमा और जगमगा रहा है। झाड़-फानूस इतने रौशन हैं कि उससे ज़्यादा रौशनी की कल्पना नहीं की जा सकती। चार सौ लोगों को समेटे मुग़ल हॉल छोटा नहीं लग रहा है। नीचे ईरानी कालीन है जिसमें पैर धंसे जा रहे हैं। दीवारों पर ब्रिटिश पीरियड की बड़ी-बड़ी ओरिजनल पेंटिंग है। चारों कोनों में बार है और सफेद ड्रेस पहने वेटर इधर से उधर डोल रहे हैं। हॉल में बीचोबीच शकील खड़ा है...बल्कि मुहम्मद शकील अंसारी, यूनियन कैबिनेट मिनिस्टर, सिविल एवीएशन...उसने बंद गले का सफेद सूट पहन रखा है जो तेज़ रौशनी में नुमायां लग रहा है। सफेद फ्रेंच कट दाढ़ी, आंखों पर सुनहरे फ्रेम का चश्मा और होंठों पर गौरवमयी मुस्कुराहट...

—"आज साला रगड़-रगड़ कर नहाया होगा...फेशल करायी होगी।" अहमद ने मेरे कान में कहा।

—"वैसे जमता है साला।"

—"नेता ऐसे ही होते हैं।"

—"यहां तो पूरी भारत सरकार मौजूद है।"

शकील को उसके मंत्रालय के ऊंचे अफ़सर घेरे खड़े हैं। वे यह जानना चाहते हैं कि मंत्री महोदय किस आदमी से कैसे मिलते हैं। मिनिस्ट्री का सेक्रेटरी टेढ़ी-टेढ़ी आंखों से हर उस आदमी को देखता है जो शकील को बधाई देने जाता है। एक अलग कोने में एम.ई.ए. के सेक्रेटरी और दो ज्वाइंट सेक्रेटरी खड़े हैं। उनके साथ कैबिनेट सेक्रेटरी और शूज़ा दीवान खड़ी हैं। होम मिनिस्ट्री के भी लोग मौजूद हैं...कॉरपोरेशंस के चेयरमैन, सुप्रीम कोर्ट के जज, जाने-माने एडवोकेट, यूनिवर्सिटियों के वायस चांसलर, बड़े उद्योगपति, कला, संस्कृति, फिल्म और एन.जी.ओ. क्षेत्र के नामी-गिरामी लोग, सब देखे जा सकते हैं।

शकील के कान में किसी ने कुछ कहा और वह तेजी से दरवाज़े की तरफ बढ़ने लगा।

—"लगता है पी.एम. आ रहे हैं," अहमद बोला।

—"पी.एम. का आना तो बड़ी बात है। आमतौर पर यह प्रोटोकाल के ख़िलाफ़ भी है।"

—'प्रोटोकाल' धरा रह जाता है, जब पावर-ही-पावर नज़र आती है।

—"वो बायीं तरफ देख रहे हैं सोफे पर बैठे दाढ़ी वाले।"

—"हां यार।"

—"शकील ने पूरे मुल्क के प्रभावशाली मौलवियों को बुला रखा है। इनके हाथ में है मुस्लिम वोट...यही वजह है जो प्रधानमंत्री आ रहे हैं।"

कुछ देर बाद सिक्यूरिटी के घेरे में पी.एम. के साथ-साथ शकील अंदर आया। दो भूतपूर्व प्रधानमंत्री पी.एम. की तरफ बढ़े, दो-चार पुराने समाजसेवी भी आगे बढ़ने लगे। कैमरामैन धड़ाधड़ छायांकन करने लगे। वेटर ट्रे लेकर पी.एम. के पास गया पर उन्होंने हाथ उठाकर इनकार कर दिया। अंतर्राष्ट्रीय ख्याति प्राप्त भारतनाट्यम नर्तकी प्रधानमंत्री के पास पहुंच गयी और उनसे गले मिल ही ली। प्रधानमंत्री के बूढ़े और जर्जर चेहरे पर संतोष और खुशी की छाया तेज़ी से आयी और चली गयी।

चार-पांच मिनट के बाद प्रधानमंत्री चले गये।

—"चलो अब साले के पास चलते हैं।"

—"क्या करोगे यार...दूसरों को मौक़ा दो...हम तो मिलते ही रहते हैं," मैंने कहा।

—"हाय अहमद...,"

मैंने देखा कि शूज़ा दीवान ने अहमद की गर्दन झुकाकर उसके गाल पर प्यार जड़ दिया। अहमद ने भी शिष्टतावश उसका गाल चूम लिया।

मैंने अहमद की तरफ देखा। पचपन साल की उम्र में भी वह उतना ही बड़ा 'किलर' लगता है जितना पच्चीस साल की उम्र में लगता था। उसके घुंघराले बाल, चेहरे पर झलकता गुलाबी रंग, क्लीन शेव, बहुत क़ायदे से पहने गये शानदार विदेशी कपड़े और जानलेवा मुस्कुराहट कम-से-कम चालीस पार कर चुकी शूज़ा दीवान को दीवाना बना देने के लिये काफी है।

मैं धीरे से खिसक गया। लगता था शूज़ा उसके साथ कुछ बात करना चाहती है। मैंने देखा अहमद ने शूज़ा की कमर के गिर्द हाथ डाल दिया है और वह बहुत प्रसन्न है। दोनों पता नहीं किससे मिलने जा रहे हैं। मैं अख़बार वालों की टोली में आ गया। अचानक सरयू दिखायी दिया।

—"ओहो...चलो तुमसे मुलाक़ात तो हुई।"

—"यार...क्या बताऊं..." वह शर्मिंदा-सा होकर बोला—"हमारे संपादक महोदय

की फ्लाइट लेट हो गयी है...उन्होंने मुंबई से फोन करके कहा कि तुम वहां चले जाओ और अख़बार की तरफ़ से 'बुके' दे दो...ये भी कहा कि यह बहुत ज़रूरी है।"

—"ज़रूरी तो है ही यार...जहां पी.एम. आये हों...वह जगह...,"

वह मेरी बात काटकर बोला—"साजिद मुझे इस सबसे घृणा है," मैंने देखा उसे कुछ चढ़ चुकी थी।

—"छोड़ो यार इन सबको, यहां बैठो।" मैं उसे कोने में सोफे पर घसीट लाया।

—"बहुत दिनों के बाद मिले हो...क्या ज़माना था यार कॉफी हाउस वाला...रोज़ शाम हम लोग मिला करते थे।"

—"हां...वो हमारी ज़िंदगी का सबसे शानदार दौर था। हालांकि पैसे नहीं होते थे। पेट ख़ाली रहता था, महीने में एक चप्पल घिस जाती थी लेकिन फिर भी...,"

—"और आजकल क्या हो रहा है? कोई कह रहा था तुम्हारा पांचवां संग्रह आ रहा है?"

—"हां...लेकिन तीन-चार महीने लग जायेंगे।"

—"नाम क्या रखा है।"

—"कुछ बताओ यार...अभी तक फाइनल नहीं किया है।"

नीले सूट में एक अधिकारी आया बोला, "सर आपको साहब के साथ ही जाना है।" उसने कहा और तेज़ी से चला गया। मेरे जवाब का इंतज़ार भी नहीं किया।

—"अब देखो...ये बदतमीज़ी है या नहीं?" सरयू बोला।

—"छोड़ो यार...ये लोग हमें हमारी ज़िंदगी जीने ही नहीं देते। टालो...कविता संग्रह के नाम की बात हो रही थी।"

—"हां, सोच रहा हूं...अच्छा यार, बढ़िया ख़बर यह है कि मेरी कविताओं का फ्रेंच अनुवाद पेरिस से छप गया है।" सरयू ने बताया।

—"अरे वाह...अनुवाद किसने किया है?"

—"लातरे वाज़ीना...वहां हिंदी पढ़ाती है।"

पार्टी अपने ज़ोर पर आ गयी थी लेकिन शकील को छोड़कर सभी महत्त्वपूर्ण लोग जा चुके थे। शकील अपने मंत्रालय के अधिकारियों के सुरक्षा घेरे में अब भी लोगों से मिल रहा था।

—"रावत का क्या है?" मैंने सरयू से कहा।

—"यार उसका मामला बड़ा अजीब हो गया है?"

—"समझ लो...चार-पांच बड़े खूसट, चंट और चालाक...बल्कि जातिवादी किस्म के ब्राह्मणों ने उसे घेर रखा है...मैं भी यार ब्राह्मण हूं...लेकिन उस तरह के ब्राह्मणों से भगवान बचाये।"

—"क्या हुआ?"

—"यार सब मिलकर उसके साथ ख़तरनाक किस्म का खेल खेल रहे हैं...उस पर इतना काम लाद दिया है जिसे चार आदमी भी नहीं कर सकते हैं...जब काम पूरा नहीं हो पाता तो उस पर लिखित आरोप लगाते हैं कि आप 'अयोग्य' हैं...जबकि वह नौ-नौ बजे रात तक दफ़्तर में बैठा रहता है...जल्दी में वह कोई काम कर देता है तो उसकी ग़लती पकड़ते हैं और उसके लिये दफ़्तरी डांट-फटकार वग़ैरा होने लगती है... ।"

—"यार रावत को चाहिये था कि इन सालों को पटा लेता।"

—"उसे तुम जानते हो...वह दो ही शब्द जानता है—अच्छा और बुरा...उसकी नज़र में जो बुरा है उसके साथ वह प्यार, मुहब्बत, सम्मान का ढोंग नहीं रचा सकता... ।"

—"नवीन का क्या हाल है?"

—"सरकारी नौकरी में रावत जितना 'अनफिट' है, नवीन उतना ही 'फिट' है।" सरयू हंसकर बोला।

—"तुमसे मुलाक़ात होती है?"

—"हां, कभी-कभी ऑफिस चला आता है...घंटों बैठा गप्प मारता रहता है।"

—"कुछ लिख रहा है।"

—"पंद्रह साल से उसने कुछ नहीं लिखा...अब तो सिर्फ जीभ के बल पर दनदनाता है। कितनी बार कहा, यार नवीन कुछ लिखो। तुम इतनी अच्छी फिल्म समीक्षायें करते थे, कवितायें लिखो...बस हां-हां करके टाल देता है...ऑफिस के क़ायदे-कानून का जानकार बन गया है, कहां से कितना पैसा मिल सकता है, यह उसकी उंगलियों पर रहता है।"

—"किसी दिन आ जाओ तुम लोग तो टेरिस पार्टी रहे।"

—"तुम बताओ...तुम्हारा क्या हाल है?"

—"अख़बार का तुम जानते ही हो...यहां मेरा होना-न-होना बराबर है...न तो वे लोग मुझसे काम लेते हैं न मैं करता हूं...बस यही सोचता रहता हूं कि काम क्या किया, जीवन क्या जिया...बर्बाद किया... ।"

—"नहीं यार तुम..." वह रुक गया। अहमद हमारी तरफ आ रहा है।

—"यार अब तो यहां से खिसकना चाहिये।" सरयू उठ गया।

—"शकील के साथ चलना है। कह रहा था तुम दोनों धोखे से भी यहां खाना न खाना। मैंने लखनऊ से काकोरी कबाबची बुलवाया है।"

—"वाह साले की ठसकों में तरक्की हो रही हैं," मैंने कहा।

—"अब तो दुनिया के किसी भी कोने से सीधे माल-मसाला आया करेगा...एयर इंडिया अपने मिनिस्टर्स की अच्छी देखभाल करता है। योरोप से चेरी आयेंगी...पेरिस से 'चीज़' आयेगी...मास्को से बोदका... ।"

—"यही नहीं...ये तो सब हाथी के दांत हैं...तुम तो जानते ही होंगे...नये एयर क्राफ्ट खरीदे जाने हैं।"

बेडरूम में अख़बारों का ढेर पलटने लगा। मंत्रीमंडल में फेर-बदल की हेडलाइन है, दूसरी सेकेंड लीड क्रिकेट मैच में हमारी जीत की है, उसके बाद योरोपियन यूनियन ने सौ मिलियन यूरो पावर जनरेशन के लिये ऑफर किया है...सब अच्छी ख़बरें हैं। आजकल हम लोगों को मैनेजमेंट की हिदायत है कि कम-से-कम पहले पेज पर अच्छी ख़बरें छापें। एडीटर और न्यूज़ एडीटर इसका पूरा ध्यान रखते हैं। कहीं धोखे से यह न छाप देना कि सात प्रांतों में अकाल की स्थिति है। कहीं भ्रष्टाचार की ख़बरें न छप जायें पहले पृष्ठ पर...हां तीसरे पेज पर अपराध की बहार है... लौट-फिरकर सब अख़बार यही कर रहे हैं...ये क्यों निकल रहे हैं? इसका उद्देश्य क्या है? ये अपने को नेशनल डेली कहते हैं। 'नेशन' इन ख़बरों में कहां है? अख़बार के दफ़्तर में मैं ऐसी बहसें बहुत कर चुका हूं पर कोई नतीजा नहीं निकला। अगर ज़्यादा कुछ करूं तो नौकरी से हाथ धोना पड़ सकता है। यही अच्छा है कि उस ज़माने की नौकरी है जब परमानेंट नौकरी दी जाती थी। आजकल की तरह 'कॉन्ट्रैक्ट' वाली नौकरी होती तो कब का निकाल बाहर किया जाता। मैनेजमेंट जानता है कि कुछ साल की बात है। साला रिटायर होकर घर बैठ जायेगा। इससे पंगा क्यों किया जाये। तीस साल की नौकरी में इसके भी संपर्क बन गये हैं। मंत्रियों के फोन आयेंगे। पचड़ा होगा। इससे अच्छा है पड़ा रहने दो। सनकी है। ठीक है थोड़ा खिसका हुआ है। पर कभी-कभी ऐसे लोगों की भी ज़रूरत पड़ जाती है।

सुप्रिया की याद आ गयी। उस प्रसंग को निपटे भी कई साल हो गये हैं। लगता है संबंधों के बनने के पीछे न कोई कारण होता है और न बिगड़ने की कोई वजह होती है। सुप्रिया से मेरे संबंध बिगड़े भी तो नहीं। बस ठंडे पड़ते गये। हो सकता है उसका दुख भारी हो गया हो। हो सकता है मुझसे ऊब गयी हो, हो सकता है इसकी निरर्थकता का एहसास हो गया हो या हो सकता है सेक्स की ख़्वाहिश ही कम होती चली गयी हो...लेकिन अब भी मैं उसे फोन कर लेता हूं। वह भी कभी काल करती है। दो साल से हम मिले नहीं हैं लेकिन अगर मिलेंगे तो हो सकता है हमारे बीच शारीरिक संबंध भी बन जायें। मेरे ख़याल से सुप्रिया अब पैंतालीस की होगी और मैं पचास पार कर गया। पहले जैसा जोश और वलवला तो नहीं है लेकिन फिर भी मैं सुप्रिया की प्रतीक्षा करता हूं...सोचता हूं जब तक कर सकूं अच्छा ही है।

सुबोध कुमार चट्टोपाध्याय यानी अपने पिता के स्वर्गवास के बाद सुप्रिया की मां अकेली हो गयी थीं और किसी भी कीमत पर अलीमउद्दीन स्ट्रीट वाले फ्लैट को

नहीं छोड़ना चाहती थी। इसलिये सुप्रिया को कलकत्ता जाना पड़ा था। वहां उसे एक वीकली में नौकरी मिल गयी थी।

आज इस वक़्त उसकी याद आयी तो आती चली गयी। रात का एक बज चुका है। सुप्रिया को कलकत्ता फोन नहीं किया जा सकता। लेकिन हीरा को लंदन फोन किया जा सकता है।

21

इतने सालों में यह शहर बहुत नहीं बदला है। हां, पुरानी मंडली बिखर गयी है। कलूट नहीं रहे। मुख़्तार दिल्ली में है और 'एलकोहलिक' हो गया है। अतहर की लखनऊ में नौकरी लग गयी है। वह यहां कम ही आता है। उमाशंकर ने आटा चक्की खोल ली है। पार्टी में अब भी है और जितना हो सकता है सक्रिय रहता है। कामरेड आर.के. मिश्रा अब भी पार्टी सेक्रेटरी हैं। बूढ़े हो गये हैं। दांतों में बड़ी तकलीफ़ रहती है। पंडित दीनानाथ गांव जाकर रहने लगे हैं। शहर बहुत कम आते हैं। सूरज चौहान ने पार्टी छोड़ दी थी। कामरेड बली सिंह का स्वास्थ्य बहुत गिर गया है। दिल के दो ऑपरेशन हो चुके हैं। 'आबरु' बरेलवी केवल प्रैक्टिस करते हैं।

घर में खाना पकाने वाला बुआ का लड़का मल्लू मंज़िल में आ गया है। वह अपनी पत्नी अमीना और आधा दर्जन बच्चों के साथ रहता है।

केसरियापुर वाले चौरे में रहमत का छोटा बेटा अशरफ रहता है। रहमत को गुज़रे एक ज़माना हुआ। वहां खेती बटाई पर ही होती है। पहले सारा अनाज घर आ जाया करता था और ख़ाला वग़ैरा के काम आता था। अब बेच दिया जाता है और अशरफ उस पैसे से मल्लू मंज़िल की मरम्मत वग़ैरा करा देता है। गुलशन अक्सर बड़बड़ाता रहता 'अरे एक बोरा लाही तो आ ही सकती है...दो मन अरहर आ जाये तो यहां साल भर चले।' मैं उसे कभी-कभी केसरियापुर भेज भी देता हूं और वह अपने हिसाब से ग़ल्ला ले आता है।

ऐसा नहीं है कि अपने शहर में अब मैं बिलकुल अजनबी हो गया हूं। जब जाता हूं पुराने परिचित और नये लड़के मिलने आ जाते हैं। मैं भी कलेक्ट्रेट का एक चक्कर मार लेता हूं। पुराने लोग मिल जाते हैं। ताज़ा हालात की जानकारी हो जाती है। चूंकि शहर में सभी जानते हैं कि मैं 'द नेशन' में हूं इसलिये कभी-कभी छोटे-मोटे काम भी बता देते हैं जिन्हें मैं करा देता हूं।

अगर मैं चाहूं तो वहां बराबर जा सकता हूं लेकिन हर बार वहां जाकर तकलीफ़ होती है। गुस्सा आता है। दुख होता है। निराशा होती है। ऐसा नहीं है कि इस तरह के छोटे शहर या कस्बे मैंने देखे नहीं हैं। उम्र ही 'रूरल' रिपोर्टिंग करते गुज़री है।

देश का शायद ही कोई ऐसा ग्रामीण क्षेत्र हो जो न देखा हो। लेकिन इस शहर में आकर दुख इसलिये होता है कि मैंने चालीस साल पहले एक छोटा, ग़रीब पर साफ़-सुथरा शहर देखा है जहां सिविल सोसाइटी अपनी पूरी भूमिका निभाया करती थी। आज यह एक गंदा, ऊबड़-खाबड़ सड़कों पर कूड़े के ढेर और गड्ढों वाला एक ऐसा शहर बन गया है जहां सिर्फ पस्ती दिखायी देती है। जो नयी इमारतें बनी हैं वे भी दस-पंद्रह साल में बूढ़ी और बेढंगी लगने लगी हैं। क्योंकि ठेकेदारों और सरकारी कर्मचारियों ने इतना पैसा खाया है जिसकी कोई मिसाल नहीं दी जा सकती। नगरपालिका की खूबसूरत इमारत के अहाते में सड़क की तरफ दुकानें बना दी गयी हैं जिसके कारण सौ साल पुरानी ऐतिहासिक इमारत छिप गयी है। इस इमारत की भी हालत ख़राब है। कहा जा रहा है इसे गिराने की बात चल रही है। ज़िला अस्पताल साफ़-सुथरा हुआ करता था, अब वह गंदगी का अड्डा है और मरीज़ों की भीड़ लगातार डॉक्टरों की प्रतीक्षा करती रहती है जो प्राइवेट क्लीनिकों के काम करते हैं। सरकारी स्कूलों की अंग्रेज़ों के ज़माने में बनी इमारतों का हॉल बेहद ख़राब है। रख-रखाव की बात छोड़ दें, फुलवारी और लॉन को जाने भी दें तो इमारत का प्लास्टर गिर रहा है। दसियों साल से पुताई नहीं हुई है। यह देखकर विश्वास नहीं होता कि चालीस साल पहले यह एक 'वेलमेनटेंड' और खूबसूरत स्कूल हुआ करता था। सड़कों पर कूड़े के बड़े-बड़े ढेर लगे रहते हैं और नालियां-नाले कीचड़, गंदगी, मच्छरों से बजबजाते रहते हैं। कहते हैं नगरपालिका में जब भी 'ड्रेनेज सिस्टम' बनाने की बात होती है दो गुटों में लड़ाई हो जाती है और उसे मंजूरी नहीं मिल पाती।

आबादी बेहिसाब बढ़ी है। गांवों में अपराध और जातीय तनाव इतना ज़्यादा हो गया है कि बड़ी संख्या में लोग शहर आ गये हैं। इसके साथ रिक्शों की संख्या बढ़ती चली गयी है। शहर के किनारों पर जो नयी बस्तियां बनी हैं उनमें कलेक्ट्रेट के पास बनी धनवान वकीलों और व्यापारियों की कोठियों के अलावा दसियों 'स्लम् एरिया' बन गये हैं। कच्चे-पक्के मकान, अधूरे मकान, गड्डमड्ड मकान, पतली-पतली गलियां, नालियां, कूड़े के ढेर और गलियों में बेहिसाब ग़रीब बच्चे। मोहल्ले की गलियां कुछ पक्की हो गयी हैं जिन्हें विधायकों ने अपनी निधि से पक्का कराया है। पता नहीं विधायकों और सांसदों की निधि सड़कों पर क्यों नहीं लग सकती?

पुराने प्राइवेट कॉलेजों की मैनेजिंग कमेटियों पर उन लोगों ने कब्ज़ा जमा लिया है जिन्होंने अपराध के माध्यम से व्यापार में मुनाफ़ा कमाया था और अब अपनी सामाजिक हैसियत बना रहे हैं। ग्राम पंचायतों और ज़िला पंचायत पर दबंगों का कब्ज़ा है। राजनीति अपराधियों के हाथ में खिलौना बन गयी है। हर जाति के अपने-अपने गुंडे, अपराधी और बदमाश हैं, जिनका जाति विशेष में बड़ा सम्मान होता है। जिसने जितनी हत्यायें की हैं उसका पद उतना ऊंचा समझा जाता है। 'आबरु' बरेली ने एक बार बताया कि उनके पास क़त्ल का एक केस आया। क़ातिल पुराना

हत्यारा और अपराधी था। उससे वकील साहब ने पूछा–'तुमने क्यों गोली चलाकर किसी अजनबी को मार डाला'। उसने जवाब दिया–'वकील साब देखना चाहता था कि दोनाली चलती भी है या नहीं।' मतलब यह कि अपराध करना अपराध नहीं है। हर चीज़ का पैसा तय है। एफ.आई.आर. बदलना है, गवाह तोड़ने हैं, फाइल में काग़ज़ लगवाना है, तारीख बढ़वानी है, सम्मन तामील कराना है या नहीं कराना, बड़े साहब को पैसा पहुंचाना है। बताया गया कि कुछ बड़े साहब तो दोनों पार्टियों को बुला लेते हैं और दो-टूक कहते हैं ये फैसला लिखवाना हो तो इतना, यह लिखवाना हो तो इतना। अब यहां पैसे का खेल शुरू हो जाता है। जो धनवान है वह जीत जाता है। यही वजह है कि अगर किसी चीज़ की 'वैल्यू' बढ़ी है तो वह पैसे की। कैसे आता है? किस तरह आता है? ये सवाल ही नहीं बचे। सवाल यह है कि जल्दी-से-जल्दी कितना आता है?

रात के अंधेरे में बिस्तर पर लेटकर कभी-कभी ख़याल आ जाता है कि इतना जीवन गुज़ारा क्या किया? मतलब क्या करना चाहता था और क्या किया? लेखक बनना चाहता था। अगर लेखक ही बन गया होता तो कुछ लिख-लिखाकर संतोष हो जाता। वह भी नहीं हो पाया। पत्रकार बन गया, लेकिन किया क्या? ग्रामीण क्षेत्रों की रिपोर्टें छपवाई, पर उनसे क्या हुआ? एक ज़माना था जब सोचता था कि पूरा संसार बदल जायेगा। अच्छा हो जायेगा। अब लगता है पूरा संसार और ज़्यादा बिगड़ गया है। पहले सोचता था पूंजी का दबाव कम होगा...आदमी राहत की सांस ले पायेगा...पर हुआ इसका उलटा...सोचता था एशिया के देश खुशहाल होंगे... साम्राज्यवाद की गिरफ़्त से छूटे देश आगे बढ़ेंगे। लेकिन ऐसा भी नहीं दिखायी पड़ता। देश में क्या है आज? तरक्की और प्रगति के आंकड़े किसकी संपन्नता दर्शाते हैं। बहुसंख्यक जनता तो उसी तरह चक्की के पाटों के बीच है, जैसे पहले थी। सोने पर सुहागा यह कि धर्मान्धता और जातीयता ने मुद्दों को ढांक लिया है। अब सब कुछ सांप्रदायिकता, जातीयता, प्रांतीयता के आधार पर नापा जाता है। यही वजह है कि मुख्य मुद्दों पर कोई बात नहीं करता। लोकतंत्र का विकास इस तरह हुआ कि आम आदमी की आवाज़ ज़्यादा कमज़ोर पड़ी है। आज चुनावी खेल पैसा, संप्रदाय, जाति का खेल बन गया है। ऐसे हालात में क्या किया जा सकता है? मैं क्या करूं? कुछ न करने से यह अच्छा है कि कुछ किया जाये, चाहे उसमें कमियां हों, चाहे ग़लतियां हों, चाहे 'लूपहोल' हों, लेकिन कुछ किया जाना चाहिये। क्या? क्या कोई बना-बनाया रास्ता है? कोई राजनीतिक दल, कोई विचारधारा?

–"यार ये खेल तो तुम ख़तरनाक खेल रहे हो," मैंने अहमद से कहा।

–"खतरा तो कुछ नहीं...बस थोड़ी दिक़्क़त होती है," वह बोला और शकील हंसने लगा।

—"इससे संभल नहीं रही है," शकील ने आंख मारी।

—"बात सीरियस है यार...अबे तुझे मालूम है वह कैबिनेट सेक्रेटरी की गर्लफ्रेंड है," मैंने कहा।

—"ये कौन नहीं, पूरी सरकार जानती है," अहमद ने कहा।

—"उसे पता चल गया तो तुम्हारा क्या होगा?"

—"क्या वो उसे सती-सावित्री मानता है?"

—"फिर वही बेतुकी 'लॉजिक'...अरे यार 'इगो' भी तो होता है।"

—"देखो, मेरे सामने और कोई रास्ता है नहीं...मैं ये मानता हूं कि मेरी ज़िंदगी में हमेशा औरतें काम आयी हैं...और ये भी मानता हूं कि अब मतलब बावन साल का हो जाने के बाद...या समझो...चार-पांच साल बाद मेरी यू.एस.पी. ख़त्म हो जायेगी...समझे।"

हम तीनों हंसने लगे।

—"शकील से कहो, ये कुछ करेगा।"

—"यार मेरी मिनिस्ट्री की बात होती तो जो कहते कर देता...पर मामला एम.ई.ए. का है," वह बोला।

—"कहीं से दबाव डालो।"

—"मिनिस्टर तो उल्लू का पट्ठा है...सेक्रेटरी के आगे उसकी एक नहीं चलती... वह क्या करेगा?"

—"देखो...बात साफ़ है...शूज़ा दीवान मेरे बारे में कैबिनेट सेक्रेटरी से बात करेगी... उनकी बात मेरा सेक्रेटरी टाल नहीं सकता...यार मैं 'एम्बेस्डर' हो जाऊंगा तो तुम लोगों को भी ऐश करा दूंगा...वैसे इस सरकार का कोई भरोसा नहीं है...जल्दी करना चाहिये।"

—"सरकार की तुम फिक्र न करो...चलेगी...," शकील बुरा मानकर बोला।

—"ठीक है भई...।"

—"तो अब पोज़ीशन क्या है?"

—"मैं शूज़ा से मिलता हूं...अभी तो मैंने कुछ कहा नहीं है।"

—"कैसी है?"

—"अरे यार खूब खेली-खाई है...अब तुम समझ लो...करोड़ों की प्रापर्टी बनायी है इसने...और बस वैसे ही...इधर का माल उधर करने में।"

—"तो आगे क्या करोगे?" मैंने पूछा।

—"यार ये इस काम में माहिर है...अपने आप सेट कर लेगा। ये चाहे तो कोई भी औरत इसके लिये ख़ुदकुशी कर सकती है," शकील ने कहा।

—"ये न कहो यार...औरतों ने ही इसे चूना लगाया है...।"

—"इसने भी तो चूना लगाया है...बल्कि इसने इम्पोर्टेड चूना लगाया है," वह हंसने लगा।

—"तीन साल का टिन्योर 'पोस्टिंग' होती है न एम्बेस्डर की?"

—"हां...तीन साल...,"

—"तुम लोग भी जिस तरह 'टैक्स पेयर' का पैसा बर्बाद करते हो वह 'क्राइम' है," मैंने अहमद से कहा।

—"अब तुम कहते रहो...उससे क्या होता है...ये तो साले तुम अपने अख़बार में भी नहीं लिख सकते," अहमद ने मेरी दुखती रग पर हाथ रख दिया।

—"हां जानता हूं...ये सब अख़बार में नहीं लिख सकता...अख़बार में ये भी नहीं लिख सकता कि राष्ट्रपति तीन सौ कमरे के पैलेस में क्यों रहता है? हज़ारों एकड़ उपजाऊ ज़मीन पर बड़े-बड़े लॉन और मुग़ल गार्डेन बनाने की क्या ज़रूरत है...करोड़ों लोग लगातार अकाल, बाढ़ और सूखे से मरते रहते हैं और राजधानी में बारह महीने शहनाई बजती रहती है," मैंने कहा।

—"ये रूरल रिपोर्टिंग से तुम्हारा दिमाग़ ख़राब हो गया है...जो तुम चाहते हो वो तो समाजवादी देशों में भी नहीं होता है...देखो यह तो देश के गौरव का सवाल है, प्रतिष्ठा का सवाल है, सम्मान की बात है...हमें इस संसार में रहना है तो यहां..."

—मैं शकील की बात काटकर बोला—"ये बताओ ये देश किसका है?"

—"सबका है।"

—"उसका भी है जो अकाल में मर रहा है...उसका भी जो बाढ़ में बह गया... उसका भी जो...अगर यह देश उनका भी है तो उन्हें क्या मिल रहा है जिनका देश है...बहुसंख्यक जनता।"

—"इन सब बहसों से कुछ नहीं होगा।" अहमद बोला—"चलो...खाना लगवाओ।"

शिप्रा को मेरे सख़्त निर्देश हैं कि जब भी कोई मुझसे मिलने आये, उसे आने दिया जाये। लोग जानकारियों का ख़ज़ाना हैं और पता नहीं किसके पास क्या मिल जाये। मैंने यह भी कह रखा है कि ये सवाल भी न किये जायें कि क्या काम है? और कहां से आये हैं? मेरे ख़याल से ये सवाल मानवीय गरिमा के प्रतिकूल हैं। आदमी होना अपने आप में बहुत से सवालों का जवाब है।

ऑफिस में मैं जब तक रहता हूं मिलने वाले लगातार आते रहते हैं। दूरदराज़ इलाकों से आये लोग वहां के हालचाल बताते हैं। मैं जानता हूं कि जिस तरह मैं अख़बार में सब कुछ नहीं लिख सकता उसी तरह दूसरे अख़बार भी बहुत कुछ नहीं छाप सकते। इसलिये आज भी जानकारी, विश्वस्त जानकारी का सूत्र मनुष्य ही हैं। संचार क्रांति के इस युग में आदमी से आदमी का मिलना उतना ही ज़रूरी है जितना हज़ारों साल पहले था।

दूरदराज़ इलाक़ों से लोग, छात्र, स्वतंत्र लेखन करने वाले पत्रकार, एन.जी.ओ.,

राजनीतिक कार्यकर्ता, संगठनों और यूनियनों के लोगों से मिलता रहता हूं। अख़बार के दूसरे वरिष्ठ लोग यह देखकर मुंह बनाते हैं और ऐसी अटकलें लगाते हैं कि मेरा बड़ा मनोरंजन होता है। कहते हैं अली साब चुनाव लड़ना चाहते हैं या कोई कहता है अपनी पार्टी बनाना चाहते हैं। एक अफ़वाह यह भी उड़ायी थी कि सरकार में कोई बड़ा पद प्राप्त करना चाहते हैं। बहरहाल मैंने इनमें से किसी बात का खंडन नहीं किया।

जहां तक अख़बार की राजनीति मतलब अंदरूनी उठा-पटक वाली राजनीति का सवाल है उससे मैं बहुत दूर हूं। पक्की नौकरी है कोई निकाल सकता नहीं। तरक्की मुझे चाहिये नहीं क्योंकि वह मेरे ख़याल से अर्थहीन है। मैं अगर एसोसियेट संपादक के रूप में रिटायर होता हूं या चीफ़ एडीटर के रूप में तो उससे क्या फ़र्क पड़ता है? मानता हूं कि अपना संतोष और अपने हिसाब से अपनी प्रासंगिकता से बड़ी कोई चीज़ नहीं है।

—"आपको कल प्रधानमंत्री के साथ ढाका जाना है," शिप्रा ने ऑफिस में घुसते ही मुझे बिग-बॉस का आदेश सुना दिया।

—"क्यों, क्या और कोई नहीं है?"

—"बड़े बॉस मिनिस्टर फॉर एक्सटर्नल अफेयर्स के साथ चीन गये हैं, त्रिवेदी जी छुट्टी पर हैं।"

—"हां, तो अब मैं ही बचता हूं...ठीक है पी.एम. ऑफिस फोन करके प्रोग्राम पूछ लो। घर फोन करके गुलशन से कहो सामान पैक कर दे और ड्राइवर से कह दो कि फ्लाइट टाइम पर घर आ जाये।"

—"मैंने यह सब काम कर दिये हैं मिस्टर अली...ये देखिये प्रोग्राम...," वह बोली।

—"ओ गॉड शिप्रा...इतनी स्मार्टनेस...तुम्हें मेरे जैसे आदमी की सेक्रेटरी नहीं किसी मल्टीनेशनल कॉरपोरेशन के सी.ई.ओ. की सेक्रेटरी होना चाहिये," मैंने कहा और वह हंसने लगी।

उसके सफेद दांत गुलाबी होंठ। फिर मैंने सोचा कि वह बहुत सुंदर है...ताज़ा है...ताज़गी उसके व्यक्तित्व से पानी की गरम फुहार की तरह बरसती रहती है...वाह इस उम्र में खूबसूरती को 'एप्रीशिएट' करने का ये जज़्बा...सच पूछा जाये तो पचास साल का हो जाने के बाद ही यह पता चलता है कि औरतें कितनी सुंदर होती हैं उससे पहले तो आदमी जल्दी में होता है। सुंदरता को देखते और सराहने के लिये वक़्त चाहिये, धैर्य चाहिये, अनुभव चाहिये, परिपक्वता चाहिये...कहीं ये न हो कि तुम बुढ़ापे में शायरी शुरू कर दो...।

प्रधानमंत्री के साथ ढाका गया। ऊब और निरर्थकता का भाव लेकर लौट आया। सोचा कि क्या दूसरे पत्रकारों को भी यही लगा होगा? हो सकता है लगा

हो लेकिन जिस तरह मैं यह सब लिख नहीं सकता, कह नहीं सकता उसी तरह वे भी मज़बूर होंगे। यह भी हो सकता है कि अपना महत्त्व बनाये रखने के लिये चुप रहना ज़रूरी होता होगा।

22

मेरी टेरिस पार्टी में एक मेंबर नहीं है। उसका फोन आया है कि वह बस आ ही रहा है। शकील के इसरार पर हम शुरू कर चुके हैं। गुलशन कबाब ले आया है।

—"यार, ये अहमद कह रहा था कि उसे दिल्ली—पेरिस-दिल्ली दो कंप्लीमेंट्री टिकट दिला दूं।"

—"क्यों?"

—"शूज़ा के साथ एक हफ़्ते को पेरिस जाना चाहता है।"

—"लगता है अभी पूरी तरह काबू में नहीं आयी है।"

—"वो तो जो है सो है...मैं परेशानी में पड़ गया हूं।"

—"क्या परेशानी?"

—"यार, टिकट तो मिल जायेंगे...लेकिन अगर कैबिनेट सेक्रेटरी को यह पता चल गया तो पता नहीं उसका क्या 'रियेक्शन' हो?"

—"क्या होगा?"

—"कुछ भी हो सकता है।"

—"फिर भी तुम क्या सोचते हो?"

—"बहुत बुरा मानेगा...रिपोर्ट ये हैं कि दोनों में बहुत निकटता हो गयी है। अलवर के किसी 'रिज़ार्ट' में जाते हैं..."

—"हां, ये तो हो सकता है...।"

अहमद आ गया और बातचीत में शामिल हो गया।

—"देखो, वैसा कुछ नहीं होगा...एक हफ़्ते की बात है...शूज़ा ने उन्हें बता दिया है वह अपनी बहन से मिलने इंग्लैंड जा रही है...वहां से कुछ दिन के लिये पेरिस जायेगी...यार तुम्हें पेरिस में ठहरने का भी इंतिज़ाम करना होगा," उसने शकील से कहा।

—"लो सोने पर सुहागा...बहुत गड़बड़ हो जायेगी।"

—"अम्मां, तुम बेकार में डर रहे हो," वह बोला।

—"तुम तो जानते ही हो कि बड़े लोगों की बेटियों से 'स्प्रिचुअल' इश्क़ करने वालों का भी क्या हाल होता है...और यहां तुम्हारा मामला तो सौ फ़ीसदी 'फिज़िकल' है।"

—"देखो, इसका एक सीधा रास्ता हो सकता है," मैंने कहा।

—"क्या?"

—"तुम सीधे इस झंझट में पड़ते ही क्यों हो।"

—"मतलब?"

—"यार, पैलेस इंटर कांटिनेंटल वालों को इशारा करो...वे अपने आप सब इंतिज़ाम करा देंगे...तुम्हारी एयर लाइंस में 'केटरिंग' करते हैं...इतनी मदद भी न करेंगे।"

—"हां, ये तो हो सकता है।"

—"यार, साजिद के दिमाग़ में आइडिये खूब आते हैं...लेकिन खुद साला तरसता रहता है," अहमद ने कहा।

—"अपनी-अपनी किस्मत है," शकील बोला।

—"नहीं, ये साला सोचता बहुत है...सोचने वाले 'इंपोटेंट' हो जाते हैं।"

—"वाह...ये कहां से ख़ोज लाये?"

—"देखो बेटा...आदमी की औरत के साथ और औरत की आदमी के साथ रहने की ख़्वाहिश 'नेचुरल' है। अगर ये नहीं होता तो आदमी...,"

—"'अननेचुरल' हो जाता है?"

—"नहीं, नहीं, ये बात नहीं है...लेकिन आदमी...तुम्हारे जैसा हो जाता है," वह हंसकर बोला।

अहमद ने मज़ाक़ में ही सही, पर सही बात कही है। सात साल हुए सुप्रिया को गये और उसके बाद से मैं अकेला हूं। साल में एक-दो बार या उससे भी कम लंदन जाता हूं। मुझे नूर अजनबी लगती है। उसे मैं भी शायद अजनबी लगता हूंगा। हद ये है कि हम एक-दूसरे के सामने कपड़े नहीं बदलते। वैसे सब कुछ ठीक है। हम एक-दूसरे को पसंद करते हैं। चाहते हैं, पर बस...हो सकता है उम्र की वजह से हो...हो सकता है कुछ और हो...

—"क्या सोचने लगे," अहमद ने बोला।

—"तुम ठीक कहते हो यार।"

—"तो अपनी सेक्रेटरी पर दांव लगाओ।"

—"अरे नहीं यार...," मैं घबरा गया।

—"देखा साले को।"

—"इसका इलाज़ कराओ," शकील ने कहा।

—"देखो, इसकी प्रॉब्लम यह है कि इसने अपने बारे में बहुत कम सोचा है।"

—"बिलकुल ठीक कहा तुमने।"

—"इसकी जगह कोई और होता तो आज पता नहीं क्या हो गया होता।"

—"वह बात अलग है...बात तो ये हो रही थी कि मैं 'अकेला' हूं।"

—"यार, तुम अपनी वजह से...अपनी 'च्वाइस' से अकेले हो।"

—"अब तुम भी कुछ बोल दो...ख़ामोश क्यों बैठते हो," शकील ने मुझसे कहा।

—"अब मैं क्या बताऊं...सुप्रिया के बाद...,"

—"अरे छोड़ो सुप्रिया को...इतने साल हो गये...पता नहीं कहां होगी।"

—"तुम लंदन क्यों नहीं चले जाते।"

अब मैं उन लोगों को क्या बताता कि पति और पत्नी होने के बावजूद समय ने हम दोनों के साथ क्या अन्याय किया है।

—"नहीं यार...वहां मैं क्या करूंगा?"

—"करने की ज़रूरत क्या है...ससुर साहब खरबों छोड़ गये हैं," अहमद ने कहा।

—"यार, तुम पागल हो गये हो...मतलब मैं पड़ा-पड़ा खाता रहूं।"

—"तुम दरअसल 'रियल्टी' को 'फेस' नहीं करना चाहते," अहमद बोला।

—"देखो, तुम और हम लोग सभी पचास से ऊपर हैं...अब इस उम्र में कोई 'ठीया' न हुआ तो मुश्किल हो जायेगी।"

—"अहमद का क्या 'ठीया' है?"

—"यार, मैं बस साल-दो-साल में ही किसी अच्छी औरत से...,"

—"अरे छोड़ो...ये तुमने ज़िंदगीभर नहीं किया।"

अभी तो रात के तीन बजे हैं। पता नहीं क्यों डियर पार्क से मोर के बोलने की आवाज़ आने लगी। मैं उठकर खिड़की तक आया। अंधेरा है। रौशनी का इंतज़ार बेकार है क्योंकि अभी उसमें समय है। एक बजे जब वे दोनों चले गये तो मैं स्टडी में आ गया था। जब कभी उकताहट बढ़ती है और 'डिप्रेशन' सा होने लगता है तो अपनी किताबें देख लेता हूं...चार किताबें...देश के नामी पब्लिशर्स ने छापी है। चारों ग्रामीण और आदिवासी भारत की विभिन्न समस्याओं पर आधारित हैं। इन किताबों पर सात 'एवार्ड' मिले हैं जो स्टडी में सजे हुए हैं। तस्वीरें हैं...तो क्या ज़िंदगी के एक-एक पहल का हिसाब देना पड़ता है? कौन मांगता है यह हिसाब? शायद हम अपने-आपसे ही मांगते हैं। अपने को संतुष्ट करना बहुत मुश्किल काम है। मैं तो काम बिलकुल नहीं कर पाता। मैं सोचता हूं छोटा होते-होते, होते-होते अब ये 'सपना' क्या रह गया? मर तो नहीं गया? मैं यह कल्पना भी नहीं कर सकता कि 'सपने' के बिना भी मैं ज़िंदा हूं। तो अब वह सपना क्या है? मैं दसियों साल देश के गांवों में घूमता रहा, लिखता रहा। 'सपने' की तलाश करता रहा। कभी बड़ी हास्यास्पद लेकिन आंखें खोल देने वाली परिस्थितियों से दो-चार भी हुआ। एक बार बैतूल के एक आदिवासी गांव में मुझे और मेरे साथ एक-दो और जो लोग थे उन्हें देखकर गांव में भगदड़ मच गयी थी। आदमी अपना काम छोड़कर भागने लगे थे। औरतें बच्चों को बग़ल में दबाये भागने लगी थीं। मैं हैरान था कि यह क्या हो रहा

है, क्यों हो रहा है? ये लोग हमें क्या समझ रहे हैं। तब साथ वाले एक स्थानीय कार्यकर्ता ने बताया था कि ये लोग हमें बैंक वाले समझकर भाग रहे हैं। मेरी समझ में फिर भी बात नहीं आयी थी। पहले तो कार्यकर्ता ने आवाज़ देकर इन लोगों को रोका था और उनकी भाषा में ही कहा था कि हम बैंक वाले नहीं हैं। ये सुनकर कुछ लोग पास आये थे।

पता चला कि कर्ज़ लेना भी विकास की एक पहचान माना जाता है। इसके अंतर्गत एक बैंक ने आदिवासियों को कर्ज़ देने के लिये एक 'टारगेट' निश्चित किया था। आदिवासियों को कर्ज़ की कोई ज़रूरत न थी ओर न वे बैंक से कर्ज़ लेना जानते थे और न इसके अभ्यस्त थे। इस कारण बैंक का ब्रांच मैनेजर परेशान हो गया कि 'टारगेट' पूरा नहीं हो सकेगा तो उसकी तरक्की में अड़चन आयेगी। किसी ने सुझाया कि गांव ही जाकर कर्ज़ दे दो। वहीं काग़ज़ी कार्यवाही कर लो। वह दो-तीन बिचौलियों के साथ आया और गांव में सबको कर्ज़ दे दिया। उनसे अंगूठा निशान लगवा लिये। इन लोगों को कुछ पता नहीं था कि यह कैसा पैसा है? इसका क्या करना है? यह किस तरह लौटाया जायेगा? लौटाया भी जायेगा या नहीं। बैंक मैनेजर कर्ज़ देकर चला गया। इन लोगों ने पैसे की शराब पी डाली। अनाप-शनाप ख़र्च कर दिया। साल भर बाद दूसरा बैंक मैनेजर कर्ज़ की किस्त वसूल करने आया। कर्ज़ की किस्त वसूल हो जाना भी विकास की पहचान और बैंक मैनेजर के 'प्रोमोशन' के लिये आवश्यक माना जाता है। इस बैंक मैनेजर ने जब देखा कि आदिवासियों के पास किस्त देने के पैसे नहीं हैं तो इससे उन्हें और कर्ज़ दे दिया और उसमें से किस्त के पैसे काट लिये। फिर तो यह रास्ता ही निकल आया। कई साल तक यही होता रहा। हर बैंक मैनेजर अपना 'कैरियर' बनाता रहा है और आदिवासी भयानक कर्ज़ में डूबने लगे। होते-होते स्थिति थोड़ी स्पष्ट होने लगी। किसी ने इन्हें बताया कि तुम लोगों के तो जानवर, खेत, घर बिक सकते हैं। ये समझ में आते ही ये डर गये और अब बैंक वालों को आता देखकर जंगल में भाग जाते हैं।

विकास के लिये प्रेरणा देने वाले अटपटे किस्म के बोर्ड अब भी ग्रामीण क्षेत्रों में दिखायी पड़ते हैं। मैं सोचता हूं आदिवासी या पिछड़े वर्गों में गांव वालों को चाहिये कि एक बोर्ड लगवायें जिस पर लिखा हो—"कृपया हमारा विकास न कीजिये...हमें जीवित रहने दीजिये।" त्रासदी यह है कि चालीस साल तक विकास का विनाश चलता रहा और आज भी जारी है।

मैं सोचता हूं कि लिखने से क्या होगा? इतना लिखा क्या हुआ? मेरा नाम हुआ। मेरा सम्मान किया गया। मुझे 'एवार्ड' मिले। मुझे पैसा मिला। लेकिन उनका क्या हुआ जिनके बारे में मैंने लिखा था। फिर क्या करूं? सागर साहब की तरह उनके बीच रहकर काम करूं? अब सुना है सागर साहब ने नौकरी छोड़ दी है और अपनी

पत्नी के साथ गलहौटी गांव में ही बस गये हैं। उनका काम गलहौटी के आसपास के गांवों में भी फैल गया है। इसके साथ यह भी हुआ है कि स्थानीय माफिया उनसे बहुत नाराज़ हैं। उन्हें कई बार मार डालने की धमकियां दी जा चुकी हैं। क्या सागर साहब जैसा साहस मुझमें है?...वाह ये तो अजीब बात है, साहस है नहीं और इच्छायें इतनी हैं? दोनों का कोई मेल भी है?

23

अहमद ने मोर्चा मार लिया। शूज़ा के साथ पेरिस में एक सप्ताह रहा। लौटकर आया तो शूज़ा ने कैबिनेट सेक्रेटरी पर ज़ोर डाला कि उसकी सिफारिश करें और अंततः वह राजदूत हो गया। कहता है, यार बड़ी 'मेहनत' करनी पड़ती है 'एम्बेस्डर' बनने के लिये।

यह भी मसला था कि किन-किन देशों में वह भेजा जा सकता है और उसमें से कौन-से देश ऐसे हैं जहां वह जाना चाहेगा या जहां जाने से फ़ायदा होगा। मैं और शकील ये समझ रहे थे कि वह योरोप के किसी सुंदर देश को पसंद करेगा लेकिन उसने कहा तुम लोग जानते नहीं योरोप में कहां वे मज़े हैं जो 'मिडिल ईस्ट' में हैं... मतलब यार तीन साल रहेंगे तो कुछ कमा लेंगे। जहां सोना होगा—काला सोना वहां जाना चाहिये...योरोप के छोटे-मोटे देशों में क्या है, कुछ नहीं, उसने बताया था कि एक 'ऑर्डर' को वह इधर से उधर खिसका देगा तो करोड़ों बन जायेगा। उसने भ्रष्ट राजदूतों के बड़े-बड़े किस्से सुनाये। एक राजदूत की पत्नी तो सुबह नाश्ते के लिये दूध, अंडे और ब्रेड तक पर अपना पैसा नहीं ख़र्च करती थी। उसने ड्राइवर को आदेश दे रखा था कि वह नाश्ते का सामान लाया करे और बदले में उसका 'ओवर टाइम' मंजूर कर लिया जायेगा। ड्राइवर भी खुश रहता था क्योंकि इसमें उसे अच्छा-खासा बच जाता था।

शकील ने अहमद से कहा कि यार ये काम राजदूतों की पत्नियां कर सकती हैं। अफसोस तुम कुंवारे हो...कैसे करोगे...।

उसने कहा था, यार इस तरह के टुच्चे काम तो मैं करूंगा भी नहीं। मैं तो बड़ा खेल खेलना चाहता हूं...ऊंचा दांव लगाऊंगा।''

—"आमतौर पर 'एम्बेस्डर' पत्नी या बच्चों के नाम पर धंधा कर लेते हैं। तुम्हारे साले जोरू न जात, दूसरी औरतों से नाता...क्या करोगे?"

—"देखो, रास्ता एक नहीं होता...,"

—"क्या मतलब हुआ इसका?"

—"तुम दोनों को मज़ा आयेगा। एक किस्सा सुनो...यार बेचारे से हमदर्दी करोगे।"

—"किससे? तुमसे?"

—"नहीं किसी और से..."

—"किससे यार?"

—"सुन तो लो।"

—"सुनाओ।"

—"शूज़ा कह रही थी कि अपने सी.एस. के साथ उसके बड़े दिलचस्प संबंध हैं। वे शूज़ा को अपनी प्रेमिका मानते हैं और उसी तरह मिन्नतें करते हैं, ध्यान रखते हैं, नाज़ उठाते हैं जैसे महबूबा के उठाये जाते हैं। शूज़ा भी उन्हें प्रेमी मानकर पूरा अधिकार जताती है, आदेश देती है, ज़िद करती है, रूठती, मानती है वग़ैरा-वग़ैरा... लेकिन दोनों के बीच ज़िस्मानी रिश्ता नहीं बन पाता...।"

—"क्यों?"

—"सुनो दिलचस्प है...शूज़ा के मुताबिक सी.एस. को यह यक़ीन है कि शूज़ा उर्दू ग़ज़ल की 'क्लासिकल' महबूबा की तरह अब तक उन्हें ज़िस्मानी रिश्ता नहीं बनाने दे रही। लेकिन शूज़ा को पक्का यक़ीन है कि सी.एस. ज़िस्मानी रिश्ता बना ही नहीं सकते; लेकिन इसका इल्ज़ाम भी अपने सिर नहीं लेना चाहते। वे दिल से चाहते हैं कि शूज़ा उन्हें ज़िस्मानी रिश्ता बनाने के लिये टालती रहे तो अच्छा है, लेकिन ज़ाहिर ये करते हैं कि वे ज़िस्मानी रिश्ता बनाने के लिये बेचैन हैं...और नहीं बन पाता तो इसके ज़िम्मेदार 'वो' नहीं शूज़ा है।"

मैं चपरासी की कुर्सी पर बैठा अख़बार पढ़ रहा था कि किसी लड़की की आवाज़ सुनी—"हम अली साहब से मिलना चाहते हैं।"

सिर उठाकर सामने देखा तो कांप गया। सामने सल्लो खड़ी थी। बिलकुल सल्लो, सौ फ़ीसदी सल्लो, वही रंग, वही नक्श, वैसे ही बाल और उसी तरह की ढीली-ढाली सलवार-कुर्ता और मोटा दुपट्टा...बिलकुल सल्लो...मैं हैरान होकर उसे देखने लगा...ये कैसे हो सकता है...चालीस साल बाद सल्लो फिर आ गयी?

—"हम अली साहब से मिलना चाहते हैं," उसने कोई जवाब न पाकर मुझसे फिर पूछा।

—"आइये," मैं उठा और ऑफिस के अंदर आ गया और अपनी कुर्सी पर जाकर बैठ गया।

—"बैठिये...," वह बैठ गयी।

—"आपका नाम क्या है?"

—"हमारा नाम अनुराधा है...सब अनु कहते हैं।"

—"हां, तो बताइये अनु जी मैं आपके लिये क्या कर सकता हूं।"

—"एक गिलास पानी मिल जायेगा?" वह संकोच करते हुए बोली।

—"हां...हां, क्यों नहीं," मैं उठा, जग में पानी उंडेलने लगा तो वह आ गयी और बोली—"हम ही ले लेंगे।"

—"नहीं, आप बैठिये...हमारे कल्चर में मेहमान के सामने पानी पेश किया जाता है...अमरीकी कल्चर में कहा जाता है, वो उधर पानी रखा है या चाय रखी है जाकर ले लो...लेकिन मैं तो अमरीकन नहीं हूं और न आप हैं।"

—"शुक्रिया।" वह पानी का गिलास लेकर हंसते हुए बोली।

उसके चेहरे पर पसीने की बूंदों और कपड़ों के इधर-उधर से कुछ गीले होने की वजह से मैं समझ गया था कि वह बस से आयी हैं और इससे यह पता चल गया था कि वह किस वर्ग से संबंध रखती है, लेकिन इतना काफी नहीं है, हम लोगों की अजीब आदत है कि नये आदमी के बारे में सब कुछ जानना चाहते हैं। गांव-गिरांव में तो साफ़-साफ़ पूछ लेते हैं। किस जाति के हो? या कौन लोग हो? लेकिन अख़बार के दफ़्तर में तो यह सवाल नहीं किया जा सकता। इसलिये जाति जानने के लिये दसियों सवाल करने पड़ते हैं। जाति का पता लगते ही बहुत-सी बातें साफ़ हो जाती हैं। लड़की ने अपना नाम अनुराधा बताया है, फेमिली नाम भी नहीं बताया। अनुराधा वर्मा या शर्मा, यादव, पंत, जोशी...क्या?

—"जी बताइये?" जब उसने पानी पी लिया तो मैंने सवाल किया।

—"पिछले संडे हमने आपका 'आर्टिकल' पढ़ा था।"

—"ब्राइड बर्निंग वाला...,"

—"जी हां।"

ओहो, 'जी हां' कह रही है। 'हां जी' नहीं कर रही है, इसका मतलब पंजाब या हरियाणा की नहीं है।

—"अच्छा तो फिर...,"

—"हम आपसे कहना चाहते हैं...,"

हम, हमने, हमारा...इसका मतलब है उत्तर प्रदेश या बिहार की लगती है।

—"जी, आप क्या कहना चाहती हैं।"

—"हमें आपका लेख पसंद आया...बहुत अच्छा लगा।"

—"शुक्रिया।"

—"हमने आपका लेख दो-तीन बार पढ़ा।"

लगभग पौने पांच फुट लंबी और चालीस किलो वज़न वाली यह लड़की जब हम, हमारी, हमें कहती है तो कितना अजीब लगता है। इसकी उम्र पच्चीस-छब्बीस साल से ज़्यादा क्या होगी।

—"मुझे बहुत खुशी है...," मैंने ऐसी नज़रों से देखा, जैसे कह रहा हूं भई आगे बढ़ो...भूमिका काफी लंबी हो गयी है। लेकिन मैं उसे देखे जा रहा हूं। उसमें सल्लो नज़र आ रही है। उसी तरह का ज़िस्म...वही सांवला रंग...उसी तरह के नाज़ुक हाथ...

और चेहरा भी...बस आंखें अलग हैं। सल्लो की आंखों में किसी हिरनी का भाव हुआ करता था। इसकी आंखों में गहरी उदासी और आत्मविश्वास की छींटे आपस में घुल-मिल गये हैं।

—"जला देना तो एक बात है...लेकिन रोज़ का जो जीवन है...उस पर कोई नहीं लिखता...आप...क्यों नहीं लिखते?"

—"देखिये...यह सच्चाई है कि महिलाओं के दैनिक जीवन के दुख कितने बड़े और कैसे हैं...मैं नहीं जानता...अगर आप बतायें तो..."

—"हां, हम आपको बता सकते हैं," वह उत्साह से बोली।

मैंने सोचा, वाह इससे बढ़िया क्या हो सकता है। पत्रकारिता में फलसफ़ा और सिद्धांत बघारने से कहीं अच्छा होता है मानवीय अनुभवों को सामने रखना। इसी में पाठकों को मज़ा आता है...

—"मैं आपका बड़ा आभारी हूंगा...अब बताइये...यह होगा कैसे?"

—"हम आपके ऑफिस में...या,"

—"ठीक है...तो क्यों न आज से ही शुरू कर दें।"

—"जैसा आप कहें।"

—"पहले चाय मंगाते हैं," मैंने इंटरकाम पर शिप्रा को बुला लिया।

शिप्रा आयी। आधुनिक योरोपीय कपड़ों में सजी एक तेज़-तर्रार गोरी, लंबी, आत्मविश्वास से सराबोर लड़की...और अनुराधा दोनों ने एक-दूसरे की तरफ देखा और दोनों ने एक-दूसरे को नापसंद किया।

—"देखो...करीब एक घंटे मेरे पास किसी 'विज़िटर' को न आने दो...और दो चाय...भिजवा दो।"

वह चली गयी।

अनु बताने लगी—हमारी एक सहेली है। स्कूल में टीचर है। मैरीड है। उसके ससुराल वाले कहते हैं जो कुछ कमाती हो, वह परिवार की 'इनकम' है। उसका पति उससे एक-एक पैसा ले लेता है। फिर बस का पास बनवाकर दे देता है। लंच अपने साथ ले जाती है। वह स्कूल में चाय तक नहीं पी सकती। उससे कहा जाता है ज़्यादा चाय पीना बुरी बात है। सेहत ख़राब हो जाती है...कभी-कभी हमारी दोस्त को कॉपियां जांचने या इम्तिहान में ड्यूटी करने के कुछ पैसे मिल जाते हैं तो उन्हें छिपा लेती है। पति को नहीं बताती। उन्हीं पैसों से अपने लिये कुछ खरीदती है...पर डरती है कि पति ने देख लिया और पूछा कि यह चीज़ कहां से आयी? तो क्या जवाब देगी। अगर नहीं बता पायेगी तो सीधे चरित्र पर हमला करेगा...बता देगी तो पैसे देने पड़ेंगे...डांट-डपट अलग पिलायेंगे...एक दिन उसने हमें स्कूल से फोन किया और बुलाया। हम गये तो बोली—"देख मैंने सैंडिल ली है।" उसने बड़ी खूबसूरत सैंडिल दिखायी। बोली—"तू इसे ले जा...पहन ले...जब थोड़ी पुरानी पड़ जायेंगी तो मैं ले

लूंगी...नयी सैंडिल लेकर घर जाऊंगी तो सबकी निगाह पड़ेगी...पूछेंगे तो क्या बताऊंगी...कुछ दिन पहनी हुई कोई देखेगा नहीं...अगर पूछा भी तो कह दूंगी कि अनु की है...एक दिन के लिये बदल ली है।"

वह बताती रही और हैरत से उसे देखता रहा...ये कैसे संभव है? ये है क्या? अपनी मेहनत...अपना पैसा...लेकिन...

उसी दिन मैं एडीटर-इन-चीफ़ से मिला और 'वीकली कॉलम' शुरू कर दिया। मैं यह समझ रहा था कि अनु के अनुभव कहीं जल्दी ही चुक गये तो क्या होगा... लेकिन ऐसा हुआ नहीं। कॉलम को लेकर 'वीमेन ग्रुप' उत्साहित हो गये। वहां से स्टोरीज़ आने लगीं।

अनु अक्सर बिना बताये, बिना फोन किये ऑफिस आ जाती थी और मैं घंटों उससे बातचीत करता था। यह तय है कि यह एक नयी दुनिया थी जो मेरे ऊपर खुल रही थी। मेरे अपने कोई अनुभव न थे। हां इधर-उधर कभी कुछ कान में पड़ जाता था। वैसे अख़बार दहेज के चक्कर में जला दी गयी लड़कियों से भरे रहते हैं, लेकिन इससे यह पता न चलता था कि उनकी दुनिया कैसी है? या पैदा होते ही...होश संभालते ही उन्हें क्या झेलना पड़ता है, किस तरह के व्यवहार को सहने की आदतें डाली जाती हैं ताकि शादी के बाद सब कुछ सहन कर लें। हद ये है कि जलकर मर जाये और कुछ न बोले।

—"अनुराधा...तुमने अब तक अपना पूरा नाम नहीं बताया है।"

वह बच्चों की तरह खुश हो गयी और बोली—"अरे ये कैसे हो गया...हमारा पूरा नाम अनुराधा सिंह है।"

—"तुम रहती कहां हो।"

—"हम आर.के.पुरम में रहते हैं। पापा सेक्शन आफीसर हैं।"

—"तुम लोग रहने वाले कहां के हो?"

—"हम लोग इलाहाबाद के हैं...।"

मैं चुप हो गया।

—"और कुछ पूछिये?" वह बोली।

—"तुम करती क्या हो?"

—"मैं गणित के ट्यूशन करती हूं।"

—"किस क्लास के बच्चों को पढ़ाती हो?"

—"किसी भी क्लास के बच्चों को मैथ्स पढ़ा देती हूं।"

—"क्या मतलब?"

—"मतलब हम कक्षा एक से लेकर एम.एस-सी. को मैथ्स पढ़ा सकते हैं?"

—''ये कैसे? तुमने मैथ्स कहां तक पढ़ी है?''

—"हमने इंटर तक पढ़ी है...मैथ्स हमें अच्छी लगती है...मैथ्स में हमने जितने भी इम्तिहान दिये हैं, हमारे सौ में सौ नंबर आये हैं।"

—"लेकिन इसका ये मतलब तो नहीं कि तुम एम.एस-सी. को मैथ्स पढ़ा सको।"

—"पढ़ाते हैं... हम बता रहे हैं न।"

मैंने सोचा ये हो कैसे सकता है। झूठ बोल रही है। लेकिन इसको मालूम नहीं कि पत्रकार से झूठ बोलने का क्या नतीजा होता है क्योंकि पत्रकार बेशर्म होता है।

मैंने दिल्ली यूनिवर्सिटी में अपने दोस्त मैथ्स के प्रोफ़ेसर भुवन लाल को फोन मिलाया और कहा कि ज़रा इस लड़की से फोन पर बात करके बताओ कि वह एम.एस-सी. को मैथ्स पढ़ा सकती है या नहीं।

मेरे यह पूछने पर वह हंस रही थी। बुरा नहीं मान रही थी कि मैं उसकी परीक्षा लेना चाहता हूं।

—"लो बात करो...।"

—"जी हमारा नाम अनुराधा सिंह है...हम इंटर तक पढ़े हैं...जी...,"

मैं सिर्फ वह सुन रहा था जो अनुराधा कह रही थी।

—"जी रियल एनालिसिस और कॉम्प्लेक्स एनालिसिस में मेरी रुचि है...जी?... जी.एच. हार्डी की किताब है न...'प्योर मैथमेटिक्स' वह पढ़ी है मैंने...किताब मेरे पास है...जी अपने आप...जी हां...कॉपसन की 'फंकशंस ऑफ कॉम्प्लेक्स वैरियेबुल्स'...जी ट्यूशन करती हूं...और और कुछ तो मैं कर नहीं सकती...डिग्री नहीं है मेरे पास...ये लीजिये आपसे बात करेंगे," उसने फोन मेरी तरफ बढ़ा दिया...।

—"हां बताओ।"

—"लड़की सच बोल रही है...।"

—"क्या?"

—"हां।"

—"यार, ये कैसे...,"

—"सब कुछ हो सकता है...तुम्हारे बड़े-बड़े पत्रकार हाईस्कूल फेल नहीं थे?"

—"लेकिन...,"

—"इसको शौक है...ये 'जीनियस' है...और क्या कह सकता हूं।"

मैंने फोन रख दिया। वह हंसने लगी।

—"देखिये हम झूठ नहीं बोलते," वह आत्मविश्वास के साथ बोली। मैं सिर्फ उसकी तरफ देखने लगा। क़ायदे से मुझे अपने व्यवहार पर शर्म आनी चाहिये थी। मान लीजिये प्रोफ़ेसर लाल कह देते कि लड़की 'फेक' है तब क्या होता?

—"देखो मुझे अफसोस है...पर हमें इतना बेशर्म होने की आदत पड़ जाती है।"

—"हमने बुरा तो नहीं माना...आपकी जगह हम होते तो यही करते," वह बोली।

—"चलो आज से मान लिया कि तुम झूठ नहीं बोलती हो...ये भी बताओ कि तुमसे जो पूछा जाये उसका सच-सच जवाब भी हो।"

—"हां, क्यों नहीं...," वह बोली।

मैंने घड़ी देखी, शाम के सात बज गये हैं। अक्टूबर के दिनों में इस समय का अपना विशेष महत्त्व है। बाहर हवा ठंडी चल रही होगी। टेरिस पर गुलशन ने केन का सोफा बाहर निकाल दिया होगा। क्या मैं इस लड़की से घर चलने के लिये कहूं? नहीं, पता नहीं क्या समझे...और फिर मेरे घर क्यों जायेगी? कोई बात नहीं, टटोल कर तो देखा जा सकता है।

—"ये बताओ तुम घर कितने बजे तक लौटती हो।"

—"कोई तय नहीं है...कभी रात वाले ट्यूशन में देर हो जाती है तो दस-साढ़े दस भी बज जाते हैं।"

—"तुम्हारे पापा...,"

—"नहीं, पापा-मम्मी कुछ नहीं कहते वे जानते हैं।"

—"तुम आर.के.पुरम में रहती हो न?"

—"हां।"

—"मैं सफदरजंग एन्क्लेव में रहता हूं...जानती हो अफ्रीका ऐवेन्यू से जो सड़क डियर पार्क की तरफ जाती है...उसी सड़क पर।"

—"अरे तो सड़क के दूसरी तरफ वाले ब्लॉक में तो हमारा घर है।"

—"तो देखो...अगर तुम चाहो तो...मेरे साथ चलो...थोड़ी देर मेरे यहां बैठो...चाय पियो...फिर मैं तुम्हें घर छोड़ दूंगा।"

—"अरे वहां से तो मैं पैदल चली जाऊंगी," वह बोली।

मकान उसे पसंद आया। वह बच्चों की तरह 'रियेक्ट' करती है। उसको इसका डर नहीं रहता कि उसे लोग क्या समझेंगे। 'माइक्रोवेव' ओवन देखकर बोली—"अरे ये तो मैंने पहले कभी नहीं देखा था।"

खरगोश पसंद आये। गुलशन के तोते को हरी मिर्च खिला दी।

हम टेरिस पर आकर बैठे। गुलशन मेरे लिये ड्रिंक्स की ट्राली और अनु के लिये ट्रे में चाय लाया। वह दूर तक फैली हरियाली को देखने लगी।

—"हरियाली नीचे से देखने और ऊपर से देखने में बड़ा फ़र्क होता है," वह हंसकर बोली।

—"हां...सिर्फ हरियाली ही नहीं, बल्कि सब कुछ।"

—"जहाज़ में बैठकर कैसा लगता होगा," वह इतने उत्साह से बोली कि मैं समझ

नहीं पाया।

—"तुम कभी नहीं बैठी?"

—"हम बैठना चाहते हैं।"

गुलशन पकौड़े ले आया। हमने पकौड़े लिये। अनु ने गुलशन से कहा—" गुलशन भाई...फूल गोभी को छौंक कर पकौड़े बनाओ...बहुत अच्छे बनते हैं।"

—"कैसे? हमें नहीं आता।"

—"चलो बताती हूं," वह उठकर गुलशन के साथ चली गयी और मैं हैरत में उसे जाता देखता रहा।

यार ये लड़की बन रही है। इतनी सहजता दिखा रही है। इतनी 'रिलैक्स' लग रही है। ऐसा हो नहीं सकता। फिर ये इतनी खुश कैसे रहती है? मैं ये सब सोच ही रहा था कि अनु पकौड़े लेकर आ गयी। खाया, मज़ा बहुत अच्छा था।

—"मैंने गुलशन भइया को सिखा दिये हैं," वह हंसकर बोली।

गुलशन आ गया और कहने लगा—"अमीना को भी अच्छा लगा। अब इसी तरह बनाया करेंगे।"

—"अनु दीदी हमें कटहल पकाना सिखा दो...कहते हैं हिंदू कटहल बड़ा अच्छा बनाते हैं," गुलशन ने कहा। मैंने हिंदू पर विशेष ध्यान दिया लेकिन अनु के चेहरे पर कोई भाव नहीं आया। वह सहज ढंग से बोली—"ठीक है...किसी दिन सिखा दूंगी...आजकल तो मिलता नहीं कटहल।"

कुछ देर बाद अहमद आ गया। मैंने अनु से मिलवाया और अनु को बताया—"ये राजदूत हैं...जानती हो...भारत को विदेशों में 'रिप्रीजेंट' करते हैं।"

उसने अपनी आंखें फाड़ते हुए कहा—"अरे...राजदूत...हमने तो आज तक कोई राजदूत नहीं देखा था," वह आश्चर्य से बोली।

मैंने हंसकर कहा—"हां देख लो...ऐसे होते हैं राजदूत।"

अहमद ने कुछ बुरा माना। वह अनु की तरफ देख भी नहीं रहा था। लगता था उसे अनु का वहां होना अच्छा नहीं लगा। अनु भी शायद समझ गयी और बोली—"हम अब जायेंगे।"

—"तुम्हें गुलशन छोड़ देगा।"

वह चली गयी।

—"यार तुम भी कहां-कहां से न जाने क्या-क्या जमा कर लेते हो," अहमद बुरा मानता हुआ बोला।

—"अबे वो 'जीनियस' है।"

—"होगी यार...हमसे क्या।"

—"साले जिससे तुम्हारा मतलब न सधे...वो सब बेकार है।"

—"पकौड़े अच्छे हैं," वह पकौड़ा खाते हुए बोला।

—"उसी ने बनाये हैं।"

—"किसने? उसी 'जीनियस' ने?"

—"हां," मैंने कहा और वह हंसने लगा।

24

रात तीन बजे के आसपास अक्सर कोई जाना-पहचाना आदमी आकर जगा देता है। किस रात कौन आयेगा? कौन जगायेगा? क्या कहेगा यह पता नहीं होता। जाग जाने के बाद रात के सन्नाटे और एक अनबूझी-सी नीरवता में यादों का सिलसिला चल निकलता है। कड़ियां जुड़ती चली जाती हैं और अपने आपको इस तरह दोहराती हैं कि पुरानी होते हुए भी नयी लगती हैं।

ये उस ज़माने की बात है जब मैं रिपोर्टिंग से ब्यूरो में आ गया था। हसन साहब चीफ़ रिपोर्टर थे। उन्होंने खुशी-खुशी मेरे प्रोमोशन पर मुहर लगायी थी। उसके बाद नये चीफ़ के साथ उनके मतभेद शुरू हो गये। हसन साहब उम्र की उस मंज़िल में थे जहां लड़ने-झगड़ने से आदमी चुक गया होता है। रोज़-रोज़ के षड्यंत्रों और दरबारी तिकड़मों से तंग आकर उन्होंने एक दिन मुझसे कहा था—"मियां मैं सोचता हूं दिल्ली छोड़ दूं।"

मुझे हैरत हुई थी। सन् 1952 से दिल्ली के राजनीतिक, सामाजिक परिदृश्य के साक्षी हसन साहब दिल्ली छोड़ने की बात कर रहे हैं जबकि लोग दिल्ली आने के लिये तरसते हैं। इसलिये कि दिल्ली में ही तो लोकतंत्र का दिल है। यहीं से उन तारों को छेड़ा जाता है जो पद, प्रतिष्ठा और सम्मान की सीढ़ियों तक जाते हैं।

—"ये आप क्या कह रहे हैं हसन भाई?"

—"बहुत सोच-समझकर कह रहा हूं...देखो हम मियां, बीवी अकेले हैं...हम कहीं भी बड़े आराम से रह लेंगे...मैं किसी तरह का 'टेंशन' नहीं चाहता...मैंने जी.एम. से बात कर ली है। अख़बार से एक स्पेशल क्रासपांडेंट शिमला भेजा जाना है...हो सकता है, मैं चला जाऊं।"

—"इतने सालों बाद दिल्ली...,"

—"मियां, दिल्ली से मैंने दिल नहीं लगाया है।"

हसन साहब शिमला चले गये। सुनने में आता था बहुत खुश हैं। स्थानीय पत्रकारों से खूब पटती है। अपने स्वभाव, लोगों की मदद, हारे हुए के पक्ष में खड़े होने के अपने बुनियादी गुण के कारण बहुत लोकप्रिय हैं। शिमला से वे जो भेजते थे उसे चीफ़ रद्दी में डाल देते थे लेकिन उन्होंने कभी प्रतिरोध नहीं किया।

पता नहीं ज़िंदगी के इस मोड़ पर उन्हें कहां से सहन करने की ताक़त मिल गयी थी।

उनके शिमला जाने के कुछ साल बाद मैं नूर और हीरा के साथ शिमला गया था। वे मेरा सामान होटल से 'लिली कॉटेज' उठा लाये थे। पहाड़ के ऊपर ब्रिटिश पीरियड की इस काटेज में वे और भाभी रहते थे। यहां से शिमला की घाटी दिखायी देती थी। उन्होंने बाग़वानी भी शुरू कर दी थी और शहद के छत्ते लगाये थे। 'लिली कॉटेज' भी उनके साफ़-सुथरे और संभ्रांत अभिरुचियों से मेल खाती थी। नफासत, तहज़ीब, तमीज़, खूबसूरती, मोहब्बत और रवायत के पैरोकार हसन साहब अपनी ज़िंदगी से खुश थे। रोज़ कई किलोमीटर पैदल चलते थे। शाम बियर पीते हुए क्लासिकल संगीत सुनते थे। जाड़ों की सर्द रातों में आतिशदान के सामने बैठकर 'रूमी' और 'हाफ़िज़' को गर्दान्ते थे। उन्हें देखकर मैं बहुत खुश हुआ था।

शिमला में एक दिन मुझे जबरदस्ती घसीटते हुए पता नहीं क्यों मुख्यमंत्री से मिलवाने ले गये थे। सचिवालय में मुख्यमंत्री के पी.एस. ने बताया कि कैबिनेट की मीटिंग चल रही है। मैं खुश हो गया था कि यार मुख्यमंत्री से मिलना टल गया। मुझे यक़ीन था कि नूर और तीन साल के हीरा को मुख्यमंत्री से मिलने में कोई दिलचस्पी नहीं है लेकिन हसन साहब मानने वाले नहीं थे। न्यूज़ वाले जो ठहरे।

नूर और हीरा को ऑफिस में छोड़कर वे मुझे लेकर गैलरी में आ गये। फिर गैलरियों की भूल-भुलैया से होते एक छोटे से कोटयार्ड में पहुंचे जहां उस कमरे की खिड़कियां थीं जिनमें कैबिनेट की मीटिंग हो रही थी। वहां से मुख्यमंत्री दिखायी पड़े। उन्होंने जब हसन साहब को देखा तो हसन साहब ने उन्हें हाथ से इशारा किया और मुझसे बोले—"चलो निकल आयेगा।"

हम ऑफिस में आये तो मुख्यमंत्री मीटिंग से निकलकर अपने चैंबर में आ चुके थे।

मुख्यमंत्री से हम लोगों का परिचय हुआ। परिचय के बाद मुख्यमंत्री बड़ी बेचैनी से बोले—"लाइये...लाइये..." मतलब वे यह आशा कर रहे थे कि हम किसी काम से आये हैं। हमारे पास कोई प्रार्थना-पत्र है, जिस पर उनके हस्ताक्षर चाहिये।

—"ये लोग तो घूमने आये हैं," हसन साहब ने बताया।

—"घूमने आये हैं...तो मैनेजिंग डायरेक्टर टूरिज़्म को फोन करो," उन्होंने अपनी पी.एस. से कहा।

एक-दो अनौपचारिक बातों के बाद मुख्यमंत्री कैबिनेट बैठक में चले गये।

—"आपने काफी क़ाबू में किया हुआ है," मैंने बाद में हसन साहब से कहा।

—"अरे भई...ये तो चलता ही रहता है...अभी यहां तूफान आया था। एक

अंदाज़े के मुताबिक दस करोड़ का नुक़सान हुआ है...मुझसे ये कह रहे हैं मैं 'द नेशन' में रिपोर्ट के साथ बीस करोड़ का नुकसान बताऊं...सेंटर से ज़्यादा पैसा मिल जायेगा।"

शिमला जाने के कोई दस-ग्यारह साल बाद यह ख़बर मिली थी कि हसन साहब रिटायर होकर दिल्ली आ गये हैं और 'नोएडा' में किराये का मकान लिया है। सन् 1952 से दिल्ली में रहने वाले हसन साहब के पास शहर में कोई अपना मकान या फ्लैट नहीं है।

एक बार बता रहे थे। काफी पुरानी बात है। दिल्ली के किसी मुख्यमंत्री के किसी 'घोटाले' के बारे में हसन साहब स्टोरी कर रहे थे। मुख्यमंत्री ने उन्हें ऑफिस बुलाकर उनके सामने पूरी 'सेलडीड' के काग़ज़ात रखकर कहा था—हसन साहब दस्तख़त कर दो...कैलाश कॉलोनी का एक बंगला तुम्हारा हो जायेगा।

हसन साहब ने उसी के सामने काग़ज़ फाड़कर फेंक दिये थे। उनके 'नोएडा' वाले मकान में मैं कभी-कभी जाता था। रिटायरमेंट के बाद वे अपने नायाब 'कलेक्शन' को 'अरेंज' कर रहे थे। उनके पास सिक्कों का बड़ा 'कलेक्शन' था। एफ.एम. हुसैन ने उन्हें कुछ स्केच बनाकर दिये थे। बेगम अख़्तर ने उनके घर पर जो गाया था उसकी कई घंटों की रिकॉर्डिंग थी। चीन यात्रा के दौरान उन्होंने बहुत नायाब दस्तकारी के नमूने जमा किये थे। जापान से वे पंखों का एक 'कलेक्शन' लाये थे। इस सबमें वे लगे रहते थे और वही उत्साह था, वही लगन, वही समर्पण और वही सहृदयता जो मैंने तीस साल पहले देखी थी।

एक ही साल बाद पता चला उन्हें 'थ्रोट कैंसर' हो गया है। वह बढ़ता चला गया। उन्हें 'एम्स' में भरती कराया गया। कुछ ठीक हुए। फिर बीमार पड़े और साल होते-होते 'सीरियस' हो गये। 'एम्स' में उनसे मिलने गया तो लिखकर बात करते थे। बोल नहीं सकते थे। आठ बजे रात तक बैठा रहा। घर आकर खाना खाया ही था कि उमर साहब का फोन आया कि हसन साहब नहीं रहे।

भाभी को उमर साहब की बीवी लेकर चली गयीं। हम लोगों ने रिश्तेदारों को फोन किये। रात में बारह के करीब उनकी 'बॉडी' मिली। दफ़न वग़ैरा तो सुबह ही होना था। सवाल यह था कि 'बॉडी' लेकर कहां जायें। उमर साहब ने राय दी कि जोरबाग़ वाले इमामबाड़े चलते हैं। वहीं सुबह गुस्ल हो जायेगा और दफ़न का भी इंतिज़ाम कर दिया जायेगा।

इमामबाड़े वालों ने कहा कि रात में 'डेड बॉडी' को अकेले नहीं छोड़ा जा सकता। आप लोगों को यहां रुकना पड़ेगा। जाड़े के दिन थे। हम वहां कहां रुकते। 'डेड बॉडी' के लिये जो कमरा था वहां 'बॉडी' रख दी गयी थी। उसके बराबर के मैदान में मैंने गाड़ी खड़ी कर दी। मैंने और उमर साहब ने सोचा, रात गाड़ी में गुज़ार देंगे।

जब सर्दी बढ़ने लगी तो उमर साहब ने कहा—"अभी पूरी रात पड़ी है और गाड़ी में बैठना मुश्किल हो जायेगा...चलिये घर से कंबल और चाय वग़ैरा ले आते हैं।"

उमर साहब ने बताया कि वे पास ही में रहते हैं। तुग़लकाबाद एक्सटेंशन के पीछे उन्होंने मकान बनवाया है। गाड़ी लेकर चले तो पता चला कि तुग़लकाबाद से चार-पांच किलोमीटर दूर किसी 'अनअथराइज़' कॉलोनी में उमर साहब का मकान है। कॉलोनी तक पहुंचते-पहुंचते सड़क कच्ची हो गयी और इतनी ऊबड़-खाबड़ हो गयी कि गाड़ी चलाना मुश्किल हो गया। कई गलियों में गाड़ी मोड़ने के बाद उनके कहने पर मैंने जिस गली में गाड़ी मोड़ी वह गली नहीं तालाब था। पूरी गली में पानी भरा था। दोनों तरफ अधबने कच्चे-पक्के घर थे और गली में बिलकुल अंधेरा था।

मैंने उनसे कहा—"भाई, ये तालाब के अंदर से गाड़ी कैसे निकलेगी।"

—''यहां से गाड़ियां निकलती हैं।'' उन्होंने कहा।

—"मैं निकाल दूं। पर अगर गाड़ी फंस गयी तो क्या होगा? रात के दो बजे है..."

बात उनकी समझ में आ गयी। बोले—"मेरा घर यहां से ज़्यादा दूर नहीं है। मैं कंबल और चाय लेकर आता हूं। आप यहीं रुकिये।"

उमर साहब के जाने के बाद पता नहीं कहां से करीब पच्चीस-तीस कुत्तों ने गाड़ी घेर ली और लगातार भौंकने लगे। एक टॉर्च की रौशनी भी मेरे ऊपर पड़ी। मैं कुत्तों की वजह से उतर नहीं सकता था। लोगों का शक हो रहा था कि मैं कौन हूं और रात में दो बजे उनके घर के सामने गाड़ी रोके क्यों खड़ा हूं।

ख़ासी देर के बाद उमर साहब आये और हम इमामबाड़े आ गये। रातभर हम लोग हसन साहब के बारे में बातचीत करते रहे।

अगले दिन हसन साहब को दफ़न कर दिया गया। उनके रिश्तेदार सुबह ही पहुंच गये थे। हम दस-पंद्रह लोग थे कब्रिस्तान में। किसी ने मेरे कान में कहा—"वो हिम्मत से ज़िंदा रहे और हिम्मत से मरे।"

25

—"भई माफ करना...तुम्हारी बातें बड़ी अनोखी हैं...पहली बात तो ये कि मुझे अजीब लगती हैं...दूसरी यह कि उन पर यक़ीन नहीं होता...मैं यह सोच भी नहीं सकता कि कोई दिल्ली में पैदा हुआ। पला-बढ़ा-लिखा और उसने लाल किला, जामा मस्जिद नहीं देखी," मैंने अनु से कहा।

—"अब हम आपको क्या बतायें...पापा की छुट्टी इतवार को हुआ करती थी। स्कूल भी इतवार को बंद होते थे...पापा कहते थे कि हफ़्ते में एक दिन तो छुट्टी मिलती है आराम करने के लिये...उसमें भी बसों के धक्के खायें तो क्या फ़ायदा...फिर कहते थे, अरे घूमने-फिरने में पैसा ही तो बर्बाद होगा न? उस पैसे से कुछ आ जायेगा तो पेट में जायेगा या घर में रहेगा..."

—"और स्कूल वाले...,"

—"...म्युनिसिपल स्कूल वाले पढ़ा देते थे यही बहुत था...वे बच्चों को पिकनिक पर ले जायेंगे?"

—"दूसरी लड़कियों के साथ।"

—"वे भी हमारी तरह थीं...छुट्टी में लड़कियां गुट्टे खेलती थीं और हम गणित के सवाल लगाते थे...सब हमें पागल समझते थे," अनु हंसकर बोली।

—"तो तुमने आज तक लाल किला और जामा मस्जिद नहीं देखी?"

—"हां, अंदर से...बाहर से रेलवे स्टेशन जाते हुए देखी है।"

—"क्या ये अपने आप में स्टोरी नहीं है?"

—"स्टोरी?" वह समझ नहीं पायी।

—"ओहो...तुम समझी नहीं...मैं कह रहा था कि क्या ये एक नयी और अजीब बात नहीं है कि दिल्ली में...,"

—"मेरी बड़ी बहन ने भी ये सब नहीं देखा है और छोटी बहन ने भी नहीं देखा।"

—"तुम्हारा कोई भाई है?"

—"नहीं, भाई नहीं है...हम तीन बहने हैं।"

—"ओहो..."

—"चलो तुम्हें जामा मस्जिद दिखा दूं...चलोगी," मैंने अचानक कहा।

—"अभी?"

—"हां...अभी?"

—"चलिये," वह उठ गयी।

दरियागंज में गाड़ी खड़ी करके हम रिक्शा पर बैठ गये। मेरी एक बहुत बुरी आदत है...इतनी बुरी कि मैं उससे बेहद तंग आ गया हूं...छोड़ना चाहता हूं पर छूटती नहीं...आदत है सवाल करने और ग़लत चीज़ों को सही रूप में देखने की...रिक्शे, भीड़, फुटपाथ पर होटल, फुटपाथ पर ज़िंदगी...अव्यवस्था, अराजकता...सड़क ही पतली है, उस पर सितम ये कि दोनों तरफ से बड़ी-बड़ी गाड़ियां आ-जा रही हैं। सड़क पर भी जगह नहीं है...क्योंकि ठेलियां खड़ी हैं। रिक्शेवाले फुटपाथिया होटलों में खाना खा रहे हैं। फ़क़ीर बैठे हैं। लावारिस लड़के बूट पालिश कर रहे हैं। रिक्शेवाले रिक्शे पर सो रहे हैं। बूढ़े और बीमार फुटपाथ पर पसरे पड़े हैं। खाना पक रहा है और अंगीठियों से धुआं और चिनगारियां निकल रही हैं।

कौन लोग हैं ये? ज़ाहिर है इसी फुटपाथ पर तो पैदा नहीं हुए होंगे। कहीं से आये होंगे? क्या वहां भी इनकी ज़िंदगी ऐसी ही थी या इससे अच्छी या ख़राब थी? ये आये क्यों?

इसमें शक नहीं कि ये भूखों मर रहे हैं। इनकी ज़िंदगी बर्बाद है और चाहे जो हो, इन हालात को जीने लायक़ नहीं मान सकता।

वे यहां भुखमारी से बचने के लिये अपने-अपने इलाकों से आये हैं, लेकिन आते क्यों हैं। ये लोग पेड़ तो लगा सकते हैं? गांवों के आसपास महुये के पेड़ कम होते जा रहे हैं। महुआ इनके लिये बड़ा उपयोगी पेड़ है। ये लोग महुये के पेड़ क्यों नहीं लगाते? जानवर क्यों नहीं पालते? अगर गुजरात में सहकारी आंदोलन सफल हो सकता है तो कहीं और क्यों नहीं हो सकता? क्या इलाके के लोग मिलकर सड़क या रास्ता नहीं बना सकते? शायद समस्या यह है कि इन लोगों में सामूहिकता की भावना को, एकजुट होकर काम करने की लाभकारी पद्धति को विकसित नहीं किया गया। सागर साहब ने जिन गांवों में यह प्रयोग किये हैं वे सफल रहे हैं। फिर ऐसा क्यों नहीं होता?

सामूहिक रूप से अपने जीवन को बदलने और संघर्ष करने की प्रक्रिया इन्हें सशक्त करेगी और सत्ता शायद ऐसा नहीं चाहती। आम लोगों का सशक्तिकरण सत्ता के समीकरण बदल डालेगा। क्या इसका यह मतलब हुआ कि ग़रीब के हित में किये जाने वाले काम दरअसल सत्ता के लिये चुनौती होते हैं और सत्ता उन्हें सफल नहीं होने देती। सत्ता ने बड़ी चालाकी से विकास की ज़िम्मेदारी भी स्वीकार कर ली है। विकास पर उनका एकाधिकार हो गया है। विकास की परिकल्पना, स्वरूप, कार्यक्रम और उपलब्धियों से वे लोग बाहर कर दिये गये हैं जिनके लिये विकास हो रहा है।

—"आप क्या सोच रहे हैं," जब हम जामा मस्जिद की सीढ़ियां चढ़ रहे थे तो अनु ने पूछा।

—"बहुत कुछ...सब बताऊंगा लेकिन अभी नहीं...अभी तुम्हें जामा मस्जिद के बारे में बताऊंगा क्योंकि यहां तुम पहली बार आ रही हो," हम अंदर जाने लगे तो किसी ने रोका कि इस वक़्त औरतें अंदर नहीं जा सकतीं।

—"मैं प्रेस से हूं...'द नेशन' का एसोसियेट एडीटर...एस.एस. अली.... इमाम साहब का दोस्त हूं...।" वह आदमी घबराकर पीछे हट गया।

—"आप लोगों के बड़े ठाट हैं।"

—"हां यार...इन लोगों ने अपने-अपने नियम बना रखे हैं...जितने भी नियम क़ायदे बनाये जाते हैं सब लोगों को परेशान करने के लिये, आदमी को सबसे ज़्यादा मज़ा शायद दूसरे आदमी को परेशान करने में आता है।"

वह हंसने लगी।

—"आप कह रहे थे कुछ बतायेंगे मस्जिद के बारे में।"

—"सुनो एक मज़े का क़िस्सा...शाहजहां चाहता था कि मस्जिद जल्दी-से-जल्दी बनकर तैयार हो जाये। एक दिन उसने दरबार में प्रधानमंत्री से पूछा कि मस्जिद बनकर तैयार हो गयी है क्या?" प्रधानमंत्री ने कहा—"जी हां, हुज़ूर तैयार है।" इस पर सम्राट ने कहा, ठीक है अगले जुमे की नमाज़ मैं वहीं पढ़ूंगा। दरबार के बाद मस्जिद के निर्माण कार्य के मुखिया ने प्रधानमंत्री से कहा कि आपने भी ग़ज़ब कर दिया। मस्जिद तो तैयार है लेकिन उसके चारों तरफ जो मलबा फैला हुआ है उसे हटाना महीनों का काम है। उसे हटाये बग़ैर सम्राट कैसे मस्जिद तक पहुंचेंगे? प्रधानमंत्री ने एक क्षण सोचकर कहा—"शहर में डुग्गी पिटवा दो कि मस्जिद के आसपास जो कुछ पड़ा है उसे जो चाहे उठाकर ले जाये।"

ये समझो कि तीन दिन में पूरा मलबा साफ़ हो गया।

वह हंसने लगी।

यह लड़की मुझे अच्छी लगी है। मैं अब उसकी सहजता का रहस्य समझ पाया हूं।

—"और बताइये?"

—"सुनो...जैसा कि मैंने बताया शाहजहां चाहता था कि मस्जिद जल्दी-से-जल्दी बनकर तैयार हो जाये...मस्जिद का 'बेस' और सीढ़ियां बनाकर 'चीफ़ आर्किटेक्ट' ग़ायब हो गया। काम रुक गया। सम्राट बहुत नाराज़ हो गया। सारे साम्राज्य में उसकी तलाश की गयी। वह नहीं मिला...अचानक एक दिन दो साल बाद वह दरबार में हाज़िर हो गया। सम्राट को बहुत गुस्सा आया। उससे पूछा गया कि वह क्यों गायब हो गया था? वह बोला—"सरकार आप चाहते थे कि मस्जिद जल्दी-से-जल्दी बन जाये। लेकिन मुझे मालूम था कि इतनी भारी इमारत के 'बेस' में जब तक दो बरसातों का पानी नहीं भरेगा तब तक इमारत मजबूती से खड़ी नहीं रह पायेगी। अगर मैं यहां रहता तो आपका हुक्म मानना पड़ता और इमारत कमज़ोर बनती। हुक्म न मानता तो मुझे सज़ा होती। इसलिये मैं गायब हो गया।"

—"मेरी भी अच्छी कहानी है," वह धीरे से बोली।

—"मस्जिद से जुड़ी...कहानियां तो दसियों हैं...नीचे देखो वहां सूफी सरमद का मज़ार है...कहते हैं औरंगजेब ने सरमद की खाल खिंचवाकर उनकी हत्या करा दी थी...मुझे पता नहीं यह बात कितनी ऐतिहासिक है लेकिन क़िस्सा मज़ेदार है और लोग जानते हैं। एक दिन औरंगज़ेब की सवारी जा रही थी और रास्ते में सरमद नंगा बैठा था। उसके पास ही एक कंबल पड़ा था। औरंगजेब ने उसे नंगा बैठा देखकर कहा कि कंबल तुम्हारे पास है, तुम अपने नंगे ज़िस्म को उससे ढांक क्यों नहीं लेते?" सरमद ने कहा—"मेरे ऊपर तो इससे कोई फ़र्क नहीं पड़ता। तुम्हें कोई परेशानी है तो कंबल मेरे ऊपर डाल दो।" ख़ैर सम्राट हाथी से उतरा। कंबल जैसे

ही उठाया वैसे ही रखकर उलटे पैर लौटकर हाथी पर चढ़ गया।" सरमद हंसा और बोला--"क्यों बादशाह, मेरा नंगा ज़िस्म छिपाना ज़रूरी है या तुम्हारे पाप?'' कहते हैं औरंगजेब ने जब कंबल उठाया था तो उसके नीचे उसे अपने भाइयों के कटे सिर दिखायी दिये थे, जिनकी उसने हत्या करा दी थी...।"

उसने मेरी तरफ देखा। उसकी उदास और गहरी आंखों में संवेदना के तार झिलमिला रहे थे।

26

तीन अकेलों के मुक़ाबले एक अकेला ज़्यादा अकेला होता है। शकील को लगा था कि उसके क्षेत्र से उसे उखाड़ फेंकने की कोशिश हो रही है...वह क्षेत्र में चला गया। दिल्ली कभी-कभार ही आता है। अहमद राजदूत बनकर अपना 'एजेंडा' लागू कर रहा है। फोन करता रहता है लेकिन विस्तार से बात नहीं होती। बता रहा था उसके चार्ज लेते ही शूज़ा आ गयी थी। करीब एक हफ़्ते रही। उसको रेगिस्तान बहुत पसंद नहीं आया क्योंकि वह अंदर के रेगिस्तान से बड़ा नहीं था, वापस चली गयी।

शाम की महफ़िलें नहीं जम पातीं। वैसे तो जानने वालों, परिचितों, जान-पहचान वाले दोस्तों की लंबी फेहरिस्त है लेकिन जो मज़ा दो पुराने दोस्तों के साथ 'टेरिस' पर बैठकर गप्प-शप्प में आता था वह कहां बचा? जिससे मिलो, जिसके पास जाओ, उसके पास एक 'एजेंडा' होता है, 'हमसे तो छूटी महफ़िलें।'

हीरा से लंबी बातचीत होती रहती है। वह एशियायी देशों के विकास पर एक प्रोजेक्ट कर रहा है और बांग्लादेश जाना चाहता है। नूर ने बिज़नेस को समेटकर पैसा 'ब्लूचिप कंपनियों' में 'इनवेस्ट' कर दिया है। कहती है अब वह इतना काम नहीं कर सकती। उसे 'पेंटिंग' करने का शौक चर्राया है और 'आर्टिस्ट' से चेहरे बनाना सीख रही है। किसी होटल 'चेन' को एसेक्स काउंटी वाला 'हीरा पैलेस' किराये पर दे दिया है कि वहां की देखभाल पर जो ख़र्च आता था और जो 'टैक्स' पड़ते थे, वे लगातार बढ़ते जा रहे थे और मिर्ज़ा साहब के ज़माने वाला 'एक्टिव बिज़नेस' भी रह गया था जिसके लिये शानदार पार्टियां ज़रूरी थी, जो वहीं दी जाती थीं।

मुझे लगता था कि अनु उसी तरह धीरे-धीरे ग़ायब हो जायेगी जैसे दूसरे समाचार देने वाले या कभी अख़बार में रुचि लेने वाले आते हैं और चले जाते हैं। लेकिन कॉलम बंद होने के बाद भी वह चली आती है। उसने साफ़ बताया है कि वह शहर में बहुत कम लोगों को जानती है। उसका कोई दोस्त नहीं है। उसे मुझसे मिलना

अच्छा लगता है। वह उम्रदराज़ लोगों को पसंद करती है क्योंकि उनमें ठहराव और संयम होता है। मैं उसकी इस बात से सहमत हूं कि उम्र चाहिये अच्छे काम करने के लिये, नौसिखिये या अनाड़ी तो भाग खड़े होते हैं। नौजवान लोगों के हाथों से रिश्ते शीशे के प्याले की तरह फिसलकर टूट जाते हैं।

एक साल हो गया जब मैं उसे पहली बार जामा मस्जिद ले गया था। इसके बाद दिल्ली के कई कोने, कई दबी और विशाल इमारतों के बीच छिपी और खंडहर हो गयी ऐतिहासिक धरोहरें मैं उसे दिखा चुका हूं। 'टूरिस्ट गाइड' बनना संतोषजनक काम है क्योंकि आप अपनी जानकारियां 'शेयर' करते हैं और अगर यह लग जाये कि जिसके साथ 'शेयर' कर रहे हैं वह गंभीर है, रुचि ले रहा है, कृतज्ञता भी दिखा रहा है तो आपका उत्साह बढ़ जाता है।

खुशी, विनम्रता और सहजता अनु के स्वभाव के बुनियादी बिंदु हैं। वह अपनी क्षमताओं, योग्यताओं और उपलब्धियों पर पता नहीं क्यों कभी गर्व नहीं करती। गणित के साथ-साथ वह कंप्यूटर सॉफ्टवेयर की भी जीनियस है लेकिन उसे देखकर, उसके हाव-भाव से यह लगता है कि अपनी योग्यता, विलक्षण क्षमता पर उसे विश्वास तो है लेकिन गर्व नहीं है। मेरा निजी पी.सी. उसके हवाले है, तरह-तरह के प्रोग्राम डालती रहती है और मुझे समझाती है। उसने गुलशन को भी कंप्यूटर चलाना इतना सिखा दिया है कि खोल और बंद कर सकता है।

पहले मैं सोचकर परेशान रहा करता था कि वह ऐसा क्यों करती है? उसको क्या लाभ है? वह दरअसल चाहती क्या है? मैं प्रतीक्षा करता था कि उसका असली चरित्र नहीं बल्कि असली 'एजेंडा' कब खुलता है। लेकिन मुझे निराशा ही हाथ लगी। मैं प्रतीक्षा करता रहा। अब भी कर रहा हूं।

मुझे यह सब क्यों अच्छा लगता है? गाड़ी में बीसियों किलोमीटर का चक्कर काटकर उसे मेवात के मध्यकालीन खंडहर क्यों दिखाता हूं? मुझे उसकी आंखों में जिज्ञासा, कृतज्ञता, सहमति और संतोष का भाव आकर्षित करता है। लोगों से सहज संबंध और कठिन परिस्थितियों में संयम बनाये रखने की आदत भी निराली मालूम होती है क्योंकि आजकल किसके पास धैर्य है? किसके पास संतोष है?

मेवात के एक बीहड़ इलाके से गुज़रते हुए अचानक अनु ने अपने पर्स में से भुने हुए चने निकाल लिये और मुझे ऑफर कर दिये। हम ग्यारह बजे चले थे और अब एक बज रहा था लेकिन इन कच्ची-पक्की पगडंडियों जैसे सड़कों पर कोई ढाबा नहीं मिल पाया था जहां कुछ खा-पी सकते।

—"अरे तुम चने लाई हो।"

—"ये तो हम हमेशा अपने पास रखते हैं।"

—"अच्छा? क्यों?"

—"हमें कभी-कभी तेज़ भूख लगती है...बस चने निकाले खा लिये।"

—"हूं" मैंने उसके कंधे पर हाथ रख दिया। वह बुरी तरह चौंककर उछली। उसका सिर गाड़ी की छत से टकराया। चने गाड़ी में बिखर गये। उसके चेहरे पर भय और आतंक छा गया, माथे पर पसीने की बूंदें उभर आयीं और वह कांपने लगी।

मैंने गाड़ी एक पेड़ के साये में खड़ी कर दी। कुछ समझ में नहीं आ रहा था कि उसकी ऐसी प्रतिक्रिया क्यों हुई?

—"क्या बात है?" मैंने पूछा।

—"कुछ नहीं...कुछ नहीं...," वह माथे का पसीना पोंछती हुई बोली।

—"कुछ तो है?"

—"नहीं...नहीं...,"

—"बताओ न? तुम पहली बार कुछ छिपा रही हो?"

उसने भयभीत निगाहों से मेरी तरफ देखा।

—"इससे पहले मुझे कभी नहीं लगा कि तुमने मुझसे कुछ छिपाया है।"

—"हम..." वह कहते-कहते रुक गयी। मैं प्रतीक्षा करता रहा।

—"हम बता देंगे...पर अभी नहीं...अभी हम डर गये हैं।"

—"किससे? मुझसे?"

—"नहीं आपसे नहीं।"

—"फिर?"

—"हमने कहा न...हम बता देंगे।"

'इमरजेंसी' बैठक थी। तनाव बहुत था। इसलिये हम कुछ ज़्यादा ही पी रहे थे। शकील भी क्षेत्र से आ गया था। अहमद का मसला क्योंकि 'एजेंडे' पर था इसलिये वह भी था। समस्या के हर पक्ष पर गंभीर चर्चा हो रही थी। अहमद के चेहरे से ही लग रहा था कि वह बहुत तनाव में है।

—"लेकिन दो-तीन महीने पहले तक तो ऐसा कुछ नहीं था," शकील बोला—"तुम उससे क्या लगातार मिलते रहे हो?"

—"देखो...पहले मैं उसे लेकर पेरिस गया था। बल्कि तुम्हीं ने बंदोबस्त किया था...फिर वह मेरे पास आयी...उसके बाद हम 'मानट्रियाल' में मिले जहां मैं 'कॉमनवेल्थ' सेमिनार में गया था...फिर लंदन में मुलाक़ात हुई थी..."

—"यार तुम काम हो जाने के बाद उससे इतना मिल क्यों रहे थे?" शकील ने दो-टूक सवाल किया।

—"वो ज़ोर डालती थी...बहुत इसरार करती थी...फोन पर फोन आते थे...मैं क्या करता।"

—"लगता है तुमसे सचमुच प्यार करने लगी है," मैंने कहा और अहमद ने घूर कर मुझे ज़हरीली नज़रों से देखा।

—"सत्तर चूहे खाके बिल्ली हज़ को चली है," शकील बोला।

—"सत्तर से भी ज़्यादा...यार वो तो पता नहीं क्या है? लंदन में दो-दो दिन के लिये गायब हो जाया करती थी," अहमद ने बताया।

—"क्या तुमने उससे साफ़-साफ़ बात की है?"

—"बिलकुल कई बार...मैंने कहा है कि तीन शादियां करते-करते और तलाक देते-देते मैं थक चुका हूं और अब शादी नहीं करना चाहता।"

—"फिर क्या कहती है?"

—"कहती है मुझे बहुत प्यार करती है और किसी भी कीमत पर मुझे खोना नहीं चाहती," अहमद ने कहा।

मैंने उसकी तरफ देखा, हां इस उम्र में भी वह इतना शानदार लगता है कि कोई औरत उसे पूरी ज़िंदगी के लिये पाना चाहेगी।

—"तो ठीक है...तुम हो तो उसके साथ," मैंने कहा।

—"हां...," वह दबी आवाज़ में बोला।

हम दोनों हंसने लगे।

—"यार खाने के बाद आज हुक्का पिया जाये," शकील ने सुझाव दिया।

—"लखनऊ वाली तंबाकू तो होगी?"

—"हां है," मैंने गुलशन से हुक्का तैयार करने को कह दिया।

खाने के बाद हुक्का पीते हुए शकील ने कहा—"यार एक बात समझ में नहीं आती...तुम लोग कुछ मशविरा दो?"

—"क्या?"

—"भई कमाल...की वजह से मैं फिक्रमंद हूं...पढ़ाई तो उसने छोड़ दी है... यहां उसका अपना अजीब-सा सर्किल है जिसमें कुछ प्रापर्टी डीलर, कुछ पॉलिटिशियन, कुछ अजीब तरह के लोग शामिल हैं...रात में देर तक ग़ायब रहता है...मैं...कुछ पूछना चाहता हूं तो हमारे बीच तकरार शुरू हो जाती है।"

—"ये बताओ उसके पास पैसा कहां से आता है? तुम देते हो?"

—"पहले मैं दिया करता था...अब नहीं देता...फिर भी उसका कोई काम नहीं रुकता..."

—"तुम्हारी बीवी देती है...।"

—"हां, वो देती है...और मैंने सुना है कुछ और 'लोग' भी उसे पैसा देते हैं," वह बोला।

—"और कौन?"

—"यार मैं वहां से लगातार एम.पी. होता हूं...मंत्री हूं...उसे कौन मना कर सकता है...।"

शकील सोच में डूब गया। फिर बोला—"और अब पॉलिटिक्स में आना चाहते हैं।"

—"ये कौन-सा जुर्म है?" अहमद बोला।

"बुरा नहीं है...लेकिन यार कम-से-कम बी.ए. तो कर ले...कोई काम-धंधा पकड़ ले...।"

—"यार ये कोई प्रॉब्लम तो नहीं लगती...।" मैंने कहा।

—"कमाल तुम्हारे काम-धंधे को देखता है न? शायद तुम्हें वहां 'रिप्रजेंट' भी करता है?"

—"हां, वो मैं चाहता नहीं...मैंने सुना है अब वो कुछ उन लोगों से भी मिलने लगा है जो मेरे साथ नहीं हैं।"

—"अरे ये क्यों?"

—"पता नहीं...मैंने उससे कह रखा है कि तुम बी.ए. कर लो। मैं तुम्हे एम. एल.ए. का टिकट दिला दूंगा...मैं जानता हूं वो अगर किसी और पार्टी के टिकट पर खड़ा हो गया तो ग़ज़ब हो जायेगा।"

—"क्या कुछ ऐसा हो सकता है?"

—"सब कुछ हो सकता है," वह लंबी और गहरी सांस लेकर बोला।

अलवर के आसपास जिन ऐतिहासिक इमारतों की तलाश थी वे मिल गयी थीं लेकिन उन्हें देखने में देर हो गयी थी और सूरज इधर-उधर छिपने की जगह तलाश कर रहा था।

पर्यटनवालों के कॉम्प्लेक्स में चाय पीते हुए मैंने अनु की तरफ देखा। लंबा परिचय, अपेक्षाओं पर खरे उतरने के कारण एक-दूसरे के प्रति विश्वास, पसंद करने वाली भावना का रहस्य मेरे देखने में व्याप्त था।

—"अब वापस दिल्ली पहुंचने में रात हो जायेगी।" वह जानती है कि मैं रात में गाड़ी नहीं चलाता, कुछ कठिनाई होती है।

—"हां रात तो हो जायेगी।"

—"तो रात में यही 'टूरिस्ट रिज़ार्ट' में रुक जायें?" इतने दिनों से अनु को देख रहा हूं। लुके-छिपे आकर्षण महत्त्वपूर्ण हो गये हैं।

वह एक क्षण देखती रही। इस एक क्षण में उसने एक यात्रा तय कर ली या शायद उस छलांग की भूमिका पहले ही बन चुकी थी।

—"मुझे घर फोन करना पड़ेगा।"

—"कर दो," मैंने रिसेप्शन की तरफ इशारा किया।

पुराने फैशन के इस विशाल कमरे में एक तरफ की दीवार पर ऊपर से नीचे तक शीशे की खिड़कियां हैं जो जंगल की तरफ खुलती हैं। एक दरवाज़ा बॉलकनी

में खुलता है। ऊंची छत, डबल बेड, वॉडरोब के अलावा पढ़ने की मेज़ और कुर्सियां हैं इस कमरे में।

—"हम रात सोफे पर बैठे-बैठे बिता देंगे," अनु ने कहा।

—"ठीक है, तुम्हारा जो जी चाहे करो...पर एक बात सुन लो...मेरे जीवन में बहुत कम महिलायें आयी हैं...और वे सब अपनी मर्जी से आयी हैं...मेरे लिये इससे बड़ा कोई अपराध हो ही नहीं सकता कि मैं किसी लड़की के साथ उसकी मर्ज़ी के बिना संबंध स्थापित करूं।"

अनु कुर्सी पर बैठ गयी। मैंने उससे पूछकर लाइट बंद कर दी। कमरे के अंदर बाहर का जंगल जीवंत हो गया।

—"रात भर बैठे-बैठे थक नहीं जाओगी?"

—"नहीं...मैंने इस तरह न जाने कितने रातें गुज़ारी हैं।"

—"क्या मतलब?" मैंने तकिये को दोहरा करके उस पर सिर रख लिया ताकि अंधेरे में वह जितना दिख सकती हो दिखे।

वह ख़ामोश हो गयी। कुछ शब्द या वाक्य ख़ज़ाने की कुंजी जैसे होते हैं। अनु का वाक्य ऐसा ही था। मैं ख़ामोश रहा। दीवार पर घड़ी की 'टिक-टिक' और बाहर से आती झींगुरों की तेज़ आवाज़ों के अलावा सन्नाटे का साम्राज्य पसरा पड़ा था।

—"हम कहां से शुरू करें," उसकी आवाज़ अतीत के अनुभवों से टकराकर मुझ तक आयी। स्वर और लहज़े में सपाटपन था।

—"कहीं से भी...,"

—"बात लंबी है।"

—"पूरी रात पड़ी है...कहो तो मैं भी कुर्सी पर बैठ जाऊं।"

—"नहीं...," वह हंसने लगी।

—"हम उन बातों को याद भी नहीं करना चाहते।"

—"ठीक है...मत याद करो...लेकिन बड़ा बोझ जितना बांटा जाता है, उतना हलका होता है।"

वह फिर ख़ामोश हो गयी। सच्चाई विचलित करती है, संतुलन बिगाड़ देती है। एक ऐसे धरातल पर ले आती है जहां चीज़ों और व्यक्तियों को देखने के नजरिये बदल जाते हैं लेकिन आख़िरकार सच्चाई एक शांत नदी की तरह बहने लगती है। इस प्रक्रिया से गुज़रना आसान नहीं है।

सच्चाई या आत्म स्वीकृति शायद ऊंची आवाज़ में संभव नहीं है। वह उठी और बिस्तर पर आकर लेट गयी।

—"हम आठवीं में थे। स्कूल से आने के बाद ब्लॉक के पार्क में चले जाते थे...वहां खेलते थे। लड़कियां बैडमिंटन खेलती थीं और लड़के फुटबाल खेलते थे।

शाम ढलने से पहले घर लौट आते थे...एक दिन हम खेल रहे थे। सी-40 वाली मिसेज़ वर्मा एक-दो और आंटियों के साथ उधर से निकलीं। मेरी तरफ इशारा करके मिसेज़ वर्मा ने कहा–"इस लड़की की शादी हो रही है।" हम अपना रैकेट लेकर रोते हुए घर आ गये। मम्मी रसोई में खाना पका रही थी, हमने उनसे कहा कि देखा मिसेज़ वर्मा ने हमारे बारे में ऐसा कहा है। मम्मी ने हंसकर कहा, "नहीं, झूठ बोलती हैं। तेरी शादी क्यों होगी अभी से...पर मम्मी ने मुझसे झूठ बोला था..."

धीरे-धीरे कक्षा आठ में पढ़ने वाली लड़की की सिसकियां अंधेरे कमरे में इस तरह सुनायी देने लगी जैसे संसार की सारी औरतें विलाप कर रही हों। मैं ख़ामोश ही रहा। मैं जानता था कि मेरा एक शब्द इस सामूहिक रुदन को तोड़ देगा। मैं चुपचाप ख़ामोशी से लेटा रहा। छत की तरफ देखता रहा। पंखा धीमी गति से चल रहा था और बाहर से आते मलगिजे उजाले में केवल उसके पर दिखायी दे रहे थे।

आठवीं कक्षा में पढ़ने वाली लड़की रो रही थी।

–"हम पढ़ने में बहुत अच्छे थे। कुछ लड़कियां खासकर सरोज मुझसे बहुत जलती थी। उसने पूरे स्कूल में ये बात फैला दी...टीचर ने हमें बुलाकर पूछा। हमने मना कर दिया...पर लड़कियां हमें छेड़ने लगीं...लड़के हमारे ऊपर हंसने लगे...हमें बहुत गुस्सा आया। हम पढ़ नहीं पाये स्कूल में...हमने टिफिन भी नहीं खाया...भूखे रहे दिनभर।"

सिसकियां फिर जारी हो गयीं।

लगता था अंदर इतना भरा था, अंदर इतना भरा हुआ है कि उसे बाहर निकल ही जाना चाहिये।

उसकी हिचकियां धीरे-धीरे बंद हो गयीं।

मैंने उठकर एक गिलास पानी उसको दे दिया। पानी पीने के बाद वह मेरी तरफ पीठ करके लेट गयी और धीरे-धीरे बोलने लगी–"जैसे-जैसे दिन बीतते गये लड़के ज़्यादा चिढ़ाने लगे। हम सबसे लड़ते थे। घर में मम्मी ने बताया कि हमारा रिश्ता तय हो गया है। शादी अभी नहीं होगी, लेकिन हम ये नहीं चाहते थे कि कोई शादी-वादी की बात करे...पर धीरे-धीरे घर बदल रहा था...सामान आ रहा था...घर में पुताई हो रही थी...कोई मुझसे साफ़-साफ़ नहीं बताता था पर इन तौरियों से हम डर गये... हमने खाना छोड़ दिया...हमसे कहा गया अब तुम सलवार-कमीज पहना करो, दुपट्टा ओढ़ा करो...हमने स्कूल जाना बंद कर दिया...हम सबसे लड़ नहीं सकते थे...टीचरें हमें देखकर मुस्कुराती थीं...हम खेलने भी नहीं जाते थे...हम भगवान जी से मांगते थे कि हम मर जायें...हम मर जायें...

धीरे-धीरे शब्द डूबते चले गये लेकिन फिर भी कक्षा आठ में पढ़ने वाली लड़की बोल रही थी।

27

मोहसिन टेढ़े की आंखों में आंसू हैं। वह पत्नी के मर जाने से कितना दुखी है ये तो कहना मुश्किल है लेकिन उसे देखकर उसके दुखी होने पर विश्वास-सा हो जाता है। उम्र ने उसके चेहरे की विद्रूपता को कुछ और उभार दिया है। गालों के ऊपर वाली हड्डियां उभर आयी हैं, गर्दन और पतली हो गयी है। पिचका हुआ सीना कुछ ज़्यादा ही अंदर को धंस गया है। हाथ और पैर ज़्यादा दुबले लगते हैं। पेट छोटी-सी मटकी की तरह फूला हुआ है। आंखों में लाल डोरे दिखायी देते हैं। सबसे बड़ी दिक्कत ये हो रही है कि पोलियो का पुराना मर्ज़ ज़ोर पकड़ रहा है और उसके पैरों की मांस पेशियां मर रही हैं। डॉक्टर इसका कोई इलाज़ नहीं बताते। मोहसिन कई जगह तरह-तरह के डॉक्टरों, हकीमों, वैद्यों को दिखा चुका है लेकिन कोई फ़ायदा नहीं हुआ। अभी तो घर के अंदर थोड़ा-बहुत चल-फिर भी लेता है लेकिन अगर मर्ज़ बढ़ा तो बड़ी क़यामत हो जायेगी।

मुझे मालूम था कि उसकी बीवी सख़्त बीमार है। पिछले कई साल से उसके गुर्दों का इलाज़ चल रहा था। इस बीच अस्पताल में भी दाखिल थी और फिर अस्पताल वालों ने जवाब दे दिया था। घर ले आये थे और एक तरह से सब उसके मर जाने का इंतज़ार कर रहे थे। मोहसिन की एक छोटी साली आ गयी थी जिसने खाने-पीने की ज़िम्मेदारी संभाल ली थी।

मोहसिन टेढ़े ने कभी अपने रिश्तेदारों से कोई ताल्लुक न रखा था। बहनोई से तो मुकदमेबाज़ी तक हो गयी थी इसलिये जनाज़े में उसका कोई रिश्तेदार नहीं था। हां, ससुर आ गये थे जो मोहसिन से खुश नहीं थे क्योंकि यह सबको पता था कि मोहसिन ने बीवी के इलाज़ पर ध्यान नहीं दिया था, पैसा नहीं ख़र्च किया था। इसीलिये दफ़न के बाद उसके ससुर अपनी छोटी लड़की को लेकर चले गये थे।

शाम के वक़्त उसके घर में अजीब दमघोंटू सन्नाटा था। जीरो पावर के बल्ब मरी-मरी सी रौशनी फेंक रहे थे। खिड़कियों पर पर्दे न थे, हर चीज़ खस्ता और गंदी नज़र आ रही थी। एक कुर्सी पर मोहसिन सिर झुकाये बैठा था।

—"चलो तुम मेरे साथ, यहां क्या रहोगे।"

उसने मेरी तरफ देखा और बोला—"नहीं साजिद...कब तक तुम्हारे साथ रहूंगा... ये तो यार एक दिन होना ही था।"

—"तुम्हारा काम कैसे चलेगा?"

—"यार यहां खाना लग जाता है...खाना लगवा लूंगा...और क्या काम है?"

मैं उसे हैरत से देखने लगा। मुझे उस पर दया भी आयी और गुस्सा भी आया। वह समझता है बस दो रोटी मिलती रहे तो और कोई काम नहीं है। घर बेहद गंदी हालत में है। कपड़े शायद वह कभी महीने-दो-महीने में ही धोता या धुलवाता होगा।

चादरें मैली कीचट हैं, तकिये के ग़िलाफ़ काले पड़ गये हैं। पूरे घर के हर कमरे में ज़ीरो पावर के बल्ब लगे हैं जो अजीब मनहूस-सी रौशनी देते हैं। घर में फ्रिज़ नहीं है। कहता है यार मुझे ताज़ा खाना पसंद है। फ्रिज़ में रखा खाना नहीं खा पाता। ए.सी. नहीं लगवाया है। कहता है यार ये ए.सी. और कूलर मुझे सूट नहीं करते... नज़ला हो जाता है। पूरा घर कबाड़खाना बना हुआ है। मैंने कई बार कहा कि किसी को पार्टटाइम सफ़ाई के लिये बुला लिया करो। इस पर कहता है यार नौकर चोर होते हैं। मैं बहुतों को आज़मा चुका हूं। अब तो अच्छा है कोई नौकर न रखा जाये।

एक बार मुझे गुस्सा आ गया था और मैंने सख़्ती से कहा था—"देखो ये जो तुम कंजूसी करते हो...एक-एक पैसा दांत से पकड़ते हो...किसके लिये? तुम्हारा कोई आगे-पीछे है नहीं, ले-देके एक बहन और बहनोई है जिनसे तुम्हारी मुकदमेबाज़ी हो चुकी है और वे तुम्हारे खून के प्यासे हैं। क्या तुम उन्हीं के लिये ये सब जमा कर रहे हो।"

—"नहीं यार, तौबा करो।"

—"तो फिर?"

वह ख़ामोश हो गया। ख़ाली-खाली आंखों से देखने लगा। लेकिन पांच साल बाद भी वही हॉल था। दस साल बाद भी वही हॉल और मुझे यक़ीन हो गया था कि मोहसिन टेढ़े को पैसा बचाने में इतना सुख मिलता, इतना मज़ा आता है, इतना संतोष होता है, ऐसा नशा होता है कि वह पैसा बचाने से आगे की बात सोचता ही नहीं... बिलकुल वैसे ही जैसे तेज़ नशा करने वाले ये नहीं सोचते कि नशा उतरने के बाद क्या होगा।

—"न तो संविधान किसी को कुछ दे सकता है और न क़ानून ही किसी को कुछ दे सकता है। हज़ारों साल की सामाजिक संरचना और उससे जुड़ी सामाजिक मान्यतायें एकदम या पच्चीस-पचास साल में तो टूट नहीं सकतीं।" सरयू ने कहा।

—"लेकिन तुम वह सब 'जस्टिफाई' नहीं कर सकते हो जो रावत के साथ किया जा रहा है।" मैंने कहा।

ताज मानसिंह के टेरेस गार्डेन में रात ढल रही है। लताओं और पौधों के पीछे से दूधिया रौशनी अपने अंदर एक छद्‌म हरियाली लिये बाहर आ रही है। कोई पांच सौ हज़ार लोग तो होंगे इस समारोह में। मैं और सरयू थोड़ा हटकर किनारे बैठे थे।

—"तुमने कभी सोचा था ऐसे भी हुआ करेंगे लोकार्पण समारोह," मैंने सरयू से पूछा।

—"ये...अब क्या बताऊं...ये लोकार्पण नहीं है...किताब का दाम पच्चीस हज़ार रुपये है...विषय है भारत की आधुनिक आध्यात्मिक कला।"

—"इस्पांसर किसने किया है?"

—"रबीना रंजू ने...जिसने पिछले साल सौ करोड़ का 'आक्शन' किया था...कहा जा रहा है यह भारतीय कला के लिये बिकने की दृष्टि से स्वर्णिम युग है...करोड़ की रक़म छोटी हो गयी है।"

—"हिंदी लेखन का यह कौन-सा युग चल रहा है?" मैंने सरयू की चुटकी ली।

—"इतने सुंदर वातावरण में एक दुखभरी दास्तान क्यों सुनना चाहते हो?" वह हंसकर बोला।

—"तो अच्छा ही हुआ मैंने कहानियां लिखना बंद कर दिया..."

—"अब क्या कहें यार...तुमने दो-चार बहुत अच्छी कहानियां लिखी थीं।"

राजधानी में साहित्य, कला, संगीत, पत्रकारिता, मीडिया, फैशन, प्रकाशन के जितने भी नामी और बड़े लोग हैं सब यहां देखे जा सकते हैं। अब ऐसा कोई 'इवेंट' हो ही नहीं सकता जिसका 'बिज़नेस एंगिल' न हो।

—"हां, तो तुम कुछ रावत के बारे में कह रहे थे।"

—"वो यहां आया हुआ है...देखो लाता हूं...तुम यहीं बैठना।" सरयू उठकर चला गया।

रावत को मैंने बहुत दिनों बाद देखा वह झटक गया है।

—"कहो क्या हॉल है?" मैंने पूछा।

—"बस समझो युद्ध चल रहा है।" वह बड़े तनाव में लग रहा था।

—"क्या मतलब?"

—"यार, वो मैंने तुझे कहानी सुनायी थी न कि मेरा पिता भेड़ियों से लड़ गया था...तो मैं भी साला इन भेड़ियों से लड़ रहा हूं... ।"

—"अरे यार, तुम इसको इतनी गंभीरता से क्यों ले रहे हो...ये तो सरकारी ऑफिसों में होता ही है।" सरयू ने कहा।

रावत को गुस्सा आ गया। उसका चेहरा जो पहले से लाल था कुछ और लाल हो गया।

—"सीरियसली न लूं? वो साले मेरी नौकरी ले लेना चाहते हैं। मुझे जेल भिजवाना चाहते हैं...तुम कह रहे हो सीरियसली न लो।"

—"यार, मेरा ये मतलब नहीं था। मैं कह रहा हूं करो सब, पर दिल पर न लो... हाई ब्लडप्रेशर वग़ैरा का चक्कर अच्छा नहीं है।"

—"अरे यार, चेक करा लिया है...बहुत थोड़ा है...डॉक्टर ने दवा दी है... ।"

—"लेकिन तुम पी क्यों रहे हो?"

—"मैंने पूछ लिया है यार डॉक्टर से...वह कहता है थोड़ी-बहुत चलेगी।"

—"तुम्हारा डॉक्टर कौन है?"

—"वही यार ब्लॉक के मोड़ पर बैठता है...अच्छा होम्योपैथ है।"

मैंने और सरयू ने एक-दूसरे को देखा लेकिन हम कुछ बोले नहीं।

—"पिछले हफ़्ते मुझे एक फाइल पकड़ा दी गयी है...एक 'इन्क्वायरी' करना है मुझे...कुछ अधिकारियों पर पांच करोड़ हज़म कर जाने का आरोप है। मिनिस्टर ने 'इन्क्वायरी ऑर्डर' की है, फाइल घूमती-फिरती मेरे पास आ गयी है। अब मैं वो काम करूंगा जो सी.बी.आई. करती है...और थोड़ी ग़फ़लत हो गयी तो मैं भी चपेट में आ जाऊंगा...यार ये काम होता है डायरेक्टर मीडिया का?" वह ख़ामोश हो गया।

—"पानी अब सिर से ऊपर जा रहा है...तुम इन साले अफसरों के नाम बताओ...मैं इनकी नाक में नकेल डलवाता हूं।" मैंने कहा।

—"तुम क्या करोगे।" वह बोला।

—"यार मेरे दोस्त की गर्लफ्रेंड कैबिनेट सेक्रेटरी की गर्लफ्रेंड भी है।" मैंने उत्साह से कहा।

सरयू हंसने लगा और पूरी फ़िज़ा अगंभीर हो गयी।

—"देखो, मैं चूड़ियां नहीं पहनता...मैं सालों को ज़मीन चटा दूंगा...बस देखते जाओ।" वह उत्तेजना में बोला।

—"चलो, अब जैसी तुम्हारी मर्ज़ी।"

रावत जल्दी चला गया क्योंकि उसके पास मंत्रालय की गाड़ी थी। हम दोनों को जल्दी नहीं थी। सरयू पीने पर आता है तो आउट हुए बिना नहीं मानता। मैं भी आज मूड में हूं। दोनों ने सोचा, खूब पी जाये...फिर जामा मस्जिद जाकर खाना खाया जाये।

—"तुम्हें पता है नवीन रिटायर हो गया।" सरयू ने कहा।

—"अरे यार वो है कहां?"

—"घर पर ही है...।"

—"तो अब क्या कर रहा है?"

—"कह रहा था यार सेहत ऐसी है नहीं कि कोई 'जॉब' पकड़ूं...बस वैसे ही लिखना-पढ़ना होता रहेगा।"

—"गुड...अपने अख़बार में उसे जगह दो।"

—"हां, हां...।"

28

मैं जानता था कि मेरा बोलना एक विस्फोट की तरह लिया जायेगा। मैं ख़ामोश था। कुछ लोग मेरी तरफ़ इस तरह देख रहे थे जैसे ये उम्मीद कर रहे हों कि मैं अपनी

बात सामने रखूं लेकिन मैं ख़ामोश था। मुझे मालूम था कि मैंने अगर कुछ कहा तो 'द नेशन' के दफ़्तर में मेरे लिये तंग करने की नयी रणनीति तय कर ली जायेगी। उनका यह दुर्भाग्य ही है कि मैं उस ज़माने से काम कर रहा हूं जब परमानेंट नौकरी नाम की कोई चीज़ हुआ करती थी और दिल्ली पत्रकार संघ नाम की एक सक्रिय और प्रभावशाली यूनियन थी। आज हालात ये हैं कि मैनेजमेंट जब चाहे जिसकी नौकरी ले सकता है।

एडीटर-इन-चीफ़ विस्तार से बता रहे थे कि अब अख़बार का वह 'रोल' नहीं रह गया है जो तीस साल पहले हुआ करता था। अब अख़बार भी एक 'प्रोडक्ट' है और उसे खरीदने वाले 'पाठक' नहीं बल्कि 'बायर' हैं। मार्केट की ज़रूरतें हैं। संपन्न मध्यवर्ग की आकांक्षाओं का प्रतिनिधित्व अख़बार में नहीं होगा तो उसे कौन खरीदेगा। खासतौर से टी.वी. चैनलों की इस 'रेलपेल' में अख़बार खो जायेगा। उन्होंने कहा—"न्यूज़ इज़ गुड न्यूज़।"

हरीश कह रहा था—"अली साब, हम आप अख़बारों को रोते हैं। चैनलों की तरफ देखिये तो आंखें खुल जाती हैं...।"

—"देखो मुझे तो लगता है फिलहाल लोग हर मोर्चे पर लड़ाई हार चुके हैं।"

—"युद्ध तो नहीं हारे हैं अली साहब।"

—"मैं तो ये सोचता हूं हमें अब तो ये तय करना पड़ेगा कि युद्ध शुरू कहां से किया जाये? हमारे जो जाने-बूझे तरीके थे वे तो शायद कुंठित हो गये हैं...देख रहे हो ट्रेड यूनियन आंदोलन ख़त्म हो गया। किसानों के बड़े-बड़े संगठन लापता हो गये। पत्रकारों के संघ छिन्न-भिन्न हो गये...और सब ख़ामोश हैं। अख़बार किसानों की आत्महत्याओं को चौथे-पांचवें पेज पर डाल देते हैं...संवेदनहीनता सरकार, प्रशासन, संस्थाओं पर ही नहीं पूरे समाज पर अधिकार जमा चुकी है।"

—"अली साब आज की मीटिंग में आप कुछ बोले नहीं?" हरीश ने कहा।

—"मैं क्या बोलता तुम जानते हो। यह भी जानते हो उससे क्या होता? तुम तो ये भी जानते हो कि नौकरी मेरे लिये मज़बूरी नहीं है..."

—"एक करोड़ का तो अपना बंगला है।"

—"वो मेरी 'वाइफ' का है।"

—" 'वाइफ' भी तो आपकी है।"

—"हां, टेक्निकली सही कह रहे हो।"

वह हंसने लगा।

—"देखो, अकेले आदमी के बोलने और झगड़ने से क्या होगा? थोड़ा चीज़ों को समझने की कोशिश करते हैं। मैंने ज़िंदगी भर 'रूरल इंडिया' पर रिपोर्टिंग की है। चार किताबें हैं। एवार्ड्स हैं। लेकिन आज जब किसान आत्महत्यायें कर रहे हैं तो मेरा अख़बार मुझसे यह नहीं कहता कि मैं उन इलाकों का दौरा करूं और

लिखूं। क्यों? अख़बार ने अपनी प्राथमिकतायें तय कर ली है।...पहले भी सरकार, प्रशासन, क़ानून, न्यायालय, विकास योजनायें केवल दो प्रतिशत लोगों के लिये थीं लेकिन यह माना जाता था कि ग़रीबों और पिछड़े हुओं की ज़िम्मेदारी भी हमारे ऊपर है। पर अब यह नहीं माना जाता। यह 'पैराडाइम शिफ्ट' है। पहले भी बड़े उद्योगपति अपने हितों को पूरा करने के लिये अख़बार निकालते थे पर अब वे एक जीवनशैली, एक विचार, एक सिद्धांत जो उन्हें फलने-फूलने में मदद करता है, के लिये समाचार-पत्र निकाल रहे हैं, टी.वी. चैनल चला रहे हैं...और यह सिद्धांत पूंजी की सत्ता...यानी पूंजी ही सब कुछ है...उसके अतिरिक्त और कुछ भी नहीं है...और पूंजी सत्ता के रास्ते में किसी को नहीं आने देती...जो आता है उसे बर्बाद कर देती है...वह जानती है कि लोगों की इच्छाशक्ति उससे बड़ी है...इसलिये सबसे पहले वह लोगों की इच्छाशक्ति को तोड़ती है,...ऐसे समाज का निर्माण कर रही है जो उसके साथ चले, उसे समर्थन दे, उसके शोषण में शामिल हो, उसका शोषण किया जा सके और वह दूसरे का शोषण कर सके...बिलकुल निर्मम और अमानवीय तरीके से..."

—"ये बातें आपने मीटिंग में क्यों नहीं कही?"

—"यार तुम्हारे ये सवाल पूछने से अपने एक पुराने दोस्त की याद आ गयी और उनका एक लतीफा याद आ गया...हमारे इन दोस्त का नाम जावेद कमाल था... रामपुर के पठान थे। अलीगढ़ में कैंटीन चलाते थे। शायर थे। दुनिया का कोई ऐसा काम नहीं है जो उन्होंने न किया हो। अव्वल नंबर के गप्पबाज़ और दोस्त नवाज़ आदमी थे। रामपुर के लतीफ़े सुनाया करते थे। उनके लतीफ़ों में 'हब्बी' नाम का एक पात्र आया करता था जो अधपागल बुद्धिमान चरित्र था। एक बार हुआ यह कि पता नहीं हब्बी के दिमाग़ में क्या आयी कि शहर के सबसे बड़े चौराहे पर खड़े होकर शहर के दरोग़ा को गालियां देने लगा। ख़ैर साहब नवाब का ज़माना। दरोगा के पेशाब से चिराग़ जला करता था। उसे ख़बर हो गयी। उसने चार सिपाही भेजे और 'हब्बी' को पकड़कर थाने बुला लिया। वहां 'हब्बी' की बहुत कटाई की। बुरी तरह से पिटे-कुटे हब्बी घर आये। बिस्तर पर पड़ गये। हल्दी-वल्दी लगायी गयी। लोग देखने आने लगे। किसी ने पूछा—क्यों हब्बी, दरोगा जी को फिर गालियां दोगे?' हब्बी ने कहा—"दूंगा और ज़रूर दूंगा लेकिन अपने झोंपड़े में।"

—"तो आप भी क्रांतिकारी बातें अपने कैबिन ही में करेंगे?" हरीश ने कहा।

—"हां, यही समझ लो...बात दरअसल ये है कि हमारे पास रास्ता नहीं है...रास्ते की तलाश करनी चाहिये।"

—"आप तो अपना अख़बार शुरू कर सकते हैं अली साहब," हरीश ज़ोर देकर बोला।

—"हां, कर सकता हूं...किसके लिये और किन शर्तों पर...और किस व्यवस्था

के अंतर्गत? दिल को तस्कीन देने के लिये कुछ किया जा सकता है, पर मकसद दिल को तस्कीन देना तो नहीं है।''

—''अली साब आप जो 'क्लियरिटी' चाहते हैं वह कभी मिलेगी?'' उसने बुनियादी सवाल किया और मैं खुश हो गया।

—''हां, ये बिलकुल ठीक कहा तुमने...बिलकुल ठीक।''

कमरे का अंधेरा धीरे-धीरे आकृतियों को मिटा रहा था। ऊपर पंखे के पर अदृश्य हो गये थे। बस सर-सर की आवाज़ धीमे-धीमे रो रही थी।

...हम स्कूल से लौटकर आये तो देखा कपड़ों और सामान का ढेर लगा हुआ है। नये-नये कपड़े, गहने, सामान...सब रखा था...गांव से ताऊ और ताई आ गये थे। ताई जब भी आती थीं हमें टोकने-टाकने का काम शुरू हो जाता था। ऐसे मत बैठो, ऐसे लड़कियां नहीं बैठतीं...ताऊ जी कहते...अब इसे सलवार-कमीज़ पहनाया करो...बड़ी हो गयी है...पर स्कूल की ड्रेस तो यही है...वे बुरा-सा मुंह बनाकर अपनी सफेद मूंछों को मरोड़ते हुए कहते, क्या विद्वान बनाओगे इसे...हम डर जाते थे कि पता नहीं कब हमारा नाम स्कूल से कटवा दिया जाये...ऐसे मत बैठा करो, ऐसे मत चला करो, ऐसे मत हंसा करो...ऐसे मत खाया करो...इसको ये मत खिलाया करो, ताड़ की तरह लंबी हो जायेगी...रोटी ऐसे नहीं डाली जाती, ऐसे डालते हैं...अचार डालना सिखाया है? ऐसे टुकुर-टुकुर क्या देखती रहती है...हमने ताऊजी और ताईजी के पैर छुये। ताऊजी ने पिताजी से कहा—''बस यही आयु है...तुम सही समय पर विवाह कर रहे हो।'' हम कमरे में आ गये और रोने लगे। मम्मी खाने के लिये बुलाने आयी तो हमने उनके दोनों हाथ पकड़कर पूछा—''हमारी शादी तो नहीं हो रही है न?'' मम्मी हंसने लगी, ''अरे पगली शादी तो हर लड़की की होती है।''

—''तो तुमने मुझसे झूठ बोला था।''

—''चल, मां-बाप में सच-झूठ कुछ नहीं होता।''

—''मैं शादी नहीं करूंगी...पढ़ूंगी...स्कूल में सब मुझे छेड़ते हैं।''

—''अरे तो छेड़ने दे।''

—''नहीं...मेरा मन पढ़ाई में लगता है।''

—''अरे तो शादी के बाद पढ़ लेना...।''

—''मैं शादी नहीं करूंगी...नहीं करूंगी...नहीं करूंगी...जोर डालोगे तो ज़हर खा लूंगी।''

—''चल हट, पागल हुई है क्या...आ खाना खा ले।''

—''नहीं, पहले ये कहो कि मेरी शादी नहीं होगी।''

—''चल कह दिया नहीं होगी।''

—"ये नहीं...ऐसे कहो कि अनु तुम्हारी शादी नहीं होगी।"

—"चल कह दिया, अनु तेरी शादी नहीं होगी।"

—"झूठ तो नहीं बोल रही हो?" मम्मी हंसने लगी। हमें गुस्सा आ गया।

—"हम पढ़ना चाहते हैं...हमें गणित अच्छी लगती है...हम पढ़ना चाहते हैं।"

—"अरे तो तुझे पढ़ने से कौन रोक रहा है...जितना पढ़ना है उतना पढ़...रोकता कौन है।"

शाम को हम बाहर निकल रहे थे तो ताऊजी ने कहा, "कहां जा रही है?"

—"सहेली के यहां।"

—"बस अब सब बंद...जा अंदर जाकर बैठ। ताई के पैर दाब।"

हम खड़े सोचते रहे। पापा भी वहीं बैठे थे। वे चुप रहे। हमें पापा पर गुस्सा आया। बोलते क्यों नहीं। ताऊ जी जब भी आते हैं पापा का मुंह बंद हो जाता है। बस हां भइया हां भइया...करते रहते हैं।...

कमरे में सिसकियां उभरने लगीं...दबी-दबी और भीतर तक आत्मा को छीलती सिसकियां...

...हमने ये सब किसी को कभी नहीं बताया है...हमारी कोई फ्रेंड नहीं है। स्कूल में थे। पता नहीं कहां चले गये...कॉलेज हम कभी गये नहीं...हमारी कोई फ्रेंड... ये हमने किसी को नहीं बताया है...आपको बता रहे हैं...आपको...पता नहीं क्यों... जी चाहता है...बताने को...

मेरा हाथ अनु के कंधे पर चला गया। वह खिसककर और पास आ गयी। स्पर्श की भाषा शब्दों की भाषा से ज़्यादा विकसित है।

फिर तो ये हमारी आदत हो गयी...जब कोई दुख हमें होता तो अपने को ही चोट पहुंचाते...इससे शांति मिलती थी। दर्द होता था, हम रोते थे...रोते रहते थे...।

...स्कूल में टीचरें हमें देखने आती थीं...हंसती थीं कि देखो इतनी छोटी लड़की की शादी हो रही है...हम डरकर भाग जाते थे...फील्ड में बैठ जाते थे...टीचरें कहती थीं कैसे ज़ाहिल मां-बाप हैं...हमें ये अच्छा नहीं लगता था...लड़कियां...तो...बस...एक दिन गणित की टीचर ने बुलाया...हमें बहुत चाहती थी। पार्क में ले गयी। पूछती रहीं कि तुम्हारी शादी किससे हो रही है? इतनी जल्दी क्या है...हम क्या बताते...हम बोलते तो रुलाई छूट जाती...हम सिर हिलाकर या चुप रहकर जवाब देते रहे...फिर हमें देखकर गणित की टीचर की आंखों में आंसू आ गये...उन्होंने हमें गले लगाया...तो हम रो पड़े...वे हमारे सिर पर हाथ फेरती रहीं...कहने लगीं...कितनी लड़कियां हैं जिनके कक्षा एक से लेकर सात तक गणित में हमेशा सौ में सौ नंबर आये हैं...क्या ये तुम्हारे पिताजी को नहीं मालूम?...हम क्या बोलते...

हम पढ़ना चाहते थे...मम्मी कहती थीं जाओ न स्कूल कौन रोकता है...लेकिन

हम क्या जाते...लगता था हमारा दिमाग़ फट जायेगा...हम घर में गणित के सवाल हल करते थे तो अच्छा लगता था...फिर हमें सहला के भाई ने दसवीं की गणित की किताब दे दी...उसे हम पढ़-पढ़कर सवाल हल करने लगे...बस यही हमें अच्छा लगता था...

उसके शरीर के कंपन को मैं पूरी तरह महसूस कर रहा था। अंधेरा होने के बाद भी आंसू चमक जाते थे...ऐसा लगता था जैसे दुख का बांध टूट गया हो और तूफानी वेग के साथ सब कुछ बहाये लिये जा रहा हो...हम दोनों उसी तूफान में बहने लगे...हो न हो...आदमी को आदमी का सहारा चाहिये ही होता है...जब कोई अपने दिल की बात कहता है तो सीधे दूसरे दिल तक पहुंचती है...दुख पास लाता है और सुख दूर करता है...मैं गुस्सा होने वाली मानसिकता से निकल चुका था। शुरू-शुरू में मेरी यह प्रतिक्रिया थी कि अनु के साथ जिन लोगों ने घोर अन्याय, अत्याचार किया है उन्हें सज़ा मिलनी चाहिये लेकिन फिर लगा दुख का सम्मान द्रवित होकर ही किया जा सकता है...और यही दुख का निदान है...जो होना था हो चुका है...बीत चुका है...पर वह हमारे अंदर है...जीवित है...उसका हम यही कर सकते हैं कि उसे बांट लें...

अनु रात कितने बजे सो गयी मैं नहीं कह सकता क्योंकि मैं समय की सीमाओं से बाहर हो गया था। हो सकता है मेरी भी पलक एक-दो मिनट को छपकी हो लेकिन मैं लगातार पंखे की गति के साथ रातभर घूम रहा था।

सुबह जब दोनों की आंख एक साथ खुली और हम दोनों को कुछ क्षण यह अजीब लगा कि रातभर हम इतना पास, इतनी निकट रहे हैं।

वह हड़बड़ाकर नहीं धीरे-धीरे उठी।

अहमद बहुत गुस्से में था, ये वाजिब भी था। वह फोन पर दहाड़ रहा था। मैं चुपचाप सुन रहा था। ज़ाहिर है बह दिल का गुबार कम करने के लिये ऐसा कर रहा था क्योंकि उसे अच्छी तरह मालूम था कि मैं इस सिलसिले में कुछ नहीं कर सकता। न तो सरकार में मेरा अमल-दख़ल है और न मेरे पास इस तरह के काम कराने की सलाहियत है।

—''कहीं तुमने सुना है या देखा है कि 'एम्बेस्डर' की 'टर्म' पूरी होने से पहले ही 'कालबैक' किया गया हो...एम.ई.ए. ने टास्क फोर्स बनायी है तो उसे कोई ज्वाइंट सेक्रेटरी 'हेड' कर सकता है। मुझमें क्या सुर्ख़ाब के पर लगे हैं?''

—''तुमने सेक्रेटरी से बात की?''

—''हां...वो कहते हैं...'कैबिनेट डिसीज़न' है...हम कुछ नहीं कर सकते।''

—''अरे कैबिनेट ने तो 'पॉलिसी डिसीज़न' लिया होगा...ये तो नहीं कहा होगा कि तुम...,''

—"हां...इस तरह के फैसलों में नाम कहां होते हैं।"

—"फिर तुम्हारा नाम कैसे जुड़ गया इस फैसले में?"

—"पहले तो मैं नहीं समझ पाया था...लेकिन शूज़ा के फोन आने के बाद 'क्लियर' हो गया।"

—"क्या? शूज़ा।"

—"हां।"

—"तुम 'श्योर' हो...मुझे नहीं लगता सरकार में उसकी इतनी चलती है।"

—"ये तुम नहीं जानते...उसकी पहुंच कहां नहीं है।"

—"तो ये फैसला...।"

मेरी बात काटकर वह बोला—"कई महीने से मुझे फोन कर रही थी कि कहीं मिलो...मैं टाल रहा था...बराबर टाल रहा था...उसे ये आदत नहीं है कि कोई उसकी बात टाले...उसने ही ये शिगूफ़ा...।"

—"लेकिन यार समझ में नहीं आता?"

—"मेरी समझ में तो आ गया...सुबह उसका फोन आया था...बड़ी खुश थी कि मैं दिल्ली आ रहा हूं।"

—"तुमने क्या कहा?"

—"मैं क्या कहता यार...ज़ाहिर है कि...तुम जानते ही हो...।"

एक हफ़्ते के अंदर-अंदर अहमद को दिल्ली आना पड़ा। उसे साउथ ब्लॉक में ऑफिस मिल गया। उसे एक ऐसी कोठी मिल गयी जो उसके 'रैंक' के किसी ऑफीसर को मिल ही नहीं सकती।

शाम वाली बैठकें आबाद हो गयी हैं। इस दौरान कभी अनु आ जाती है तो हम लोगों के साथ बैठा देखकर गुलशन के बच्चों को पढ़ाने चली जाती हैं। वह जानती है कि अहमद उसे पसंद नहीं करता। अहमद दरअसल साधारण चीज़ों, लोगों, संबंधों, जगहों को बहुत नापसंद करता है। मुझसे कई बार कह चुका कि यार कहीं 'कुछ' करना है तो अपने स्टैंडर्ड में जाओ...ये क्या तुम अनाड़ी टाइप की लौंडियों को मुंह लगाते हो। मैं उसे टाल जाता हूं क्योंकि कुछ बताने का मतलब पूरी राम कहानी सुनाना होगा जो मैं नहीं चाहता और वह सुनेगा भी नहीं।

एक शाम अहमद कुछ देर से आया। हमें मालूम था कि आज तक उसका बंगला सजाया जा रहा है और यह काम शूज़ा ने अपने हाथ में ले लिया है और आजकल अहमद शूज़ा के साथ रह रहा है।

दो 'ड्रिंक' लेने के बाद बोला—"यार ये शूज़ा का मामला उलझता जा रहा है।"

—"हम तो समझ रहे थे कि सीधा होता जा रहा है," शकील ने दाढ़ी खुजाते हुए कहा।

—"नहीं यार...सच पूछो...तो...।"

—"बता यार बात क्या है? शर्म आती है।"

—"नहीं, शर्म की क्या बात...मैं उसकी 'डिमांड्स' पूरी नहीं कर सकता।"

—"क्या मतलब?"

—"यार वो...'निम्फ़ो' है।"

—"ओहो...।"

—"मत पूछो...मेरे लिये इस उम्र में...कितना मुश्किल होगा...वह मेरे लिये कुछ 'स्ट्रांगपिल्स' ले आयी है।"

—"यार ये तुम उसके हाथ में खिलौना क्यों बन गये हो।"

—"नहीं-नहीं, ऐसी बात नहीं है।"

—"बात तो ऐसी ही है," मैंने कहा।

—"जिंदगीभर इसने औरतों को खींचा है और अब इसे एक औरत खींच रही है तो परेशान हो रहा है," शकील बोला।

—"तुम्हारी कोठी ठीक होने के बाद शायद वह तुम्हारे साथ आ जायेगी?" उसके चेहरे का रंग उतर गया। लेकिन संभलकर बोला—"ज़रूरी नहीं है।"

—कुछ देर बाद बोला, "मैं उससे पीछा छुड़ाना चाहता हूं।"

—"तो फिर तुम उसे अपने निजी कामों में इतना दख़ल क्यों देने देते हो।"

वह ख़ामोश हो गया। कुछ नहीं बोला। हम दोनों हैरानी से उसे देखते रहे।

अहमद ने कोठी में जो पहली पार्टी दी उसमें शूज़ा बिलकुल उसकी पत्नी जैसा व्यवहार कर रही थी। वेटरों को ऑर्डर देना। मेहमानों की ख़ातिर तवाज़ों, राजदूतों के साथ-साथ चलना, अहमद से हंस-हंसकर बातें करना, बहुत शानदार और महंगे कपड़ों में अपने को श्रेष्ठ दिखा रही थी।

29

बग़ैर सोचे-समझे ज़िंदगी गुज़र रही है। सुबह क्यों उठ जाता हूं? क्यों गुलशन चाय ले आता है? क्यों दस बजे के करीब नहाने चला जाता हूं? क्यों ग्यारह बजे नाश्ता करता हूं। ऑफिस की गाड़ी आती है। बैठता हूं, चल देता हूं। रिसेप्शन से होता, एक-दो के सलाम लेता-देता ऊपर पहुंचता हूं। मैं जानता हूं कि मेरे लिये लगभग कोई काम नहीं है। दो-चार अख़बार पढ़ना है। एक-दो चैनल देखने हैं। बड़े अधिकारी बुलायें तो जाना है और बस ख़त्म...कभी-कभी संकट हो जाता है तो संपादकीय लिख देता हूं...

पूरी ज़िंदगी बग़ैर सोचे-विचारे बीत रही है। उसका क्या उद्देश्य है और क्या करना है? बड़े-बड़े सपने छोटे होते चले गये और अब छोटे होते-होते इतने छोटे हो गये कि मेरे सिफारिशी ख़त से किसी को नौकरी मिल जाती है तो लगता है सपना पूरा हो गया है।

मैं ही नहीं मेरी पीढ़ी और मेरा युग मिट चुका है। मेरा देश और मेरा समय हार चुका है और हम सपनों की राख के हिमालय पर बैठे हैं। सब कहते हैं निराश और उदास होना मेरी आदत है। विदेशी मुद्रा से देश का ख़ज़ाना भर गया है, आई.टी. में भारत ने बड़े-बड़े देशों को पीछे छोड़ दिया है। विदेशों से खरबों डॉलर देश में 'इनवेस्ट' हो रहा है। आज शहरों में जो चमक-दमक, पैसे की रेल-पेल, मल्टी प्लेक्स, कारें, लक्जरी अपार्टमेंट्स, फॉर्म हाउसेस हैं जो कि पहले कभी न थे। मैं इन सब बातों को मानता हूं लेकिन मुझे ग़ालिब का एक शेर याद आता है—

तारीफ़ जो बेहेश्त की सुनते हैं सब दुरुस्त
लेकिन खुदा करे वो तेरी जल्वागाह हो।

मतलब यह कि स्वर्ग की जितनी प्रशंसा सुनते हैं सब ठीक है लेकिन ईश्वर करे वह (स्वर्ग) तेरी (प्रेमी/प्रेमिका की) जल्वागाह (जहां वह दिखायी देता है) हो...मैं कहता हूं करोड़ों, खरबों डॉलर की विदेशी मुद्रा हमारे ख़ज़ाने में हैं, बहुत अच्छा आई.टी. के हम लीडर हैं बहुत उत्तम, हज़ारों अरब डॉलर का निवेश हो रहा है, उत्तम है, मध्यम वर्ग में ऐसी संपन्नता कभी थी ही नहीं, बहुत अच्छा। लेकिन खुदा करे इस नये भारत में ग़रीबी कम हो, बेरोज़गारी कम हो, दवा-इलाज़ की सुविधा हो, बच्चे स्कूल में पढ़ सकते हों, पीने का पानी मिल सकता हो, भ्रष्टाचार न हो, शासन का डंडा न चलता हो, धर्मों और जातियों के बीच भयानक हिंसा न हो...विस्थापन...न हो लेकिन मेरी दुआ पूरी नहीं होती। दो प्रतिशत लोगों के जीवन में जो शानोशौकत आयी है उसकी क्या क़ीमत देनी पड़ी है?

—"सर...।" मैं चौंक गया।

लिफ्टमैन दूसरे फ्लोर पर लिफ्ट रोके खड़ा था और मैं अपने सवालों में खोया हुआ था।

मैं लिफ्ट से बाहर आ गया।

एस.एस. अली...मेरा ये नाम कैसे हो गया? नौकरी की शुरुआत की थी और पहली बार कार्ड छपकर आये थे तो उन पर यही नाम था। सैयद साजिद अली... की जगह एस.एस.अली सुविधाजनक...छोटा...उच्चारण में आसान...।

शीशा लगी काली मेज़ पर कुछ नहीं है। मेरा ये सख़्त आदेश है कि मेज़ ख़ाली रहना चाहिये। सामने कुर्सियां उनके पीछे सोफा, बराबर में कॉन्फ्रेंस टेबुल जो ज़रूरत पड़ने पर डाइनिंग टेबुल भी बन जाती है।

ऑफिस की एक दीवार में शीशे की बड़ी खिड़की है जिससे अंग्रेज़ों की बनायी दिल्ली दिखायी देती है।

ऑफिस में बैठकर सोचा, यार मैं कितना सुरक्षित, कितने मज़े में, कितनी मस्ती में हूं...मैं 'द नेशन' का एसोसियेट् एडीटर हूं...मैं सत्ता के एक खंभे का हिस्सा हूं। मैं बड़े-से-बड़े सरकारी अधिकारी से सीधे फोन पर बात कर सकता हूं। मंत्री खुशी-खुशी समय देते हैं। बड़ा-से-बड़ा काम, मुश्किल-से-मुश्किल काम यहां से हो जाता है...मेरी सेक्रेटरी करा देती है...बस कहने की देर है। हर त्यौहार पर कमरा उपहारों और मिठाई के डिब्बों से भर जाता है। नये साल, बड़े दिन और क्रिसमस के मौक़े पर दूतावासों से डालियां आती हैं जिनमें स्काच ह्विस्की के अलावा और न जाने क्या-क्या पटा पड़ा रहता है। पब्लिक सेक्टर भी पत्रकारों को उपकृत करने में आगे आ गया है। हूं...तो ठाठ-ही-ठाठ हैं...जब तक नौकरी है तब तक ठाठ है...तो ठाठ मेरे नहीं ठाठ तो पद के हैं...और उसका क्या मतलब... ज़िंदगी सबकी कटती है...किसी की बहुत आराम से, किसी की तकलीफ़ से, लेकिन कट जाती है...और यह सोचना ही पड़ता है कि क्यों ज़िंदगी कटने का उद्देश्य क्या है, मक़सद क्या है? मौज, मस्ती, मज़ा, पैसा, औरत, शराब, सैर-सपाटा? अफसोस कि मैं इस बात से अपने को 'कविंन्स' नहीं पाता...कुछ और करना चाहता हूं जो कुछ ज़्यादा बड़ा आधार दे सके। ज़्यादा आनंद दे सके, ज़्यादा संतोष दे सके...।

शिप्रा अंदर आयी। मेरा आज के 'एप्वाइंटमेंट्स' और कार्यक्रम सामने रख दिया।

—"सर आज आपको 'एडीटोरियल' देना है।"

—"दो लोग आउट ऑफ स्टेशन हैं।"

—"ठीक है...बैठ जाओ।"

चौबीस साल की अति सुंदर और अति स्मार्ट शिप्रा पाश्चात्य शैली के कपड़े पहने सामने बैठ गयी।

—"जाओ, एडीटोरियल लिखो।" मैंने उससे कहा।

—"जी?" वह कुर्सी से उछल पड़ी।

—"हां...इसमें हैरत की क्या बात?

—"मैं? सर मैंने कभी 'एडीटोरियल' नहीं लिखा।"

—"और मैं जब पैदा हुआ तो 'एडीटोरियल' लिख रहा था।

—"नहीं...नहीं...,"

—"जाओ लिखो...लेकिन 'इफ़,' 'बट,' 'परहैप्स,' 'लाइकली' वग़ैरा-वग़ैरा का अच्छा इस्तेमाल करना...,"

—"सर...ऑफिस में लोग...,"

—"हां, मैं जानता हूं...मेरे ख़िलाफ़ हैं...बात का बतंगड़ बनायेंगे...कहेंगे शिप्रा से 'एडीटोरियल' लिखवाता है...बहस होगी...मीटिंग होगी...मैं यही तो चाहता हूं...यही... और जो 'ईडियट्स' 'एडीटोरियल' लिखते हैं उनमें और तुममें क्या फ़र्क है? तुम ज़्यादा 'इंटेलिजेंट' हो।''

वह हंसने लगी।

मैं उठकर खिड़की के पास आ गया। दूर तक अंग्रेज़ों की बनायी हुई दिल्ली फैली है। सुखद है कि यह अब तक हरी है। इस दिल्ली में पेड़ हैं। घास के मैदान हैं। हमने आज़ादी के बाद जो दिल्ली बनायी वह बंजर दिल्ली है। यमुना जैसी सुंदर नदी को नाले में बदलने का काम भी अंग्रेज़ों ने नहीं किया है। दिल्ली के मास्टर प्लान से खिलवाड़ भी हमीं ने किया है। शहर के चारों तरफ बड़ी मात्रा में 'स्लम' भी हमने ही बनाये हैं। हमने ही अपने लोगों को बिजली और पानी के लिये तरसाया है।

—"क्या कर रहे हो उस्ताद।"

पीछे मुड़कर देखा तो नवीन...नवीन जोशी।

—"आओ बैठो।"

अब उसके चेहरे पर इत्मीनान वाला भाव आ गया है। सहजता दिखायी देती है। पता नहीं क्या होता पर कोई-न-कोई 'कैमिस्ट्री' काम करती है, 'रिटायर' आदमी के हाव-भाव, भाव भंगिमायें, चलने-फिरने का तरीका, सुनने-सुनाने के अंदाज़ बदल जाते हैं। 'रिटायर' होने का एक अजीब किस्म का असहजबोध चेहरे पर आ जाता है जिसका मेरे ख़याल से कोई औचित्य नहीं है।

—"कहो क्या हाल है?"

—"अरे यार, क्या हाल होंगे...हमें कौन पूछता है?"

—"मतलब...?"

—"यार सरयू को फोन करता हूं, वो नहीं उठाता...वो तो अपना यार साहित्य की राजनीति में डूब चुका है...पिछले साल नेशनल एवार्ड लिया, इस साल उसकी जूरी में आ गया है, अगले साल...,''

—"शायद तुम्हारा नंबर आ जाये।" मैंने कहा और वह हंसने लगा।

—"यार साजिद तुम्हें तो याद होगा।" वह कुछ ठहरकर बोला।

—"हां प्यारे याद है...उस ज़माने में पूरी मंडली का काम तुम्हारे बिना न चलता था...यार हम सब तो दिल्ली में बाहर से आये थे...तुम-तो दिल्ली में ही पैदा हुए हो... असली दिल्ली वाले तो तुम हो।"

—"मैं हर मर्ज़ की दवा हुआ करता था।" वह बोला।

—"हां...ये तो है ही यार।"

चाय पीते हुए मैंने पूछा—"और बताओ रावत का क्या हाल है?"

—"यार दरअसल मैं आया ही था रावत के बारे में बात करने।"

—"क्या बात है।"

—"यार...भाभी का फोन आया था कि ऑफिस से आठ-नौ बजे से पहले नहीं आते। उसके बाद पीने बैठ जाते हैं। इस बीच थोड़ी-सी बात भी मर्ज़ी के ख़िलाफ़ हो जाये तो चिल्लाने लगते हैं...रात को सो नहीं पाते...उठ-उठकर टहलते हैं...बड़े तनाव में...।"

—"तो तुमने रावत से बात की?"

—"लाओ यार...ऑफिस का फोन दो।"

मैंने उसे घूरकर देखा।

—"साले किसी की ज़िंदगी का सवाल है और तुम अपना फोन का बिल बचा रहे हो।"

—"नहीं यार...दरअसल मोबाइल चार्ज नहीं किया है।"

हम दोनों ने रावत से लंबी बातचीत की। ऑफिस में होने की वजह से वह खुलकर बोल नहीं रहा था। लेकिन इतना तो पता चल रहा था कि वह भयानक तनाव में है और किसी दूसरे से मदद लेना अपमान समझता है। जितना हो सकता था हम लोगों ने उसे समझाया और मिलने के प्रोग्राम पर बात ख़त्म हो गयी।

—"तुम क्या कर रहे हो? क्या सोचा है?"

—"यार देखें, नौकरी तो बहुत कर ली...और फिर सेहत भी अब...तुम जानते ही हो...।"

—"हम सब जानते और मानते हैं कि तुमने ऐसी सेहत में जो कुछ किया है वह क़ाबिले तारीफ है।"

वह धीरे से बोला है—"ठीक है यार...।"

—"आगे क्या सोचा है?"

—"कुछ सोचना ही पड़ेगा...घर में सब अपने-अपने कामों पर निकल जाते हैं, मैं पड़ा-पड़ा क्या करता रहूं? कहां तक टी.वी. देखूं...।"

—"लाइब्रेरी चले जाया करो...।"

—"यार गाड़ी कहां रहती है...बच्चे गाड़ी नहीं छोड़ते।"

—"घर पर लिखा करो।"

—"हां यार...यही सोचा है...लेकिन यार लिखने के लिये माहौल ज़रूरी है...और पुराने दोस्त हमें पूछते नहीं, सब साले बड़े-बड़े लोग हो गये हैं।"

—"तुम्हारे लिये नहीं।" मैंने कहा वह हंसने लगा।

दो-तीन घंटे नवीन से बात होती रही। मैंने अंदाजा लगाया कि वह गुज़रे ज़माने की बातें कर रहा है, अपने परिवार के पुराने किस्से सुना रहा है। रिटायरमेंट के बाद दोस्तों के बदल जाने की चर्चा कर रहा है।

मुझे बिलकुल उम्मीद नहीं थी कि मोहसिन टेढ़े इतना खुश होगा। अंधेरे, छोटे और चारों तरफ से बंद कमरे में वह उसी तरह बैठा है जैसे अक्सर बैठाता है। लेकिन चेहरे पर खुशी फूटी पड़ रही है। मैंने इधर-उधर देखा। कोई वजह ऐसी नज़र न आयी जो मोहसिन टेढ़े की खुशी की वजह हो।

—"कहो...कैसे हो?"

—"बस यार साजिद...परेशान आ गया था...खाने नाश्ते वाले चक्कर से तो... एक लड़की को लगा लिया है।"

—"मैं तो तुमसे पहले ही कह रहा था।"

एक नेपाली-सी लगने वाली लड़की किचन से निकली जिसने जींस और छोटा-सा टॉप पहन रखा था। लड़की की उम्र करीब बाइस-तेइस साल लगी। खूबसूरत कही जा सकती है। बाल लंबे और सीधे हैं। नाक चपटी है। आंखें छोटी हैं। गाल के ऊपर की हड्डियां उभरी हुई हैं...लेकिन मुहावरा है कि जवानी में तो गधी भी सुंदर होती है।

उसने चाय मेज़ पर रख दी।

—"इनको आदाब करो...ये मेरे भाई हैं।" मोहसिन ने उससे कहा।

लड़की ने बड़े अदब से झुककर मुझे आदाब किया।

—"यार साजिद मैं इसे अपना कल्चर सिखा रहा हूं।" वह गर्व और खुशी से बोला।

—"माशा अल्लाह," मैंने व्यंग्य में कहा। वह हंसने लगा।

—"इसका नाम क्या है?"

—"इधर आओ...बताओ कि तुम्हारा नाम क्या है?"

—"जी मेरा नाम रिकी है...दार्जिलिंग में घर है।" वह किचन में चली गयी।

—"तो तुमने इसे मुस्तक़िल मुलाज़िम रखा हुआ है।"

—"नहीं यार, इतना पैसा कौन देगा...ये पार्ट टाइम आती है।"

—"और तुम इसे अपना कल्चर सिखा रहे हो।" मैंने कहा। वह हंसने लगा।

—"सुबह आती है...एक घंटे के लिये...शाम को आती है एक घंटे के लिये... यार बहुत दुखी लड़की है।"

—"तो इसका दुख बांट तो नहीं रहे हो।"

मोहसिन टेढ़े हो-हो करके हंसने लगा।

—"तुम तो इसे 'फुल टाइम' रख लो।

—"नहीं यार," वह घबराकर बोला।

—"क्या लेगी...चार-पांच हज़ार...और क्या? कपड़े वग़ैरा तो तुम दिला ही दिया करोगे।"

—"नहीं...नहीं यार, लफड़ा हो जायेगा।"

—"अभी क्या सिलसिला है।"

वह आगे झुक आया। इसे कभी-कभी मैं रात में रोक लेता हूं। रुक जाती है। यार साजिद बिस्तर में लावे की तरह लगती है। यार मैं तो पागल हो जाता हूं।

—"ज़रा संभलकर...तुम पचास के हो।"

—"हां-हां यार...।"

कभी-कभी रात के विस्तार का कोई अंत नहीं होता। रात हमेशा साथ-साथ रहती है और अंधेरा कटे-फटे असंतुलित टुकड़ों में आसपास बिखरा रहता है।

...फिर हम लोग ताऊ के साथ गांव चले गये। हमें बस रुलाई आती थी। हम रोते थे...पापा तो इधर-उधर देखने लगते थे...मम्मी हमें समझाती थी कि देखो शादी नहीं हो रही है गौना हो रहा है...शादी तो बहुत बाद में होगी...गौना के बाद तुम हमारे साथ रहना...खूब पढ़ना...जो किताब लाओगी...ले आना...हम गांव पहुंचे...।

—"तुम्हारा गांव कहां है?"

—"...कानपुर में है...।"

—"नाम क्या है?"

—"लखनपुर...।"

...तो हम गांव पहुंचे...वहां हमें बहुत-सी औरतों ने घेर लिया और सब कहने लगीं...दुल्हनिया आय गयी...दुल्हनिया आय गयी...हम फिर रोने लगे...वे हंसने लगीं। कहने लगीं, काहे का रोवत हो, तुम्हार पति बहुत अच्छा है...तुमका खूब खिलाई-पिलाई...ध्यान राखी...हम कहने लगे, सगाई नहीं करना हमें...हमें उबटन मलने नाइन आयी तो हमने सब फेंक दिया और कोठरी में जाकर अंदर से कुंडी लगा ली...सब आये खोलने को कहा, पर हमने नहीं खोली...हम सोचते थे कोठरी में कुछ होता तो हम खा लेते...पर वहां गुड़ और अनाज भरा था...हम बोरे हटाने लगे...कहते थे कोठरी में सांप रहता है...हमने सोचा सांप हमें काट ले तो अच्छा है...हम मर जायें...पर सांप नहीं था...बाहर से सब कह रहे थे...फिर पापा आये और बोले, 'खोल दो अनु मैं तुम्हारे पैर पड़ता हूं...मेरी ऐसी बदनामी हो जायेगी कि किसी को मुंह दिखाने लायक न रह जाऊंगा...तब रोते हुए हमने कोठरी खोल दी...फिर सब मिलकर हमें उबटन लगाने लगे...हम रोते जाते थे...हमें पता था कि हमारे साथ बहुत बुरा हो रहा है...फिर हमें सजाया गया...हमें समझाने फिर पापा आये...पापा को हम बहुत प्यार करते हैं...अभी भी बहुत प्यार करते हैं...पापा ने कहा अनु हम जो कुछ कर रहे हैं तुम्हारी भलाई के लिये कर रहे हैं...तुम हमारी बेटी हो...हमारी छोटी बहनें बहुत डर गयी थीं...वे भी डरी रहती थीं...पर ताऊजी और ताईजी बड़े खुश थे...।

—"तुम्हारे ताऊजी क्या करते हैं?"

—"खेती करते हैं और रुपया उठाते हैं...बहुत पैसा है उनके पास...।"

...लड़कियां और औरतें गाना गाती थीं पर हमें कुछ सुनायी नहीं देता था। हमें कुछ दिखायी भी नहीं देता था...हम बस बैठे रहते थे...फिर क्या-क्या हुआ हमें याद नहीं...हम कुछ नहीं जानते...।

—"सगाई के बाद तुम दिल्ली आ गयीं?"

—"हां...पर स्कूल छूट गया...हमें इतनी शरम आती थी कि हम घर से निकलते ही नहीं थे...हम दसवीं की गणित पढ़कर चक्रवर्ती वाली किताब पढ़ा करते थे और घर का काम करते थे। स्कूल से कोई लड़की हमसे मिलने भी नहीं आती थी...।"

—"तो गणित ने तुम्हें बचाया।"

उधर से आवाज़ नहीं आयी। अंधेरे की चादर तनी रही...फिर एक महीन पतली सी 'हां' उभरी।

बाहर हलका-सा उजाला फैल रहा था। खिड़कियों के बाहर पेड़ों की काली छायायें कुछ स्पष्ट हो रही थीं। अनु उठी और बालकनी में चली गयी। हालांकि अभी सूरज नहीं निकला था, लगता था कि बस एक-दो क्षण की ही बात है। मैं भी बालकनी में आ गया। दूर तक फैले पहाड़ों पर टूटे-फूटे खंडहर और प्राचीर के बीच में आधा गिरा हुआ फाटक और उसके कंगूरे नज़र आ रहे थे। क्या यहां रहने वालों ने कभी इस क्षण की कल्पना की होगी? कितना अच्छा है कि भविष्य के बारे में आदमी का ज्ञान सीमित है।

खंडहरों के पीछे से लाली नमूदार हुई और लगा इतनी कम और कमज़ोर है कि शायद वहीं कहीं उलझकर रह जायेगी...लेकिन धीरे-धीरे शताब्दियों पुराने काले पत्थरों को चमकाने लगी। पेड़ों के ऊपर चिड़ियों का शोर मच गया और विशाल पेड़ जैसे अंगड़ाई लेकर खड़े हो गये। हलकी नमी और रात वाली उदासी में भीगा दृश्य साफ़ होता चला गया। अनु ख़ामोशी से देख रही थी। मैंने उसे देखा भारी और लाल आंखें धीरे-धीरे किसी बच्चे की आंखों जैसी हो गयी थीं।

एक अजीब-सा रिश्ता बन रहा है मेरे और अनु के बीच, न तो यह पूरी तरह दोस्ती का रिश्ता है, न यह पूरी तरह प्यार का रिश्ता है, न यह केवल सम्मान, आदर और औपचारिकता का रिश्ता है और न यह सेक्स का रिश्ता है। शायद हम दोनों एक-दूसरे को बहुत ही अलग एक नये धरातल पर तलाश कर रहे हैं और लगता है कि कहीं-न-कहीं हम एक-दूसरे को पा लेंगे। धीरे-धीरे उसका आकर्षण, एक नयी तरह का आकर्षण मुझे यह सोचने पर मज़बूर तो नहीं करता कि इतनी सालों की ख़ाली ज़िंदगी में एक औरत की कमी को अनु अजीब तरह से भर रही है। विश्वास उसका सहज स्वभाव है। मैं हैरान रह जाता हूं कि वह मेरी हर बात पर पूरी तरह विश्वास कर लेती है। इतना अधिक विश्वास जितना मैं खुद भी नहीं करता। कभी-कभी उसकी बच्चों जैसी नादानी, चपलता और जिज्ञासा से यह लगता है कि

क्या वह मेरी लड़की है...मेरी संतान है...मेरे उसके बीच इस रिश्ते का यह एक नया पहलू है...यह इस तरह संभव है कि मेरी और उसकी उम्र में वही अंतर है जो पिता और पुत्र में होता है। पचपन साल के आदमी की लड़की छब्बीस साल की तो हो ही सकती है।

आकर्षण की एक वजह यह भी है कि मैं अनु को अब तक नहीं समझ पाया हूं। वह अपने ट्यूशन वग़ैरा पढ़ाने के बाद शाम मेरे यहां चली आती है। गुलशन के बच्चों को पढ़ाती है। गुलसनिया के साथ गप्प मारती है। दोनों अवधी में बातें करते हैं। चाय पीती है। मैं घर में होता तो मुझसे बातचीत होती है। मेरे कंप्यूटर में नये-नये प्रोग्राम डालती और आठ बजते-बजते घर चली जाती है। एक साल या उससे ज़्यादा वक़्त हो गया मैं यह नहीं समझ पाया कि उसका 'एजेंडा' क्या है? कभी-कभी अपने पर शर्म आती थी कि यार हम ये समझते या मानते हैं कि जैसे हमारे 'एजेंडे' होते हैं, वैसे ही हर आदमी के होते होंगे। आज तक उसने मुझसे किसी 'फेवर' के लिये कोई बात न की थी। उसे गणित के ट्यूशन करने से अच्छी आमदनी थी लेकिन कपड़े वैसे ही पहनती थी जैसे शायद बीस साल पहले पहनती होगी। मेकअप के नाम पर काजल लगाती है लेकिन फिर भी उसका अपना आकर्षण है। यह शायद व्यक्तित्व का आकर्षण है। उसके साथ जो त्रासदी हो चुकी थी उसके बाद तो उसमें बहुत 'बिटरनेस' होना चाहिये थी लेकिन वह नहीं है।

गुलशन अनु को अनु दीदी कहता है। मैंने एक बार उसे प्यार से डांटते हुए कहा–"अबे तू उसे दीदी क्यों कहता है...तू तो उसके बाप के बराबर हुआ?" गुलशन यह समझने लगा है कि दिल्ली में 'तू' प्यार की ज़बान है।

–"अजी सब कहते हैं तो मैं भी कहता हूं।"

–"सब कौन?"

–"सब...सब बच्चे...।"

मुझे हंसी आ गयी। वाह यह भी खूब है। बीस साल से दिल्ली में है लेकिन है पक्का केसरियापुर वाला उजड्ड किसान।

अनु के बारे में सोचते हुए और उससे अपने रिश्ते को व्याख्यायित करने की कोशिश करते हुए कभी-कभी मुझे लगता है कि उसके प्रति मेरे मन में एक और भी आकर्षण है। अगर सच पूछा जाये तो नूर से मेरी शादी पांच-सात साल ही चली। उसके बाद वह मेरे लिये और मैं उसके लिये अजनबी होते चले गये। रिश्ता बना रहा क्योंकि बीच की कड़ी हीरा बना हुआ है। नूर के बाद सुप्रिया मेरी ज़िंदगी में आयी और कम-से-कम आठ साल तक उससे रिश्ता कायम रहा। अब पिछले दस-बारह साल से मैं अकेला हूं। इतना झक्की और इतना सख़्त हो गया हूं कि उसके बाद मेरी ज़िंदगी में कोई औरत नहीं आयी। कौन आती? जो आदमी बात-बात पर खाने के लिये दौड़ता हो। जिसने सही और ग़लत के पैमाने ढाल लिये हो...जो उस

'दुनिया' से नफ़रत करता हो जहां रहता है, उसके पास कौन आयेगी? लेकिन ख़ाली जगह तो ख़ाली ही रहती है? तो क्या इस ख़ाली जगह को अनु भर रही है? एक ऐसी औरत के रूप में जो मेरी बात नहीं काटती। वह मुझे सम्मान देती है। मेरा ध्यान रखती है। मेरी निगाह पहचान लेती है और वही करती है जो मैं चाहता हूं। वह पूरे समर्पण के साथ मेरे पास आती है। मैं जिस रूप में उसे संबोधित करूं वह जवाब देती है। तो क्या अनु उस जगह को भर रही है? और क्या आदमी ऐसी औरत चाहता है जो उसके कहने में रहे? जो उसे आदर्श माने? जो पूरी तरह समर्पण करे? जो आदमी की हर बात को अंतिम सच की तरह स्वीकार करे? अनु कभी विरोध नहीं करती। अनु कभी कुछ मांगती नहीं। कभी कुछ चाहती नहीं...सुख हमेशा उसके साथ रहता है। वह हर हॉल में खुश है और संतुष्ट है।

अनु अब मुझे बहुत सुंदर लगती है। यह बड़ी अजीब बात है कि जब मैं उससे पहली बार मिला था तो बिलकुल साधारण और सामान्य मध्यवर्गीय लड़की नज़र आती थी। उसकी शक्ल सल्लो से बेपनाह मिलती है इसलिये मैंने उसमें एक पुराना आकर्षण महसूस किया था। एक ऐसा पाठ जो दोहराया जा रहा हो। लेकिन इसके अलावा उसके शरीर और सुंदरता का कोई विशेष आकर्षण पैदा नहीं हो पाया था। पर अब समय के साथ-साथ सब बदल रहा है। मैं सोचता हूं क्या सुंदरता धीरे-धीरे विकसित होती है? क्या यह एक प्रक्रिया है? हां शायद यही है क्योंकि अनु का सामान्य चेहरा अब मेरे लिये सामान्य, सीधा, सरल, आकर्षणहीन नहीं रह गया है। जो हम करते और सोचते हैं वह चेहरे पर अंकित होता रहता है। एक ही चेहरा अलग-अलग लोगों को अलग-अलग तरह से दिखायी देता है। यानी सिक्के के सिर्फ दो पहलू नहीं होते बल्कि अनगिनत पहलू होते हैं। पता नहीं किस चेहरे की सुंदरता कोई कैसे देखता है। पता नहीं कौन-सा चेहरा किस चेहरे के संपर्क में आकर किस तरह बदलता है। मुझे लगता है मुझसे मिलने-जुलने के कारण अनु का चेहरा मेरे लिये बदल गया है और शायद इसी तरह मेरा चेहरा उसके लिये वह न होगा जो था। यह प्रक्रिया अनजाने में न जाने कहां से शुरू होती है और फिर कहां-कहां से होती कहां जाती है? कभी ठहरती तो क्या होगी क्योंकि जब तक जीवन है यह गतिशील रहती होगी और मरने के बाद?

अपने आपसे बिलकुल बेपरवाह अनु चाहे जितनी सादगी से रहे और चाहे जितना कम प्रदर्शन करे पर उसका शरीर कम आकर्षक नहीं है। ये वही बिलकुल सल्लो वाला मामला है। एक साधारण लड़की जब चांदनी रातों में निर्वस्त्र हुआ करती थी तो पता चलता था कि नारी शरीर का सौंदर्य किसे कहते हैं। यही बात अनु के साथ इस तरह लागू होती है कि उठते-बैठते, चलते-फिरते, बात करते, हंसते उसके शरीर की झलकियां मिलती हैं वे सम्मोहित करने के लिये पर्याप्त हैं। एक बार अचानक ही गाड़ी में जब मैंने उसके कंधे पर हाथ रख दिया था तो वह सहम गयी

थी। लेकिन रात में अपनी कहानी सुनाते हुए वह सहजता और आत्मीयता से निकट आ गयी थी। उस क्षण शायद दुख उसे शक्ति दे रहा था। एक विश्वास उसे मेरे निकट ला रहा था और मैं उस विश्वास का पूरा सम्मान कर रहा था।

30

—"सलाम भइया!" मजीद ने मुझे सलाम किया। मजीद को देखते ही बुआ की याद आयी जो ज़िंदगी पर मल्लू मंज़िल में खाना पकाती रहीं और यहीं मरीं। मजीद को मैं बचपन से देख रहा हूं। अब उसकी जवानी का उतार है।

—"सलाम।"

—"कहां बैठेंगे...बाहर डाल दें कुर्सी-मेज़।"

उसने कपड़े वाली फोल्डिंग कुर्सियां बाहर सायबान में लगा दीं और मैं बैठ गया।

—"देखो, सब कमरे खोल दो।"

—"सब कमरे?"

—"हां, सब कमरे, कोठरियां...बावरचीख़ाना...हम्माम सब खोलो...खिड़कियां भी खोल देना...और सफ़ाई तो कर दी है न?"

—"अतहर भइया ने जैसे बताया...आप आ रहे हैं तो पूरे घर की सफ़ाई करा दी है।"

—"पिछला आंगन...।"

—"वहां बड़ी घास थी भइया...मजूर लगा के कटा दी है...अब साफ़ है।"

—"ऊपर वाला कोठा?"

—"साफ़ है।"

अब्बा और अम्मां के मरने के बाद जानबूझकर घर में कोई बदलाव नहीं किये गये हैं। जो चीज़ जैसी थी वैसी ही है और वहीं पर है। बैठक में वही पुराने कपड़े की फोल्डिंग कुर्सियां, बेंत का सोफा सेट, बीच में गोलमेज़ और एक तरफ तख़्तों का चौका है। दीवारों पर भी वही तुग़रे हैं। वही पुराना कैलेंडर है जो अब्बा के इंतिक़ाल के साल लगा था। पुराने ग्रुप फोटो भी वही हैं। एक अब्बा के कॉलेजवाला ग्रुप है। दूसरी तस्वीर उनके स्कूल का ग्रुप फोटो है। मेरी एम.ए. की डिग्री भी फ्रेम की लगी है। ताक में पुराने गुलदान हैं और काग़ज़ के नकली फूल हैं। अलमारियां भी पुराने रिसालों और किताबों से पटी पड़ी हैं। कुछ हटाया नहीं गया है। अंदर के कमरे में भी चारपाइयां हैं, तख़्त हैं, नमाज़ की चौकी है। मुंह-हाथ धोने के लिये बड़े-बड़े टोटी वाले लोटे हैं, घिड़ौंची है, घड़े हैं, बावरचीख़ाना भी वैसा ही है। बस गैस का चूल्हा ज़रूर नया है लेकिन चूल्हा हटाया नहीं गया है। बर्तन वही पुराने

हैं। चीनी के बर्तन अलमारियों में बंद हैं। फुकनी, चिमटा, करछा, तवा सब कुछ सलामत हैं।

मैं पिछले आंगन में आ गया। दीवारों पर हरी काई और ज़मीन पर नयी कटी घास के निशान देखता उस तरफ बढ़ा जिस कमरे की छत गिर गयी है। धन्नियों से पटे इन दो कमरों और एक कोठरी की छत कच्ची है।

—"इनमा स्लैप डलवा देव," मजीद बोला।

—"और यहां रहेगा कौन?" मैंने उससे पूछा।

—"आप आके रहो।"

—"हां...मुझे यही काम बचा है न?" कहने को तो मैं कह गया पर लगा सच नहीं बोल रहा हूं। फिर ख़याल आया क्यों न इस पिछले हिस्से में एक नये तरह का मकान बनवाया जाये। एक आधुनिक मकान। धीरे-धीरे मकान का नक्शा दिमाग़ में उभरने लगा। लेकिन मैंने उसे एक फटके के साथ निकाल फेंका। एक और मुसीबत खड़ी करने से क्या फ़ायदा।

मजीद को मालूम है कि मैं जब सालों बाद यहां आता हूं तो क्या होता है। उसने शाम होने से पहले ही बैठक की सारी कुर्सियां और बेंत का सोफा झाड़-पोंछकर बाहर लगा दिये हैं। मेज़ बीच में रख दी है। मुझसे पैसे लेकर चाय की पत्ती, दूध, चीनी ले आया है।

शहर छोड़ने के चालीस साल बाद भी अगर यहां लोग मुझसे मिलने और बात करने आते हैं तो यह मेरे लिये गर्व की नहीं संतोष की बात है कि वे मुझे अपने से अब भी, मेरे कुछ न किये जाने के बावजूद, अपना शुभचिंतक मानते हैं और यह समझते हैं कि मुझसे जितना हो सकेगा मैं यहां के लोगों के लिये करूंगा। पुराने दोस्तों के अलावा युवा पत्रकार और छात्र आ जाते हैं जिन्होंने मेरी किताबें या लेख पढ़े हैं। कभी-कभी कोई छोटा-मोटा अधिकारी भी आ टपकता है जिसे पत्रकारों से लगाव या थोड़ा भय होता है।

यहां की मुख्य समस्यायें क्या हैं? ग़रीबी, ग़रीबी और ग़रीबी । क्योंकि रोज़गार नहीं है। भ्रष्टाचार, भ्रष्टाचार और भ्रष्टाचार। क्योंकि भ्रष्टाचार शक्तिशाली लोग करते हैं और उन पर कोई उंगली नहीं उठा सकता। जातिवाद और संप्रदायवाद—ये दोनों हथियार यहां के नेताओं को मिले हुए हैं जिससे वे एकछत्र राज्य करते हैं। इन स्थितियों में सामान्य आदमी का जीवन नरक बना हुआ है और उसके सामने कोई रास्ता भी नहीं है।

साधारण लोग इस अमानवीय जीवन को सहे जा रहे हैं। कभी-कभी लगता है कि हम लोगों का कष्ट सहने और बच्चे पैदा करने में कोई जवाब नहीं है। शायद संसार के किसी भी दूसरे देश के लोग इतनी सहजता और ढिठाई से ग़रीबी, अत्याचार, अपमान, शोषण, हिंसा, अराजकता नहीं बर्दाश्त कर पायेंगे और साथ-ही-

साथ इतने बच्चे नहीं पैदा कर पायेंगे जितना यहां के लोग करते हैं। संभवतः इन दोनों में भी रिश्ता है। दोनों एक-दूसरे के पूरक हैं।

—'मेरे हाथ खून से रंगे हुए हैं,'' पटनायक ने ह्विस्की का चौथा पेग ख़ाली करके गिलास मेज़ पर रखते हुए कहा—''मैं तो आपसे वैसे भी मिलना चाहता था...मैंने आपकी किताब 'अकाल की राजनीति' पढ़ी है और चाहता था कि कभी दिल्ली में आपसे मुलाक़ात हो।''

मैं अपने शहर से वापसी के चरण में था। तीन-चार दिन में मेरे पास इतने लोगों के इतने काम जमा हो गये थे कि कलेक्टर से मिलना ज़रूरी हो गया था। बताया गया था कि मिस्टर पटनायक बहुत पढ़े-लिखे और सज्जन कलेक्टर हैं। मैंने फोन किया था और उन्होंने रात के खाने पर बुला लिया था।

शहर के बाहर खुले में पतली कोलतार वाली सड़क पर कलेक्टर के विशाल बंगले में घुसते ही मुझे कुछ नया लगा था। बंगला वही था, अंग्रेज़ों के ज़माने का बनाया हुआ...विशाल गोल खंभों वाला बरामदा...सीढ़ियां...बड़े-बड़े दरवाज़े, पोर्टिको... लेकिन कंपाउंड में बायीं तरफ सागौन के विशाल पेड़ ग़ायब थे। मैंने मिस्टर पटनायक से पहला सवाल यही पूछा था और उन्होंने एक छोटी-सी कहानी सुनायी थी। कितनी अधिक कहानियां बिखर गयी हैं हमारे चारों तरफ।

मिस्टर पटनायक ने बताया था कि एक कलेक्टर साहब ने कुछ काग़ज़ और फाइलें इस तरह चलायी कि सागौन के उन विशाल पेड़ों को काटने की अनुमति मिल गयी। पेड़ नीलाम किये गये जिसमें बोली कलेक्टर साहब के ही एक आदमी के नाम छूटी और फिर...कहानी में कई मोड़ थे...अंत यह था कि लकड़ी कितनी महंगी बिकी और कलेक्टर साहब आगरा में जो विशाल इमारत बनवा रहे थे उसमें किस तरह खपकर गायब हो गयी...।

पटनायक मुझे उन दुर्लभ आई.ए.एस. अधिकारियों जैसे लगे थे जिनकी अंतरात्मा आज भी ज़िंदा है।

—''हां, तो मैं आपसे कह रहा था अली साहब...मेरे हाथ ख़ून से रंगे हुए हैं... सुनिये फिल्मी कहानी न लगे तो कहियेगा...मैं ज़िले का कलेक्टर था। नाम नहीं बताऊंगा...फ़र्क भी क्या पड़ता है। अकाल की सूरत पैदा हो गयी। कहा गया कि तीन साल से बारिश नहीं हो रही है। वहां के एम.पी. केंद्र में मंत्री भी थे। मुझसे कहा कि केस तैयार करो, ज़िले को 'ड्राटप्रोन एरियाज़ प्रोग्राम' के तहत राहत दिलाना है। मैं खुश हो गया। सोचा आख़िरकार मंत्री महोदय को अकल आ गयी है। रात-दिन की कठिन मेहनत के बाद फाइल तैयार हो गयी। मंत्री जी अपने साथ ले गये। कई चक्कर लखनऊ और दिल्ली के काटे...आख़िरकार ग्रांट मिल गयी...एक करोड़ से कुछ ज़्यादा...अब दो हज़ार लाल कार्ड बांटने थे...प्रभावित लोगों को मुफ़्त

राशन मिलने की योजना के तहत...मंत्री जी ने कहा—'लाल कार्ड उनके कार्यकर्ताओं के हवाले कर दिये जायें...वे बांटेंगे? मैंने थोड़ा ना-नुकुर किया तो मंत्री जी ने साफ़-साफ़ कहा—मुझसे भिड़ोगे तो पछताओगे।' उसके बाद लाल कार्ड बाजार में बिक गये। राशन का भुगतान हो गया...गांव से अकाल में मरने वालों की ख़बरें आने लगीं लेकिन मंत्री महोदय के प्रताप से कोई अख़बार नहीं छाप रहा था...लगातार लोग मरते रहे...समझे आप...इसके अलावा सारे ठेके...ट्रांसपोर्ट का काम...योजना पर मंत्री महोदय की जाति-बिरादरी वालों का कब्ज़ा हो गया। रिलीफ के कामों में जो मज़दूर भर्ती किये गये वे मंत्री जी की जाति के थे। काम करते थे दलित और उन्हें चौथाई पैसा मिलता था...इस तरह... ।" पटनायक हांफने लगे। मैंने उन्हें दिलासा दिया और कहा कि आप एक जगह की बात कर रहे हैं...मैंने यह पूरे देश में देखा है।

कोठी के सेंट्रल हॉल का फर्नीचर पूरी तरह 'कालोनियल ब्रिटिश स्टाइल' का था। ऊंची छतें, ऊपर रौशनदान और छत से लटकते लंबे-लंबे पंखे। इतने बड़े-बड़े सोफे कि एक सोफे पर तीन आदमी बैठ जाये। तरह-तरह की कुर्सियां, कालीन, झाड़ और फानूस...ये अच्छा था कि किसी कलेक्टर के दिमाग़ में इसे आधुनिक बनाने का ख़याल नहीं आया था।

पटनायक मुझे स्कॉच ह्विस्की पिला रहे थे। कट ग्लास के शानदार गिलासों में दौर-पर-दौर चल रहे थे। मेज़ तरह-तरह के सूखे मेवों, कबाबों और पकौड़े से भरी पड़ी थी। दो नौकर लगातार गरम कबाब और पकौड़े ला रहे थे।

इस बातचीत के बीच एक-दो बार श्रीमती पटनायक उड़ीसा की बेशकीमती साड़ी में पधारी थीं और यह पूछकर कि 'स्नैक्स' ठीक बने हैं या नहीं चली गयी थीं। उन्होंने बच्चों के बारे में बताया था। बड़ा लड़का कहीं से 'बायो-साइंस' में डिग्री कर रहा था। छोटी लड़की नैनीताल के किसी स्कूल में थी।

—"देखिये हमने आज़ादी के बाद क्या किया है? जितने पब्लिक सर्विस 'इंस्टीट्यूशंस' थे सब चौपट हो गये हैं, मैं...यहां के गवर्नमेंट इंटर कॉलेज में पढ़ा हूं... आज उसकी क्या हालत है? यहां का अस्पताल चरमराकर टूट गया है। नगरपालिका पर गुटबंद गिरोह कब्ज़ा कर चुके हैं...शहर में नागरिक सुविधाओं का अकाल है...," मैंने उनसे कहा।

—"शायद आज़ादी के बाद सबसे बड़े राजनीतिक दल कांग्रेस के शासन संभाल लेने के बाद 'सिविल सोसाइटी' से उनकी भूमिका ख़त्म हो गयी...आज क्राइसिस ये है कि देश के इस हिस्से में सिविल सोसाइटी नहीं है... ।" वे बोले।

—"इस बारे में ये भी कहना चाहूंगा कि 'एडमिनिस्ट्रेशन' का रोल भी बदला या बिगड़ा है...ब्रिटिश ढांचा वहीं का वहीं है और उसमें चुनाव की राजनीति का घालमेल हो गया है।"

"देखिये हम लोग...तो बेपेंदी के लोटे हैं...हमें तो राजनेता जिधर चाहें...आईमीन वी आर हेल्पलेस...," पटनायक बोले।

—"लेकिन 'एक्सेप्शन' हैं...और अगर आप लोग चाहें तो 'करप्शन' के बारे में कुछ कर सकते हैं।"

पटनायक ने आंखें सिकोड़ी और बहुत सफ़ाई से बोले—"हम कुछ नहीं कर सकते अली साहब...पूरा सिस्टम पचास साल में 'करप्शन' की मशीन बन चुका है... पहले भी था...लेकिन अपने आपको मतलब 'स्टेट' को 'डिफीट' देने वाला 'करप्शन' नहीं था। मतलब अंग्रेज़ अगर कोई सड़क बनाना चाहते थे तो सड़क बनती थी। कुछ परसेंट पैसा इधर-उधर होता था...आज तो 'सड़क' ही नहीं बनती...ये अपने 'सिस्टम को डिफीट' देने वाला करप्शन है।"

—"सड़कें तो बनती हैं मिस्टर पटनायक...लेकिन दिल्ली में," मैंने कहा और पटनायक हंसने लगे।

—"हां, ये आपने ठीक कहा।"

—"दरअसल एक अजीब तरह का 'साम्राज्यवाद' चला रखा है हम लोगों ने...किसकी कीमत पर कौन आगे बढ़ रहा है, यह देखने की बात है?" मैं बोला।

—"आपने तो रूरल रिपोर्टिंग बहुत की है...इस 'स्टेट' में तो कोई बड़ा 'ट्राइबल एरिया' या आबादी नहीं है, लेकिन जो कुछ पढ़ने में आता है...उससे... ।"

—"अब वह सब कुछ पढ़ने में भी नहीं आयेगा जो पहले आया करता था," मैं उनकी बात काट कर बोला।

—"क्या मतलब?"

—"अख़बार और इलेक्ट्रॉनिक मीडिया ने भी अपने रोल तय कर लिये हैं...वह शहर के लोगों के लिये हैं या आदिवासियों के लिये? विज्ञापन देने वाली ऐजेंसियां अपना सामान शहर में बेचती हैं, आदिवासी क्षेत्रों में नहीं बेचतीं...इसलिये मीडिया सब कुछ शहर के चश्मे से देखता है...करोड़ों रुपये लगाकर जो चैनल खोले जाते हैं उनका पहला मक़सद व्यापार होता है और दूसरा कुछ और... ।"

—"मतलब सब कुछ पैसे की जकड़ में आ गया," पटनायक बोले और उन्हें ध्यान से देखने लगा। सोचा, यार यह आदमी जिस पीड़ा से गुज़र रहा होगा उसका अंदाज़ा कौन कर सकता है?

31

टेलीफोन पर बोला गया वाक्य धमाके की तरह कान में फटा था। यक़ीन नहीं आया कि यह हो सकता है। शकील चार बार वहां से एम.पी. का इलेक्शन जीत चुका है।

ज़िले पर उसकी गहरी पकड़ है। आमतौर पर सब उसे मानते और सम्मान करते हैं, फिर ये उसकी 'कंटेसा' पर ए.के. 47 से जानलेवा हमला करने वाले कौन हैं? वह भी दिनदिहाड़े जब वह अपने चुनाव क्षेत्र का दौरा कर रहा था। उसके दो बॉडीगार्ड और ड्राइवर मौका-ए-वारदात पर ही मर गये हैं। शकील को भी मरा हुआ मानकर क़ातिल चले गये थे क्योंकि जीप पर लगातार गोलियों की बौछार की गयी थी और निशाने पर शकील ही था इसलिये हमलावर 'श्योर' थे कि वह तो मारा ही जा चुका है। शकील के छह गोलियां लगी थीं लेकिन खुशनसीबी से कोई गोली सिर या सीने में नहीं लगी थी। उसकी हालत गंभीर लेकिन ख़तरे से बाहर बतायी जा रही थी।

हमला तीन बजे दिन में हुआ था। साढ़े तीन बजे मेरे पास फोन आया था। उसके बाद 'ब्रेक्रिंग न्यूज़' की तरह यह समाचार सभी चैनलों पर चलने लगा था। शाम के बुलेटिन में पूरा समाचार, स्थानीय संवाददाता की रिपोर्ट और शकील का 'विजुअल' भी दिया गया था।

मैं और अहमद सुबह चार बजे निकले थे। हमें उम्मीद थी कि दोपहर तक पहुंच जायेंगे लेकिन यह था कि कहीं शकील को गोरखपुर के अस्पताल से लखनऊ न शिफ्ट कर दिया जाये या दिल्ली ही आ जाये। यही वजह थी कि हम भाभी से फोन पर संपर्क बनाये हुए थे और अब तक डॉक्टरों की यह राय थी कि शकील को कहीं और ले जाने की ज़रूरत नहीं है।

—''ये तो होना ही है यार...पहले पॉलिटिक्स के साथ पैसा जुड़ा, यानी करोड़ों, खरबों आ गये और ज़ाहिर है जहां इतना पैसा होगा वहां 'क्राइम' भी होगा ही...पैसा और क्राइम का तो अटूट रिश्ता है।'' अहमद ने कहा।

—''लेकिन शकील दूसरे पॉलिटीशियंस के मुकाबले काफी क्लीन माना जाता है।''

—''ये तो उसकी खूबी है कि ऐसी 'इमेज' बना ली है...लेकिन देखो इलेक्शन में कितनी बड़ी फौज काम करती है? उसका पेट कैसे और कौन भरता है? उनकी ज़रूरतें कौन पूरी करता है...'' अहमद बोला।

—''लेकिन शुक्र करो कि बच गया।''

—''मोजज़ा हुआ है...बचने के चांस तो ज़ीरो थे। तुम सोचो दोनों तरफ से गाड़ी पर गोलियों की बौछार हो रही हो और कोई गाड़ी के अंदर बच जाये।''

—''लेकिन ये साला प्रापर सिक्योरिटी क्यों नहीं लेता था?''

—''ओवर कॉन्फीडेंस...और क्या कहोगे।''

अस्पताल में बड़ी भीड़ थी। पुलिस भी बड़ी तादाद में थी। हमें कमाल मिल गया। वह सीधा हमें लेकर आई.सी.यू. में गया था। शकील को डॉक्टरों ने सुला दिया था। यह बताया कि अगर वह दो-तीन घंटे सो ले तो अच्छा है।

हम कमाल के साथ सर्किट हाउस आ गये थे जहां शकील की बीवी और दूसरे रिश्तेदार ठहरे हुए थे।

कमाल को मैं बहुत साल से देख रहा हूं। उसका चेहरा सख़्त हो गया है। हलकी-सी खशखशी दाढ़ी, भरी-भरी-सी सफ़्फ़ाक आंखें और पतले होंठों ने उसके चेहरे को कठोर और ज़िद्दी आदमी का चेहरा बना दिया है। वह सफेद खड़खड़ाता कुर्ता और पाजामा पहने था।

हमले के बारे में जब बातचीत हुई तो वह बोला—"अब्बा, अपने दुश्मनों को तरह दे जाते हैं...यही वजह है कि दुश्मन सिर पर चढ़ जाते हैं...अब मैं देखता हूं कि इन सबको...इनसे तो मैं ही निपटूंगा...और किसी एक को नहीं छोड़ूंगा...इन्हें पता चल जायेगा अब्बा पर हमला करने का नतीजा।" वह चबा-चबाकर बोल रहा था। उसके लहज़े में घृणा, हिंसा और ताक़त भरी हुई थी। मैं उसे देखकर डर गया। अहमद का भी शायद यही हाल हुआ था।

हमारे समझाने पर वह बोला था—"अंकिल आप लोग नहीं जानते...ये लोकल पॉलिटिक्स है...यहां जो दबा वह मरा...मैं जानता हूं अब्बा पर ये हमला किसने कराया है...पूरा शहर जानता है...लेकिन बोलेगा कोई कुछ नहीं... ।"

हमें लगा कमाल गैंगवार की तैयारी करना चाहता है। वह जानता है कि एक-दो या दस हत्यायें कर देने के बाद भी अपराधी पकड़ा नहीं जा सकता। बमुश्किल अगर पकड़ भी लिया गया तो बीसियों साल मुकदमें चलेंगे। गवाह टूटेंगे...पैसा अपना खेल दिखायेगा...ये सब होता रहेगा...और दुश्मनों से छुट्टी मिल जायेगी। असली बात यह है कौन इस धरती पर बचता है, कौन जिंदा रहता है और कौन मरता है।

कमाल के आसपास जिन लोगों को हमने देखा वे भी अपनी दबंगयी और 'क्रिमिनल रिकॉर्ड' के खुद गवाह लगे। उन लोगों के बारे में हमें बताया गया कि ये लोग शकील या हाज़ी शकील अहमद अंसारी के बिलकुल ख़ासमख़ास हैं। मुझसे ज़्यादा अहमद चकित और परेशान था क्योंकि मैं तो किसी-न-किसी रूप में इन इलाकों से जुड़ा रहा हूं लेकिन अहमद के लिये ये बिलकुल नया था।

हम लोग अगले दिन शकील से मिले। वह पूरे होशो-हवास में था। उसके ज़ख़्म बहुत गहरे न थे। बस एक गोली कमर से निकाली गयी थी। लेकिन शकील हमें बेहद डरा हुआ लगा। बेतरह डरा हुआ नज़र आया। यह ठीक भी था। जिस पर जानलेवा हमला हो चुका हो और बाल-बाल बचा हो उसका डरना वाजिब है।

ज़िले में शकील का सबसे बड़ा दुश्मन पाटा पहलवान है जिसे अब हाज़ी पाटा कहा जाने लगा है। बीस साल पहले यह आदमी शकील का ख़ासमख़ास हुआ करता था। इसका जग-ज़ाहिर धंधा नेपाल से हशीश की तस्करी था। इसके अलावा यह मुंबई में 'शूटर' भेजने का काम भी करता था। इलाके के छोटे-मोटे बदमाशों के साथ मिलकर पाटा पहलवान ने एक 'बिल्डर हाउस' भी बनाया था जिसका काम ग़रीबों

की ज़मीनें या सार्वजनिक ज़मीनों पर कब्ज़ा करके बेचना हुआ करता था। आज हाज़ी पाटा के पास दो-तीन ज़िलों में सौ करोड़ की ज़मीनें हैं और वह बहुत बड़े बिल्डरों में गिना जाता है। कोई पांच-सात साल पहले पता नहीं क्यों वह शकील से अलग हो गया था और निर्दलीय उम्मीदवार के रूप में विधानसभा पहुंच गया था। कमाल हाज़ी पाटा की तरफ ही इशारा करके कह रहा था कि पूरा शहर यह बात जानता है कि शकील पर किसने हमला कराया है।

चलते वक़्त कमाल ने बड़े फिल्मी और नाटकीय ढंग से कहा था कि उसे हम लोगों की 'दुआ' और 'सपोर्ट' चाहिये। उसने यह भी कहा था कि अब शकील का कोई बाल बांका नहीं कर सकता। इस तरह उसने यह भी जता दिया था कि वह अपने अब्बा से ज़्यादा सक्षम और समर्थ है।

अनु अपनी दास्तान का एक छोटा-सा हिस्सा सुनाकर सो जाया करती थी और मैं देर तक जागता रहता था। पता नहीं क्यों मुझे और उसे साथ-साथ घूमना इतना रास आने लगा था कि हम महीने में एक बार दिल्ली से बाहर निकल जाते थे। सड़क किनारे बने ढाबों में तंदूरी पराठा खाते, चाय पीते...स्टेट टूरिज़्म के होटलों में खाना खाते और रात बिताते हम आगे बढ़ते जाते और फिर सोमवार की सुबह लौट आते।

नैनीताल के 'व्युक्लासिक होटल' के इस कमरे में जो बड़ी खिड़की है उससे झील दिखायी पड़ती है। रात में झील पर चमकती बिजली के खंभों की रौशनी और दूर ऊपर पहाड़ पर जाने वाली सड़क पर जलती रौशनियां कमरे में आ रही हैं। कमरे में इतना अंधेरा है कि चीज़ें परछाइयों के रूप में दिखायी पड़ती हैं। अनु मेरे बराबर लेटी है, उसने चादर अपने ऊपर खींच रखी है। कुछ देर पहले वह बता चुकी है कि अब वह वही करती है जो उसे अच्छा लगता है, बस, यह भी कह चुकी है कि वह दूसरों का कहा बहुत कर चुकी है और हाथ क्या लगा?

...एक साल के बाद वे लोग हमें लेने आये। हम सुन्न पड़ गये थे। हमारे साथ जो हो रहा था हमें पता नहीं चलता था। लगता था यह सब किसी और के साथ हो रहा है...हम रोते थे तो लगता था किसी और के लिये रो रहे हैं...विदाई के समय... मम्मी बहुत रोयीं...पापा की आवाज़ भी भर्रा गयी। ताईजी ने कहा—'अब वहीं तुम्हारा सब कुछ है।' वे लोग हमें लेकर चले...हम पत्थर जैसे हो गये...समझ में कुछ नहीं आ रहा था। न भूख लग रही थी...न प्यास लग रही थी, न कुछ देख रहे थे, न सुन रहे थे...।

...हमें कुछ साफ़-साफ़ याद नहीं...कुल देवता की पूजा हुई थी...और हमारे साथ जो आदमी बैठा था उसे भी हमने नहीं देखा था। वही हमारा पति था। पूजा के बाद हमें पूरा घर दिखाया गया...हर कमरे में ले जाया गया...फिर सब घरवालों, रिश्तेदारों

को चिन्हाया गया। हमें कुछ याद नहीं...कौन-कौन था। हमें पता नहीं चला था। फिर हमें रसोई में ले जाया गया। हमसे कहा गया खाना छू दो। हमने खाना छू दिया...बड़ी आवाज़ें आ रही थीं पर कुछ सुनायी नहीं पड़ रहा था...।

—"हमें प्यास लग रही है," वह कहते-कहते ठहर गयी। मैं उठा, जग से पानी गिलास में डाला। उसने बैठकर पानी पिया और फिर लेट गयी। अंधेरे में थोड़ी देर के लिये उसकी आंखें चमकीं और फिर ग़ायब हो गयीं। आधी रात बीत चुकी थी और लगता था निर्जीव चीज़ें भी सो गयी हैं।

...रात में हमें एक बड़े कमरे में ले जाकर मसहरी पर बैठा दिया गया। जब सब चले गये तो हमने देखा, कमरे में दो तरफ खिड़कियां थीं। खुली हुई अलमारियों में डिब्बे और शीशियां रखी थीं। कुछ अलमारियों में किताबें भरी हुई थीं। बड़ी ताक में भगवान जी के सामने बिजली का छोटा-सा बल्ब जल रहा था। दीवार पर शीशा लगा था और कंघे, तेल की शीशियां रखी थीं। कमरे का रंग गहरा हरा था जो हमें अच्छा नहीं लगा। दो लोहे की बंद अलमारियां भी थीं। कोने में दो कुर्सी और एक छोटी मेज़ रखी थी। उसके पास दो मुगदर भी रखे थे। मुगदर हमने जीवन में पहली बार देखे थे तो हमें पता न था कि क्या है...बाहर से लगातार आवाज़ें आ रही थीं... सब मिली-जुली आवाज़ें...हम नहीं समझ पा रहे थे कि कौन क्या बोल रहा है...हम बैठे-बैठे पता नहीं कब सो गये...पता नहीं कैसे? हम सोना तो बिलकुल नहीं चाहते थे, लेकिन अपने ऊपर ज़ोर ही न चला...हम सो गये...हम चीख मारकर जाग गये... किसी ने हमारी बांह पकड़कर घसीटा था...हमने देखा एक आदमी हमें घसीट रहा है...उनके लंबी-सी नाक थी...गाल की हड्डियां उभरी हुई थीं। आंखें अंदर को धंसी-सी थी...रंग बिलकुल गोरा था...दुबला-पतला था हम अपने को छुड़ाने लगे... उसने हमें ज़ोर से घसीटा तो हम मसहरी से गिर पड़े...।

—"सोने आयी है यहां?" उसने कहा। हम उठने लगे। उसने कहा, "बड़े लाट साहब की बेटी है न? देख, हम सब जानते हैं...तेरे पिताजी जैसे दो-चार सौ तो हमारे अंडर में होंगे जब हम आई.ए.एस हो जायेंगे।"

हमें कुछ नहीं मालूम था कि आई.ए.एस. क्या होता है पर हमारे पापा को बुरा कहा तो ये हमें अच्छा नहीं लगा। हम समझ गये कि यही हमारा पति है।

वह फिर हमारा हाथ पकड़कर घसीटने लगा। हम छुड़ाने लगे। उसे गुस्सा आ गया बोला—"ठीक है तू सो जा...देखे कब तक सोती है। जा उधर सो जा... कमरे के कोने में एक दरी बिछी थी...हम दरी पर जाकर बैठ गये वह जूते उतारने लगा।"

—"देख यहां रहना है तो ढंग से रहना पड़ेगा...लाट साहबी नहीं चलेगी...हम बड़े टेढ़े आदमी हैं...अच्छे-अच्छों को ठीक कर दिया है...अब हमारी सेवा करना ही तेरा धर्म है...समझी।"

हम सुनते रहे। वह उठा शीशियों वाली अलमारी के पास गया। पता नहीं क्या-क्या दवा पीता रहा। हम बैठे रहे। वह बोला—"चल लेट जा वहीं...समझी..." हम लेट गये। पता नहीं कब सो गये...।

अनु बताये जा रही थी और मैं सुन रहा था, सोच रहा था, मेरी आंखों के सामने अनु नहीं आठवीं-नौवीं क्लास में पढ़ने वाली एक लड़की थी जिसे तरह-तरह से अपमानित किया जा रहा था। जिसका कोई न था...ये सब क्या है? क्यों है? ये आज़ादी और मुक्ति की शताब्दी है...।

...एक बड़ा कमरा था जिसमें मेरे पति रामवीर सिंह रहते थे। पीछे एक तरफ गली थी। गली से अंदर आने के लिये दरवाज़ा था। उसके बराबर बाथरूम था। फिर एक टीन की छत वाला बरामदा था जहां सूखी लकड़ियां, झव्वे, फावड़ा, रस्सी और न जाने क्या-क्या रखा रहता था। यहीं नमिता अपनी साइकिल खड़ी करती थी। नमिता हमारी ननद थी। वह एम.कॉम. कर रही थी।

बड़े कमरे के सामने बरामदा था। फिर मिली हुई दो कोठरी जैसे कमरे थे। एक में सामान भरा रहता था, दूसरी में नमिता और माताजी मतलब हमारी सासजी रहती थीं। बायीं तरफ आंगन था। जहां मोटे तार की दो अलगनियां बंधी थीं। आंगन के एक कोने से सीढ़ियां ऊपर जाती थीं। यहां हमारे जेठ जी डॉ. आर.एन. सिंह और उनकी पत्नी डॉ. तुलसी सिंह रहते थे। इन लोगों ने गमलों में तरह-तरह के पौधे लगा रखे थे। बेलें चढ़ाई हुई थीं। एक झूला भी लगा रखा था। उनके कमरे में डबलबेड, सोफासेट, टी.वी. वग़ैरा सब था। जेठ जी यूनिवर्सिटी में पढ़ाते थे। जिठानी जी नगरपालिका बालिका महाविद्यालय में पढ़ाती थीं। उनका बेटा रोहित किसी इंग्लिश स्कूल में जाता था। ये दोनों अपने बेटे से हमेशा अंग्रेज़ी में बात करते थे।

सबका खाना नीचे ही पकता था। मेरा एक काम यह भी था कि मैं ऊपर जेठ जी के यहां खाना पहुंचाया करूं। मैं पूरा खाना और बर्तन ऊपर ले जाती थी। जेठ जी प्यार से बात करते थे। कभी कुछ चाहिये होता था तो अच्छी तरह मांगते थे। जैसे कहते थे—"बहू अगर नींबू मिल जाता तो मज़ा आ जाता।" हम भागते हुए नीचे जाते थे और नींबू ले आते थे। जिठानी जी प्यार से कुछ नहीं कहती थीं, ऑर्डर देती थीं, "जाके आम की चटनी पीस ला..." रोहित हमसे बात नहीं करता था। वह हमेशा मुंह फुलाये रहता था और नख़रे दिखाया करता था।

हम कभी-कभी शाम को जिठानी जी के यहां चित्रहार देखने चले जाते थे। पहली बार हम गये और सोफे पर बैठ गये तो उन्होंने इशारा किया कि नीचे दरी पर बैठो। हमें बुरा लगा लेकिन हम उठे और दरी पर बैठ गये। जेठ जी होते तो शायद जिठानी जी ऐसा न कहतीं। जेठ जी के बाल आधे काले और आधे सफेद थे। उम्र चालीस के आसपास रही होगी। बहुत अच्छे लगते थे। बहुत मीठा बोलते थे...हमें पक्की उम्र के लोग अच्छे लगते हैं...पक्की उम्र के लोग अच्छे होते हैं। हमारे ससुर जी के बाल

बिलकुल सफेद थे। चेहरे पर बहुत-सी लकीरें थीं। हमेशा कुर्ता-पाजामा और बास्कट पहनते थे। दुबला-पतला शरीर था। महराजगंज के पी.जी. डिग्री कॉलेज में हिंदी पढ़ाते थे। रहते वहीं थे। महीने में एक बार घर आ जाते थे। जब आते थे तो कुछ-न-कुछ ज़रूर लाते थे। हमसे अच्छी तरह बात करते थे। एक बार हमने उनसे डिफरेंशल कैलकुलस की किताब भी मंगवायी थी। दूसरी किताबें भी देते थे। हमारे पढ़ने का भी ध्यान रखते थे। कहते थे कि प्राइवेट बी.ए. तक करा देंगे। जब वे घर आते थे तो हम उनके लिये कढ़ी ज़रूर बनाते थे और उन्हें लहसुन की चटनी बहुत पसंद थी... हमारा बड़ा ध्यान रखते थे। एक बार हमारे माथे पर चोट का निशान देख लिया था तो बहुत दुखी हो गये थे...।

—चोट?

हां, रामवीर ने हमें मारा था।...पूरे दिन में वह सबसे अच्छा समय हुआ करता था जब दोपहर के समय नमिता दरवाज़े के बाहर से साइकिल की घंटी बजाती थी कि दरवाज़ा खोल दिया जाये। हम किचन में चाहे जो कर रहे हों, उठकर भागते हुए जाते थे और दरवाज़ा खोल देते थे। नमिता साइकिल अंदर ले आती थी...नमिता से हमारी पक्की दोस्ती थी और है...एक दिन हमने नमिता से कहा था—"हम तुम्हारी साइकिल साफ़ कर दिया करें?"

—"हां...हां...," वह समझ नहीं पायी थी।

—"बस वैसे ही...हमें अच्छा लगता है...तुम कॉलेज जाती हो न? हमें बहुत अच्छा लगता है...हम तुम्हारी साइकिल साफ़ कर दिया करेंगे...देखना कल से चमकेगी तुम्हारी साइकिल...।"

हम नमिता की साइकिल साफ़ करने लगे। वह हमारे लिये गणित की किताबें ले आती थी। कहती थी तुम्हारा भी अजीब शौक है...'लड़कियां उपन्यास पढ़ती हैं, पत्रिकायें पढ़ती हैं और तुम गणित के सवाल हल करती हो।'

हम हंसते थे। भला हम क्या बता सकते थे कि उसमें हमें क्यों मज़ा आता है... रामवीर ने एक किताब फाड़ डाली थी...उसके पैसे देने पड़े थे...फिर नमिता डर गयी थी और किताबें लाना बंद कर दिया था। रामवीर मुझे नमिता से बात करते देख लेते थे तो बहुत नाराज़ होते थे। कहते थे उसके पास न फटका करो...कॉलेज-वालेज मुझे पसंद नहीं...कॉलेज की लड़कियां तो...नमिता बहुत अच्छी थी। मेरे लिये रोती थी... चुपचाप मुझे पेन दे देती थी। एक छोटी-सी डायरी दी थी मुझे...पर छिपकर...मैं यह सब छिपाकर रखती थी...अलमारी के काग़ज़ के नीचे...बिलकुल नीचे...।

उसकी आवाज़ मद्धिम होने लगी...वाक्य अधूरे छूटने लगे...'पाज़' लंबे होने लगे...वह धीरे-धीरे सो गयी। रौशनी उसके चेहरे पर पड़ रही थी...सोते में चेहरे अपने प्राकृतिक रूप में आ जाते हैं...सब कुछ चेहरों पर सिमट आता है...दुख और सुख की छाया...अतीत का दुख और भविष्य का भय...सब कुछ चेहरे पर नुमाया हो जाता

है...उसके चेहरे पर शांति थी...मैं उसे देखता रहा...मेरे लिये उसका जीवन अब भी अविश्वसनीय था...।

मैं धीरे से उठा। उसका हाथ अपने सीने के ऊपर से उठाया। चश्मा लगाया। आदतवश मोबाइल जेब में रख लिया और कॉटेज के बाहर आ गया। चारों तरफ पेड़ों का साम्राज्य था और अंधेरा उनसे जूझ रहा था। आसमान पर तारे नहीं थे। कुछ मलगिजी-सी रौशनी थी। सामने झील का पानी चांदी हो गया था। घास पर नमी थी और हवा में थोड़ी सर्दी...अचानक मोबाइल बज उठा।

—"मैं...यहीं हूं...बाहर...कॉटेज के बाहर...।"

—"अंदर आइए...मुझे डर लग रहा है।"

32

जी.टी. रोड पर दोनों तरफ धान के लहलहाते खेत देखकर ऐसा लग रहा था जैसे पता नहीं इन खेतों से कितना पुराना रिश्ता है जो ये ऐसी खुशी दे रहे हैं। इमारतें और आबादियां आनंद से इस तरह विभोर नहीं करते जैसा प्रकृति करती है। वजह साफ़ है कि प्रकृति का प्रकृति के प्रति आकर्षण है। मनुष्य प्रकृति का एक शाहकार है और प्रकृति की विराटता, सुंदरता और सौम्यता में उसे पूर्णता मिलती है।

—"तुम्हें दिल्ली पहुंचने की कोई जल्दी तो नहीं," मैंने अहमद से कहा।

—"मैं तो दिल्ली पहुंचना ही नहीं चाहता," अहमद दुखी स्वर में बोला।

—"अरे ऐसा क्या है?"

—"इत्मीनान से बताऊंगा...तो तुम क्या रात में कहीं ठहरना चाहते हो?"

—"यार यहां एक बड़ा शानदार मोटेल है...बिलकुल धान के खेतों के बीचोबीच...सोच रहा हूं वहां चलें...शाम को बियर पियें...कुछ अच्छे से खाने का ऑर्डर करें...और रात में जम के सोयें...सबह-सुबह यानी ट्रैफिक से पहले दिल्ली पहुंच जायें।"

—"आइडिया तो बुरा नहीं है। मैं ज़रा फोन किये देता हूं," उसने मोबाइल निकाला। वह शूज़ा को फोन करके अपना प्रोग्राम बताने लगा। बातचीत में मुझे अंदाज़ा हुआ कि वह काफी उकताया हुआ है। चाहता है बात जल्दी-से-जल्दी ख़त्म हो जाये लेकिन उधर से सवालों पर सवाल हो रहे थे।

—"तुम कहो तो साजिद से तुम्हारी बात करा दूं," वह चिढ़कर बोला।

समझने में देर नहीं लगी कि शूज़ा यह समझ रही है कि अहमद किसी लड़की के साथ रात बिताना चाहता है।

—"ठीक है...तो कल सुबह आठ बजे तक।"

फोन बंद करके वह बाहर देखने लगा।

—"तुम्हारे ऊपर निगाह रखी जाती है?"

—"हां यार...बड़ी शक्की है शूज़ा।"

—"और तुम बड़े मासूम हो...," मैंने कहा और वह हंसने लगा।

—"उसे यार रौशन वाली बात पता लग गयी है।"

—"रौशन?"

—"याद नहीं यूनिवर्सिटी में...।"

—"अच्छा...अच्छा जिससे तुम्हारा बड़ा जबरदस्त इश्क़ चला था और फिर उसकी शादी किसी डिप्लोमैट के साथ हो गयी थी...।" मैं बोला।

—"हां, वही।"

—"तो क्या हुआ...यार बिलकुल अचानक इतने साल बाद पिछले महीने वह 'मौर्या शैरेटन' में मिल गयी...।"

—"आहो।"

—"कुछ दिन के लिये दिल्ली आयी हुई थी...उसके हसबैंड को मास्को में जाकर चार्ज लेना था...।"

—"आजकल तो 'एम्बेस्डर' होगा।"

—"हां है।"

—"तो क्या हुआ।"

—"यार देखते ही लिपट गयी और रोने लगी...बुरी तरह रोने लगी।"

—"अच्छा...फिर...?"

—"हम कॉफी शॉप आये...वो लगातार मेरे हाथ पकड़े थी। बातें किये जा रही थी...दो बार हमारी कॉफी ठंडी हो गयी...उसने सब बताया कि कैसे उसे मज़बूर किया गया कि वह शादी कर ले...ये भी बताया कि वो मुझे अपना सब कुछ मान चुकी थी...उसकी ज़िंदगी में किसी और आदमी के लिये कोई जगह नहीं थी... लेकिन शादी हो गयी...बच्चे हो गये...लेकिन वो मुझे ही अपना सब कुछ मानती रही...।"

—"काफी रोमांटिक...।"

—"सुनो यार...तुम सबको अपने चश्मे से क्यों देखते हो?" वह झल्लाकर बोला।

—"सॉरी...बताओ।"

—"रौशन ने कहा कि मैं रात को उसके कमरे में आऊं...वह उस रिश्ते को मुकम्मिल करना चाहती है जिसे उसने ज़िंदगीभर माना है...और आज भी मान रही है...मैं तैयार हो गया...अब सवाल ये था कि शूज़ा को क्या बताऊंगा...वह साथ रहती है...नहीं भी रहती तो मेरे हर लमहे की ख़बर रखती है...उन लोगों से बहाना बनाना

बड़ा मुश्किल होता है जो आपको बहुत अच्छी तरह जानते हैं...ख़ैर मैंने बहाना ये बनाया कि लखनऊ के ज़माने का कोई बहुत पुराना और अज़ीज़ दोस्त न्यूयार्क से आ रहा है और मैं उसे लेने एयरपोर्ट जा रहा हूं।''

—''झूठ तो बड़ा 'सालिड' बोला।'' मैंने कहा।

—''नहीं यार...तुम शूज़ा को नहीं जानते...उसने इंटरनेशनल एयरपोर्ट फोन करके पता लगा लिया कि न्यूयार्क से कोई फ्लाइट दो बजे रात को नहीं आती... मुझे मोबाइल पर फोन किया। मैं रौशन के साथ कमरे में था और मोबाइल ऑफ था। शूज़ा लगातार फोन करती रही। रातभर फोन किये और मोबाइल बंद रहा।''

—''फिर क्या हुआ।''

—''उसने पुलिस को मेरी गाड़ी का नंबर दे दिया...पता चल गया कि मौर्या शैरेटन की पार्किंग में गाड़ी खड़ी है।''

—''अरे बाप रे बाप...इतनी धाकड़ है।''

—''सुबह जब घर पहुंचा था वहां शूज़ा मौजूद थी...मुझसे पूछने लगी...यार मैंने सब कुछ सच-सच बता दिया...क्या करता।''

—''हां, ये सही किया।''

—''ये भी कहा कि ये एक बिलकुल 'स्पेशल केस' था...ऐसा नहीं है कि अय्याशी कर रहा था।''

—''फिर?''

—''फिर क्या...अभी जब मैंने कहा कि कल सुबह आऊंगा तो शक करने लगी... तब ही मैंने कहा कि साजिद से बात करा दूं?''

—''यार ये बताओ...ये बैठे-बिठाये शूज़ा तुम्हारी अम्मां कैसे बन गयी?''

—''मैं भी यही सोचता हूं...और यार अब उससे पीछा छुड़ाना ही पड़ेगा।''

—''हां, तुम उस्ताद आदमी हो, कर लोगे।''

वह हंसने लगा।

—''रौशन का क्या हुआ?''

—''वह अगले दिन चली गयी...मास्को में होगी।''

—''क्या कह रही थी।''

—''यार ये औरतें भी अजीब होती हैं।''

—''क्यों?''

—''कह रही थी...अब तुम चाहे मिलो या न मिलो...मुझे कोई अफसोस नहीं होगा...मैं चाहती थी कि उस आदमी के साथ पूरे रिश्ते बनें, जिससे और सिर्फ जिससे मैंने प्यार किया है...तो रिश्ता बन गया है...मुझे न तो शर्म है, न अफसोस है...काश मैं ये पूरी दुनिया को बता सकती।''

—''हां, मामला तो अजीब है।''

—"दो बच्चे हैं उसके। लड़की लंदन यूनिवर्सिटी में है...लड़का ऑक्सफोर्ड में है।"

—"तुम उससे फिर मिलना चाहते हो?"

—"कह नहीं सकता यार," अहमद बोला।

एक बियर पी लेने के बाद अहमद अपनी गांठें खोलने लगा। उसने बताया कि शूज़ा ने पूरी तरह उस पर अपना कब्जा जमा रखा है। उसका पूरा प्रोग्राम शूज़ा तय करती है। हफ़्ते के हर दिन का प्रोग्राम पहले से बना रहता है। बस उसी पर अमल करना पड़ता है। जैसे इतवार के दिन सुबह 'फेस मसाज एक्सपर्ट' आती है। कमरे में फर्श पर बिछी चटाइयों पर शूज़ा और अहमद लेट जाते हैं। मसाज़ एक्सपर्ट पहले तरह-तरह की क्रीमें, तेल चेहरों पर लगाती है। उसके बाद पिंडोल मिट्टी का मोटा घोल चेहरे पर पोता जाता है। पहले चेहरे पर सफेद मलमल का रूमाल डाला जाता है जिसमें आंखों और नाक के आकार के छेद कटे होते हैं। इस कपड़े पर पिंडोल मिट्टी का घोल चिपकाया जाता है। इस बीच कमरे में रविशंकर का सितार बजता रहता है। घोल चेहरे पर लगाकर लड़की कॉफी पीने किचन में चली जाती है। तीस मिनट के बाद वह आती है और धीरे-धीरे कपड़ा हटाती है जिससे मिट्टी की परत भी हट जाती है। उसके बाद जैस्मीन के तेल से चेहरे की मसाज करती है। दोनों सोना बाथ लेते हैं और उसके बाद 'ब्रंच' करते हैं। ब्रंच का मीनू पहले से ही तय रहता है। शूज़ा कहती है पिंडोल मिट्टी वाली मसाज से चेहरे की ताज़गी बनी रहती है और झुर्रियां नहीं पड़ती हैं। इतवार की शाम को दोनों स्वीमिंग करने जाते हैं। रात का खाना मौर्या में खाते हैं और इस डिनर में शूज़ा अक्सर किसी वी.वी.आई.पी. को बुला लेती है।

हफ़्ते में एक बार 'फीज़ियोथेरेपिस्ट' भी आता है। पच्चीस-छब्बीस साल के खूबसूरत से इस लड़के को शूज़ा बहुत पसंद करती है। टिंकू पहले शूज़ा की मसाज करता है। शूज़ा अपना कमरा अंदर से बंद कर लेती है और कोई डेढ़ घंटे तक मसाज सेशन चलता रहता है। उसके बाद नहाती है और टिंकू अहमद की मसाज करता है। उसके मसाज का तरीका वैज्ञानिक है, उसने विदेश से कोई कोर्स किया है।

इसी तरह हफ़्ते में दो बार लाइट एक्सरसाइज़ कराने के लिये एक मास्टरजी आते हैं। शूज़ा सितार भी बजाती है। सितार उस्ताद बुद्धवार और शुक्रवार को सुबह आते हैं।

—"यार ये सब ख़र्च तुम्हारी तनख़ाह से पूरे हो जाते हैं? यहां तो तुम्हें फॉरेन एलाउंस नहीं मिलता होगा।" मैंने अहमद से पूछा।

—"ये सब ख़र्च शूज़ा उठाती है। उसके पास बहुत पैसा है...लेकिन आज तक न उसने बताया है और न मैंने पूछा है कि पैसा कैसे आया? कहां 'इन्वेस्ट' किया है? कितनी आमदनी होती है? वग़ैरा-वग़ैरा।"

—"फिर भी?"

—"यार कुछ इंटरनेशनल मार्केटिंग चेन्स के लिये यहां पी.आर. एजेंट है शायद... पता नहीं...इसका भी अंदाज़ा ही लगा सकता हूं।"

—"वैसे कहती क्या है कि इतना पैसा उसके पास कहां से आया।"

—"कभी-कभी बातचीत में बताती है कि पैसा उसके डैडी का है जो वे उसके नाम कर गये थे...कभी कहती है नेहरू प्लेस में बड़ी ऑफिस स्पेस का किराया आता है।"

—"तो तुम्हारी चैन से कट रही है," मैंने कहा।

वह घबराकर बोला—"यार क्यों मज़ाक़ करते हो...मैं तो निकलना चाहता हूं इस सब से।"

33

'एम्स' की पार्किंग में गाड़ी खड़ी करके हम दोनों प्राइवेट वार्ड की तरफ भागे थे। नवीन की सांस फूलने लगी थी। मुझे एहसास हुआ तो मैंने रफ़्तार धीमी कर दी। हम दोनों ख़ामोश थे। कुछ बोलना कितना दुखदायी होगा इसकी कल्पना भी नहीं कर सकते थे।

वार्ड के बाहर सरयू मिल गया। वह गैलरी के एक कोने में गुमसुम खड़ा था। हमें देखकर आगे आया।

—"क्या हाल है?"

—"वही हाल है...रात में दो बजे भर्ती कराया था...डॉक्टर पूरी कोशिश में लगे हैं... ।"

हम अंदर आ गये। सामने बेड पर रावत लेटा था। उसकी आंखें बंद थीं। चेहरा लाल था। सांस बहुत तेज़ी से आ-जा रही थी। सीना धौकनी की तरह चल रहा था। कुछ नलियां उसकी नाक में लगी थीं। पास उसकी पत्नी बैठी थी। वह जड़ लग रही थी। मुझे रावत की बात याद आ गयी थी। उसने कहा था कि मेरा कोई नहीं है। न भाई, न चाचा, न मामा...मैं अकेला हूं...बिलकुल अकेला।

रावत बेहोश है पर उसे देखना मुश्किल है। इतनी तेज़, तकलीफ़देह, और भरी सांसें ले रहा है कि मन सिहर उठता है।

—"चिंता मत करो भाभी जी...सब ठीक हो जायेगा।" नवीन ने रावत की पत्नी से कहा।

वह कुछ नहीं बोली। कुछ लमहों के लिये हमारी तरफ देखा और फिर शून्य में घूरने लगी।

मेरे पास एक बजे के करीब भाभी का फोन आया था...मैं गाड़ी लेकर कोई बीस मिनट में पहुंच गया हूंगा। उस वक़्त हालत ज़्यादा ख़राब थी और लग रहा था पता

नहीं कब सांस का यह दबाव...यहां इमरजेंसी में ले गये...वही मर्ज़...हाई ब्लडप्रेशर... डॉक्टर ने ब्लडप्रेशर लिया तो 180 निकला तब से ट्रीटमेंट चल रहा है...पर अभी तक...कोई सुधार...।

तीनों ख़ामोश हो गये। अब क्या कहा जा सकता है कि ऐसा कर लिया होता तो ये न होता...ये हो जाता तो 'वो' न होता। लेकिन बात करने के लिये कुछ तो चाहिये ही होता है।

—"यार मैं तो शुरू से ही कह रहा था कि सरकारी नौकरी इसके बस की बात नहीं।" नवीन ने कहा।

कोई कुछ नहीं बोला।

—"भाभी से कहो घर चली जायें...हम लोग यहां हैं।" मैंने कहा।

—"मैं दस बार कह चुका हूं...नहीं जा रही हैं...न कुछ खा रही हैं, न पी रही हैं...मैं तो यार...।" सरयू ने कहा।

—"ऐसा कैसे चलेगा?"

—"तुम समझाकर देखो।"

भाभी से कहा तो लगा कि वे सुन ही नहीं रही हैं। वे ऐसी स्थिति में पहुंच गयी थीं जहां आदमी जीवित तो होता है पर सारे सेंस ख़त्म हो जाते हैं।

कई बार कहने पर वे बोलीं—"नहीं...।"

कितने हज़ार साल बाद किसी घुमंतू कबीले से एक लड़का अपने बाड़े से निकलकर बाहर आता है...यही अपने आपमें कमाल की बात है...चमत्कार है...क्योंकि हम जानते हैं कि हमारा समाज कितना यथास्थितिवादी है...जो जहां है, वहां रहे... आगे बढ़ना, पीछे हटना अपराध है...और...।

हम गैलरी में खड़े थे। भाभी जी ने नाश्ता करने से भी इनकार कर दिया था। पता नहीं उनके मन में कितना भय था।

नवीन मेरी बात काटकर बोला, "मुझे तो लगता है यार संस्कार...।"

सरयू ने उसे घूरकर देखा—"कैसे संस्कार...ये तू क्या उलटी-सीधी बातें करने लगा है बुढ़ापे में।"

—"यार, पूरी बात तो सुन लो।"

—"सुनाओ।"

—"रावत के मध्यवर्गीय संस्कार नहीं थे।"

—"अरे भाई, जब वह था ही नहीं मध्यवर्ग का तो संस्कार कैसे हो जायेंगे?"

—"देखो, सच्चायी यह है कि उसके ऑफिस के 'पावरफुल लोगों' ने उसे सीधा जानकर उस पर निशाना साधा है। वे नहीं चाहते कि कोई 'अन्य' ऊंचे पद पर पहुंचे...।"

—"यार ये हर जगह तो नहीं होता।" नवीन बोला।

—"ये कौन कहता है, हर जगह होता है।"

रावत पचपन घंटे मौत से जूझता रहा। अगले दिन सुबह चार बजे उसकी हालत बिगड़ने लगी और वह ख़त्म हो गया।

उसकी अर्थी पर मंत्रालय की ओर से फूलों का बुके आया था। उच्चाधिकारी शमशान घाट में मौजूद थे।

भेड़ियों से संघर्ष करते हुए एक बहादुर की मृत्यु हो गयी थी।

रावत के न रहने ने हमें हिला दिया था। यह वैसी मौत नहीं थी जो आसानी से भुलाई जा सकती हो। मैंने लंदन फोन करके नूर को बताया था। हीरा को बताया था। मुझे याद है कि नूर कहा करती थी रावत में कुछ मौलिक है जो उसे दूसरे लोगों से अलग करता है। भावनाओं की वह ताज़गी जो रावत में है, कम ही दिखायी पड़ती है।

हम लोग मंत्री महोदय से मिले थे। शकील से फोन भी कराया था। मंत्री महोदय ने तुरंत आदेश दिया था कि रावत की विधवा को योग्यता के अनुसार कोई उचित पद दिया जाये तथा जिस सरकारी मकान में परिवार रहता है, वापस न लिया जाये।

मिटे नामियों के निशां कैसे कैसे
ज़मीं खा गयी आसमां कैसे कैसे

पुराने दोस्त पुश्तैनी मकान जैसे होते हैं। उनके कोने-खुतरे तक देखे हुए होते हैं। अलग-अलग मौसमों में मकान कैसा लगता है? कौन-सी छत बरसात में टपकती है। किस तरफ जाड़ों में धूप आती है। जब पुरवा हवा चलती है तो कौन-सी खिड़की खोलना चाहिये। किस छत की कौन-सी धन्नियां बदली जायेंगी।

कॉफी हाउस वाली मंडली सिमटते-सिमटते सरयू और नवीन की शक़्ल में मेरे पास बची है। सरयू उन बहुत कम लोगों में हैं जो जानते हैं कि तीस साल पहले मैं कहानियां लिखा करता था।

तो पिछले तीस-पैंतीस साल के गवाह से मिलना हमेशा अच्छा रहता है क्योंकि शब्दों की बचत होती है। आप एक वाक्य बोलते हैं और वे पूरा पैराग्राफ समझ लेते हैं। आप एक शब्द बोलते हैं तो वे उससे वही अर्थ ग्रहण करते हैं जो आप चाहते हैं। उनके साथ आपको सतर्क रहने की भी ज़रूरत नहीं पड़ती क्योंकि वे आपको अंदर से बाहर तक जानते हैं। यानी दाई से पेट नहीं छिपाया जा सकता...और फिर पुराने दोस्तों से मुलाकात अपने-आपसे मुलाकात का एक बहाना होती है। इसमें अपनी अनगूंजें भी सुनायी देती हैं।

हालांकि रात ज़्यादा हो चुकी थी लेकिन हम अभी यह मानने के लिये तैयार नहीं थे। गुलशन खाना-वाना मेज़ पर लगाकर जा चुका था। हो सकता है सो गया हो...हम

दोनों खाने की मेज़ से कुछ उठा-उठाकर खा रहे थे, पी रहे थे और बातचीत कर रहे थे।

कमरे में रौशनी कम थी और दो कोने में जलते लैंपों के अलावा कोई बल्ब नहीं जल रहा था जिसकी वजह से कमरा बदला हुआ और चीजें अजीब तरह की लग रही थीं। उनके आकार बदल गये थे। ये वही हो गये थे जो होने चाहिये थे।

—"तुम्हें सच बताऊं...मैं तो आज भी उसी उधेड़बुन में लगा हूं...," मैं बोला।

—"कैसी उधेड़बुन?"

—"यार, तुम्हें याद होगा हम लोग जब जवान थे तो कुछ करना चाहते थे... कुछ ऐसा जो देश को बदल दे...लोगों को बदल दे।"

—"हां...मतलब...क्रांति...।"

—"क्रांति तो नहीं हुई...और अब लगता है होगी भी नहीं और ये भी लगता है कि अगर हुई तो पता नहीं कैसे होगी...हम कुछ नहीं जानते...कुछ नहीं कह सकते।"

—"हां...अब तो स्थितियां और भी जटिल हैं," सरयू बोला।

—"क्या हम ये न सोचें कि इन हालात में हम क्या करें? ऐसा क्या करें जो हमें यह सुख दे कि हम जो कुछ कर रहे हैं वह अच्छा है, हम वही करना चाहते थे।"

—"इससे क्या मतलब है तुम्हारा?"

—"देखो, हम, तुम नौकरी करते हैं। हमें कोई तकलीफ़ नहीं है, हम तुम इस देश के एक प्रतिशत या उससे भी कम लोगों को जो सुविधायें मिलती हैं उन्हें भोगते हैं...हमसे जो हो सकता...मतलब जो अच्छा हो सकता है या जहां तक हमें करने की इजाज़त है हम करते हैं...क्या यही पर्याप्त है? क्या इससे हम खुश हैं? क्या हम यही करना चाहते थे या हैं?"

—"पता नहीं...लेकिन ये काफी तो नहीं है...हम आपकी भूमिका नहीं निभा रहे हैं, ये तो मुझे भी लगता है।" सरयू बोला।

—"क्या होनी चाहिये हमारी भूमिका?"

—"कोई एक नहीं हो सकती...सबकी भूमिकायें अलग-अलग होंगी।"

—"तुम्हारी क्या होगी?"

—"मैं...मैं...सच पूछो तो इस सवाल से आंखें चुराता रहा हूं।" सरयू सफ़ाई से बोला।

—"मैं भी यही करता रहा हूं...पर ये सोचो क्या हम ऐसा आगे भी करते रहेंगे और क्या हम ये कर पायेंगे? क्या जब हमारे हाथ-पैर जवाब दे जायेंगे तब हमें ये ख़याल नहीं आयेगा? और अगर आया तो उसका क्या असर होगा हमारे ऊपर?"

—"तो ये जो कुछ तुम करना चाहते हो वह इसलिये कि कहीं 'गिल्ट' न रह

जाये।'' सरयू ने कहा।

—''यह एक बड़ी वजह हो सकती है,'' मैं बोला।

—''देखो, इस देश में सेकुलर और डेमोक्रेटिक मूल्यों के लिये एक बड़ा आंदोलन चल रहा है,'' सरयू ने कहा।

—''जिसके नतीजे हमारे सामने हैं,'' मैंने व्यंग्य से कहा—''यार अगर ऐसा होता तो फिक्र की क्या बात थी। पर अफसोस कि ऐसा नहीं है...खासतौर पर यहां मतलब हिंदी क्षेत्र में तो बिलकुल नहीं है। क्यों नहीं है? इसलिये कि हमारे तुम्हारे जैसे लोग पचास साल पहले भी यह मान रहे थे कि इस देश में सेकुलर और डेमोक्रेटिक मूल्यों के लिये एक बड़ा आंदोलन चल रहा है...मतलब हम अपने को धोखा देते आये हैं और आज भी दे रहे हैं।'' मैं गुस्से में आ गया।

वह ख़ामोशी से पीता रहा। मेरा गुस्सा उफनता रहा।

ये भी अजीब मज़ाक़ है कि राष्ट्रीय स्तर पर झूठ बोले जा रहे हैं, सब सुन रहे हैं, कोई कुछ नहीं कहता...चापलूसी और 'साइकोफैंसी' का ऐसा माहौल बन गया जैसा मध्यकाल में हुआ करता था...न तो न्याय बचा है और न व्यवस्था...पूरा समाज और देश आत्म-प्रशस्ति में लीन है...देशप्रेम, राष्ट्रीय गौरव क्या है? तुम दिल्ली के राजमार्गों पर हर साल होने वाले भोंडे शक्ति और संस्कृति प्रदर्शनों को देशप्रेम कहोगे? क्या उसका ग्रामीण क्षेत्रों में अकाल, बाढ़ और बीमारियों से मर जाने वालों की बढ़ती संख्या से कोई रिश्ता नहीं है? क्या उन लोगों का यह देश नहीं है?

उसने मेरे कंधे पर हाथ रख दिया, तुम ज़्यादा पी गये हो...लेकिन जो कुछ कह रहे हो उससे किसे इनकार है...अब सवाल ये है कि हमारे तुम्हारे जैसे लोग क्या करें? यार हम लोग, तुम बुरा न मानो तो कहूं, बुद्धिजीवी हैं...हमारा रोल सीमित है...हम 'एक्टिविस्ट' नहीं हैं...हमसे जो हो सकता है वो करते हैं।

—''क्या वह काफी है?''

—''काफी तो बिलकुल नहीं है।''

—''फिर?''

—''क्या कोई 'पॉलिटिकल एक्टिविटी' करना चाहते हो? देखो कि सांप्रदायिक और जातिवादी राजनीति ने हमारे लिये कितनी जगह छोड़ी है? आज तुम क्षेत्र में जाओ...तुम्हें दस वोट नहीं मिलेंगे...क्योंकि पूरा समाज धर्म और जाति के नाम पर बंट चुका है या बांट दिया गया है, हमारे तुम्हारे लिये वहां अब कुछ नहीं है...हर जाति की सेना हैं, गुंडे हैं, अधिकारी हैं, व्यापारी हैं, माफिया हैं,'' वह चुप हो गया।

—''चलो खाना खा लो।''

—''अब क्या खायेंगे यार...कबाब से पेट भर गया है...तुम खा लो।''

—''नहीं, अब तो मैं भी नहीं खाऊंगा...दो बज रहा है।''

—''अरे दो...चलो मुझे घर छोड़ दो,'' वह खड़ा होता हुआ बोला।

सरयू को छोड़कर लौटा तो नींद पूरी तरह उड़ चुकी थी। सोचा क्या किया जाये? क्या कर सकता हूं? सोचा चलो बहुत दिनों से लंदन बात नहीं हुई है। हीरा को फोन मिलाया। वह खुश हो गया। उसने बताया कि पिछले ही हफ़्ते मैक्सिको से लौटकर वापस आया है और वहां की राजनीति में 'मल्टीनेशनल' की भूमिका पर पेपर लिख रहा है।

उसके अपने कैरियर को लेकर देर तक बातें होती रहीं, वह कह रहा था कि इन गर्मियों में मैं लंदन क्यों नहीं आ जाता। उसने मुझे लुभाने के लिये यह भी कहा कि 'योरोप सोशलिस्ट फोरम' का बड़ा प्रोग्राम भी हो रहा है और 'ग्रीन पीस' वाले भी एक सप्ताह का कार्यक्रम कर रहे हैं।

34

—"तो भई तुम्हारे पापा के इतने पुराने ख़यालात होंगे...और वो भी दिल्ली जैसे शहर में नौकरी करने के बाद। ये तो मैं सोच भी नहीं सकता था," मैंने सोचा।

जाड़ों की एक खुशगवार सुबह थी। टेरिस का बेगुनबेलिया की रंग-बिरंगी लतायें किसी सुंदर और जवान लड़की की तरह इतरा रही थी। जाड़े की धूप टेरिस पर फैली हुई थी। आसमान साफ़ था और चारों तरफ एक अनबूझा-सा मज़ा बिखरा पड़ा था।

—"नहीं, पापा ऐसे नहीं हैं...ये सब ताऊ जी की वजह से हुआ था...ताऊ जी पापा से काफी बड़े हैं। पापा को उन्हीं ने पढ़वाया है। पापा पर उनका बहुत असर है... ताऊ जी की किसी बात को पापा टाल नहीं पाते हैं...उनका इर शब्द पापा के लिये आदेश जैसा होता है...और ताऊजी के पिछली शताब्दी वाले संस्कार हैं।"

—"जिस ज़िंदगी के बारे में तुम मुझे बताती हो वह मेरे लिये बिलकुल अनजानी है...कहीं ऐसा तो नहीं कि तुम्हारे अतीत को कुरेदने से तुम्हें दुख होता हो?"

—"दुख...," वह लंबी सांस लेकर बोली—"जितना होना था हो चुका है...और हम अकेली थोड़े ही हैं...पता नहीं कितनी लड़कियां हैं, औरतें हैं जो उस चक्की में पिस रही हैं।"

—"तुम्हारी सास कुछ नहीं समझाती थीं तुम्हारे पतिदेव को?"

—"सास जी...वे बड़ी तेज़ थीं...हमें समझाती थीं कि देख ये जो शरीर है...एक दिन मिट्टी में मिल जायेगा...जब तक हाथ-पैर चलते हैं इन्हें चला ले...इसी तरह बातें करती थी और धीरे-धीरे उन्होंने पूरे घर का काम हमारे ऊपर डाल दिया था। हम सुबह उठकर पूरे घर में झाड़ू लगाते थे...फिर अलमारियां साफ़ करते थे। पोछा लगाते थे। चाय बनाते थे। जेठ जी और जिठानी जी को कोठे पर चाय देने जाते थे, नाश्ता

बनाते थे। बर्तन साफ़ करते थे। दिन के खाने का काम चालू हो जाता था। दाल चढ़ा देते थे। सब्जी काटने-छीलने में सासजी मदद कर देती थी...पर लगातार बोलती रहती थीं...कहतीं कि बस काम ही है जो रह जायेगा...आदमी नहीं रहेगा...खाने-पकाने, सबको खिलाने, बर्तन साफ़ करने के बाद सास जी कोई और काम निकाल बैठती थीं। अचार डालना, रज़ाई-गद्दों में तागा डालना, सिलाई करना...काम तो वे शुरू कर देती थीं लेकिन फिर हमें पकड़ा देती थीं। हम पूरी दोपहर काम में लगे रहते थे...सास जी हमें खुश करने के लिये पापा की खूब तारीफ करती थीं...हम और उत्साह से काम करने लगते थे...दिन हमें अच्छा लगता था...रात होने से डरने लगे थे...हां रात से हम बहुत डरते थे...खटका लगा रहता था कि जाने आज क्या हो?"

—"तुम्हारे पतिदेव क्या करते थे?"

—"वकालत करते थे। आई.ए.एस. के इम्तिहान में बैठ रहे थे...घर में उनकी सबसे लड़ाई थी। बड़े भाई और भाभी से उनकी बातचीत भी न होती थी। बाबूजी से भी अकड़े-अकड़े रहते थे। नमिता को डांटते रहते थे...हां माताजी उनका बहुत लाड़ करती थीं...सुबह उठकर एक घंटा पूजा करते थे। फिर नहाते थे...खाते थे... कचहरी जाने से पहले माताजी से उनकी रोज़ ही किसी-न-किसी बात पर लड़ाई होती थी...एक बार हमें कमरे में ही बंद करके चले गये थे...बाहर से ताला लगा दिया था। बोले थे, तुम खिड़की से इधर-उधर देखती हो...दरवाज़े पर जाती हो...गली में झांकती हो...मोहल्ले वालों ने बताया है...हम दिनभर कमरे में बंद रहते थे तो सारा काम माताजी को करना पड़ता था। इसलिये माताजी ने उनके हाथ-पैर जोड़कर उन्हें इस बात पर राज़ी कर लिया था कि कमरे में बंद करके न जाया करें...जब हम शादी के बाद पहली बार अपने मैके गये तो हमने मम्मी से कहा कि मम्मी अब हम वहां नहीं जायेंगे...वह आदमी हमारी बांह पकड़कर खींचता है...हमें कुछ पता नहीं था कि पति-पत्नी के बीच क्या संबंध होते हैं...मम्मी हंसने लगी थीं, बोली थीं अरे पति है तेरा...पति परमेश्वर के समान होता है। हमने कहा था कि फिर वो हमें मारते क्यों हैं? हमने मम्मी को अपनी चोटें दिखायी थीं...उनकी आदत यह थी कि किसी-न-किसी बात पर हमें खड़ाऊं से मारते थे। ज़ोर से खड़ाऊं हमारे ऊपर फेंकते थे...मम्मी ने चोटें देखकर कहा था कि देख अपने पापा से ये न बताना, हमने पापा को नहीं बताया था। मम्मी ने समझाया था कि सब ठीक हो जायेगा। सबके साथ शुरू-शुरू में यही होता है...जब हम मैके आने लगते थे तो सास जी कहती थीं सुना है तेरे ताऊ जी गुड़ बड़ा अच्छा बनवाते हैं, या तेरे यहां अरहर अच्छी होती है या असली घी तो यहां देखने को नहीं मिलता...हम जब लौटते थे तो ताऊ जी ये सब सामान हमारे साथ करा देते थे...सास जी बहुत प्रसन्न हो जाती थीं...हर बार...हर बार...यही होता था... रात का खाना-वाना खाकर कमरे में आये...किताबों की अलमारी में...

हमने हाईस्कूल प्राइवेट करने के लिये नमिता से कहकर फॉर्म मंगाया था, वह रखा हुआ था...देखते ही चिल्लाने लगे, फॉर्म पकड़कर हमें खड़ाऊं से मारने लगे...सिर पर खड़ाऊं मारने लगे, हमने कहा भी था कि हमें सिर पर न मारा करो...सिर में दर्द रहता है, पर वे वही करते थे जो हम मना करते थे...हम चिल्लाने लगे। बाहर माताजी और नमिता लेटे थे...कोई कुछ नहीं बोला। हमारे चिल्लाने और रोने की आवाज़ ऊपर कोठे पर भी जा रही होगी लेकिन ताऊ जी या ताई जी किसी ने कुछ नहीं कहा...बहुत देर तक हमें मारते रहे...फिर बिस्तर पर गिरकर हांफने लगे...हम रोते रहे...।''

—''ये कैसा आदमी था भाई...क्या बिलकुल पागल था।'' मैं अपने-आपसे फुसफुसाया।

—''अगले दिन जब हम जेठ जी के लिये नाश्ता लेकर गये तो जिठानी जी कहने लगीं कि बड़ा निर्दयी है...इस छोटी-सी लड़की को कसाई की तरह पीटता है...दया भी नहीं आती...जेठ जी ने कहा कि वह तो पागल है पागल...उसका पहले इलाज़ कराया जाना चाहिये था उसके बाद उसकी शादी-वादी करनी चाहिये थी...सिर पर खड़ाऊं मारने से हमारे सिर पर दर्द रहने लगा था...दवा-अवा खाने से भी कम नहीं होता था...हम कसकर रूमाल बांध लिया करते थे और दिनभर घर का काम करते थे...उन्हें रूमाल बांधना भी पसंद नहीं था...कहते थे फैशन करती है...कभी-कभी रात में हमसे कहते थे यहां आ मसहरी पर लेट जा...हम लेट जाते थे...वो अलमारी से शीशी निकालकर दवा पीते थे...उनका चेहरा लाल हो जाता था...हम देखते थे कि वे कांपने लगे हैं...हमारी समझ में कुछ नहीं आता था...फिर चिल्लाते थे, चल हट... उधर जा...पता नहीं क्या बात थी...हम...नहीं समझते, हम दरी पर जाकर लेट जाते थे...वो कमरे में टहलने लगते थे...बार-बार शीशे में अपना मुंह देखते थे...हमारी आंख लग जाती थी, हमें सोते में जगा देते थे, कहते थे मैं जाग रहा हूं और तू सो गयी... चल पैर दबा...हम उठकर पैर दबाने लगते थे।''

—''बस करो...'स्टॉप इट' मैं नहीं सुन सकता।''

वह चुप नहीं हुई। पता नहीं कौन-सा तार था जिस पर चोट लगी थी।

—''ये हमने आज तक किसी को बताया नहीं है...बताते भी किसको...हमारा कोई दोस्त भी तो नहीं है...हम जब भी घर आते थे मम्मी के सामने रोते थे...कहते थे मम्मी इससे तो अच्छा है तुम हमें मार डालो...पापा को भी सब पता चल गया था...दोनों कहते थे 'एडजस्ट' करो...'एडजस्ट' करो...हमें इस शब्द से नफरत हो गयी थी...हम कहते थे बताओ हम कैसे 'एडजस्ट' करें? हम वहां करते ही क्या हैं? जो जो कहता है हम करते जाते हैं...हम कुछ ऐसा नहीं करते जो हम चाहते हैं...फिर हम क्या 'एडजस्ट' करें...मम्मी और पापा ये न बता पाते थे कि हम क्या करें...बस 'एडजस्ट' करो की रट लगाये रहते थे...घर में हम अपना इलाज़ भी कराते थे। डिस्पेंसरी में डॉक्टर को दिखाकर दवा ले आते थे...कुछ दिन सिर दर्द ठीक रहता था,

फिर शुरू हो जाता था...महीने दो महीने बाद हमें फिर खूब सारा सामान देकर ससुराल भेज दिया जाता था...और फिर वही सब शुरू हो जाता था...जो भी हम अपने साथ न ले जाते उसी का नाम लेकर 'वो' हमें गालियां देते थे कि वह क्यों न लाई। हम सोचते थे हमसे कह देते तो हम ले आते...हमें क्या मालूम था कि उनके दिल में क्या है। माताजी जब कई बार कहती थीं तो 'वो' हमें दर्शन कराने मंदिर ले जाते थे। लौटकर हमारे पास आये और बोले, देखो तुम्हारे ब्लाउज़ का गला कितना बड़ा है...ये सब नहीं चलेगा...किसने कहा था ये ब्लाउज़ पहनने को...तुम उन लड़कों को क्यों देख रही थीं...हमने कहा हम नहीं देख रहे थे...हम क्यों देखेंगे, पर उन्हें विश्वास ही नहीं होता था...गुस्सा खा जाते थे और घर आकर फिर वही खड़ाऊं से सिर पर मारने लगते थे...एक दिन चुपके से नमिता ने हमसे कहा था, भाभी तुम यहां से चली जाओ...भइया तुम्हें मार डालेंगे...हम बहुत डर गये थे...पर क्या करते...घर फोन करते थे कि हमें ले जाओ तो मम्मी कहती थीं अभी तीन ही महीने पहले तो आयी है... अब हम उनसे फोन पर क्या बताते...रात में 'वो' दवा पीकर और ज़्यादा गुस्सा हो जाते थे।''

—''ये दवा क्या थी?'' मैंने पूछा।

—''हमें नहीं मालूम...एक लाल गाढ़ी दवा थी, 'वो' पीते थे, सुबह च्यवनप्राश खाते थे। नाश्ते पर एक फल खाते थे। सोने से पहले दूध पीते थे...लाल वाली दवा पीकर इधर-उधर टहलते थे...कभी-कभी कंपकंपी होती थी...हम डरा करते थे कि देखो क्या होता है...हम एक बार अपने साथ हाईस्कूल के कोर्स की किताबें ले आये थे...छुपा दी थीं...'वो' चले जाते थे और टाइम मिलता था तो पढ़ लेते थे, एक दिन उन्हें पता चल गया...बस हमारे सामने सारी किताबें फाड़ डालीं और कहा कि ले बन जा बैरिस्टर...हमें रोना आ गया। इस पर खड़ाऊं खींचकर हमें मारी और गालियां देने लगे...महीने में एक-दो बार ससुर जी आते थे तो 'उनका' व्यवहार कुछ ठीक हो जाता था। ससुर जी के सामने 'उनकी' मारने-पीटने की हिम्मत नहीं पड़ती थी...जबसे 'उन्हें' पता चला था कि हम जेठ जी के यहां जा के 'चित्रहार' देखते हैं और मारपीट करने लगे थे...कहते थे अगर मैंने तुझे वहां देख लिया तो मार डालूंगा...जेठ जी के यहां कैरम था, लूडो था...कभी-कभी रोहित हमारे साथ खेल लेता था...लेकिन ये सब उन्हें अच्छा नहीं लगता था।''

—''भाई से क्या लड़ाई थी?'' मैंने पूछा।

—''हमें नहीं मालूम...भाभी को कुतिया कहते थे...एक दिन जेठ जी ने सुन लिया था तो नीचे आ गये थे और 'उनसे' कहा था मैं तुम्हें जेल की हवा खिलवा दूंगा अगर तुमने मेरी पत्नी को कुतिया कहा, बड़ी कहा-सुनी हुई थी...माताजी ने हाथ जोड़-जोड़कर बीच-बचाव कराया था...जेठानी जी तो 'इनसे' एक शब्द नहीं बोलती थीं।''

"धीरे-धीरे धूप सिमट गयी। धीरे-धीरे बेगुलबेलिया के रंग बदल गये। सामने डियर पार्क के ऊपर एक सुरमयी और उदास-सी चादर तन गयी। सड़क की लाइटें जल गयीं...हवा का रुख़ बदल गया...पता ही न चला कि पूरी दोपहर कैसे छूमंतर हो गयी। गुलशन चाय बनाकर दे गया...ड्रिंक्स का वक़्त हो गया...हम टेरिस से उठकर अंदर कमरे में जाकर बैठ गये।" अनु बराबर बोलती रही। उसे भी लगता होगा कि अब बात शुरू हुई तो पूरी हो ही जाये। मैं भी जानना चाहता।

...हमारे सिर में दर्द रहने लगा था। 'वो' कहते थे कि मैं बनती हूं...'वो' कहते थे सभी औरतें काम न करने के लिये ऐसे ही बहाने बनाती हैं...कहते थे चाहे तू मर जाये पर काम तो करना ही पड़ेगा। सास जी इधर-उधर की घरेलू दवायें दे देतीं थीं। कोई किसी डॉक्टर के पास न ले गया। हम नमिता से कहकर दवा मंगा लेते थे पर उससे भी फायदा न होता था...सिर पर रूमाल बांधकर दिनभर काम करते थे...शाम को उनके आने से पहले रूमाल खोल देते थे...दर्द बढ़ जाता था...पर क्या करते...एक दिन हम रसोई में गिर पड़े...बेहोश हो गये थे...उस समय घर पर कोई था नहीं... सास जी पानी के छींटे मारती रहीं...हमें होश आया...'उन्हें' पता चला तो बोले—फोन कर दूंगा आकर ले जायेंगे...हमारे पास इलाज़-विलाज़ के लिये पैसा कहां है...एक दिन बाद पापा आये...हम बीमार थे पर उन्हें देखकर खुशी से रोने लगे...हमारी हालत ख़राब हो गयी थी...। आंखों के चारों ओर काला दाग पड़ गया था...चक्कर बराबर आता रहता था...चलते-चलते गिर जाते थे...पापा हमें लेकर दिल्ली आ गये...दिल्ली में हम सोते रहे...कई दिन सोते रहे...खाते-पीते थे और सो जाते थे...ऐसा लगता पिछले दो साल से सोये नहीं हैं...जी चाहता था कि कभी सो जायें और फिर न उठें... दो-तीन दिन के बाद हम 'एम्स' गये। डॉक्टर ने देखा, दवा दी...एक्स-रे हुआ...और बड़े डॉक्टर के पास भेजे गये...अंत में डॉ. मोहित सेन ने देखा और बताया कि सिर का ऑपरेशन होगा...दूसरे टेस्ट भी बताये...हम डॉ. मोहित सेन के पास जाते रहे... वे पूछते थे ये चोटें कैसी हैं...जिनसे 'क्लाट' पड़ गये हैं...हम बताते थे कि गिर पड़े थे...डॉ. सेन ने कहा, नहीं ठीक-ठीक बताओ...ये गिरने की चोटों से नहीं होता... अजीब तरह के 'क्लाट' हैं। इन्हें न निकाला जायेगा तो ख़तरनाक हो सकते हैं। डॉ. सेन से हमारा झूठ न चल सका...धीरे-धीरे उन्होंने पूरी बात हमसे उगलवा ली...पापा के बारे में भी पूछा। ससुराल वालों के बारे में पूछा...फिर हमसे कहा कि हम ये सब उन्हें लिखकर दें तब ऑपरेशन करेंगे। ऑपरेशन लंबा होगा...पापा तो ऑफिस चले जाते थे...मम्मी के साथ मैं अस्पताल आती थी...सब लिखकर दिया...पर जैसा डॉ. सेन ने कहा था, किसी को बताया नहीं...हमारा ऑपरेशन आठ घंटे चला। ससुराल में सबको बता दिया था पर वहां से कोई नहीं आया। पापा बेचारे बाहर बैठे रहे...ऑपरेशन के बाद हमें आई.सी.यू. में रखा गया...हम कोई दो महीने अस्पताल में रहे...दर्द कम हो गया था...पर कभी-कभी बढ़ जाता था। डॉ. सेन पूरी तरह से

देख-रेख रखते थे...उन्होंने कहा अभी एक ऑपरेशन और होगा...वह भी हुआ...हम फिर अस्पताल में रहे...इसके बाद डॉ. सेन ने कहा कि हमें छह महीने बेडरेस्ट करना होगा...हर महीने आकर दिखाना होगा...इस दौरान डॉ. सेन हमसे खूब बातें करते थे जैसे आप करते हैं...हमसे उन्होंने कहा कि अब तुम ससुराल मत जाना...लेकिन पापा और मम्मी तय किये बैठे थे कि जैसे ही मैं अच्छी होती हूं मुझे ससुराल भेज देंगे... जैसे ही मैं ठीक हुई ससुराल से फोन आने लगे...चिट्ठियां आने लगीं...ताऊ जी की चिट्ठी आयी कि बिरादरी में बड़ी बदनामी हो रही है। लड़की को घर बिठा रखा है... दूसरे रिश्तेदार जो मुझे देखने तक नहीं आये थे, न कोई हालचाल पूछा था, कहने लगे कि अनु को ससुराल भेजो...मामाजी के भी लगातार फोन आने लगे...पापा भी तैयार थे कि मुझे भेज दें लेकिन मैं किसी कीमत पर तैयार नहीं थी...पापा और मम्मी कहते थे कि वे सब जानते हैं पर क्या करें...यही परंपरा है, यही मर्यादा है और यही धर्म है...बिरादरी में रहना है...नाक कट जायेगी...डॉ. सेन को जब पता चला कि मुझे फिर ससुराल भेजना चाहते हैं तो उन्होंने पापा से कहा था आप सब जेल में नज़र आओगे...मैं सुप्रीमकोर्ट में पी.आई.एल. डाल दूंगा। अब डॉ. सेन जैसे नामी सर्जन जो राष्ट्रपति का सर्जन है...के कहने से पापा के तो होश गुम हो गये...पर जानते थे कि अगर मैं तैयार हो जाऊं तो काम बन सकता है...अब उन्होंने मेरी खुशामद शुरू कर दी...कहा अच्छा कुछ दिन के लिये चली जाओ...कहा, अच्छा केवल 'हां' कह दो...चाहे जाना नहीं...तरह-तरह से कहते रहे...अपनी नाक कट जाने की बात कही...ये भी कहा कि अब बिरादरी में न कोई हमसे लड़की लेगा न देगा...न हमें कोई रिश्ते-नातेदारी में बुलायेगा...।

रात घिर आयी थी। गुलशन परेशान था कि आठ बज गया है और अब तक मैंने ड्रिंक लाने के लिये नहीं कहा है। वह सामने आकर खड़ा हो गया तो मैं समझ गया।

—"जाओ...मेरी ड्रिंक ले आओ...और एक जिन, कॉडियल लाइम और सोडे वाली ड्रिंक बना लाना।"

वह चला गया।

"...दूसरी तरफ डॉ. सेन बिलकुल तैयार बैठे थे। पता नहीं क्या हो गया था, पापा घर में कहा भी करते कि ये डॉ. सेन क्यों हमारे फटे में पैर डाल रहे हैं...इन्हें क्या मतलब है? ये कौन होते हैं? हमारा इनसे क्या रिश्ता है।"

गुलशन ने ड्रिंक्स रख दीं।

—"ये पियो।"

—"ये क्या है?"

—"थोड़ी-सी जिन है...मीठा नींबू है...सोड़ा है...पीकर देखो अच्छी लगेगी।"

—"...हमने कभी नहीं पी।"

—"देखो...तुम्हें ग़लत राय नहीं दे रहा हूं...धीरे-धीरे सिप करो...शर्बत की तरह न पी जाना...।"

"...हमारे पूरी तरह इनकार करने पर पापा ने कहा तुमसे सब रिश्तेदार नाराज़ हैं...तुमसे कोई मिलना नहीं चाहता...तुम्हें कोई अपने यहां कभी बुलायेगा...वे समझ रहे थे...हम इससे डर जायेंगे...पर हमें पता था वहां जाना मौत के पास जाना था... हमने कहा ठीक है...उसी दिन हमने गणित के दो ट्यूशन ले लिये...हमने यह भी कहा कि अगर तुम लोग कहो तो हम अपने कहीं रहने का इंतिज़ाम कर लें...पर अब हम वहां नहीं जायेंगे...हम तलाक लेंगे...तलाक का नाम सुनते ही पापा रोने लगे...कहने लगे हमारी सात पीढ़ियों में कभी तलाक नहीं हुई है...मम्मी तो अचंभे में रह गयीं...कुछ बोल न पा रही थीं, हमने कहा हमें ये किस्सा ख़त्म करना है... बस...।"

धीरे-धीरे अनु के चेहरे का रंग बदल रहा था, उसकी आवाज़ पर जिन का असर बढ़ रहा था।

—"बोलो कैसी लग रही है।"

—"आइ कितनी अच्छी है...लगता है हम उड़ सकते हैं।"

—"हां, क्यों नहीं, खाना क्या खाओगी?"

—"आज हम कढ़ी बनायेंगे...और कोई आ रहा है?"

—"हां, शायद अहमद आयेगा।"

अनु उठकर कढ़ी बनाने चली गयी। मुझे लगा यही अतीत है जिसने इसकी मुस्कुराहट को इतना आकर्षक बना दिया है।

नीचे किचन में गया तो अनु कढ़ी बना रही थी और गुलशन उसे समझा रहा था—"दीदी, शराब पीना हराम है...कुरान में लिखा है...जहन्नुम में जायेंगे पीने वाले...।"

—"ये क्या पढ़ा रहे हो उसे? अपने को नहीं देखते? छुप-छुपकर पता नहीं कितनी डकार जाते हो।"

—"अल्ला क़सम आपके मना करने के बाद एक बूंद जो चखी हो," वह बोला।

—"बूंद क्यों चखोगे...तुम तो बोतलें सफाचट्ट कर जाते हो," मैंने कहा और अनु हंसने लगी।

उसके सफेद और ख़ूबसूरत दांत चमक उठे। एक आत्मीय-सा माहौल बन गया। गुलशन जानता है कि मैं मज़ाक़ कर रहा हूं। वह यह भी जानता है मेरे और उसके क्या संबंध हैं। वह भी हंसने लगा।

संबंधों में विश्वास की ज्योति से किचन जगमगा उठा। इंसान को और क्या चाहिये? अपनी और दूसरों की खुशी से जन्मा विश्वास ताक़त देता है...आश्वस्त करता है...ऐसे क्षण लंबे होते चले जाते हैं और पूरे जीवन जुगनू की तरह चमकते

रहते हैं और कौन कह सकता है कि आदमी हिंसक है, उसके अंदर कपट है, छल है, विश्वासघात है क्योंकि ये सब हमारे जीवन में कहां रह जाता है जब प्यार और यक़ीन की अनगिनत तरंगें जगमगाती हैं।

मैं अनु को देखने लगा। आज वह कितनी सुंदर लग रही है।

—"लाओ भाई...क्या लिखा?" मैंने नवीन से पूछा। वह ऑफिस में आकर आराम से बैठ चुका था।

सरयू मुझसे कई बार कह चुका है कि यार नवीन को किसी काम में लगाओ। रिटायरमेंट के बाद वह काफी अकेला हो गया है। जो लगभग सदा संयुक्त परिवार में रहा हो, भरे-पूरे ऑफिसों में काम किया है, कॉफी हाउस में शामें गुज़ारी हों और यारबाज़ी और अड्डेबाज़ी की हो उसके लिये इस तरह का एकांत तो 'कर्स' है।

मैं सरयू से पूरी तरह सहमत हूं और पिछले कई महीनों से मैं इस कोशिश में हूं कि नवीन 'द नेशन' की संडे मैगज़ीन के लिये कुछ लिखकर दे। लेकिन महीने में दो बार वायदा कर लेने के बाद भी नवीन ने आज तक एक लाइन लिखकर नहीं दी है।

—"लाओ क्या लिखा?"

—"यार, लिखा तो क्या...नोट्स लिये हैं।"

—"किसी अख़बार में नोट्स छपते देखे हैं।"

—"नहीं यार मजाक़ नहीं...बाईगॉड कल ले लेना।" नवीन ने कहा।

मैं उसकी तरफ देखकर धीरे-धीरे मुस्कुराने लगा। मैंने सोचा यार तुम्हारा कल और पंडित नेहरू का कल दो अलग-अलग कल हैं।

—"ये देखा, बहुत बढ़िया आर्टिकल छपा है, रवि प्रसाद का।" मैंने उसकी तरफ अख़बार बढ़ाया।

—"देखा है यार, कुछ जान नहीं है...अब ये रवि प्रसाद वग़ैरा कल के लौंडे हुए... सीखते-सीखते सीखेंगे।"

नवीन की एक पक्की अदा यह भी है कि वह किसी से प्रभावित नहीं होता और ऐसे तर्क देता है जो बड़े या महत्त्वपूर्ण आदमी को छोटा कर देते हैं।

—"अरे यार, रवि प्रसाद 'न्यूयार्क टाइम्स' में छपता है।"

—"तो साजिद मियां, आपके लिये होगा 'न्यूयार्क टाइम्स' वर्ल्ड का सबसे बड़ा पेपर...मेरे लिये तो नहीं है, और यार अख़बार में छपने से क्या होता है।"

मैं जानता हूं उससे बहस करना बेकार है। हम चाय पीने लगे और गप्प-शप्प शुरू हो गयी।

सरयू के बारे में बताने लगा, "यार, सरयू से मुझे ये उम्मीद नहीं थी। एक दिन मैंने उसे दोपहर को फोन किया कि मैं उसके घर आ रहा हूं, क्या वह घर पर रहेगा?

सरयू ने कहा, 'दोपहर को मत आओ...मैं सोता हूं।' अब देखो यार, तुम तो सब जानते हो... ।''

—"तुम्हें कुछ ग़लतफ़हमी हो गयी होगी...पुराने दोस्त हैं यार।"

—"अरे नहीं यार...एक बार की बात नहीं है...ऐसा कई बार हो चुका है...अब देखो यार हमारी तो आज की तारीख में वह हैसियत है नहीं जो सरयू की है। देश का कौन-सा बड़ा एवार्ड है जो उसे नहीं मिल चुका...पता नहीं कितनी कमेटियों पर... दसियों एवार्ड कमेटियों में हैं...तो यार हम नहीं हैं...बाईगॉड वहां होना मुश्किल न था मेरे लिये...पर यार मैं जोड़-तोड़ नहीं कर सकता, गिरोहबंदी नहीं कर सकता, अपने ऊपर समीक्षायें नहीं छपवा सकता...साहित्य की राजनीति में नहीं फंसना चाहता... ।"

—"वो सब छोड़ो...तुम कुछ करते क्यों नहीं हो?"

—"अब थोड़ा...साफ़-साफ़ सुन लो...," वह गुस्से में बोला।

—"हां-हां...बताओ... ।"

—''तुम्हें पता है सरयू ही नहीं...सब साले पुराने दोस्त कॉफी हाउस वाले मुझे देखकर कन्नी काट जाते हैं...अनिल वर्मा मिला था...क्या गर्दन अकड़ा के बात कर रहा था। होगा यार प्रधान संपादक हमें क्या...और पंकज मिश्रा...,''

—"ठहरो...इतना इमोशनल न हो...बीस साल तुम पब्लिक सेक्टर में रहे...तुमने एक लाइन नहीं लिखी...न तुमने नया पढ़ा, न तुम साहित्यकारों-पत्रकारों से मिलते-जुलते थे...अब अचानक तुम चाहते हो कि उनकी 'मेनस्ट्रीम' में आ जाओ...ये कैसे हो सकता है?"

—"तो ये सब मेरी ही वजह से है?"

—"सोचो यार, मैं ग़लत भी हो सकता हूं...अब तुम लोगों से मिलते हो तो बीसियों बार सुनाये गये पारिवारिक किस्से सुनाने लगते हो, यार मेरे या तुम्हारे पारिवारिक किस्सों में किसे कितनी दिलचस्पी है?"

वह ख़ामोश हो गया। मैं जानता हूं उसके पास हर बात का जवाब है और वह भी यह जानता है।

—''यार, देखो, उम्र के इस मोड़ पर मैं अपने आपको असंतुष्ट नहीं पाता...तुम लोगों ने एक लाइन पकड़ ली...सरयू ने हिंदी कविता पकड़ ली...वह एक दिशा में लगातार आगे बढ़ता गया...अच्छा कवि है...बहुत अच्छा कवि है...लेकिन जोड़-तोड़ भी उसने कम नहीं की है...तुमने पत्रकारिता को पकड़ लिया...आज देश में नाम है तुम्हारा...शर्मा ने एन.जी.ओ. सेक्टर पकड़ लिया...आज सौ करोड़ का एन.जी.ओ. चलाता है। मैंने फोटोग्राफी की...मैंने कवितायें लिखीं...पुस्तक छपी, मैंने फिल्म समीक्षायें लिखी...मैं आर्ट क्रिटीक रहा...मैं ये तो नहीं कहता कि श्रेष्ठ समीक्षायें लिखीं...पर किसी से कम अच्छी भी नहीं कीं, मैं पी.आर. मैनेजर रहा। बढ़िया ही काम रहा...इसके अलावा यार मैं साइंस पढ़ता रहा...टेक्नोलॉजी का ज्ञान बढ़ाया...

वह भी इतना है कि किसी भी जानकार से अच्छी बातचीत कर सकता हूं...तो बताओ मेरे सब कामों को मिला दिया जाये तो तुम लोगों के काम के बराबर होगा या नहीं।''

—''हां बिलकुल होगा,'' मैंने बड़े आत्मविश्वास से कहा क्योंकि मैं नवीन का सम्मान करता हूं वह बुनियादी तौर पर नेक आदमी है, हमदर्द है, यह बात ज़रूर है कि हमेशा खरबपति बनने के सपने देखता रहा है, आजकल भी कहता है यार छोटे-मोटे पैसे से काम नहीं चलेगा...मोटी रकम होनी चाहिये...।

35

तूफानी बारिश थी और शीशे की बड़ी खिड़कियों पर मूसलाधार पानी पूरे वेग के साथ टकरा रहा था। छींटे और पानी का गुबारा-सा उठ रहा था। बार-बार चमकती बिजली और बादल गरजने की आवाज़ के साथ पानी की बौछारों का रंग बदल जाता था। बाहर बड़ी नियान लाइट की रौशनी बिजली की चमक में फीकी पड़ जाती थी और पानी का रंग लाल हो जाता था। हवा के थपेड़ों से बाहर के पेड़ जूझ रहे थे और इतने टेढ़े हो जाते थे कि टूटने का डर पैदा हो जाता था।

कमरे के अंदर का अंधेरा बिजली की चमक में खिल जाता था। हम दोनों ख़ामोश थे। अनु बोलते-बोलते थक गयी थी। उसने चादर खींच ली थी और सीधे छत की तरफ देख रही थी।

—''तुम कुछ कह रही थीं?''

मैंने उसे याद दिलाया और लगा वह घटनाओं के तारों को जोड़ने की कोशिश कर रही है।

''...सब हमारे ख़िलाफ़ हो गये थे। पापा और मम्मी तो कहते थे हमारी सूरत नहीं देखेंगे...ताऊजी कहते थे मैं उसे मार डालूंगा अगर उसने तलाक लेने की बात मुंह से निकाली। मैं सोचती थी इससे अच्छा क्या हो सकता है कि ताऊ जी मुझे मार डालें...जिंदा रहने का कोई मतलब भी नहीं था। मामाजी, दूर-नजदीक के रिश्तेदार सब फोन करते थे। चिट्ठियां लिखते थे। मैं सोचती थी कि ये लोग उस समय कहां थे जब वह मुझे खड़ाऊं से पीटता था। मेरे बाल पकड़कर पूरे घर में घसीटता था...मुझे चिमटे से जलाता था...तब ये कहां थे?...और वह सब बुरा क्यों नहीं था...तलाक़ लेना इतना बुरा क्यों है?...पापा कहते थे तू सबकी ज़िंदगी बर्बाद कर देगी...किसी की कहीं शादी न हो सकेगी...बिरादरी में रिश्ता नहीं मिलेगा...हम लोगों को कोने में बैठा देगी...न कोई हमें शादी-ब्याह में पूछेगा...न कोई ग़मी-मौत में बुलायेगा...तू समझती क्यों नहीं...एक-दो बार तो इलाहाबाद से ससुराल वालों ने

किसी को विदाई के लिये भेजा...हमने कहा, ''अगर जबरदस्ती करोगे तो डॉ. सेन को हम फोन कर देते हैं... डॉ. सेन का नाम सुनते ही पापा की सांस रुक जाती थी...दो बार हमने उन लोगों को लौटा दिया...पर हम समझ गये कि जब तक निपटारा नहीं होता है हमारे ऊपर दबाव बना रहेगा।''

मैं उसके हाथ को धीरे-धीरे सहलाने लगा। वह ख़ामोश हो गयी। शायद गला सूख गया था। मैंने उसे पानी दिया। पानी पीकर वह बोली—''हमने यह सब डॉक्टर सेन को बताया...उन्हें गुस्सा आ गया, बोले तुम्हारे पापा को तो मैं अभी गिरफ़्तार कराये देता हूं। उसके बाद नौकरी से भी निकाल दिये जायेंगे...उन्होंने अपने पी.ए. से कहा चाणक्यपुरी थाने फोन मिलाओ...मैंने कहा, नहीं डॉक्टर साहब प्लीज़ मेरे पापा की कोई गलती नहीं है...वे और नाराज़ हो गये...बोले तुम आत्महत्या करना चाहती हो तो जाओ...उसी के साथ रहो...जिसने तुम्हारी जान लेने में कोई कसर नहीं छोड़ी थी...हम डॉक्टर साला इसीलिये हैं कि फिर ऑपरेशन...मैंने उनसे कहा कि मैं तलाक लेना चाहती हूं। डॉ. सेन ने कहा कि इलाहाबाद हाईकोर्ट का जस्टिस हमारा दोस्त है...तुम उसके पास जाओ...उन्होंने अपने दोस्त जस्टिस रंगानाथन को फोन किया...।''

उसकी सांसें तेज़ हो गयी थीं। बाहर पानी अब भी पूरे वेग के साथ पड़ रहा था। मैं उसके सिर पर हाथ फेरने लगा। यह वही सिर है जिस पर वह खड़ाऊं से प्रहार करता था...उसने आंखें बंद कर लीं।

—''क्या नींद आ रही है?''

—''नहीं!''

—''फिर?''

उसने रोते हुए कहा—''कोई पहली बार इस तरह मेरे सिर पर हाथ फेर रहा है।''

मैं भावावेश में झुक गया। वह थोड़ी-सी कसमसाई और शांत हो गयी।

''...हमारे पास पैसे नहीं थे...अपना गहना बेचा और पापा को बता कर हम इलाहाबाद की गाड़ी में बैठ गये...वह वहां रहे तो दो-सवा दो साल थे लेकिन हमें कुछ नहीं मालूम था...सोचा था कि नमिता से मिलेंगे तो वह सब बता देगी...नमिता के कॉलेज का नाम हमें मालूम था...सुबह-सुबह गाड़ी इलाहाबाद पहुंच गयी। हमने स्टेशन पर चाय पी और एक बेंच पर बैठ गये कि नमिता के कॉलेज जाने का समय हो जाये...रिक्शा करके हम नमिता के कॉलेज के गेट पर पहुंचे और खड़े हो गये...हर लड़की को देख रहे थे...फिर नमिता दिखायी दी...हम उसके पास गये...वह हमसे लिपटकर रोने लगी...हम भी रोने लगे...फिर हमने उसे जस्टिस रंगानाथन के नाम वाली चिट्ठी दिखायी, वह हमें अपनी साइकिल के कैरियर पर बैठाकर हाईकोर्ट लाई...हम गये तो कोई हमें जस्टिस रंगानाथन से मिलने नहीं देता था...फिर हम मौक़ा पाकर उनके चैंबर में घुस गये...उन्हें पता चला कि डॉक्टर सेन ने भेजा है तो बड़ी

अच्छी तरह मिले...काग़ज़ देखकर बोले—'मैं इस आदमी को गिरफ़्तार करा देता हूं... और कम-से-कम दस साल के लिये अंदर हो जायेगा।' हमने कहा, नहीं हम किसी को जेल नहीं भिजवाना चाहते। हम बस तलाक चाहते हैं...हम बस चाहते हैं कि अलग हो जाये...हमने पूछा मुकदमे में कितना पैसा लगेगा तो जस्टिस रंगानाथन ने हमें डांट दिया, बोले—'वो सब छोड़ो'...फिर उन्होंने एक वकील कराया। मुकदमा दायर हो गया...नोटिस गयी तो पूरी बिरादरी में फिर शोर मच गया...पापा बहुत नाराज़ हुए...हमने कहा, कहिये तो हम घर छोड़ दें...लेकिन हम मुकदमा वापस नहीं ले सकते...मुकदमें के दौरान हमारा कई बार उनसे सामना हुआ। एक बार हमसे अकेले में बात करना चाहते थे पर हमारे वकील ने मना कर दिया। कहा जो कुछ बात करनी है हमारे सामने करो...एक बार उन्होंने मेरे हाथ जोड़कर कहा कि देखो मैं तुम्हें छोड़ दूंगा...पर तलाक मत लो...इससे मेरी नाक कट जायेगी...हमने कहा, नहीं हम तय कर चुके हैं, तलाक ही लेंगे...फिर फैसला हो गया...हम उस दिन रात में बहुत रोये...बहुत रोये... ।"

वह रोने लगी...फूट-फूटकर रोने लगी। मैं उसे चूमने लगा। इधर-उधर, यहां-वहां...वह रोये जा रही थी। रोती रही मैं चूमता रहा। फिर धीरे-धीरे सिसकियों की आवाज़ें आती रहीं। मैंने देखा वह मोम जैसी हो गयी है...बिलकुल साफ्ट...गर्म मोम जैसी तरल और वह ख़ामोश हो गयी...मैं उस पर झुकता चला गया...उसने अपनी बांहें मेरे ऊपर डाल दीं...।

बाहर तूफानी बारिश हो रही थी। बारिश की तेज़ आवाज़ में हमारी तेज़-तेज़ सांसों की आवाज़ें दब गयी थीं। कमरे में कभी-कभी बिजली की रौशनी कौंध जाती थी तो हम दोनों आदम और हव्वा के रूप में दिखायी देते थे। हमें शायद रौशनी देखती थी...जो गवाह रहेगी जीवन की...ज़िंदगी की...आदि से अंत तक...।

मैंने उसे चादर से ढक दिया। वह ख़ामोश थी। बिलकुल ख़ामोश। आंखें बंद थीं और सांस अब कुछ स्थिर हुई थी। मैं एक टक उसके पसीने में भीगे चेहरे को देखता रहा...पता नहीं क्यों ख़याल आया, इसकी क्या उम्र होगी? ज़्यादा-से-ज़्यादा पच्चीस साल...और मैं?...यह मैंने क्या किया और क्यों किया? क्या मानव संबंधों को सिर्फ उम्र ही संचालित करती है? लेकिन वह तो कमज़ोर है, दुखी है...मैंने उसके दुख का फ़ायदा उठाया है...मैंने उसे अपमानित किया है, एक अजीब तरह की ग्रंथि मेरे अंदर विकसित होने लगी...वह बच्ची है...उसे क्या मालूम...मैं तो सब जानता हूं... यह मेरी ज़िम्मेदारी थी...।

—"सो गयी क्या?" मैंने डरते-डरते पूछा।

—"नहीं," वह साफ़ स्पष्ट आवाज़ में बोली।

मैं माफी मांगने के बहाने ख़ोजने लगा।

—"देखो...माफ करो...मतलब...वो ये है कि...,"

वह हंसने लगी।

मुझे सल्लो की याद आ गयी। पहली बार जब उसके साथ 'सोया' था तो उसके बाद आत्मग्लानि में डूब गया था और वह हंसने लगी थी।

—"हंस क्यों रही हो?"

—"ये सिर्फ आपने ही किया है।"

फिर वह थोड़ी देर के लिये चुप हो गयी।

—"मुझे पता ही नहीं था कि यह क्या होता है," वह धीरे से बोली।

—"तुम्हारा पति?"

—"वह...नहीं जानते...शायद पागल।...हमें मारने-पीटने में ही उन्हें मज़ा आता था।"

—"तो तुमने पहली बार?"

—"हां,' उसने आंखें बंद कर ली।

—"कुछ बोलो!"

—"नहीं...ख़ामोश रहना अच्छा है...लगता है...हम वह नहीं हैं जो थे।"

—"हां, ये तो ठीक है।"

मैं बराबर उसे सहला रहा था। उसके शरीर के रोयें खड़े हो गये थे।

—"तुम इसे पाप तो नहीं मानतीं?"

—"पाप," वह हंसी।

—"हम पाप उसे मानते थे।"

—"किसे?"

—"अपनी शादी को।"

—"क्यों?"

—"उसमें दुख ही दुख था।"

—"क्या तुम बहुत सोचती हो?"

—"हां, हम बहुत सोचते हैं।"

—"किस बारे में?"

—"शरीर क्यों है हमारे पास?"

—"क्यों?"

—"हम पत्थर का ढेला भी हो सकते थे।"

—"जीवन क्या है? क्या बार-बार आता है? आता है तो क्या हमें पता होता है कि आ रहा है।"

बिजली कौंधी और बादल ज़ोर से गरजे।

वह मेरे और पास आ गयी।

—"तुम मुझे अपना क्या मानती हो?" मैंने पूछा।

—''अब हम संबंधों को रिश्तों में नहीं बांधते।'' वह बोली।

—''कैसे?''

—''पहले कोई पति होता था, कोई पिता, कोई माता...आज हमारे पिता डॉ. सेन हैं... ।''

—''ओहो।''

—''हां, वो न मिलते तो हम मर जाते।''

—''जीवन देने वाला पिता होता है...मृत्यु देने वाला पिता हो सकता है?''

—''हां, ये भी ठीक कहती हो।''

वह चुप हो गयी। मैंने उसकी तरफ देखा आज उसके कई नये पहलू खुल रहे हैं।

—''माता, पिता, पति, सास, ससुर, जेठ, जिठानी...सब क्या है? मानो तो सब कुछ...और मानना एक तरफ से नहीं होता। दोनों तरफ से होता है।''

—''हां, ठीक कह रही हो।''

—''और सबसे बुरे संबंध वे होते हैं जो 'बनाये' जाते हैं...जोड़े जाते हैं।''

—''मतलब?''

—''जैसे पति-पत्नी का संबंध... ।''

—''लेकिन ये अक्सर बहुत अच्छे संबंध भी होते हैं।''

—''पर ये बनाये गये होते हैं... ।''

—''तुम्हारे और मेरे बीच क्या संबंध है?''

—''अच्छे संबंध हैं, अपने आप बने हैं...उस पूरी घटना के बाद...हमारे लिये बड़े कीमती हैं।''

—''इनको क्या नाम दोगी?''

—''नाम देने की ज़रूरत भी क्या है।''

—''मान लो हो।''

—''जब हम किसी संबंध के बारे में किसी को बताते हैं तो नाम देने की ज़रूरत पड़ती है...क्योंकि वैसे लोगों की समझ में कुछ नहीं आता।''

—''तो तुम मेरे और अपने संबंधों के बारे में किसी को नहीं बताओगी।''

—''नहीं।''

—''क्यों?''

—''क्योंकि लोग समझ नहीं पायेंगे...हंसेंगे या बदनाम करेंगे या तिरस्कार करेंगे।''

धीरे-धीरे उजाला फैलने लगा। रात की बारिश ने सब कुछ धो डाला था। मैं उठकर देखा तो बाहर विशाल पेड़ पानी में नहाये खड़े थे और हवा उनके शरीर से पानी पोछ रही थी...आगे अरावली पहाड़ों को भी पानी ने चमका दिया था। लगता

था यह सब कल रात ही बना है। इतना ताज़ा है, इतना नया है, इतना जीवंत है जैसे कोई नया पैदा हुआ बच्चा।

मैंने खिड़कियां खोल दीं। पानी से तर हवा कमरे में बेधड़क घुसी और हमारी आत्माओं को तर कर गयी।

—"बरामदे में बैठकर चाय पी जाये तो कितना मज़ा आये?" अनु बच्चों जैसे उत्सुकता से बोली।

—"हां, क्यों नहीं।"

मैंने फोन पर रूम सर्विस को चाय लाने के लिये कहा।

—"अब आप थोड़ी देर के लिये बाथरूम में चले जाइये।" वह बोली।

मैं समझ गया। वह कपड़े पहनना चाहती थी।

बरामदे से मैंने देखा कि वेटर छाता लगाये। चाय का थर्मस लिये हमारे कमरे की तरफ आ रहा है।

लगा यह किसी फिल्म का शॉट हो सकता है। दोनों तरफ हरा लॉन है। बीच में पत्थर लगाकर बनाया गया घूमा हुआ रास्ता है। दोनों तरफ घने पेड़ हैं और रास्ते पर छाता लगाये, एक हाथ में ट्रे लिये वेटर चला आ रहा है। सूरज की रौशनी नहीं एक मलगिजा उजाला है जो आमतौर पर शाम को ही नज़र आता है और जिसे धुआं-धुआं शाम भी कहा जाता है।

दो लोगों के अंदर का खालीपन उन्हें कितना पास ले आता है। सब तरह के बंधन टूट जाते हैं। बुनियादी तौर पर आदमी, आदमी से जुड़कर ही अपने को पूरा महसूस करता है...शायद हम दोनों के बीच...नहीं तो कितना अंतर है। उम्र का अंतर, पेशे का अंतर, धर्म-जाति का अंतर शायद विचारों और संस्कारों का अंतर...इन अंतरों के बीच से भी एक सोता फूटता है जो अंतरों के पत्थरों के बीच रास्ता बनाता बह निकलता है...पर लोग तो यही करेंगे कि एक दुखी अकेली, सीधी-साधी लड़की को एक घाघ, अधेड़ उम्र आदमी ने अपनी हवस का शिकार कर लिया...उसे बहलाया, फुसलाया, धोखा दिया, घेर लिया, ऐसी स्थितियां पैदा कर दीं कि वह...।

—"आप क्या सोच रहे हैं," उसने चाय पीते हुए कहा।

—"तुम्हारे और अपने बारे में सोच रहा हूं।"

—"क्या?"

—"यही कि लोग क्या कहेंगे?"

—"आपको लोगों की चिंता है?"

—"नहीं, नहीं ऐसा तो नहीं है," मैं घबराकर बोला।

वह ख़ामोश हो गयी। मैं चाय पीने लगा।

—"ये सब आसानी से नहीं होता," वह बोली।

—"क्या?"

—"यही जो हमारे बीच हुआ...।"

—"हां।"

—"आपने तो बहुत दुनिया देखी है...हमने उतनी नहीं देखी, पर 'लोगों' को देखा है...हमारे मरने में कोई क़सर नहीं बची थी...'लोगों' ने क्या किया? 'लोगों' में हमारी कोई मदद करने नहीं आया, फिर हम उसकी चिंता क्यों करें।"

मैंने सोचा यह कहना कितना आसान है। पर हो सकता है उसके इसी विश्वास के कारण उसके अंदर इतनी शक्ति हो...और मेरे अंदर? हां-हां, क्यों नहीं...मेरे अंदर भी है...और मैं अपने आपको आश्वस्त करने लगा।

फोन पर तो मोहसिन टेढ़े से बात होती रहती थी लेकिन मिलना नहीं हो पाता था। मेरे दिल में कहीं 'गिल्ट' भी था कि यार वह अकेला और तक़रीबन अपाहिज हो गया है और मैं उससे मिलने नहीं जाता। हालांकि फोन पर कभी ये एहसास नहीं हुआ कि वह बहुत परेशान या तकलीफ़ में हैं।

मैं मोहसिन टेढ़े के घर में फाटक खोलकर अंदर आया तो चौंक गया। दरवाज़े के दोनों तरफ गमलों में ग्लोडिया के फूल खिले हुए थे। दरवाज़ों पर पॉलिश की गयी थी। अंदर आया तो यक़ीन नहीं हुआ कि वही घर है जहां आया करता था। हर चीज़ में जान आ गयी थी और इतने सालों के बाद खिड़कियों पर पर्दे लग गये थे। हर चीज़ क़रीने और सफ़ाई से रखी थी।

मोहसिन टेढ़े दूसरे कमरे से छड़ी के सहारे अंदर आया, उसका चेहरा चमक रहा था। बालों में जमकर खिज़ाब लगा हुआ था और वे कोयले से ज़्यादा काले लग रहे थे। इससे पहले उसके बालों की जड़ें सफेद और बीच का हिस्सा काला दिखायी देता था।

—"ये सब मैं क्या देख रहा हूं।"

वह हंसने लगा। उसी लमहे बहुत चुस्त जींस और रंगीन टॉप में एक लड़की अंदर आयी। मुझे पहचानने में देर नहीं लगी यह वही लड़की थी जिसे मोहसिन टेढ़े ने अपनी बीवी के मरने के बाद घर का काम करने के लिये 'पार्ट टाइम' रखा था।

लड़की ने झुककर काफी लखनउवा अंदाज में मुझे 'आदाब' किया। मुझे याद आया मोहसिन टेढ़े ने मुझसे पिछली बार कहा था कि इस लड़की को वह अपना कल्चर सिखा रहा है।

"तुम पहचान गये। ये रिकी है, मैंने इसका नाम रुखसाना रख दिया है...रुख़ कहता हूं।" वह शर्म और विश्वास से मिली-जुली हंसी हंसा।

मैं हैरत से सब देख रहा था किचन साफ़-सुथरा था। घर में ज़ीरो पावर के बल्ब नहीं थे, अच्छी-खासी रौशनी थी। रिकी, रुखसाना या रुख़ किचन में चाय बनाने चली गयी और हम बैठ गये।

"ये सब क्या-क्या हो गया?"

"यार साजिद...मैं इस लड़की से मोहब्बत करने लगा हूं।" वह ईमानदारी से बोला।

"हूं," मैं चुप रहा।

"सच बताऊं यार...मुझे लफ़्ज नहीं मिल रहे हैं।"

इधर-उधर देखकर मैंने कहा—"मैं तुम्हारे बारे में ग़लत सोचता था।"

"क्या?"

"यही की तुमको तो अल्ला मियां तक नहीं बदल सकते।" वह हंसने लगा।

रुख़ चाय और गरमागरम पकौड़े ले आयी। हम चाय पीने लगे मोहसिन टेढ़े ने मुझे बताना शुरू किया, "यार देखो...ये लड़की मुझे मिली तो समझो ज़िंदगी मिल गयी...यार ये भी मुझसे मोहब्बत करती है...यकीन मानो मेरा हर कहना मानती है।"

"मोहसिन ये खुशी की बात है...खुशी जहां मिले उसे हासिल कर लेना चाहिये।"

"इसके कहने पर ही घर की हालत बदली है...मैं इसकी बात टाल नहीं सकता।"

"घर की हालत के लिये तो मैं वाक़ई रुख़ का शुक्रगुजार हूं" मैंने कहा। हम बातें ही कर रहे थे कि कमरे में एक नेपाली-सा लगने वाला चौबीस-पच्चीस साल का लड़का आ गया।

"ये रुख़ का भाई है...बॉबी...,"

मैंने बॉबी को ध्यान से देखा मुझे पहली नज़र में वह अपराधी प्रवृत्ति का लगा और मैं डर गया। यार ये चक्कर क्या है? कहीं मोहसिन टेढ़े...?

बॉबी अंदर चला गया।

—"ये भी यहीं रहता है?"

—"नहीं, रहता तो नहीं...सोता है।"

—"क्या मतलब?"

—"वैसे इसने किराये का कमरा लिया हुआ है।"

—"तो यहां क्यों सोता है।"

—"अरे कभी-कभी...जब रात ज्यादा हो जाती है।"

चलते वक़्त मैंने मोहसिन टेढ़े को अलग ले जाकर समझाया था।

—"और सब ठीक है...ये बॉबी मुझे कुछ जंचा नहीं।"

—"अरे नहीं यार...बड़ा सीधा बच्चा है...तुम नहीं जानते...बस वह देखने में ही ऐसा लगता है।"

—"खुदा करे मेरी राय गलत हो...लेकिन एहतियात...घर में ज़्यादा पैसा-वैसा तो नहीं रखते?"

—"नहीं...नहीं, सवाल ही नहीं उठता।"

मैं चला आया लेकिन सौ तरह के अंदेशे मेरे दिमाग़ में चक्कर काटते रहे।

36

—"ज़रा सोचो कि उस हमले में मैं अगर मर गया होता तो क्या होता?" शकील ने बेचारगी से कहा।

—"क्या होता?" अहमद ने पूछा।

—"हाज़ी पाटा...मेरा सबसे बड़ा दुश्मन जेल चला जाता...उसके ख़िलाफ़ अब भी नामज़द रपट लिखायी गयी है...वह जमानत पर छूटा हुआ है...लेकिन मेरा अगर क़त्ल हो जाता तो पब्लिक का इतना दबाव होता कि शायद उसे ज़मानत भी न मिलती...और आने वाले इलेक्शन में उसे वोट न मिलते...और मैं अगर मार दिया जाता तो मेरा टिकट..." उसका गला सूखने लगा...उसने एक गिलास पानी पिया...उसकी आंखों में एक भयानक सूनापन और सन्नाटा था जो हमने पहले नहीं देखा था।

हम दोनों दम साधे उसे देख रहे थे। वह जो कुछ कहने जा रहा था उसका अंदाज़ा हमें हो गया था और वह बात इतनी भयानक थी कि उसे सोचते हुए डर लग रहा था।

कुछ देर हिम्मत जुटाने के बाद वह बोला—'मेरा टिकट कमाल को मिलता।' ये कहकर वह बेदम-सा हो गया और कुर्सी पर पीठ से टिक कर हांफने लगा। चेहरे पर पसीने की बूंदें उभर आयीं।

—"ओ माई गॉड...," अहमद की आंखें फट गयीं।

मैंने शकील की तरफ देखा। उतरा हुआ चेहरा। ऐसे आदमी का चेहरा जो सब कुछ हार गया हो...एक भयानक पराजय।

—"मैंने उसे क्या नहीं दिया?" तुम दोनों जानते हो...अच्छे-से-अच्छे स्कूलों में एडमीशन कराया...कभी सख़्ती नहीं की...कभी पैसों के लिये तरसाया नहीं...स्टूडेंट यूनियन का इलेक्शन लड़ने के लिये पांच लाख दिये...गाड़ी? अभी पिछले साल नयी गाड़ी खरीद कर दी है...और ये सब जानते हैं कि मेरा पॉलिटिकल जांनशीन वही है...उसी को ये सब मिलेगा...।"

—"आई.बी. की रिपोर्ट तुमने देखी है?" मैंने पूछा।

—"पूरी 'इन्क्वायरी' ही रुकवा दी है मैंने...मैं उसे पब्लिक नहीं करना चाहता...इसमें मेरा हर तरह से नुकसान है," वह बोला।

—"अब क्या सूरतेहाल है?"

—''एक अजीब माहौल बनाया जा रहा है...उस हमले के बाद ये कहा जा रहा है कि मैं अब राजनीति से संन्यास ले लूं...मेरी सेहत इस काबिल नहीं है कि 'एक्टिव पॉलिटिक्स' में रहूं...ये भी कि मेरी जान को खतरा है...अब मुझे पब्लिक में उतना नहीं जाना चाहिये जितना जाया करता था... ।''

—''ये कौन कह रहा है?''

—''कोई कह नहीं रहा...बस ये सब हवा में लटकता और झूलता रहता है... बीवी की तो पक्की राय है कि मैं कोई ख़तरा न उठाऊं, रिश्तेदार भी यही कहते हैं।''

—''कमाल क्या कहता है?'' अहमद ने पूछा।

—''वो कुछ नहीं कहता...मैं जो कहता हूं...वही करता है...वही मानता है।''

—''अगले साल इलेक्शन कनटेस्ट करोगे?''

—''हां, मैं तो करना चाहता हूं...चौथी बार पार्लियामेंट में जाऊंगा, ये कम इज़्ज़त की बात नहीं है।''

—''तुम्हारी 'सिक्योरिटी' बढ़ायी गयी?''

—''हां...कुछ तो हुआ है...लेकिन मेरे अपने आदमी भी...,''

—''तुम्हारे आदमी या कमाल के आदमी?'' अहमद ने पूछा।

शकील के चेहरे का रंग उड़ गया। मुझे लगा अहमद ने यह ग़लत सवाल पूछा है।

—''मेरे कॉन्फीडेंस के लोग हैं,'' वह अटक-अटक कर अविश्वास के साथ बोला।

मुझे उससे अपार हमदर्दी महसूस हुई। ज़िंदगीभर की सफलतायें इस अंदाज़ में उम्र के आखिरी मोड़ पर रास्ता रोक कर खड़ी हो जायेंगी यह किसे मालूम था...।

—''मेरे ख़याल से तुम पार्टी के लिये बहुत 'इम्पॉरटेंट' हो,'' मैंने कहा।

—''हां, उस इलाके में यानी सात-आठ ज़िलों में मेरा जो काम है वह पक्का है... खासतौर पर मुसलमान मतदाता मेरी मुट्ठी में हैं...मैंने मदरसों की 'चेन' बनायी है। ट्रस्ट बनाया है जो मस्जिद के इमामों को वेतन देता है। तीस प्राइमरी स्कूल खोले हैं, पांच इंटर कॉलेज और एक डिग्री कॉलेज है...उस इलाके में पार्टी के लिये मेरी 'सपोर्ट' बहुत ज़रूरी है।''

—''किसी और क्षेत्र से कमाल को टिकट दिला सकते हो?''

—''देखा राजनीति में घुसना मुश्किल है लेकिन जो घुस गया है उसे निकालना और ज़्यादा मुश्किल है...विधानसभा के लिये तो कोशिश कर सकता हूं...लेकिन संसद में...,'' वह बोलते-बोलते चुप हो गया। फिर धीरे से बोला—''कमाल को यह लगता है, जो सच भी है कि मेरी सीट से ज़्यादा सुरक्षित और कोई दूसरी सीट नहीं है उसके लिये पूरे हिंदुस्तान में।''

—"अब बताओ मैं करूं क्या?" निगम ने मेरी तरफ देखकर बेचारगी से कहा, "क्या कोई रास्ता है?"

—"अपनी पत्नी से बात करो।"

—"वह तो फोन पर ही नहीं आती।"

—"नोटिस तुम्हें डाक से मिला?"

—"हां।"

—"उस वक़्त वह घर पर नहीं थी?"

—"नहीं।"

—"कहां थी?"

—"यार...," वह हिचकिचाने लगा। फिर बोला, "यार तुम्हें क्या बतायें साजिद भाई मुझे बड़ा जबरदस्त धोखा दिया गया। यार जिनको मैं बुजुर्ग समझता था, जिन्हें मैं शुभचिंतक मानता था उन्होंने ही मेरे घर में आग लगायी है।"

उड़ती-उड़ती ख़बरें तो मेरे पास भी थीं पर उसके मुंह से सुनना चाहता था।

—"खुलकर बताओ।"

—"यार, राजाराम चौधरी ने मेरे साथ वही किया जो राम के साथ रावण ने किया था।"

—"मैं ख़ामोश रहा।"

—"यार, मैं तो ये समझता था कि बुजुर्ग हैं...सबको आशीर्वाद देते हैं...मदद करते हैं...मिसेज़ निगम को बेटी समझते हैं लेकिन उन्होंने तो डोरे डालने शुरू कर दिये...उसका दिमाग़ इतना ख़राब कर दिया...इतना ज़हर भर दिया मेरे ख़िलाफ़ कि वो अब उन्हीं के साथ रहती है।"

मैं निगम का चेहरा देखता रहा। वह अच्छा अभिनेता है। मुझे वह शाम अच्छी तरह याद है जब निगम ने अपनी पत्नी को साक़ी बना दिया था और वह राजाराम चौधरी को गिलास पर गिलास दे रही थी। यह देखकर निगम खुश हो रहा था और अपनी भोंडी हरकतों को नशे में छिपाने की कोशिश कर रहा था। इन्हीं पार्टियों के बाद उसे मंत्रालय का काम मिलना शुरू हो गया था।

—"यही नहीं साजिद भाई...वहां मेरी वाइफ ने मेरे सबसे बड़े 'बिज़नेस राइवल' रवीन चावला से बातचीत कर ली...,"

—"क्या हुआ?"

—"भाई रवीन चावला बड़ी ही हरामी चीज़ है। उसकी एडवरटाइज़िंग एजेंसी है...तो श्रीमती जी ने चावला से बात करके पांच करोड़ का काम उसे दिला दिया... यार पांच करोड़ कम-से-कम दो-ढाई का मारजिन था...।"

—"ये क्यों किया तुम्हारी पत्नी ने?"

—"अब मैं क्या कह सकता हूं!"

—"कह तो तुम्हीं सकते हो...ये बात दूसरी है कि शायद न कहना चाहो।"

—"बात ये है कि उसके खर्चे बढ़ गये हैं...हर वक़्त पैसा मांगती रहती थी... मैं हिसाब से देता था...चावला ने गड्ढा पकड़ा दिया होगा।"

—"तो अब मंत्रालय का पूरा काम चावला को ही मिलेगा?"

—"लेकिन सबसे ख़तरनाक बात तो यह है कि उसने वकील से नोटिस भेज दी है कि कंपनी और दूसरी प्रापर्टी में जो उसका शेयर है उसका हिसाब दिया जाये?"

—"ये तो सीरियस बात है।"

—"बहुत सीरियस यार...और राजाराम चौधरी ने उसे गृहमंत्री से मिला दिया है... बलवंत राव ठाकुर...अब बताओ पुलिस उसकी बात मानेगी या मेरी।"

मैं निगम को देखने लगा।

—"अब बताओ यार...प्रेस इसमें मेरी मदद कर सकता है?"

—"प्रेस क्या करेगा...कुछ नहीं...ज़्यादा-से-ज़्यादा स्कैंडल बना देगा।"

—"उससे तो और नुंकसान होगा...फिर क्या करें।"

—"तुम नैनीताल चले जाओ...वहां से बच्चों को ले आओ, वही तुम्हें मुक्ति दिला सकते हैं।"

उसकी आंखें खुशी से फटती-सी लगीं।

जैसे-जैसे इलेक्शन नज़दीक आने लगे वैसे-वैसे शकील पर ये दबाव बढ़ने लगा कि वह इस बार इलेक्शन न लड़े क्योंकि उस पर जानलेवा हमला हो चुका है, उसकी जान ख़तरे में है और उसकी तबीयत भी ख़राब रहती है। पचपन साल तो 'पॉलिटिशियन' के जवानी का दौर होता है। शकील यह नहीं चाहता था कि इतनी जल्दी वह राजनीति से संन्यास ले ले। उसे यक़ीन था कि इस बार उसकी पार्टी की सरकार बनेगी और सीनियरटी के हिसाब से वह गृह या विदेश मंत्रालय पर 'क्लेम' कर सकता है।

कमाल अपने वालिद से कुछ खुलकर तो नहीं कहता था क्योंकि जानता था कि उसका असर उलटा हो सकता है। वह इलाके के बड़े-बूढ़ों, मस्जिदों के बुजुर्ग इमामों, खानदान के बुजुर्गों से यह बात शकील तक पहुंचवाता रहता था। उसने अपनी अम्मां को पूरी तरह कन्विंस कर लिया था।

शकील हम लोगों से यह सब 'डिस्कस' करता था। उसे लगता था कि इस अफ़वाह का असर उसके इलेक्शन पर भी पड़ सकता है। इसलिये जितनी जल्दी हो यह साफ़ कर दिया जाना चाहिये वह संन्यास नहीं ले रहा है।

एक दिन अचानक कमाल का फोन आया और उसने कहा कि मिलना चाहता है। यह बिलकुल साफ़ था कि क्यों मिलना चाहता है।

शाम को वह आया और इधर-उधर की बातों के बाद असली मुद्दे पर आ गया, बोला—''दरअसल हालात कितने ख़राब हो गये हैं, यही मैं बताना चाहता हूं...फैसला तो अब्बा को ही करना है।''

—''क्या हैं हालात?''

—''हाज़ी पाटा...नेपाल से तस्करी किया करता था...असली धंधा 'ड्रग्स' का ही था...अब्बा पर हमला होने के बाद वो न सिर्फ गिरफ़्तार हुआ बल्कि बी.एस.एफ. वालों ने उस पर इतनी सख़्ती शुरू कर दी है कि उसका धंधा ही बंद हो गया है।''

—''तो फिर?''

—''हाज़ी पाटा के लिंक्स मुंबई और दुबई के अंडरवर्ल्ड से हैं...और उसे वहां से बड़ी 'सपोर्ट' है...हाज़ी पाटा यह मानता है कि अब्बा को रास्ते से हटाये बग़ैर उसका कारोबार नहीं चल सकता...इसके लिये वो कुछ भी कर देने पर आमादा है।''

—''तुम्हें ये सब किसने बताया।''

—''बताया नहीं...ये मेरी 'एनालिसिस' है...वैसे पाटा की ख़बरें भी मुझ तक पहुंचती रहती हैं। पहले बी.एस.एफ. साल-छह महीने में उसके एकाद ट्रक पकड़ लेती थी। आजकल हर महीने ट्रक पकड़ा जाता है।''

—''ये तो उसके और बी.एस.एफ. के बीच का मामला है।''

—''नहीं...अब्बा ने बी.एस.एफ. वालों को टाइट किया है।''

—''अच्छा...और?''

—''हाज़ी पाटा...दुबई से 'शूटर' बुलाता है...होता ये है कि वो अपना काम करते हैं...काठमांडू के रास्ते से निकल जाते हैं...इधर आते ही नहीं...।''

—''देखो पॉलिटिक्स में ये ख़तरे तो रहते ही हैं।''

—''अंकिल अब ख़तरा बहुत बढ़ गया है...पिछला हमला आपको याद है...वो कहिये अल्ला की मेहरबानी से अब्बा बच गये।''

मैं उसकी तरफ ध्यान से देखने लगा। मुझे लगा ये बहुत शातिर, घाघ और ख़तरनाक खिलाड़ी बन चुका है। राजनीति और अपराध का बहुत संतुलित सम्मिश्रण है।

उसने फिर कहा—''हम लोग वैसे कुछ होने तो नहीं देंगे...लेकिन बात तो ख़तरे वाली है। अम्मां की तो रातों की नींद उड़ गयी है। ब्लडप्रेशर रहने लगा है। भूख मर गयी है...लखनऊ में दो बार दिखा चुका हूं।''

मैंने सोचा—''मियां शकील, आसानी से पार नहीं पाओगे।''

—''आपको तो पता नहीं है, हाज़ी पाटा अब्बा के लोगों को तोड़ रहा है... दस-दस साल से जो लोग हमारे साथ थे, वो हाज़ी पाटा के साथ चले गये।''

—''देखो ऐसा है, शकील अपने कैरियर के 'पीक' पर है...अब अगर इतनी जल्दी वो राजनीति से संन्यास ले लेगा तो उम्रभर की मेहनत बेकार जायेगी...तुम्हें भी नुकसान होगा।''

—''अंकिल अपने नुकसान की तो मैं फिक्र नहीं करता...मैं तो बस ये चाहता हूं कि अब्बा अम्मी को कुछ न हो।''

मैंने महसूस किया उसने अब्बा के साथ-साथ अम्मी को भी शामिल कर दिया है।

—''देखो, मैं शकील से बात करता हूं।''

—''हमारा इलाक़ा कितना बीहड़ है आप नहीं जानते...बॉर्डर होने की वजह से प्रॉब्लम और ज़्यादा है और फिर सरकार भी 'अपोज़ीशन' की है...सबके दिल बढ़े हुए हैं...पता नहीं कितना तो आर.डी.एक्स आ जाता है नेपाल बॉर्डर से...,''

आर.डी.एक्स...मैं सोचने लगा...सत्ता के लिये कोई कुछ भी कर सकता है।

37

—''आपने हाथी के मुंह गन्ने खाना, यह मुहावरा सुना है।'' मैंने सामने खड़ी एन.जी.ओ. महिला से पूछा।

वह अपनी सुंदर पलकें झपकाने लगी और यह दर्शाया कि पता नहीं मैं क्या पूछ रहा हूं।

सफेद संगमरमर के विशाल सात सितारा होटल के पीछे बड़े स्वीमिंग पूल के किनारे पार्टी हो रही है। लंबी-चौड़ी खिड़कियों के पीछे बैंक्वेट हॉलों के झाड़-फानूसों की सुनहरी रौशनी स्वीमिंग पूल के नीले पानी में थरथरा रही है। घास दूधिया रौशनी में नहायी है और पौधे के अंदर छिपे बल्ब जुगनुओं जैसे दप-दप कर रहे हैं।

यहां राजधानी के सर्वश्रेष्ठ वे लोग हैं जो देश को चलाते हैं। राजनीति को कोयला-पानी देते हैं। समर्थन और विरोध को संचालित करते हैं। विकास और विनाश को अपने पक्ष में इस्तेमाल करना जानते हैं। संचार माध्यमों के मालिक हैं। उद्योग, व्यापार और वाणिज्य के सरताज हैं। इनकी गद्दियां, इनके सिंहासन, इनके रुतबे पक्के हैं। चाहे कोई सरकार आये या कोई जाये, इन पर रत्ती बराबर फ़र्क नहीं पड़ता। ये अपना काम कराना जानते हैं। सरकारों, उच्चाधिकारियों के दिलों तक पहुंचने के चोर दरवाज़े ये बनाते हैं। इनके पंख इतने बड़े हैं जिनमें राजनीति और अर्थव्यवस्था के अलावा साहित्य, कला, संस्कृति, मनोरंजन सब कुछ समा गया है।

—''आप क्या पूछ रहे हैं?'' महिला ने पूछा।

—''मैं आपसे कह रहा था...हमारी डेमोक्रेसी हाथी के मुंह गन्ने खाने वाले मुहावरे से ज़्यादा समझ में आती है।''

—''वो कैसे?''

—"हमें पूरी छूट और अधिकार है कि हम गन्ना खाये। लेकिन गन्ने का दूसरा सिरा हाथी की सूंड में है। हाथी के पास हमसे ज़्यादा ताक़त है। गन्ना उसकी तरफ जा रहा है। हम गन्ने के साथ-साथ हाथी के मुंह की तरफ बढ़ रहे हैं। घबराकर हम गन्ना छोड़ देंगे। गन्ना हाथी के मुंह में चला जायेगा।"

मैंने महसूस किया कि महिला मेरे व्याख्यान से ऊब रही है, इधर-उधर देख रही है। ये पार्टियां संबंध बनाने के सुनहरे अवसर प्रदान करती है। वह माफी मांगकर एक ओर चली गयी। मैंने गिलास में बची ह्विस्की गले में डाल ली और किसी परिचित की तलाश में एक तरफ बढ़ने लगा।

एक कोने में अहमद अकेला बैठा दिखायी दिया। यह हैरत की बात थी। अहमद जैसा सोशल, तेज़-तर्रार और जनसंपर्क बनाने तथा उन्हें हमेशा ताज़ी हवा देने वाला इस 'हाई प्रोफाइल' पार्टी में अकेला बैठा है।

—"अरे यार, तुम यहां अकेले," मैंने कहा।

—"आओ बैठो।"

—"कहो, इतने उदास क्यों लग रहे हो।"

—"कुछ नहीं यार...शूज़ा से झगड़ा हो गया।"

—"किस बात पर?"

—"वही पुरानी बात।"

—"क्या?"

—"शादी।"

—"शादी पर ज़ोर डाल रही है?"

—"बहुत ज़्यादा...कल तो इतनी कहा-सुनी हो गयी कि अपने घर चली गयी," वह बोला।

—"पार्टी में आयी है?"

—"हां, उधर है।"

—"साथ आये हो?"

—"नहीं...मैं अकेला आया हूं।"

—"तुम्हारे इनकार करने पर क्या कहती है?"

—"कहती है मैं ग़लती कर रहा हूं...पछताऊंगा।"

—"तुम्हें क्या एतराज़ है...तुम भी तो शायद दो साल बाद रिटायर हो रहे हो?"

—"हां, ये तो है...लेकिन मैं उसके साथ नहीं रहना चाहता...बिलकुल नहीं रहना...किसी कीमत पर नहीं रहना चाहता," वह उत्तेजित हो गया था।

तीर की तरह चलती शूज़ा आयी। मुझे हैलो किया और अहमद से बोला—"चलो मिस्टर चन्दानी से मिलते हैं...सुबह ही मुंबई से आये हैं।"

—"मुझे नहीं मिलना," अहमद मुंह बनाकर बोला।

—"क्यों? तुम तो जानते ही हो...फोर थाउजेंड करोड़ की पेट्रोकैमिकल कंपनी डाल रहे हैं," "डियर तुम कैसी बात करते हो," वह अंग्रेज़ी में बोली—"उनसे तो मिलने के लिये लोग तरसते हैं।"

—"मेरा मूड नहीं है," अहमद बोला।

—"मैंने उनसे कह दिया है कि तुम्हें मिला रही हूं।"

—"मुझसे पूछे बग़ैर कहा ही क्यों?" वह चिढ़कर बोला।

—"प्लीज, साजिद इसे समझाओ...मिस्टर चन्दानी इन्हें टॉप मैनेजमेंट पोज़ीशन ऑफर कर सकते हैं...आफ्टर रिटायरमेंट...," उसकी बात अधूरी छोड़ दी।

शूज़ा बड़े दुख और आश्चर्य से उसे देखने लगी। मुझे लगा अहमद निकल भागेगा। वह शूज़ा के हत्थे चढ़ने वालों में नहीं है। उसे औरतों को 'डील' करना खूब आता है।

आधी रात के बाद आंख खुल जाती है। नींद टूट जाती है। पिछले पांच-छह साल से जो सालता रहा है उसकी शिद्दत बढ़ जाती है। कुल मिला-जुलाकर देखा जाये तो मुझे अपनी ज़िंदगी से कोई शिकायत नहीं है। मेरे पास सब कुछ है। अनु के आ जाने के बाद जो एक भावनात्मक खालीपन था वह भी नहीं रहा लेकिन वही सवाल जिससे मैं टकराता रहा हूं ख़तरे के निशान तक पहुंच गया है।

सवाल यह है कि मैं ऐसा क्या करूं जो मेरे लिये और दूसरे लोगों के लिये और छोटे-बेसहारा लोगों के लिये अच्छा हो। जिससे मुझे ज़्यादा संतोष मिले। जिससे ये लगे कि मैंने कुछ किया है। जिससे मैं अपने आपको और दूसरों को खुशी दे सकूं। जो मेरे जीवन का एक उद्देश्य बन जाये। जिस पर मुझे विश्वास हो और मैं बिना थके उसी दिशा में अपनी ज़िंदगी लगाता चला जाऊं। अब तक मैंने जो किया है वह अपने लिये, अपने परिवार के लिये किया है या वह होता चला गया है क्योंकि सौभाग्य से पढ़ने का मौका मिला। नौकरी मिली। काम करता रहा। आगे बढ़ता रहा। यह सब तो स्वतः ही होता चला गया है। मेरी अपनी कोशिश उसमें कितनी शामिल है? उसका क्या अर्थ है मेरे लिये या मेरे समाज के लिये या मेरी मान्यताओं के लिये?

लेकिन क्या यह सोचना और करना ज़रूरी है? बहुत से लोग संसार में आते हैं, काम करते हैं, परिवार पालते हैं, खुश रहते हैं, चले जाते हैं। मैं भी ऐसा क्यों नहीं कर सकता? लेकिन बहुत सोचने के बाद भी यही लगता है कि मैं शायद ऐसा नहीं कर सकता।

कभी-कभी यह सोचता हूं कि कहीं यह मेरा अहंकार तो नहीं है? कहीं यह अपने आपको बड़ा समझदार और बुद्धिजीवी मानने का ख़लल तो नहीं है? कहीं मैं यह तो नहीं कह रहा हूं कि देखा जो दूसरे नहीं कर सकते, वह करके मैं दिखा दूंगा?

कहीं यह समय के पत्थर पर अपना नाम लिखा देने की आदिम ख़्वाहिश तो नहीं है? उन लोगों से बदला लेने की भावना तो नहीं है जो मेरे मुकाबले ज़्यादा 'पा' गये हैं?

सबसे बड़ी बात तो यह है कि मेरे सामने कोई साफ़ तस्वीर नहीं है कि मैं करना क्या चाहता हूं। मैंने एन.जी.ओ. का काम देखा है। बहुत से लोग बहुत अच्छा काम कर रहे हैं। मैं उसमें क्यों नहीं शामिल हो जाता? कुछ लोग दूसरे संगठन बनाकर बहुत सार्थक काम कर रहे हैं उनके साथ चला जाऊं? उनके काम में मदद करूं। कुछ लोग 'फील्ड' में काम करने वालों के लिये दिल्ली में 'सपोर्ट सिस्टम' तैयार करते हैं, वह काम तो मैं कर ही सकता हूं। फिर वह क्यों नहीं कर रहा हूं? क्या मैं कोई प्रयोग करना चाहता हूं? पर वह है क्या? क्या मैं उस प्रक्रिया में जाना चाहता हूं जहां से प्रयोग का स्वरूप स्पष्ट होगा? या और कुछ है मेरे मन में?

सच पूछा जाये तो एक आदमी का जीवन या उसके कुछ साल अगर इस खोज में लग जायें कि उसे क्या सार्थक करना चाहिये तो बुरा क्या है?

पिछले पांच-सात सालों से मैं अपने ऊपर भयानक दबाव महसूस कर रहा हूं। दबाव यह कि अपनी सार्थकता तलाश करने की कोशिश न की तो शायद अपने आपको क्षमा न कर पाऊंगा। हो सकता है यह बचकानी कोशिश हो, बहुत संभव है कि पूरी न हो। लेकिन मुझे इतना तो संतोष होगा कि मैंने यह कोशिश की थी। अगर मैं इस सवाल का जवाब नहीं खोज पाया तो ज़िंदगी के बचे-खुचे दस-पंद्रह साल इसी तरह बीत जायेंगे जैसे अब तक पूरी ज़िंदगी बीती है।

दिन भर अपने ख़यालों के अंधेरे-उजाले में भटकता रहा। शाम को अनु आयी तो सोचा चलो, इससे बात की जाये। मेरी पूरी बात सुनने के बाद अनु ने कहा—"तो आप क्या करना चाहते हैं?"

—"पहले तो इसी सवाल का जवाब चाहता हूं।"

—"आप आज तक जो करते आये हैं...अख़बार के लिये लिखना, किताबें लिखना...उससे आप...?" वह वाक्य पूरा नहीं कर सकी शायद शब्द कम पड़ गये थे।

—"हां, मैं उससे संतुष्ट नहीं हूं...अख़बार और किताबें...मैं मानता हूं हस्तक्षेप हैं...लेकिन इतना काफी है?"

38

सीधी बात यह है कि यहां मेरे चारों तरफ जो ज़िंदगी बिखरी हुई है वह इस देश में रहने वाले लोगों की ज़िंदगी नहीं है। अगर मुझे देश के लोगों के साथ जुड़कर कुछ

करना है या यह समझना है कि क्या किया जा सकता है तो इस 'बनावटी' जीवन से अलग होना पड़ेगा। सीधा-सा मतलब है दिल्ली छोड़नी पड़ेगी...तीस साल पहले बाबा ने मुझसे यही कहा था। मैंने दिल्ली छोड़ दी थी लेकिन लौटकर फिर दिल्ली आ गया क्योंकि अपने गांव या शहर में जम न सका...अब क्या फिर वही कहानी दोहरायी जायेगी? तीस साल पहले तो आसान था। मैं जवान था। अब? क्या होगा? क्या मैं दिल्ली को छोड़कर कहीं और रह सकता हूं? मध्य प्रदेश के किसी ज़िले में? बिहार के किसी अंचल में? राजस्थान के किसी गांव में? हिमाचल की किसी घाटी में?

यहां एक साफ़-शफ़्फ़ाफ़ ज़िंदगी है। अच्छी-खासी बड़ी कोठी। कार, नौकरी, सामाजिक सम्मान, रुतबा...विदेश यात्रायें...ऊंची कमेटियों की सदस्यता...सत्ता के सबसे बड़े दफ़्तरों तक पहुंच...मान-सम्मान पैसा और साथ-साथ अनु। शाम की पार्टियां हैं। 'वीक एंड' पर हिमाचल या राजस्थान की 'ट्रिप' हैं। सब कुछ जमा-जमाया है। सब पक्का है। गर्मियों में योरोप की यात्रायें हैं। अपने पागलपन से छुट्टी पा जाओ और आराम से बैठो। पचास पार कर चुके हो और तुममें 'रिस्क' लेने या ख़तरे उठाने की आदत नहीं है। अपनी ज़िंदगी में रम चुके हो...कहां जाओगे? मान लो गये और फिर वापस आ गये तो?

इसका मतलब तो यह है कि जो ज़िंदगी भर सोचता आया हूं वह ग़लत था और उसे मैं नहीं कर सकता। मेरे दिल में हमेशा यह कसक रहेगी कि अपने एक बड़े से सपने को भी पूरा करने की दिशा में कुछ नहीं कर सका। क्या इसी कसक के साथ मरूंगा?...नहीं ये नहीं होना चाहिये। दरअसल अब मेरे पास खोने के लिये क्या है? मैंने पद, प्रतिष्ठा, सम्मान और धन को कभी महत्त्व नहीं दिया पर आज यह सब मेरे पास है...अब अगर उसे किनारे लगा देता हूं तो क्या बुरा होगा?...कम-से-कम अपनी निगाहों में गिरने से तो बच जाऊंगा। मैं यह जानता हूं कि मेरे दोस्त अहमद और शकील मेरी इस बात से सौ फ़ीसदी असहमत होंगे। अहमद तो हंसेगा और मज़ाक़ उड़ायेगा...शकील दिल्ली के महत्त्व और उपयोगिता की चर्चा करेगा। उन दोनों की दुनिया अलग है और मेरी अलग है।

—"तुम ज़िंदगीभर दूसरों के बारे में ख़बरें छापते रहे हो...लेकिन इस बार ख़बर तुम्हारे बारे में छपेगी कि 'द नेशन' के एसोसियेट एडीटर एस.एस. अली पागल हो गये हैं और वो नौकरी छोड़कर कहीं चले गये हैं।" अहमद को मेरे ऊपर गुस्सा आ गया था। वह व्यंग्य करने के बाद गंभीर होकर बोला—"हम-तुम जो चाहते हैं वह सब नहीं कर पाते...हमारी 'लिमिटेशंस' हैं...तुम तीस-पैंतीस साल यहां रहने के बाद और कहां क्या कर सकते हो? करना भी नहीं चाहिये...क्योंकि तुमने ज़िंदगीभर जो कुछ सीखा है, वह तुम यहीं कर सकोगे?"

थोड़ी देर बाद शकील आ गया उसके चेहरे पर तनाव की गहरी लकीरें थीं, आते ही उसने एक ह्विस्की गटक ली और कुर्सी की पीठ से टिककर बैठ गया।

—"क्या बात है...लगता है कुछ ख़ास हुआ है।"

—"हां...मैं चुनाव में खड़े होने का फैसला कर लिया है...सबके यानी बीवी, कमाल, रिश्तेदारों के मना करने के बावजूद।"

—"ये क्यों?"

—"चौथी बार पार्लियामेंट में जाऊंगा...और 'एम.ई.ए.' पर क्लेम होगा मेरा।"

—"और तुम्हारा विरोधी हाज़ी पाटा?"

—"मेरी जान को खतरा हाज़ी पाटा की तरफ से था...उससे मैंने समझौता कर लिया है।"

—"क्या?"

—"बताऊंगा नहीं।"

—"हमसे भी नहीं?"

—"यार बी.एस.एफ. उस पर उतनी सख़्ती नहीं करेगी समझे?"

—"हां।"

वह हंसने लगा।

—"साहबजादा कमाल को कहां सेट किया?" अहमद ने पूछा।

—"राज्यसभा।"

मैं और शकील हैरत की मूर्ति बने बैठे थे। हमारे हाथ में अहमद और शूज़ा की शादी के कार्ड थे। हमने कई बार कार्ड पढ़ा था। सब कुछ बिलकुल साफ़ और दो-टूक शब्दों में लिखा था। सिविल मैरिज रजिस्टर पर दोनों दस्तख़त करेंगे। श।म को रेसेप्शन है।

—"तुमने अहमद से बात की है? ये सब हुआ कैसे?" शकील ने पूछा।

—"अभी आ रहा है...कुछ समझ में नहीं आता।"

—"भई ये बर्बाद हो जायेगा...शादी पर तैयार ही क्यों हुआ?"

—"हमें तुम्हें शायद मालूम नहीं कि इसके पीछे क्या है। वही बतायेगा...आने दो।"

—"शादी का कार्ड दोनों के नाम से छपा है," शकील ने कहा।

—"हां।"

—"मतलब दोनों ही तैयार हैं...।"

—"कुछ कह नहीं सकते...," मैंने कहा।

—"लेकिन ये होगा बहुत बुरा।"

कुछ देर बाद अहमद आ गया। उसके चेहरे का उड़ा हुआ रंग देखकर ही हम समझ गये कि मामला संगीन है।

—"ये कार्ड कैसे हैं यार?"

वह कुछ नहीं बोला। शायद सांस दुरुस्त कर रहा था।

—"ये सब क्या है?"

—"तुमने तो कार्ड देखा होगा?"

—"हां, दो घंटे पहले देखा।" अहमद बोला।

—"दो घंटे? मतलब?"

—"शूज़ा ने छपवा लिये थे।"

—"तुम्हारी मर्ज़ी के बग़ैर?"

—"हां।"

—"ये कैसे हो सकता है?"

—"तो अब होगा क्या? तुम शादी करोगे?"

—"मैं करना तो नहीं चाहता...किसी कीमत पर नहीं चाहता था, लेकिन लगता है अब करनी पड़ेगी," अहमद हताशा से बोला।

—"क्यों?"

—"क्या मज़बूरी है?"

—"शूज़ा कहती है वह मेरे बच्चे की मां बनने वाली है।"

हम दोनों कुर्सियों से उछल पड़े।

—"नहीं।"

—"हां," अहमद बोला।

—"हो सकता है, झूठ बोल रही हो।"

—"मेडिकल रिपोर्ट दिखाती है।"

—"तो 'एबारशन' नहीं करायेगी?"

—"कहती है एबारशन नहीं करायेगी।"

—"क्यों?"

—"बस...उसे बच्चा चाहिये।"

—"ये बताओ यार...'प्रीकाशंस' तो तुम लेते होगे न? ये बच्चा कहां से ठहर गया?" मैंने पूछा।

—"भई वही 'पिल्स' लेती थी...अब मुझे क्या पता चलता कि उसने कब 'पिल्स' लेनी बंद कर दी है या ले रही है।"

—"ये तो बड़ी सोची-समझी 'स्कीम' लगती है," शकील ने कहा।

—"तो अब क्या करोगे?"

—"लगता है शादी करनी ही पड़ेगी।"

—"क्यों?"

—"कल रातभर हम इसी बात पर लड़ते रहे...सुबह होते-होते उसने बताया कि वह 'प्रेगनेंट' है...सुबह आठ बजे उसने फोन करके अपने वकील पी. राधास्वामी को बुला लिया।"

—"ओहो...बड़े टॉप के वकील को बुलाया।"

—"कहते हैं किसी ज़माने में शूज़ा उनकी गर्लफ्रेंड हुआ करती थी," अहमद बोला।

—"फिर क्या हुआ?"

—"राधास्वामी ने मुझसे कहा कि मैं अगर शूज़ा के साथ शादी करने से इनकार करता हूं तो वह केस कर देगी...एफ.आई.आर. दर्ज़ करा देगी, वीमेन कमीशन में चली जायेगी...और मुझे न सिर्फ नौकरी से निकाल दिया जायेगा बल्कि गिरफ़्तार भी हो जाऊंगा...केस चलेगा, ज़ाहिर है मीडिया इसमें पूरी दिलचस्पी लेगा और मैं कहीं का न रहूंगा, अभी चार साल नौकरी के बचे हैं," अहमद कहते-कहते हांफने लगा। उसके चेहरे पर पसीने की बूंदें उभर आयीं। रुपहले घुंघराले बाल तितर-बितर हो गये।

—"मतलब तुम्हें पूरी तरह...,"

वह बात काटकर बोला–"राधास्वामी के जाने के बाद शूज़ा ने मुझे शादी का कार्ड दिखाया।"

—"ओ गॉड...,"

—"क्या औरत है यार।"

—"अब?"

—"अब दो ही रास्ते हैं," वह बोला।

—"क्या?"

—"शादी कर लूं या 'सुसाइड' कर लूं," वह जैसे सपने में बोला।

—"ये क्या बेवकूफी की बातें कर रहे हो?"

—"नहीं, ये सच है...वैसे दोनों ही सूरतों में मैं 'सुसाइड' ही करूंगा।"

—"नहीं यार...तुम...," मैंने सांत्वना देनी चाही पर शब्द नहीं मिले।

शकील सोचते हुए बोला–'देखो अभी तो शायद कुछ नहीं किया जा सकता... पी. राधास्वामी ने तुमसे ठीक ही कहा है...दरअसल तुम्हें या हम लोगों को भी ये अंदाज़ा नहीं था कि शूज़ा ऐसी होगी और तुम्हें फांसने के लिये 'क्रिमिनल' तरीके इस्तेमाल करेगी...लेकिन अब तो तुम्हें मैरिज रजिस्टर पर दस्तख़त करने ही पड़ेंगे।"

—"हूं, तुम ठीक कहते हो," अहमद मरी हुई आवाज़ में बोला।

मेरी नयी-नयी शादी हुई थी। नूर तीसरी या चौथी बार मल्लू मंज़िल आयी थी। वैसे ही बातों-बातों में नूर ने कहा था कि उसने कभी गांव नहीं देखे हैं। गांव देखना चाहती

है। यह बड़ा आसान था कि उसे केसरियापुर ले जाते और दिखा देते, पर मैंने सोचा, नहीं, केसरियापुर नहीं बल्कि यमुना के किनारे किसी बहुत बीहड़ और पिछड़े हुए गांव में ले जाना चाहिये तब उसे पता चलेगा कि गांव कैसे होते हैं।

कामरेड राम सिंह से बात की तो उन्होंने रघुपुरा का नाम बताया। यह उन्हीं का गांव है जो यमुना के कछार में है। चारों तरफ खाइयां हैं। बबूल के घने जंगल हैं और पास यमुना बहती है।

नूर के साथ एक-दो रिश्तेदार लड़कियां और तैयार हो गयी थीं। एक-दो स्थानीय पत्रकार भी टोली में शामिल हो गये थे। उन दिनों मुझे फोटोग्राफी का शौक था और कैमरा हर जगह जाता था।

जहां तक बस जाती थी वहां तक हम सब बस से गये थे। उसके बाद एक टेम्पो किया था लेकिन बताया गया था कि वह भी गांव तक नहीं पहुंच पायेगा और कम-से-कम चार-पांच किलोमीटर का फासला पैदल तय करना पड़ेगा। भड़भड़ाते हुए टेम्पो में धूल खाते हम एक सीधी चढ़ायी के सामने उतर गये थे। सब धूल में नहा चुके थे। यहां से पैदल यात्रा शुरू हुई थी। धूप तेज़ थी और नूर का चेहरा बिलकुल लाल हो गया था। घंटेभर बाद हम गांव पहुंचे थे। वहां चौपाल जैसी जगह में, घने पेड़ों के नीचे करीब पचास-साठ लोग जमा थे। कामरेड राम सिंह ने बताया था कि ये लोग आपका स्वागत करने और मिलने के लिये बैठे हैं।

इनके चेहरों से लगा कि शताब्दियों पुराने हैं। इनकी आंखों में जो उदासी, दुख और भय है उसका एक पूरा इतिहास है। इनके जर्जर शरीर लोहे के जैसे तपे हुए शिलाखंड हैं। वे धैर्य से बैठे थे। पता नहीं उनके मन में क्या था जो बाहर नहीं आ पा रहा था।

हाथ-मुंह धोने के बाद हम सब भी वहां बैठ गये थे। कामरेड राम सिंह ने सबका परिचय कराया था। पता नहीं किस तरह गाने का कार्यक्रम शुरू हो गया था। एक लोकगीत सुनाया था किसी ने। उसके बाद बारी-बारी सबने गाया। नूर ने एक अंग्रेज़ी गीत सुनाया था। कुछ हंसी-मज़ाक़ भी हुआ था।

नूर और दूसरी लड़कियां घरों को अंदर से देखने और औरतों से मिलने चली गयी थीं। हम बाहर ही चारपाइयों पर लेट गये थे। दो-तीन घंटे के अंदर सभा बिखर गयी थी। कामरेड के साथियों ने दरी बिछाकर खाना लगा दिया था लेकिन नूर वग़ैरा का पता न था। उन्हें शायद औरतों से बातें करने, घर देखने, चूल्हा-चक्की की जांच-पड़ताल में मज़ा आ रहा था। यहां भूख के मारे दम निकला जा रहा था।

खाना खाने के बाद नूर और लड़कियां फिर गांव के घर देखने चली गयी थीं। हम लोग झपकी लेने के मूड में थे क्योंकि कामरेड ने जैसी स्वादिष्ट अरहर की दाल खिलायी थी उसके बाद नींद ही आनी थी। घने नीम के पेड़ों के नीचे जहां निमकौलियां गिर रही थीं और पंछी बोल रहे थे। हम लेटे रहे। दोपहर ढलने के बाद

वापसी का प्रोग्राम था। फिर पदयात्रा के बाद टेम्पो के पास पहुंचे और आख़िरकार वापस आ गये।

इस घटना के तीन साल बाद अचानक कामरेड राम सिंह से मुलाक़ात हुई थी। उन्होंने इधर-उधर की बातचीत के बाद कहा था कि जानते हैं आप लोगों के हमारे गांव जाने से क्या हुआ?

उनके सवाल पर मुझे हैरत हुई। क्या हो सकता है? हम काफी पिकनिक वाले अंदाज़ में गये थे। एक दिन रहे, गाया-बजाया, खाया-पिया, सोये और शाम को चले आये। हमारे जाने से वहां क्या हुआ होगा। लेकिन शिष्टतावश मैंने कामरेड से पूछा—"क्या हुआ?"

उन्होंने हंसते हुए कहा—"दो बार मैं ग्राम प्रधान का चुनाव हार चुका था। आप लोगों के गांव जाने के बाद पहली बार मैं चुनाव जीत गया। गांव वालों का कहना था, कोई हमारे गांव में आया तो...किसी ने हमारी हालत देखी तो...किसी ने हमसे बातचीत तो की...किसी को पता तो चला कि हमारी क्या दिक्कतें हैं...और चूंकि यह मेरे माध्यम से हुआ था इसलिये मुझे वोट मिले।"

उस समय तो नहीं पड़ा था लेकिन आज मैं सकते में पड़ गया हूं। यार यह हालत है...उपेक्षा से जन्मी निराशा यहां तक आ गयी...बताया गया था कि उस गांव में आज तक कोई सरकारी अधिकारी नहीं आया है। पटवारी भी पूछताछ करके काग़ज़ भर देता है...जिस गांव में कभी कोई जाता ही न हो वहां किसी का जाना कितनी बड़ी घटना है...किसी ने देखा तो...मतलब काम हुआ या नहीं हुआ। इसकी शिकायत और शिकवा नहीं है...खुशी केवल यह है कि किसी ने हमारे घर तो देखे...हमारी ख़बर तो ली...हमें पूछा तो...यही इतनी बड़ी बात है कि कामरेड राम सिंह चुनाव जीत गये...हां...संवाद तो स्थापित हुआ...हां गये तो...सिर्फ गये और देखा...यहीं से शुरुआत होती है...और इसी शुरुआत की ज़रूरत है...बाकी चीज़ें तो बाद की हैं...केवल जाना और देखना...।

देखना बहुत बड़ी चीज़ है...आंखों के अंदर देखना...आंखें चार होना...आंखों से ही सब पता चल जाता है, देखने के बाद पूछने की तो ज़रूरत ही नहीं बचती...न कुछ बताने को बचता है...और यही लोग चाहते हैं...और मैं भी शायद पूरी ज़िंदगी यही चाहता था लेकिन समझ नहीं पाया था कि क्या चाहता हूं...मैं दरअसल भटकता रहा और बड़े-बड़े शब्द मुझे भटकाते रहे...मैंने यह सोचा भी नहीं कि ये शब्द मेरे नहीं हैं...ये शब्द मेरे अंदर से नहीं निकले हैं और हमारे सामने जो लोग हैं उनके लिये ये शब्द अजनबी हैं...।

तो सबसे पहले तो जाना है और देखना है। उन लोगों को देखना है, जिन्हें कोई नहीं देखता। जब कोई देखता नहीं तो कोई जानता भी नहीं और कुछ होता भी नहीं...उन लोगों में ऐसा कुछ है नहीं कि वे अपनी तरफ आकर्षित करें। उनके पास

ताप है जहां चेहरों के रंग काले पड़ जाते हैं, जहां माथे और क हो जाता है...पर उसे देखता ही कौन है? हम अख़बार वाले, सन वाले, राजनीति वाले, हम लोग नहीं देखते, हम उनका उपयोग हम अपनी-अपनी 'कहानी' की तलाश में जाते हैं और ले आते हैं... वहीं रह जाती है...ज़्यादातर लोगों को उसमें दिलचस्पी भी नहीं है... ' अधूरी है, टूटी-फूटी है, उसे 'कीड़े' खा चुके हैं, पाला पड़ चुका है ही।

सब आंखें याद आने लगीं। जो मैंने पिछले आदिवासी और ग्रामीण देखी थी। उस लड़के की आंखें भी याद आयीं जो नर्मदा के किनारे अपने जानवर चरा रहा था। उसकी आंखें मैं देखता रह गया था। वे आदमी की आंखें नहीं लग रही थीं। बिलकुल एक छोटे मेमने जैसी आंखें थीं। उस लड़की की याद आयी, जिसके शरीर पर नदी का दूषित पानी पीने से विचित्र प्रकार की खुजली हो गयी थी। यमुना के कछार में बसे गांव के हलवाहों की आंखें याद आयीं...।

मैं बिस्तर से उठकर खिड़की पर आ गया। खिड़की के पट खोल दिये। हवा का तेज़ झोंका अंदर आ गया। लगा यह सिर्फ हवा नहीं है। हवा के साथ और बहुत कुछ शामिल है। ऊपर आसमान की तरफ देखा। आसमान रंग बदल रहा है, उसका नीला रंग धीरे-धीरे चमकते हुए सुनहरे रंग का हो गया...यहां से वहां तक हर चीज़ उस रौशनी में सुनहरी हो गयी। आकाश पर उड़ते हुए परिंदे और हवा में झूमते विशाल पेड़ उसी रंग के हो गये और फिर एक तेज़ बिजली कड़की जैसे आसमान फट पड़ा हो...बाहर देखा तो आकाश का रंग फिर बदल रहा है, अब वह हरे रंग का हो रहा है जैसे धान और गेहूं के खेत...नदियों का पानी भी हरा हो गया है और अपार जनसमुदाय खड़ा विशाल विराट समुद्र को देख रहा है, समुद्र का रंग भी हरा हो गया है और उसमें सुनहरे रंग की मछलियां चक्कर लगा रही हैं...हवा का एक तेज़ झोंका आया और खिड़की के पल्ले उड़कर बाहर निकल गये और हवा में स्थापित हो गये। मैंने आकाश की तरफ देखा तो हरी किरनें बारिश की बूंदों की तरह गिरने लगीं।

अचानक फिर घन गर्जना हुई और लगा जैसे धरती के सीने को वर्षा का पानी तर कर देगा...लगातार गर्जना होती रही जिसका स्वर मानव गर्जन से मिल गया... उसके बाद मोटी-मोटी बूंदें पड़ने लगीं। मैंने खिड़की के चौखटे पर हाथ रखकर कहा, "गुलशन बाहर आ जाओ, बाहर आओ।"

आकाश से मूसलाधार बारिश शुरू हो चुकी थी। यह वह बारिश नहीं है जिसे वैज्ञानिक 'फोरकास्ट' करते हैं। यह वह बारिश भी नहीं है जिससे बाढ़ आ जाती है...गांव डूब जाते हैं, फसलें बर्बाद हो जाती हैं...पूरे शहर पर आकाश से बारिश हो रही है। शहर कभी एक रंग में डूब जाता है, कभी किसी दूसरे रंग में नहा जाता है।

पूरा शहर, विशाल अट्टालिकायें झिलमिला रही है। मैंने गुलश... बाहर निकलो...हम लोग जा रहे हैं।"

—"कहां जा रहे हैं हम लोग।"

—"हम मल्लू मंज़िल जा रहे हैं...हम केसरियापुर जा रहे हैं।" ...चलो,

—"हम वहां क्यों जा रहे हैं।"

—"हमें नहीं मालूम...पर वहां जा रहे हैं, यही बड़ी बात है।"

—"हम वहां क्या करेंगे?"

—"हम वहां देखेंगे।"

गर्जन और तेज़ हो गया। तूफानी बारिश ने एक नया मोड़ ले लिया। लगा कि बारिश आकाश से नहीं ज़मीन से हो रही है।

—"क्या-क्या सामान जायेगा?"

—"कुछ नहीं जायेगा...वहां सब कुछ है...वहां बांस के पलंग है। लकड़ी के तख़्त हैं। रैक्सीन की कुर्सियां हैं, बेंत के मोढ़े हैं...वहां सब है...।"

पानी बरसने की रफ़्तार इतनी तेज़ हो गयी जितनी कभी नहीं होती। तेज़ हवा के साथ पानी इधर से उधर पंचरंगी लहरों में उड़ने लगा। बौछार से आत्मा तक 'रच' गयी। पानी ने 'लोकों' को तर कर दिया। पानी ही पानी दिखायी पड़ने लगा। हर तरफ पानी...गुलशन तैयारी करने लगा...हवा में मोअल्लक़ खिड़की मेरी तरफ आ गयी। उस पर एक तोता बैठ गया है...तोते की चोंच लाल है और उसने चोंच में एक ललगुदिया अमरूद दबा रखा है।

फिर ज़ोर से बादल कड़के और ज़मीन से बारिश के अनगिनत सोते फूट पड़े।

●●●